Betriebs-Berater Schriftenreihe

Vertragsrecht für IT-Projekte in Deutschland, Frankreich, Spanien

Dr. Matthias Schassek

Fachmedien Recht und Wirtschaft | dfv Mediengruppe | Frankfurt am Main

Alle im Buch verwendeten Begriffe verstehen sich geschlechterneutral. Aus Gründen der besseren Lesbarkeit wird auf eine geschlechtsspezifische Differenzierung verzichtet – entsprechende Begriffe gelten im Sinne der Gleichbehandlung grundsätzlich für alle Geschlechter. Die verkürzte Sprachform hat lediglich redaktionelle Gründe und beinhaltet keine Wertung.

Bibliografische Information Der Deutschen Nationalbibliothek

Die Deutsche Nationalbibliothek verzeichnet diese Publikation in der Deutschen Nationalbibliografie; detaillierte bibliografische Daten sind im Internet über http://dnb.de abrufbar.

ISBN 978-3-8005-2067-1

dfv Mediengruppe

Druck: Beltz Grafische Betriebe GmbH, 99947 Bad Langensalza

Printed in Germany

Vorwort

Dieses Buch zu schreiben, war mir ein Herzensanliegen. Ich ließ mich von der Überzeugung leiten, dass Technologie-Unternehmen, die für den europäischen Markt produzieren, Wirtschaftsjuristinnen und -juristen sowie Wirtschaftsingenieurinnen und -ingenieure benötigen, die bereits im Studium ein einheitliches europäisches Verständnis erlernt haben, wie mit IT-Verträgen im Unternehmensverkehr umzugehen ist. Studierende der wirtschaftsrechtlichen gleichermaßen wie der ingenieurswissenschaftlichen Studiengänge sollten vertragsrechtlich so geschult sein, dass sie überall in Europa IT-Projekte begleiten können, unabhängig davon, welchem nationalen Recht diese unterliegen. Wenn erst einmal ein einheitliches europäisches Verständnis für IT-Verträge im Unternehmensverkehr erlernt wurde, sind der Anwendung des Erlernten allein durch die persönlichen Sprachkenntnisse Grenzen gesetzt. Bedingt durch meine eigenen Sprach- und Rechtskenntnisse musste ich mich hier auf deutsches, französisches und spanisches Recht beschränken. Diese Beschränkung soll aber nicht für die diesem Buch zugrunde liegende Idee gelten. Das ist die Etablierung einer einheitlichen Lehrmethode, die europäische Studierende dazu befähigt, typische Konflikte im Rahmen von IT-Projekten gemäß den nationalen europäischen Vertragsrechtsordnungen zu bewältigen. Sollte ich darüber hinaus beweispflichtig sein, aus welchen Motiven ich dieses Buch geschrieben habe, so würde ich mir die Worte von *Philippe Le Tourneau* zu eigen machen, aus dessen Werk *Contrats du numérique* ich noch des Öfteren zitieren werde: «*Ce livre (...) fut écrit avec plaisir, de notre propre chef et non sur commande, peut-être parce que nous n'avons pas trouvé un ouvrage sur la matière qui nous convenait...*».[1]

Mir ging es darum, ein Lehrbuch zu schreiben, das den Studierenden eine europäische Sichtweise auf die nationalen Vertragsrechtsordnungen eröffnet und ihnen zugleich die praktische Rechtsanwendung aus der Sicht eines IT-Herstellers vermittelt. Vorbild hierfür war mein akademischer Lehrer und Doktorvater *Filippo Ranieri* (1944–2020), dessen Opus magnum «*Europäisches Obligationenrecht*» den Goldstandard für europäische Lehrbücher des Vertragsrechts definiert.[2] Ich bewundere zutiefst sein akademisches Lebenswerk und bin ihm als Menschen unendlich dankbar. Ich will aber nicht verschweigen, dass er nicht der Einzige war, der mich zu diesem Lehrbuch inspiriert hat. Inzwischen haben sich noch etliche Studierende der Hochschule Darmstadt hinzugesellt, die ich als Lehrbeauftragter ab dem Wintersemester 2017/18 in den Studiengängen Informationsrecht (LL.B.), Internationales

---

1 *Le Tourneau*, Contrats du numérique, n° 0.02.

2 In diesem Sinn auch *G. Dilcher*, Die juristischen Bücher des Jahres – eine Leseempfehlung, NJW 2000, 3613, 3619.

Lizenzrecht (LL.M.) und Electrical Engineering and Information Technology (M.Sc.) unterrichten und deren Abschlussarbeiten ich z. T. betreuen durfte. Ihr Wissensdurst und ihre Zielstrebigkeit waren mir Auftrag und Ansporn zugleich. Dieses Buch widme ich deshalb zum einen dem Gedenken an *Filippo Ranieri*, einem Rechtsgelehrten von wahrhaft europäischer Größe, und zum anderen widme ich es den vielen talentierten Studierenden an der Hochschule Darmstadt, die ich im Laufe der letzten Jahre kennenlernen durfte. Ich bin ihnen allen zu Dank verpflichtet!

Dr. Matthias Schassek Darmstadt, im Februar 2026

Inhaltsverzeichnis

04. Informationspflichten des Auftragnehmers

05. Mitwirkungspflichten des Auftraggebers

Abkürzungsverzeichnis

a. A.	anderer Ansicht
AAP	Auto Audiencia Provincial
ABl.	Amtsblatt (der Europäischen Union)
Abs.	Absatz
A. C.	Law Reports, Appeal Cases, House of Lords and Privy Council
AcP	Archiv für die civilistische Praxis
AEBOE	Agencia Estatal Boletín Oficial del Estado, URL: https://www.boe.es/
AEUV	Vertrag über die Arbeitsweise der EU
a. F.	alte Fassung
AG	Aktiengesellschaft
AJA	Actualidad jurídica Aranzadi
al.	alinéa
Alt.	Alternative
Anh.	Anhang
Anm.	Anmerkung
AP	Audiencia Provincial
arg.	argumentum
Art.; Artt.	Artikel/Article(s)/Artículo(s)
AT	Allgemeiner Teil
Aufl.	Auflage
B2B	Business to Business
B2C	Business to Consumer
BauR	Baurecht
BayObLG	Bayerisches Oberstes Landesgericht
BB	Betriebs-Berater
Bd.	Band
BeckFormB IT-R	Beck'sches Formularbuch IT-Recht
BeckOF	Beck'sche Online-Formulare
BeckOK	Beck'scher Online-Kommentar
BeckRS	Beck-Rechtsprechung
Beschl.	Beschluss
BGB	Bürgerliches Gesetzbuch
BGBl.	Bundesgesetzblatt
BGH	Bundesgerichtshof
BOE	Boletín Oficial del Estado, URL: https://www.boe.es/
BT-Drucks.	Bundestagsdrucksache
CA	Cour d'appel
Cass., ass. plén.	Cour de cassation, assemblée plénière
Cass.civ. 1re	Cour de cassation, première chambre civile
Cass.civ. 2e	Cour de cassation, deuxième chambre civile
Cass.civ. 3e	Cour de cassation, troisième chambre civile
Cass.com.	Cour de cassation, chambre commerciale et financière

Cass.crim.	Cour de cassation, chambre criminelle
Cass.soc.	Cour de cassation, chambre sociale
CC	Código Civil
CCÉ	Communication, commerce électronique
C.civ.	Code civil
CCom	Código de Comercio
C.com.	Code de commerce
C.consom.	Code de la consommation
Ch.	Chambre
Ch. civ.	Chambre civile
Ch. com.	Chambre commerciale
Chron.	Chronique
CJ	Codex Justinianus, Teil des Corpus Iuris Civilis
CPI	Code de la propriété intellectuelle
CPrC	Code de procédure civile
CPrCEx	Code des procédures civiles d'exécution
CR	Computer und Recht
D.	Recueil Dalloz
DA	Data Act (EU-Datenverordnung)
DGVZ	Deutsche Gerichtsvollzieher Zeitung
Dig.	Digesta, Teil des Corpus Iuris Civilis
DIRL	Digitale-Inhalte-Richtlinie (EU) 2019/770
Diss.	Dissertation
Doctr.	Doctrine
D. P.	Dalloz, Recueil périodique et critique de jurisprudence, de législation et de doctrine (1825–1940)
DSGVO	Datenschutzgrundverordnung
DSRI	Dt. Stiftung für Recht und Informatik
dt.	deutsch
EDPB	European Data Protection Board
ELI	European Legislation Identifier
ERCL	European Review of Contract Law
ErwG	Erwägungsgrund
et al.	et alii
EuGH	Europäischer Gerichtshof
Expertises	Expertises des systèmes d'information (revue mensuelle)
f.; ff.	folgende
FD	Fundamentos de Derecho
Fn.	Fußnote
Form.	Formular
frz.	französisch
Gaz. Pal.	Gazette du Palais
GG	Grundgesetz
GmbH	Gesellschaft mit beschränkter Haftung
GPL	GNU General Public License

GrCh	Charta der Grundrechte der Europäischen Union
GRUR (Int.)	Gewerblicher Rechtsschutz und Urheberrecht (International)
GVG	Gerichtsverfassungsgesetz
Habil.	Habilitation
HAL Id	HAL thèses, https://theses.hal.science/
HK	Handkommentar
Hrsg.	Herausgeber/herausgegeben
IKT	Informations- und Kommunikationstechnik
InDret	Revista para el Análisis del Derecho, https://indret.com/
InsO	Insolvenzordnung
i. S. v.	im Sinne von
IT	Information Technology/Informationstechnologie
ITRB	Der IT Rechts-Berater
JA	Juristische Arbeitsblätter
JCP E	La Semaine Juridique, Édition Entreprise
JCP G	La Semaine Juridique, Édition Générale
JO	Journal Officiel de la République Française
JUR	Fundstelle aus der Datenbank Westlaw, https://legal.thomsonreuters.com/en/westlaw
Jura	Juristische Ausbildung
JurPC	JurPC, https://www.jurpc.de/
JZ	Juristenzeitung
KWG	Gesetz über das Kreditwesen (Kreditwesengesetz)
lat.	Lateinisch
LCGC	Ley 7/1998, de 13 de abril, sobre condiciones generales de la contratación
LEC	Ley de Enjuiciamiento Civil
LG	Landgericht
LGDCU	Ley Real Decreto Legislativo 1/2007, de 16 de noviembre, por el que se aprueba el texto refundido de la Ley General para la Defensa de los Consumidores y Usuarios y otras leyes complementarias,
lit.	litera
LOPJ	Ley Orgánica 6/1985 del poder judicial
LPA	Les Petites Affiches
LPI	Ley de Propiedad Intelectual
MhdB ArbR	Münchener Handbuch zum Arbeitsrecht
MK	Münchener Kommentar
MMR	Multimedia und Recht
m. w. N.	mit weiteren Nachweisen
n°	numéro (fr.)/número (span.)
NJW	Neue Juristische Wochenschrift
NJW-RR	NJW Rechtsprechungs-Report
Nr.	Nummer
núm.	Número

NZA	Neue Zeitschrift für Arbeitsrecht
obs.	Observations
o. g.	oben genannt
OLG	Oberlandesgericht
op. cit.	opere citato
Ord.	Ordonnance
p.	page/página
pan.	panorama
pts.	Pesetas
RCA	Responsabilité civile et Assurances
RDAI	Revue de Droit des Affaires Internationales
RDC	Revue des Contrats
RDi	Recht Digital (Zeitschrift)
Rdnr.	Randnummer
RdNT	Revista Aranzadi de Derecho y Nuevas Tecnologías
RdTW	Recht der Transportwirtschaft
RG	Registre du rôle (Gerichtsrolle) Reichsgericht (Deutschland)
RGZ	Entscheidungen des Reichsgerichts
RIDC	Revue internationale de droit comparé
RIW	Recht der internationalen Wirtschaft
RJ	Razonamientos Jurídicos Repertorio de Jurisprudencia Aranzadi
RL	Richtlinie
RLDC	Revue Lamy Droit Civil
ROJ	Repertorio Oficial de Jurisprudencia, https://www.poderjudicial.es/search/indexAN.jsp
Rspr.	Rechtsprechung
RTD civ.	Revue trimestrielle de droit civil
RTD com.	Revue trimestrielle de droit commercial et de droit économique
Rz.	Randzeichen
S.	Seite
s.	suivant(e)/siguiente
s. a.	siehe auch
s. o.	siehe oben
Somm.	Sommaire
ss.	suivant(e)s/siguientes
s. u.	siehe unten
SAP	Sentencia Audiencia Provincial SAP Societas Europaea
S. a.r. l.	Société à responsabilité limitée
SJPI	Sentencia Juzgado de Primera Instancia
SJZ	Süddeutsche Juristen-Zeitung
span.	spanisch
STS	Sentencia Tribunal Supremo, Sala de lo Civil, Sección 1a

TRIPS	Agreement on Trade-Related Aspects of Intellectual Property Rights
LGDCU	Ley General para la Defensa de los Consumidores y Usuarios
TC	Tribunal de commerce
TS	Tribunal Supremo
UCC	Uniform Commercial Code
URL	Uniform Resource Locator
Urt.	Urteil
U.S.C.	United States Code
v.	von/vom
VersR	Versicherungsrecht (Zeitschrift)
Vgl.	Vergleiche
VJIL	Virginia Journal of International Law
Vol.	Volumen
WKRL	Warenkauf-Richtlinie (EU) 2019/771
WTO	World Trade Organization
ZD	Zeitschrift für Datenschutz
ZEuP	Zeitschrift für Europäisches Privatrecht
ZfBR	Zeitschrift für dt. und internationales Bau- und Vergaberecht
ZfPW	Zeitschrift für die gesamte Privatrechtswissenschaft
ZfRV	Zeitschrift für Europarecht, Internationales Privatrecht und Rechtsvergleichung
Ziff.	Ziffer
ZIP	Zeitschrift für Wirtschaftsrecht
ZPO	Zivilprozessordnung
Zugl.	Zugleich
ZUM	Zeitschrift für Urheber- und Medienrecht
ZZP	Zeitschrift für Zivilprozess

01. Einführung

§ 1 Praktischer Fall 1

Die S GmbH mit Sitz in Frankfurt/Main hat sich spezialisiert auf die Digitalisierung von landwirtschaftlichen Betrieben. Die A S. a.r.l., die nachhaltige Bodenbewirtschaftung betreibt, hat ihren Sitz in Lothringen. Zwischen der S und der A kommt es erstmals auf einer internationalen Fachmesse in Paris zu geschäftlichen Kontakten. Sämtliche Verhandlungen werden auf Englisch geführt. Nach drei Videokonferenzen, in denen die betrieblichen Bedürfnisse der A geklärt werden, kommen Mitarbeitende der S zum französischen Firmensitz der A, um die Software zur Steuerung der Bodensensoren und Überwachungsdrohnen für die Bedürfnisse der A zu parametrisieren und in deren Rechenanlagen zu installieren. Der von der S vorbereitete Vertrag über Lieferung von Hard- und Software sowie Installation und Pflege von Software wird vor Ort von der Geschäftsführerin der A unterzeichnet. Der Vertrag ist in englischer Sprache verfasst. 15 Monate später macht die A Gewährleistung (*warranty claims*) geltend. Sie verlangt von S Nachbesserung an der Software, da diese Fehlfunktionen aufweise. Die S verweigert die kostenlose Nachbesserung unter Berufung auf ihre *General terms and conditions*, ihre Allgemeinen Geschäftsbedingungen (AGB). Die Vertragsurkunde, die von den Parteien unterzeichnet wurde, enthält folgenden Hinweis, der auf die Website der S verweist:

The general terms and conditions of S GmbH apply exclusively. They are available at URL: (...)

Die englischsprachigen AGB, abrufbar auf der Website der S, enthalten u. a. folgende Klauseln:

General terms and conditions

(...)

§ 6: The law of the Federal Republic of Germany shall apply to the exclusion of the UN Convention on Contracts for the International Sale of Goods.

§ 7: Warranty claims expire after 12 months.

Die S vertritt den Standpunkt, dass wegen des Hinweises auf der Vertragsurkunde ihre AGB in den Vertrag einbezogen worden seien. Gem. § 7 AGB sei der Anspruch auf Gewährleistung inzwischen verjährt. A hingegen meint, die AGB könnten nicht Vertragsbestandteil geworden sein, da ihre Geschäftsführerin nur den Vertrag, nicht aber die AGB unterschrieben hat. Wer von beiden hat Recht?

§2 Begriffsbestimmungen

01.20 IT-Unternehmen

In den folgenden acht Kapiteln werden wir die Grundlagen des Vertragsrechts behandeln, und zwar aus der Perspektive eines IT-Unternehmens, in Frankreich *entreprise de service du numérique* (ESN) und in Spanien *empresa informática* genannt. Das sind Unternehmen, die Lösungen der Informationstechnologie entwickeln, wobei die Auftraggeber keine Verbraucher, sondern selbst Unternehmen sind.[3] Kerngeschäft von IT-Firmen ist die Digitalisierung. In Frankreich spricht man von *numérisation.*[4] Die fortschreitende Digitalisierung der Industrie, das *Internet of Things* (in Deutschland bekannt als *Industrie 4.0,*[5] in Spanien als *Internet de las Cosas*)[6], führt dazu, dass auch Hersteller außerhalb der IT-Branche Digitalisierungen anbieten können („*Every company is now a software company*")[7]. Daraus ergibt sich sowohl für traditionelle Gerätehersteller als auch für reine Digitalunternehmen die Verheißung, ihre Geschäftsfelder in den jeweils anderen Bereich zu verlängern.[8] Traditionelle Maschinenbau-Unternehmen (z. B. Hersteller von Landmaschinen) können jetzt auch digital vernetzte Produkte anbieten (wie z. B. autonome Mähdrescher).

Eine Elektrofirma, die elektronische Steuergeräte für Schienenfahrzeuge produziert, mag die IT-Firma damit beauftragen, für sie eine Software zu entwickeln, die sie für die Programmierung ihrer Steuergeräte verwenden kann. Aber sie kann die IT-Firma auch damit beauftragen, ein eingebettetes System zu entwickeln, das die Elektrofirma in ihren Steuergeräten verbaut. Die IT-Firma kann sogar beschließen, eigenständig Steuergeräte zu entwickeln, um sie Waggonbaufirmen anzubieten, die sie dann in Schienenfahrzeugen verbauen. Und dann noch einen Schritt weiter: Die IT-Firma bietet gleich das komplette Schienenfahrzeug mit der von ihr entwickelten Steuerungssoftware an. Gerade in der Mobilitätsindustrie ist infolge der Digitalisierung die traditionelle Arbeitsteilung von Waggonbaufirmen und Elek-

3 *Hudin-Hengoat* et al., DCG 8 Systèmes d'information de gestion – Manuel, S. 39; *Leignel* et al., Performance durable de l'entreprise, S. 179; *Soler Matutes*, in: Soler Matutes et al., Manual de gestión y contratación informática, S. 423.

4 *Le Tourneau*, Contrats du numérique, n° 011.44, Fn. 7, weist darauf hin, dass es sich bei dem Anglizismus «digital» um einen *faux-ami* handelt, da sich *digital* im Französischen auf etwas bezieht, was zu den Fingern gehört, wie z. B. Fingerabdrücke; vgl. auch *Chiche-Attali*, Guide juridique du numérique, Introduction.

5 *Bräutigam/Klindt*, NJW 2015, 1137.

6 *Puyol Montero*, in: Quadra-Salcedo/Piñar Mañas, Sociedad Digital y Derecho, S. 320 ff.

7 *Satya Nadella*, CEO at Microsoft, 2019, https://www.satellitetoday.com/technology/2019/02/26/microsoft-ceo-every-company-is-now-a-software-company/ (letzter Abruf: 18.2.2026).

8 *Becker*, RDi 2024, 615, 616.

trofirmen abgelöst worden durch Geschäftsmodelle, bei denen Elektronik und Waggonbau aus einer Hand angeboten werden, z. B. von einer IT-Firma. Kurz gesagt: Als eine IT-Firma verstehen wir jedes Unternehmen, das Software entwickelt und ggf. auch die Produkte, die durch die Software gesteuert werden. Für die vielfältigen Erzeugnisse der IT-Firma werden wir im Folgenden den Oberbegriff „digitale Produkte" verwenden.

01.21 IT-Verträge

Die Verträge, die IT-Firmen mit ihren Kunden abschließen, nennt man IT-Verträge, *contrats informatiques, contratos informáticos*. Das sind die Verträge, mit denen wir uns in diesem Buch befassen werden. Ursprünglich beschränkten sich IT-Verträge auf die Überlassung von Hardware und/oder Software, seit Ende der 1990er Jahre beziehen sie sich auch auf webbasierte IT-Lösungen,[9] zu denen seit 2006 auch das Cloud Computing zählt.[10] Der Begriff IT-Vertrag beschreibt den Vertragsgegenstand, also die Bereitstellung einer digitalen Lösung. Er ist deshalb nicht zu verwechseln mit dem Begriff des elektronischen Vertrages, *«contrat électronique»*,[11] *«contrato electrónico»*.[12] Dieser bezieht sich auf das Zustandekommen des Vertrages durch elektronische Hilfsmittel. Beiden Begriffen gemeinsam ist jedoch, dass sie nichts aussagen über die rechtliche Einordnung dieser Verträge, sondern rein deskriptiv sind.[13]

Das Vertragsrecht beruht grundsätzlich auf nationalen Zivilgesetzbüchern. Das ist in Deutschland das Bürgerliche Gesetzbuch (BGB), in Frankreich der Code civil (C.civ.) und in Spanien der Código Civil (CC). In der europäischen Zivilrechtslehre gibt es seit mehr als dreißig Jahren ein umfangreiches Schrifttum, das sich mit der Idee eines Europäischen Zivilgesetzbuches befasst.[14] Ein solches Gesetzbuch könnte entweder die nationalen Gesetzbücher ersetzen oder neben diese treten, wobei die Anwendbarkeit auf grenzüberschreitende Fälle beschränkt bliebe.[15] Nach geltendem Recht

9 Vgl. Auer-Reinsdorff/Conrad, IT- und DatenschutzR-Hdb/*Schneider/Conrad*, § 10 Rdnr. 1; *Mascré*, Expertises 2002, 299.

10 *Guinier*, Expertises 2010, 335.

11 *Ngombé*, Fiches de Droit du numérique, S. 143 ff.

12 *Davara Rodríguez*, Manual de Derecho Informático, S. 309 f.

13 *Le Tourneau*, Contrats du numérique, n° 012.12.

14 Siehe etwa *Hartkamp* et al., Towards a European Civil Code; *Witz*, Plaidoyer pour un Code européen des obligations, in: Ranieri, Die Europäisierung der Rechtswissenschaft, S. 219–228.

15 Darstellung der Argumente bei *Kadner Graziano*, ZEuP 2005, 523–540; *ders.*, Le futur de la Codification du droit civil en Europe: harmonisation des anciens Codes ou création d'un nouveau Code?, in: Dunand/Winiger, Le Code civil français dans le droit européen, S. 257–274.

gibt es zwar keine generelle Kompetenz der Europäischen Union, Regelungen zum Vertragsrecht zu treffen. Es gibt aber zwei für IT-Verträge relevante Bereiche, die zu europäischem Vertragsrecht führen: das sind Verbrauchergeschäfte sowie Geschäfte der Datenwirtschaft (s. u. Nr. 01.52).

Egal, ob es sich um eine Rechtsanwältin handelt, die rechtsberatend für eine IT-Firma in Deutschland, Frankreich oder Spanien tätig wird, oder ob es sich um einen Unternehmensjuristen oder eine leitende IT-Ingenieurin handelt, die in der IT-Firma beschäftigt sind, sie alle müssen ein mehr oder weniger detailliertes Verständnis für die Behandlung von IT-Verträgen haben. Aus unternehmerischer Sicht gehört die Beauftragung der Rechtsanwältin gleichermaßen zum Risikomanagement wie die Anstellung des Unternehmensjuristen.[16] Zwischen der Rechtsanwältin und dem Unternehmensjuristen besteht zwar insofern ein grundsätzlicher Unterschied, als erstere unabhängig gegenüber dem Unternehmen ist, das sie beauftragt hat, während letzterer dort abhängig beschäftigt ist. Das muss aber keine Auswirkung haben auf die Praxis der Rechtsberatung, deren Perspektive dieses Buch vermitteln will. So gaben in Frankreich 93 Prozent der befragten Unternehmensjuristen (*juristes d'entreprise*) an, dass sie ihre Tätigkeit völlig unabhängig gegenüber der Geschäftsleitung ausüben können.[17]

Im Gegensatz zu den Unternehmensjuristen muss die angestellte IT-Ingenieurin, selbst wenn sie als Projektmanagerin unmittelbar mit den Vertragspartnern Verhandlungen führt, ein weniger vertieftes Verständnis für die Behandlung von Verträgen haben. Ohne Grundkenntnisse des Vertragsrechts sind die Aufgaben im Projektmanagement allerdings nicht zu bewältigen. Bei Unternehmensjuristen lässt sich sogar eine verstärkte Tendenz zur Spezialisierung feststellen, durch die vertiefte Kenntnisse des Vertragsrechts noch wichtiger werden: Nach einer Befragung französischer Unternehmensjuristen aus dem Jahr 2019 ist das Vertragsrecht die am häufigsten genannte Spezialisierung (gefolgt von Sozialrecht, Gesellschaftsrecht, IT-Recht, Urheberrecht und Compliance).[18]

01.22 IT-Projekte

In den 8 Kapiteln dieses Buches werden wir das Vertragsrecht behandeln, soweit es der Planung und Verwirklichung eines IT-Projekts im Unternehmensverkehr dient. Bei IT-Projekten geht es darum, dass die IT-Firma von einem anderen Unternehmen mit der Herstellung eines digitalen Produkts beauftragt wird. Der Auftraggeber mag das digitale Produkt für eigene be-

16 *Deharo*, Gaz. Pal. 2011, 1, doctr., 51.
17 Juriste d'entreprise magazine, Octobre 2010, n° 7, S. 10.
18 Juriste d'entreprise magazine, Janvier 2020, n° 35, S. 21.

triebliche Zwecke verwenden oder als Zubehör für Produkte, die von ihm in Umlauf gebracht werden. Uns interessiert nur das Vertragsrecht, soweit es für das Verhältnis zwischen dem Auftraggeber und der IT-Firma als Auftragnehmerin gilt. In der digitalen Ökonomie steht inzwischen nicht mehr das Eigentum, sondern die (vorübergehende) Nutzbarkeit von Sachen oder Inhalten im Vordergrund („*access over ownership*"), weshalb Verträge über digitale Produkte zwischen Unternehmern in der Regel durch Dauerschuldverhältnisse abgebildet werden.[19] Wenn man diese Logik der digitalen Ökonomie auf IT-Projekte überträgt, dann bedeutet das, dass der Auftraggeber die Herstellung eines digitalen Produkts begehrt, das er nur nutzen will, ohne daran Eigentum zu erwerben. Das passende Modell hierfür wäre Leasing. Diese Möglichkeit werden wir unten (s. Nr. 03.30 ff.) ausführlich behandeln.

Wenn hier die Rede ist von einem digitalen Produkt, *produit numérique*, *producto digital*, so handelt es sich dabei keinesfalls um einen europäischen Rechtsbegriff. Zwar enthält das BGB Vorschriften zu Verträgen über digitale Produkte (§§ 327–327u BGB), deren Anwendung ist aber auf Verträge mit Verbrauchern beschränkt, § 327 Abs. 1 BGB. IT-Projekte werden nicht von Verbrauchern, sondern von Unternehmen betrieben. Wenngleich die §§ 327 ff. BGB zur Umsetzung der europäischen Digitale-Inhalte-Richtlinie (EU) 2019/770 (kurz: DIRL)[20] ins BGB eingefügt wurden,[21] so kommt doch der Begriff „digitale Produkte" in der DIRL gar nicht vor. Die DIRL verwendet nur die Rechtsbegriffe „digitale Inhalte" («contenu numérique», «contenido digital») und „digitale Dienstleistungen" («service numérique», «servicio digital»), Art. 2 Nr. 1 und Nr. 2 DIRL. Einzig der deutsche Gesetzgeber hat die Bezeichnung „digitale Produkte" als Oberbegriff zu den digitalen Inhalten und den digitalen Dienstleistungen eingeführt. Damit beabsichtigte er weder eine inhaltliche Änderung noch eine Erweiterung zu den in der DIRL verwendeten Rechtsbegriffen; er wollte vielmehr die Lesbarkeit der Vorschriften verbessern.[22]

Wenn wir hier von digitalen Produkten reden, dann beziehen wir uns nicht auf den nur vom deutschen Gesetzgeber verwendeten Oberbegriff i. S. d. §§ 327 ff. BGB, sondern wollen vielmehr eine europäische Perspektive einnehmen und den Begriff als Beschreibung eines technischen Gegenstandes so verstanden wissen, dass er auch auf das geltende französische und spanische Recht angewendet werden kann. Im digitalen Zeitalter können Produkte materieller oder immaterieller Art sein, sodass es sich bei Software un-

19 *Kumkar*, ZfPW 2020, 306, 313; *Denga*, ZfPW 2024, 427, 433.
20 ABl. L136 v. 22.5.2019, S. 1–27.
21 BGBl. Teil I, 2021, S. 2123–2132.
22 Gesetzentwurf der Bundesregierung, BT-Drucks. 19/27653, S. 37.

abhängig von der Art ihrer Bereitstellung oder Nutzung – also unabhängig davon, ob die Software auf einem Gerät gespeichert oder über Cloud-Technologien abgerufen wird – um ein Produkt handelt, ErwG 13 Richtlinie (EU) 2024/2853 vom 23.10.2024.[23] Wenn sich die IT-Firma im Rahmen eines IT-Projekts zur Herstellung eines digitalen Produkts verpflichtet, dann ist mit diesem Produkt jeglicher körperlicher oder nicht-körperlicher Gegenstand gemeint, der eine IT-Lösung bereithält. Außerdem haben Verträge über digitale Produkte die Besonderheit, dass ihr Transaktionsgegenstand nicht nur Softwarefunktionalitäten, sondern auch Daten umfasst.[24] (Zu den Datenwirtschaftsverträgen s. u. Nr. 02.50 ff.).

§ 3 IT, Recht und Sprache

01.30 Deutsch, Französisch, Spanisch

Die 27 Mitgliedstaaten der EU haben jeweils eigene Vertragsrechtsordnungen. Es dürfte Einigkeit darüber bestehen, dass für die Funktionsfähigkeit des europäischen Binnenmarktes ein einheitliches europäisches Vertragsrecht nützlich wäre. Dabei ist aber zu bedenken, dass die Angleichung der nationalen Vertragsrechtsordnungen schwerlich zu einer Vereinheitlichung des europäischen Rechts beitragen wird, wenn nicht die Lehrmethoden der juristischen Ausbildung in der Europäischen Union angeglichen werden.[25] Die relative Rechtseinheit, die in der frühen Neuzeit trotz des territorialen Flickenteppichs auf dem europäischen Kontinent herrschte, beruhte insbesondere darauf, dass es an den kontinentaleuropäischen Universitäten eine gemeinsame Rechtslehre gab. Dieser Aufgabe müssen wir uns heute wieder stellen. Dieses Buch will nun dazu beitragen, europäisches und nationales IT-Vertragsrecht nach einem einheitlichen System zu vermitteln. Natürlich wäre es zu begrüßen, wenn es ein Lehrbuch gäbe, das bei der Vermittlung des IT-Vertragsrechts alle nationalen Vertragsrechtsordnungen innerhalb der EU einbeziehen würde. An einem solchen Lehrbuch müssten aber Rechtsgelehrte aus vielen europäischen Ländern mitwirken. Vielleicht kann das vorliegende Buch einen bescheidenen Anstoß für ein solches Gemeinschaftsprojekt von europäischen Rechtsgelehrten geben.

---

23 ABl. L, 2024/2853 vom 18.11.2024.

24 *Denga*, ZfPW 2024, 427–429.

25 *Ranieri*, Juristenausbildung und Richterbild in der europäischen Tradition, in: ders., Das Europäische Privatrecht des 19. und 20. Jahrhunderts, S. 292 f.; im gleichen Sinn, aber aus US-amerikanischer Sicht: *Eisenberg*, Why is American Contract Law so Uniform? – National Law in the United States, in: Weyers, Europäisches Vertragsrecht, S. 23–43.

Vorerst müssen wir uns auf die Darstellung des deutschen, französischen und spanischen Rechts beschränken. Für diese Beschränkung lassen sich neben einem subjektiven Argument, nämlich den Sprach- und Rechtskenntnissen des Verfassers, zwei objektive Argumente anführen. Das erste der objektiven Argumente bezieht sich auf die volkswirtschaftliche Bedeutung der drei Länder, das zweite auf die Fremdsprachenkenntnisse von Studierenden, die ihre Hochschulreife in der Europäischen Union erworben haben:

1. Wenn es nicht nur um die schiere Größe, sondern auch um Dynamik und Zukunftsträchtigkeit wie z. B. die Notierungen von Unternehmen im EURO-STOXX geht, so sind Deutschland, Frankreich und Spanien die wichtigsten Volkswirtschaften in der Europäischen Union.[26]
2. Was den Schulunterricht in der Europäischen Union anbelangt, so sind Französisch, Deutsch und Spanisch (in dieser Reihenfolge!) die am häufigsten gelernten zweiten Fremdsprachen.[27]

01.31 Rechtssprache

Was die in diesem Buch verwendeten Sprachen angeht, so ist zwischen der Wissenschaftssprache der Informatik (= Englisch) und der Verkehrssprache der IT-Geschäftswelt (= Englisch) sowie den nationalen Rechtssprachen zu unterscheiden. Englisch ist zweifellos die «*lingua franca*» der Informationstechnologie,[28] aber im Rahmen dieses Buches ist sie nicht die einschlägige Rechtssprache. Die Rechtssprachen, mit denen wir uns hier befassen werden, sind Deutsch, Französisch und Spanisch. Nationale Rechtssprachen haben jeweils ihre eigenen Begriffswelten. Es wäre falsch, wenn man sie so behandelte, als wären sie lediglich Übersetzungen einer gemeinsamen Universalsprache des Rechts. Mit einem Rechtsbegriff ist stets eine bestimmte Funktion innerhalb einer bestehenden Rechtsordnung verbunden. Deshalb lassen sich Rechtsbegriffe aus der einen Sprache nur dann mit einem Rechtsbegriff aus der anderen Sprache übersetzen, wenn beide Rechtsbegriffe funktional vergleichbar sind. Zur Vermeidung von Ambiguitäten empfiehlt es sich, Begriffe des nationalen Rechts in der Originalsprache zu verwenden. Studierende, die selbständig mit diesem Buch arbeiten wollen, sollten zumindest über einfache Grundkenntnisse in Französisch oder Spanisch verfügen. Dieses Buch beruht auf der Idee der sprachlichen Vielfalt (auf Französisch «*multilinguisme*»)[29], die zugleich auch die tragende Idee

26 *Gersemann*, Europas neue Nummer drei, Die Welt, 4.1.2020.

27 European Commission, European Education and Culture Executive Agency, Key data on teaching languages at school in Europe – 2023 edition, S. 86 f.

28 *Le Tourneau*, Contrats du numérique, n° 012.21 mit kritischer Stellungnahme.

29 Vgl. das Plädoyer von *Le Tourneau*, Contrats du numérique, n° 012.18.

einer transnationalen Europäischen Universität sein sollte («*diversity of languages*»).[30]

Wenn in Deutschland, Frankreich oder Spanien ein IT-Projekt verwirklicht werden soll, an dem deutsche, französische oder spanische Vertragspartner beteiligt sind, dann spielt die englische Rechtssprache keine Rolle. Und zwar weder bei den Vertragsverhandlungen noch bei einem möglichen Rechtsstreit. Dem steht auch nicht entgegen, dass jetzt aufgrund des Justizstandort-Stärkungsgesetzes[31] die deutschen Bundesländer sog. *Commercial Courts* einrichten (§§ 119b GVG, §§ 610 ff. ZPO) und ausgewählte Spruchkörper vorsehen können, die Zivilsachen vollständig in englischer Sprache verhandeln (§§ 184a, 184b GVG, §§ 606 ff. ZPO). Denn dort geht es um Englisch als Verhandlungssprache und nicht um die englische Rechtssprache. Das gilt entsprechend auch für Frankreich, wo es *International commercial chambers* sowohl am *Tribunal de commerce* als auch an der *Cour d'appel* in Paris gibt, bei denen die Prozessparteien ihre Schriftstücke (*pièces*) auf Englisch einreichen dürfen. Anders als in Deutschland gilt dort allerdings noch die Einschränkung, dass die schriftlichen Prozesshandlungen (*les actes de la procédure*) wie z. B. die Klageanträge (*conclusions*) oder die Entscheidungen des Gerichts (also *jugement, ordonnance* oder *arrêt*) zwingend in französischer Sprache zu verfassen sind.[32]

Rechtssprache ist diejenige Sprache, die in der Regel als Gerichtssprache gilt. In Deutschland ist die Gerichtssprache in der Regel Deutsch (§ 184 GVG). In Frankreich ist sie Französisch, und zwar aufgrund Art. 111 der *Ordonnance du 25 août 1539* («*Ordonnance de Villers-Cotterêts*»), die seit fast fünfhundert Jahren geltendes Recht ist. In Spanien ist die Gerichtssprache regelmäßig Kastilisch (Art. 231.1 LOPJ), also Spanisch; in den Autonomen Gemeinschaften Spaniens kann es auch die dort geltende Sprache sein, wenn die Prozessparteien damit einverstanden sind (Art. 231.2 LOPJ).

IT-Ingenieure und Ingenieurinnen aus Frankreich, Deutschland oder Spanien werden sich untereinander auf Englisch austauschen, da die gemeinsame Fachsprache Englisch ist. Die gemeinsame Wissenschaftssprache von Juristen und Juristinnen aus Frankreich, Deutschland oder Spanien ist jedoch nicht Englisch. Die englische Rechtssprache ist keine gemeinsame Fachsprache, die etwa deutsche, französische und spanische Juristen miteinander

30 Vgl. das Mission Statement der European University of Technology, https://www.univ-tech.eu/mission-statement-1 (letzter Abruf: 18.2.2026).

31 BGBl. 2024 I Nr. 302.

32 Art. 2.2 und Art. 2.3 Protocole relatif à la procédure devant la chambre internationale du tribunal de commerce de Paris (in Kraft getreten am 1.3.2018) und Guide pratique, abrufbar unter: https://www.cours-appel.justice.fr/paris/guide-pratique-de-procedure-devant-les-ccip-tc-et-ccip-ca-practical-guide-proceedings-iccp-cc (letzter Abruf: 18.2.2026).

verbinden würde. Jahrhundertelang war Latein die gemeinsame Fachsprache der europäischen Juristen, die zu einem einheitlichen Zivilrecht auf dem europäischen Kontinent geführt hat. Das änderte sich erst, als die nationalen Zivilgesetzbücher in Kraft traten (in Frankreich 1804, in Spanien 1889 und in Deutschland 1900).

Aber auch heute noch mag es die Erfolgsaussichten eines Verfahrensbeteiligten befördern, wenn er sich in einem Rechtsstreit vor einem europäischen Gericht auf eine römische Rechtsregel berufen kann. Ein Mitglied der Beschwerdekammern des Europäischen Patentamts hat es so ausgedrückt: „*Lateinische Rechtsregeln aus gemeinsamer Rechtsgeschichte haben bisher innerhalb der Beschwerdekammern des Europäischen Patentamts eher zu einem Konsens geführt als Orientierung am nationalen Recht. Auch die Große Beschwerdekammer greift zu den Digesten (...) Wer sich also vor den Kammern Erfolg erhofft, sollte die nationalstaatlichen Kodifikationen der letzten drei Jahrhunderte vergessen und auf das gemeinsame, alte europäische Recht zurückgreifen, wie es – immer noch weit verständlich – in lateinischer Sprache formuliert ist*".[33] Im Folgenden werden wir noch mehrmals römischen Rechtsregeln begegnen, die auf vertragsrechtliche Streitigkeiten auch im IT-Recht angewendet werden.

01.32 Rechtsprechung

Wer sich einer nationalen Rechtssprache bemächtigen will, übt sich am besten im Lesen von Gerichtsentscheidungen. Eine typische Übung im französischen Jurastudium besteht darin, dass die Studierenden einen *commentaire d'arrêt* anfertigen und sich dabei intensiv mit einem konkreten Gerichtsurteil befassen.[34] Bedauerlicherweise gehört diese Übung nicht zum Kanon des Jurastudiums an deutschen Universitäten. Das ist deshalb bedauerlich, weil erst in dem Durchdringen eines Urteils ein Verständnis dafür geweckt werden kann, wie Recht entsteht. Erst wo Norm und Lebenssachverhalt, Sollen und Sein, zueinander in Entsprechung treten, entsteht Recht: Recht ist die Entsprechung von Sollen und Sein.[35]

Den Studierenden, die mit diesem Buch arbeiten wollen, sei deshalb empfohlen, die zitierten Entscheidungen nachzulesen. Dabei war der Verfasser

33 *Bossung*, Über den Irrtum des Anmelders im europäischen Patenterteilungsverfahren, in: Bohlig, Lohn der Leistung und Rechtssicherheit, Festschrift für Albert Preu zum 70. Geburtstag, S. 219.

34 Vgl. *N'Diaye*, Cas pratique versus commentaire d'arrêt: approches française et allemande de l'exercice juridique classique, in: Hiller et al., Interkulturelle Kompetenz in deutsch-französischen Studiengängen, S. 152 ff., die hier die Unterschiede zum deutschen Jurastudium herausstellt.

35 *Kaufmann*, Rechtsphilosophie, S. 148.

darauf bedacht, Urteile möglichst nur dann zu zitieren, wenn deren Volltexte den Studierenden leicht zugänglich sind. In der vom *Secrétariat général du gouvernement français* betriebenen offiziellen Datenbank «Légifrance»[36] lassen sich zahllose Urteile des französischen Kassationshofs und der Appellationsgerichte finden, wenn man auf das in der Fußnote zitierte siebenstellige Aktenzeichen (n° xx-xx.xxx) achtet. Ggf. lassen sich auch Entscheidungen der Appellationsgerichte mit Hilfe der «RG n°» über die allgemeinen Suchmaschinen finden. Nicht nur die Volltexte der französischen, sondern auch die der spanischen höchstrichterlichen und obergerichtlichen Rechtsprechung sind inzwischen einfach nachzulesen. Wenn man auf den im Zitat genannten Code des *Repertorio Oficial de Jurisprudencia* (ROJ) achtet, dann erhält man über die vom *Consejo General del Poder Judicial* betriebene Website[37] den Zugang zum Volltext des entsprechenden Urteils. In Deutschland gibt es leider (noch) keine zentrale Plattform wie in Spanien und in Frankreich, aber dafür zahlreiche Open-Access-Projekte, sodass mit Hilfe des im Zitat genannten Aktenzeichens der Volltext oftmals über die allgemeinen Suchmaschinen gefunden werden kann.

01.33 Geschäftssprache

Es kommt häufig vor, dass in der Geschäftssprache englische Begriffe verwendet werden, die der Rechtssprache des Common Law, also des anglo-amerikanischen Rechts entstammen. Wenn nun IT-Verträge nach einer kontinentaleuropäischen Rechtsordnung geschlossen werden, ist aus Sicht der Rechtsberatung darauf zu achten, dass Rechtsbegriffe aus dem Common Law, die der eigenen Vertragsrechtsordnung fremd sind, nicht in die Vertragsgestaltung einfließen.[38] Unternehmensjuristen und Projektmanager haben gemeinsam Sorge dafür zu tragen, dass Rechts- und Geschäftssprache nicht miteinander verwechselt oder gar vermischt werden. Die in den Verträgen verwendeten Rechtsbegriffe werden anhand des Gesetzes überprüft, die in den Verträgen verwendeten Sachbegriffe werden anhand der in der wissenschaftlichen Fachsprache (Englisch) üblichen Terminologie überprüft. Die strikte Trennung zwischen Verkehrssprache (Englisch) einerseits und nationaler Rechtssprache andererseits bietet sich als globale Regel für die Rechtsberatung internationaler IT-Unternehmen an.

36 URL: https://www.legifrance.gouv.fr/.

37 URL: https://www.poderjudicial.es/search/indexAN.jsp.

38 Vgl. aus span. Sicht: *Peso Navarro*, La contratación informática, Actualidad Informática Aranzadi n° 14, enero 1995, S. 8; aus frz. Sicht: *Le Tourneau*, Contrats du numérique, n° 012.21.

Nicht jedoch, wenn es um Frankreich geht! Hier ist die *loi n° 94-665 du 4 août 1994 relative à l'emploi de la langue française*[39] zu beachten. Die sog. «*Loi Toubon*», benannt nach dem damaligen französischen Kultusminister *Jacques Toubon*, reglementiert auch die Geschäfts- und die Fachsprache. D. h. also, dass nach der «*Loi Toubon*» auch Geschäfts- und Fachsprache auf ihre Gesetzmäßigkeit hin überprüft werden können. Das Rundschreiben des Premierministers vom 19.3.1996[40] zur Anwendung der «*Loi Toubon*» stellt fest, dass die Benutzung sowohl der Anwendungssoftware als auch des Betriebssystems auf Französisch vorgegeben sein muss, egal ob sich die Vorgabe aufgrund eines Papiers oder aus der Software selbst ergibt. Diese Gesetzesauslegung würde dann auch die Tätigkeit des Programmierers betreffen. Andererseits stellt das Rundschreiben des Premierministers fest, dass die «*Loi Toubon*» nicht anzuwenden ist auf Rechnungen und andere Dokumente, welche zwischen Geschäftsleuten ausgetauscht wurden, die keine Verbraucher oder Endbenutzer sind. Daraus sollte man aber nicht schließen, dass IT-Verträge im B2B-Bereich von der Anwendung der «*Loi Toubon*» ausgeschlossen sind.[41] Die Rechtsprechung wendet nämlich die «*Loi Toubon*» unabhängig davon an, ob der Vertragspartner ein Verbraucher oder ein Spezialist ist.[42] Die Pflicht zur Verwendung der französischen Sprache erstreckt sich nicht nur auf Benutzerhandbücher, auf die der Endbenutzer eines Softwarepakets nach dessen Installation Zugriff haben kann, sondern auch auf Dokumente, die für den mit der Installation beauftragten Fachmann bestimmt sind.

Eine mit der «*Loi Toubon*» vergleichbare gesetzliche Regelung, wonach auch die Fachsprache reglementiert werden kann, gibt es weder in Spanien noch in Deutschland. Die spanische Rechtsprechung hatte sich auch schon mit der Frage auseinanderzusetzen, ob der Käufer von Software die Vertragsauflösung verlangen kann, wenn die mitgelieferte Anleitung nur auf Englisch verfasst ist. Für das Berufungsgericht kommt es entscheidend darauf an, ob es sich bei der Anleitung um das Benutzerhandbuch für den Endbenutzer handelt oder um eine technische Anleitung für Fachleute.[43] Es geht nach spanischem Recht offensichtlich nicht um den Schutz der eigenen Sprache, sondern um den Schutz des nicht fachkundigen Endbenutzers, von dem nicht erwartet werden kann, dass er eine Fremdsprache beherrscht. Nach der französischen Rechtsprechung hingegen kommt es nicht darauf

39 JO n° 180 du 5 août 1994, 11392–11395.

40 Circulaire du 19 mars 1996 concernant l'application de la loi n° 94-665 du 4 août 1994 relative à l'emploi de la langue française, JO n° 68 du 20 mars 1996, 4258.

41 Vgl. *Hazan*, Langue française et NTIC: faut-il compléter la loi Toubon?, Légipresse n° 230, Avril 2006, S. 38.

42 Cass., ch. criminelle, du 03/11/2004, n° 03-85.642.

43 SAP Barcelona, Sección 1ª, de 04/04/2000, FD 6°, ROJ: SAP B 4294/2000.

an, ob der Adressat ein Laie oder ein Fachmann ist. Folglich wird in der französischen Rechtsliteratur festgestellt, dass sowohl die Bezeichnung des Vertragsgegenstandes als auch das Angebot, die Gebrauchsanweisung, die Beschreibung des Umfangs und der Garantiebedingungen eines Produkts oder einer Dienstleistung stets auf Französisch erfolgen müssen.[44] Werden Verträge nach französischem Recht geschlossen, ist es deshalb dringend zu empfehlen, dass bei der Anfertigung sämtlicher Vertragsdokumente nicht die englischen Fachbegriffe, sondern ausschließlich die entsprechenden französischen Begriffe verwendet werden. Wenn der Vertrag in einer französischen und in einer englischen Fassung vorliegt, sollte klargestellt werden, dass im Zweifel nur die französische Version rechtsverbindlich ist. Es empfiehlt sich dafür folgende Klausel:[45]

> «Le contrat est conclu en deux exemplaires originaux bilingues français-anglais, l'un quelconque de ces originaux pouvant être produit comme preuve suffisante de l'accord des parties. La version française devra prévaloir en cas de divergence entre les versions ou de difficulté d'interprétation quelconque.»

§ 4 IT, Recht und Methode

01.40 Lehrmethode

Dieses Buch richtet sich vor allem an diejenigen, die an europäischen Hochschulen studieren, und zwar sowohl an die Studierenden der wirtschaftsrechtlichen Studiengänge als auch an die Studierenden der IT-Ingenieurswissenschaften, die später im Projektmanagement arbeiten und sich die dafür notwendigen juristischen Kenntnisse aneignen wollen. Es ist das Anliegen des Verfassers, das wechselseitige Verständnis von IT-Ingenieuren und Juristen zu befördern. Vorrangiges Ziel dieses Buches ist es, ein grundsätzliches Verständnis für europäisches und nationales IT-Vertragsrecht zu vermitteln. Dafür bietet sich die induktive Lehrmethode an, bei der vom Besonderen auf das Allgemeine zu schließen ist. Die Studierenden sollen anhand von praktischen Fällen die Grundlagen des Vertragsrechts erlernen. Am Anfang eines jeden Kapitels findet sich ein praktischer Fall, dessen Lösung am Ende des Kapitels erläutert wird. Innerhalb des Kapitels werden in lockerer Folge kleinere praktische Fälle präsentiert. Der praktische Fall, der *cas pratique*, ist heute fester Bestandteil der französischen wie der

44 *Le Tourneau*, Contrats du numérique, n° 012.23.
45 *Chiche-Attali*, Guide juridique du numérique, S. 41.

deutschen Juristenausbildung.[46] Auch in Spanien hat die Veröffentlichung von Lehrbüchern, die den Rechtsstoff anhand von praktischen Fällen (*casos prácticos*) vermitteln,[47] in den letzten Jahrzehnten erheblich zugenommen, wobei als maßgebliches Vorbild wohl die US-amerikanischen *Case Books* dienten.[48]

01.41 Rechtsfindungsmethode

Während die ideale Lehrmethode *induktiv* ist, gehen kontinentaleuropäische Juristen und Juristinnen bei der Suche nach der rechtlichen Lösung für einen praktischen Fall *deduktiv* vor. Das ist die Subsumtion, also die Unterordnung eines Sachverhalts unter eine Rechtsnorm. Diese Methode, die historisch gesehen als Erbstück der gemeinrechtlichen Ausbildungstradition zu verstehen ist,[49] hat die Denkweise kontinentaleuropäischer Juristen über Jahrhunderte geprägt, und zwar bis heute.[50] Auch wenn der Begriff *Subsumtion* der französischen Rechtssprache fremd ist,[51] so sollte die Methode den französischen Studierenden vertraut sein. Die Subsumtion ist nämlich die juristische Anwendung eines Syllogismus.[52] Der Syllogismus wiederum ist die deduktive Schlussfolgerung, die europäische Studierende einüben sollen.[53] Die Studierenden müssen den Syllogismus nicht nur verstehen, um Rechtslösungen für praktische Fälle auszuarbeiten, sondern auch um Gerichtsurteile lesen zu können. Die strenge Form, in der die Urteile des französischen Kassationshofs verfasst werden, folgt dem Syllogismus.[54]

---

46 *N'Diaye*, Cas pratique versus commentaire d'arrêt: approches française et allemande de l'exercice juridique classique, in: Hiller et al., Interkulturelle Kompetenz in dt.-frz. Studiengängen, S. 140 f.

47 Statt aller: *Herrero Morant*, Casos prácticos de introducción al Derecho para los grados de Economía y Empresa; *Luceño Oliva*, Casos prácticos de Derecho Mercantil.

48 *Ranieri*, Juristen für Europa: Wahre und falsche Probleme in der derzeitigen Reformdiskussion zur dt. Juristenausbildung, in: ders., Das Europäische Privatrecht des 19. und 20. Jahrhunderts, S. 266.

49 *Ranieri*, op. cit., S. 276.

50 *Ranieri*, Relationstechnik, in: ders., Das Europäische Privatrecht des 19. und 20. Jahrhunderts, S. 324.

51 *Sonnenberger/Autexier*, Einführung in das französische Recht, S. 30.

52 Vgl. *Engisch*, Einführung in das juristische Denken, S. 47 ff.

53 Vgl. aus frz. Sicht: *Damette/Dargirolle*, Méthode de français juridique, S. 22 ff.; *N'Diaye*, Cas pratique versus commentaire d'arrêt: approches française et allemande de l'exercice juridique classique, in: Hiller et al., Interkulturelle Kompetenz in dt.-frz. Studiengängen, S. 150 f.; aus dt. Sicht: *Schneider*, Logik für Juristen, S. 12.

54 Vgl. *Weber*, Comprendre un arrêt de la Cour de cassation rendu en matière civile, BICC n° 702 du 15 mai 2009, S. 6, 14; *Eggensperger*, Urteile des französischen Kassationshofs aus der Sicht von Sprachlernenden, in: Tinnefeld, Fachsprache Französisch – facettenreich, faszinierend, funktional, S. 139 ff., 152.

Der Syllogismus ist eine Deduktion, bei der von einem Obersatz (= *Regel*) und einem Untersatz (= *Fall*) auf ein Ergebnis geschlossen wird (lateinisch: *Conclusio*). Zur Erläuterung der *Conclusio* beim Syllogismus sei auf das altbekannte Schulbeispiel verwiesen:

> Alle Menschen sind sterblich (*Regel*);
> Sokrates ist ein Mensch (*Fall*);
> Sokrates ist sterblich (*Conclusio*).

Um den Syllogismus fehlerfrei anzuwenden, muss man danach unterscheiden, ob der Obersatz einen Sollenssatz oder eine Seinsaussage enthält. Wenn der Obersatz eine Seinsaussage enthält, kann im logischen Schluss nicht plötzlich ein Sollenssatz erscheinen, denn das wäre ein logischer Fehler, ein sog. naturalistischer Fehlschluss (*naturalistic fallacy*).[55] Beispiel für einen solchen Fehlschluss wäre z.B.: Software kann niemals fehlerfrei erstellt werden (*Regel*); bei dem Produkt XY handelt es sich um Software (*Fall*); der Anbieter der Software XY ist nicht verpflichtet, fehlerfreie Software zu liefern (*Conclusio*). Die *Regel* ist hier eine Seinsaussage, der vermutlich jede Programmiererin und jeder Programmierer zustimmen wird. Die *Conclusio* ist hier aber ein Sollenssatz. Der logisch richtige Schluss müsste demnach lauten: Die Software XY ist nicht frei von Fehlern (*Conclusio*). Die Besonderheit des juristischen Syllogismus besteht also darin, dass der Obersatz eine Rechtsnorm enthält und der Untersatz einen Sachverhalt, weshalb die *Conclusio* einen Sollenssatz enthalten muss.

Das unterscheidet den juristischen vom naturwissenschaftlichen Syllogismus. Ein Naturgesetz enthält – im Gegensatz zur Rechtsnorm – keinen Sollenssatz. Wenn wir das Zweite Newtonsche Gesetz ($F = m \cdot a$) auf den Fall anwenden, dass ein Körper, der 20 kg wiegt, auf eine Geschwindigkeit von 5 m/s^2 beschleunigt wird, dann kann die hier wirkende Kraft im Wege des Syllogismus wie folgt bestimmt werden:

> $F = m \cdot a$ (*Regel*);
> m: 20 kg,
> a: 5 m/s^2 (*Fall*);
> F: 100 N (*Conclusio*).

Im Gegensatz zum juristischen Syllogismus handelt es sich beim naturwissenschaftlichen Syllogismus auf allen drei Stufen, also auch bei der *Regel* und der *Conclusio*, jeweils um eine Seinsaussage. Grundlage des juristischen Denkens aber ist der Methodendualismus, bei dem Sein und Sollen in Entsprechung zu bringen sind: *Law is a bridge between Is and Ought*.[56] Daraus ergeben sich Besonderheiten des rechtswissenschaftlichen Denkens nicht nur im Verhältnis zu den Naturwissenschaften, sondern auch im Verhältnis

55 *Hofmann*, Einführung in die Rechts- und Staatsphilosophie, S. 12.
56 *Bodenheimer*, in: Ratio Juris, Vol. 1, Issue 2, July 1988, S. 137 ff.

zur Ethik. Das verdeutlicht am besten die Merkregel zu den vier wissenschaftlichen Haltungen, die der deutsche Rechtsphilosoph *Gustav Radbruch* (1878–1949) aufgestellt hat: Es gibt die *bewertende* Haltung der Ethik, die *wertblinde* Haltung der Naturwissenschaften, die *wertbeziehende* Haltung der Rechtswissenschaften und die *wertüberwindende* Haltung der Religionswissenschaften.[57] Dass das Recht ein eigenes System bildet, das sich von dem der Moral unterscheidet, beschreibt auch der deutsche Soziologe *Niklas Luhmann* (1927–1998) in seiner Systemtheorie. Im Rechtssystem geht es um den binären Code von Recht und Unrecht, in der Moral hingegen geht es um Gut und Böse, in der Politik um Machterwerb und Machtverlust, in der Wirtschaft um Gewinn und Verlust, in der Religion um Erlösung und Verdammnis und in der Wissenschaft um Wahrheit und Irrtum.[58]

Folglich sind Sollenssätze danach zu unterscheiden, ob es sich um ein moralisches oder ein rechtliches Sollen handelt. Das Recht ist insofern relativ, als es sich zwar auf die Moral bezieht, aber nicht identisch mit ihr ist. Moralische Werte kennzeichnen das an und für sich Gute, also das Gute schlechthin. Das Recht muss diesen Werten dienen. Praktisch gesehen unterscheidet sich moralisches vom rechtlichen Sollen dadurch, dass nur letzteres von Gerichts wegen vollstreckt werden kann (siehe dazu unten Nr. 07.20). Aus unternehmerischer Sicht hat das rechtliche Sollen gegenüber dem moralischen Sollen durchaus Vorzüge. Verbotsgesetze sind dazu geeignet, dem unternehmerischen Handeln eine Richtschnur zu geben. Bei fehlenden gesetzlichen Vorgaben können Unternehmen einem unkalkulierbaren Risiko ausgesetzt sein, wegen unethischen Verhaltens von der öffentlichen Meinung an den Pranger gestellt zu werden. Verrechtlichung entlastet von moralischer Zurechnung, sodass man sagen kann: Verrechtlichung dient dem sozialen Frieden, Moralisierung aber strapaziert ihn.[59]

Die Unterscheidung zwischen Seinssätzen und Sollenssätzen i. S. d. Methodendualismus ist essentiell für das juristische Denken. Wenn eine Norm einen Satz enthält, der technisch gesehen nicht *sein* kann, dann spricht das nicht gegen die Wirksamkeit der Norm, denn ein *Sollen* ist kein *Sein*. Eine Norm wird nicht dadurch unwirksam, dass es dem Normadressaten technisch unmöglich ist, sie zu erfüllen. Nach Art. 7 Abs. 3 Richtlinie (EU) 2019/771 (Warenkauf-Richtlinie)[60] sorgt im Falle von Waren mit digitalen Elementen der Verkäufer dafür, dass der Verbraucher über Aktualisierungen, die für den Erhalt der Vertragsmäßigkeit dieser Waren erforderlich sind, informiert wird und solche erhält. Technisch und damit ontisch gesehen kann

57 Siehe dazu *Radbruch*, Gesamtausgabe, Bd. 2, Rechtsphilosophie, S. 161 und S. 315 f.
58 *Luhmann*, Das Recht der Gesellschaft, S. 60 f., 67 ff.
59 *Schlette*, Evangelische Aspekte 4/2023, S. 30.
60 ABl. L 136 v. 22.5.2019, S. 28–50.

nur derjenige Softwareupdates liefern, der den Quellcode kennt. Das ist zwar eine technische, aber keine normative Notwendigkeit. Rechtlich gesehen kann der Verkäufer für etwas haften, das nur ein anderer, nämlich der Hersteller der Software, technisch leisten kann.

Abschließend noch ein **Beispiel**, wie die juristische Entscheidungsfindung im Wege des Syllogismus funktioniert:

Sachverhalt: Die A aus Frankreich hat die Software XY entwickelt. Sie verkauft eine Kopie von XY, die sich auf einem Datenträger befindet, an den B in Deutschland.

Frage: Darf B diesen Datenträger mitsamt der Kopie von XY weiterverkaufen an die C in Spanien?

***Obersatz** (Regel)*:

§ 69c UrhG: Der Rechtsinhaber hat das ausschließliche Recht, folgende Handlungen vorzunehmen oder zu gestatten:

(...)

3. jede Form der Verbreitung des Originals eines Computerprogramms oder von Vervielfältigungsstücken, einschließlich der Vermietung. Wird ein Vervielfältigungsstück eines Computerprogramms mit Zustimmung des Rechtsinhabers im Gebiet der Europäischen Union oder eines anderen Vertragsstaates des Abkommens über den Europäischen Wirtschaftsraum im Wege der Veräußerung in Verkehr gebracht, so erschöpft sich das Verbreitungsrecht in bezug auf dieses Vervielfältigungsstück mit Ausnahme des Vermietrechts; (...)

***Untersatz** (Fall)*

A, die Rechtsinhaberin an der Software XY ist, hat ein Vervielfältigungsstück von XY an B veräußert.

***Ergebnis** (Conclusio)*:

Der B darf die Kopie von XY an die C weiterverkaufen, da sich das Verbreitungsrecht von A an dem Vervielfältigungsstück dadurch erschöpft hat, dass A dieses im Gebiet der EU im Wege der Veräußerung in den Verkehr gebracht hat.

01.42 Projektmethoden

Die Organisation und Methodik von IT-Projekten muss Rücksicht nehmen auf die Gesetzmäßigkeiten der Software-Entwicklung. Diese stellt eine Folge ständiger, nahtlos ineinander *übergehender Wiederholungen* von Entwicklung, Programmierung, Kompilierung bzw. Assemblierung und Fehlersuche dar.[61] Die notwendig iterative Vorgehensweise bei der Soft-

61 *König*, Das Computerprogramm im Recht, Rdnr. 169, 172.

ware-Entwicklung mag nicht so recht passen zu traditionellen Projektmethoden wie den Phasenmodellen, bei denen der gesamte Ablauf des Projekts in zeitlich-logische Phasen gegliedert ist. Phasenmodelle unterteilen das IT-Projekt üblicherweise in fünf Phasen: Analyse, Entwurf, Implementierung, Integration und Pflege. Die Idee des Phasenkonzepts ist es, dass am Ende jeder Phase eine Qualitätssicherungsprüfung steht und erst nach erfolgreichem Abschluss dieser Prüfung mit der nächstfolgenden Phase begonnen werden darf.[62]

Die Nachteile des starren Phasenkonzepts versuchen die agilen Projektmethoden zu überwinden, die keinen linearen, sondern einen iterativen Prozess vorgeben. Das iterative Vorgehen führt dazu, dass bei agilen Methoden die Zusammenarbeit der Vertragspartner über das gesamte Projekt hinweg viel intensiver ausfällt als bei Phasenmodellen. Deshalb fordert das *«Agile Manifesto for Software Development»: value customer collaboration over contract negotiation.*[63] Die iterative Methode der Softwareentwicklung dient zwar als Vorbild für agile Projektmethoden. Sie lässt sich aber nicht problemlos auf die juristische Methode zur Feststellung der Vertragskonformität übertragen. Letztere setzt eine scharfe Trennung zwischen Soll-Beschaffenheit und Ist-Beschaffenheit des Vertragsgegenstandes voraus. Diese Trennung besteht nicht nur im Hinblick auf die Kategorien an sich, sondern auch auf deren zeitliche Abfolge. Demnach muss die Soll-Beschaffenheit zwingend vor der Ist-Beschaffenheit feststehen. Aus der Ist-Beschaffenheit kann keinesfalls auf eine vorher festzulegende Soll-Beschaffenheit geschlossen werden. Die Ist-Beschaffenheit des Vertragsgegenstandes kann immer nur anhand der bereits feststehenden Soll-Beschaffenheit auf ihre Vertragskonformität hin überprüft werden.

Auf den Syllogismus bezogen, heißt das: Die Soll-Beschaffenheit ist die *Regel*, die Ist-Beschaffenheit ist der *Fall*, und die *Conclusio* ergibt, ob Vertragskonformität vorliegt oder nicht (vgl. oben Nr. 01.42). Welcher Maßstab aber gilt für die Soll-Beschaffenheit, wenn die Parteien gemäß der agilen Projektmethode auf die vorvertragliche Erstellung eines Pflichtenhefts verzichtet haben? Hat der Auftraggeber eine vorvertragliche Mitwirkungspflicht, durch die ihm die Verantwortung zukommt, ein Pflichtenheft zu erstellen? Diese Fragen werden wir im Zusammenhang mit den Mitwirkungspflichten des Auftraggebers in Kap. 05 behandeln (s. u. Nr. 05.27).

62 *Wißner*, in: Jäger et al., Begutachtung und rechtliche Bewertung von EDV-Mängeln, S. 19.

63 URL: https://agilemanifesto.org/.

01.43 Methoden und Perspektiven

Wie soeben beschrieben, gilt für die Prüfung, ob die fertiggestellte Software vertragskonform ist, eine andere Methode als für die Entwicklung der Software. Die Frage der Vertragskonformität beschäftigt die Unternehmensjuristin, die Entwicklung der Software die Projektmanagerin. Sie eint zwar der gemeinsame Wille, das Projekt zum Erfolg zu führen, dabei haben sie aber verschiedene Herangehensweisen. Dass für ingenieurswissenschaftliches Arbeiten einerseits und juristisches Arbeiten andererseits unterschiedliche Methoden angewendet werden, hat einen tieferen Grund. Und der besteht darin, dass für ingenieurswissenschaftliches und für juristisches Denken jeweils unterschiedliche Perspektiven gelten. Der Fluchtpunkt des ingenieurwissenschaftlichen Denkens ist die Problemlösung; der Fluchtpunkt des juristischen Denkens ist die Rechtskraft eines vollstreckbaren Endurteils. IT-Anwendungen sind darauf ausgerichtet, Probleme zu lösen, wobei der Maßstab die Effizienzsteigerung ist. Die Entwicklung einer neuen Softwareversion, die weniger effizient ist als die vorherige, wäre im ingenieurswissenschaftlichen Verständnis keine Problemlösung. Für die angestellte IT-Ingenieurin bedeutet das, dass der Fluchtpunkt ihres Denkens eine effiziente Problemlösung sein muss, die im Interesse ihres Unternehmens ist. Und für die Unternehmensjuristin heißt das, dass der Fluchtpunkt ihres Denkens ein vollstreckbares Endurteil sein muss, das im Interesse der Geschäftsleitung ist (zur Vollstreckbarkeit von Urteilen s. u. Nr. 07.30 ff.).

Unternehmensjuristen sind also nicht auf Problemlösungen fokussiert, sondern auf Konfliktlösungen. Die Konfliktlösung wiederum besteht in einer revisionsfesten Gerichtsentscheidung, im Idealfall zugunsten des eigenen Unternehmens. Selbst bei Verhandlungen zu einer außergerichtlichen Streitbeilegung darf das gerichtliche Endurteil als Fluchtpunkt nicht aus dem Blickwinkel geraten. Eine Mediation oder Schlichtung sollte nur dann in Erwägung gezogen werden, wenn es eine echte Chance gibt, die Interessen der Parteien im Sinne eines „Win-Win" in Ausgleich zu bringen.[64] Rechnet sich eine der Parteien sehr gute Chancen aus, ein obsiegendes Gerichtsurteil zu erwirken, wird sie weniger geneigt sein, an einer Mediation teilzunehmen.

Wollten wir die Feststellungen zum ingenieurswissenschaftlichen und zum juristischen Denken von der Unternehmensebene auf eine grundsätzliche Metaebene heben, dann müsste man es so beschreiben: IT-Ingenieure blicken letztendlich auf die Verbesserung des Ist-Zustandes durch Effizienzsteigerung. Rechtsanwender blicken letztendlich auf den Rechtsfrieden, den ein rechtskräftiges Endurteil schafft. Rechtsfrieden und Verbesserung des Ist-Zustandes sind zwei Aspekte, die sich nicht *per se* widersprechen müs-

64 Vgl. *Thalhofer/Richter*, CR 2025, 418, 423.

sen, die aber auch nicht identisch sind. Dem wechselseitigen Verständnis von Juristinnen und Juristen einerseits sowie IT-Ingenieurinnen und IT-Ingenieuren andererseits mag es dienlich sein, wenn man sich über die grundsätzlich verschiedenen Perspektiven ingenieurswissenschaftlichen und juristischen Denkens im Klaren ist.

§ 5 Europäisches und nationales Vertragsrecht

01.50 Civil Law

Wenngleich das Vertragsrecht im Grundsatz national ist, so haben das deutsche, das französische und das spanische Vertragsrecht doch gemeinsame historische Wurzeln. Das Civil Law – das moderne Vertragsrecht der kontinentaleuropäischen Rechtsordnungen – findet seine historische Grundlage in der Tradition des Römischen Gemeinen Rechts (*Ius commune*), also dem von italienischen Glossatoren im Mittelalter wieder entdeckten und bearbeiteten römischen Recht. Man spricht dann von der Rezeption des römischen Rechts. Die Rezeption wiederum wurde durch das kanonische Recht beeinflusst, das Kirchenrecht der römisch-katholischen Kirche. Darin unterscheidet sich das kontinentaleuropäische Civil Law vom englischen Common Law, das seine eigenen Regeln entwickelte aus der Rechtspraxis der Königlichen Gerichte in Westminster.[65] Uns werden in diesem Buch vielfach Rechtsstreitigkeiten aus dem IT-Bereich beschäftigen, bei denen das kontinentaleuropäische Civil Law und das angloamerikanische Common Law zu nicht übereinstimmenden Bewertungen gelangen. Das gilt z. B. für die vorvertraglichen Informationspflichten des IT-Anbieters (s. u. Nr. 04.20), die Verhaltenspflichten der Parteien während der Vertragsverhandlungen (s. u. Nr. 05.20), für das Verhältnis von Vertragsdokument und mündlichen Abreden (s. u. Nr. 05.27), für die Vermutung der Gutgläubigkeit des Erwerbers (s. u. Nr. 06.23), für das rechtlich geschützte Interesse des Auftraggebers an der Erfüllung des IT-Vertrages (s. u. Nr. 07.21 f.), für das Unterscheidungsmerkmal bei Dienstleistungsverträgen, ob der Auftragnehmer einen Erfolg oder lediglich sorgfältiges Arbeiten schuldet (s. u. Nr. 07.40), für die Bedeutung des Verschuldens bei der Abgrenzung von vertraglicher und deliktischer Haftung (s. u. Nr. 08.28) sowie für Vertragsklauseln zur Haftungsbegrenzung (s. u. Nr. 08.40). Wenn Common Law und Civil Law in IT-Rechtsstreitigkeiten zu nicht übereinstimmenden Ergebnissen gelangen, liegt das zumeist daran, dass Gerichte des Civil Law bei der Rechtsfindung das Prinzip der *bona*

65 *Ranieri*, Europäisches Obligationenrecht, S. 19–67.

fides[66] anwenden, das dem Common Law fremd ist. Der Grundsatz von Treu und Glauben (*bona fides*, *bonne foi*, *buena fe*) geht auf die Rezeption des römischen Rechts zurück, die nur im Civil Law stattfand.

Um also das überkommene System des Vertragsrechts in den Rechtsordnungen des Civil Law besser zu verstehen, sind Kenntnisse des römischen Rechts hilfreich. Dem Vertragsrecht des BGB, des Code civil und des Código Civil liegen einheitliche Prinzipien zugrunde, die erst dann verständlich werden, wenn man das römische Recht und den Einfluss der Rezeption berücksichtigt. Über die Bedeutung des römischen Rechts für die moderne Welt schrieb der deutsche Rechtswissenschaftler *Rudolf v. Jhering* (1818–1892), dessen Werke auch ins Französische und Spanische übersetzt wurden: „*Dreimal hat Rom der Welt Gesetze diktiert, dreimal die Völker zur Einheit verbunden, das erstemal, als das römische Volk noch in der Fülle seiner Kraft stand, zur Einheit des Staats, das zweitemal, nachdem dasselbe bereits untergegangen, zur Einheit der Kirche, das drittemal infolge der Rezeption des römischen Rechts, im Mittelalter zur Einheit des Rechts; das erstemal mit äußerm Zwange durch die Macht der Waffen, die beiden andern Male durch die Macht des Geistes*".[67]

Grundlage für den Vertrag nach römischem Recht ist die *obligatio*, eine rechtliche Verbindung, durch die der Zwang auferlegt wird, etwas zu leisten.[68] Das Wesen der Obligation besteht darin, dass sie aus Sicht des Schuldners eine Schuld gegenüber dem Gläubiger, aber aus Sicht des Gläubigers eine Forderung gegen den Schuldner darstellt. Die Obligation enthält eine Verpflichtung des Schuldners, die vom Gläubiger auch eingeklagt werden kann. Das unterscheidet sie von der Naturalobligation, deren Nichterfüllung zwar rechtliche Nachteile für den Schuldner zur Folge hat, aber vom Gläubiger nicht eingeklagt werden kann.[69]

01.51 Nationales Obligationenrecht

Im BGB, im Code civil und im Código Civil ist das Vertragsrecht eine Unterkategorie des „Rechts der Obligationen", das im BGB „Recht der Schuldverhältnisse" heißt. Kraft des Schuldverhältnisses ist der Gläubiger berechtigt, von dem Schuldner eine Leistung zu fordern. Die Leistung kann auch in einem Unterlassen bestehen, § 241 Abs. 1 BGB. Art. 1088 CC beschreibt

66 Zur Bedeutung von *bona fides* im Civil Law: *Ranieri*, Bonne foi et exercice du droit dans la tradition du civil law, RIDC 4-1998, 1055–1092.

67 *Jhering*, Geist des römischen Rechts auf den verschiedenen Stufen seiner Entwicklung, 1. Teil, S. 1.

68 Corpus Iuris Civilis, Institutiones, III, 13 pr. De Obligationibus.

69 *Mayer-Maly*, Römisches Recht, § 17.

die Obligation so: *Toda obligación consiste en dar, hacer o no hacer alguna cosa.* Der Code civil enthält keine Definition, was eine Obligation ist, sondern setzt diese voraus. Die Besonderheit der Obligation besteht ebenso wie im römischen Recht darin, dass sie vom Gläubiger eingefordert werden kann. Pflichten, deren Nichterfüllung dem Schuldner zwar rechtliche Nachteile bringen, aber vom Gläubiger nicht eingefordert werden können, lassen sich – zur Unterscheidung von den Obligationen – als Obliegenheiten des Schuldners, im Französischen als *devoirs* und im Spanischen als *cargas* bezeichnen.[70]

Das Vertragsrecht als Subkategorie des Obligationenrechts speist sich im BGB, im Code civil und im Código Civil aus drei Quellen: 1. Vertragsfreiheit, 2. dispositives Gesetzesrecht und 3. zwingendes Gesetzesrecht (*ordre public*):

1. Die Vertragsfreiheit als Teil der Privatautonomie beinhaltet die Freiheit der Parteien, einen Vertrag abzuschließen (Abschlussfreiheit) sowie seinen Inhalt und seine Form zu bestimmen. Sie ist elementarer Bestandteil einer funktionierenden Marktwirtschaft.[71] Die Privatautonomie ist von dem Grundgedanken getragen, dass die Parteien in einem rechtsgeschäftlich begründeten Rechtsverhältnis selbst einen angemessenen Ausgleich ihrer Interessen im Sinne einer *iustitia commutativa* bestimmen.[72] Die Folge ist, dass der zwischen den Parteien rechtmäßig zustande gekommene Vertrag für die Vertragsparteien quasi zum Gesetz wird, wie sich aus dem Wortlaut von Art. 1103 C.civ. und Art. 1091 CC ergibt (vgl. Art. 1103 C.civ.: *Les contrats légalement formés tiennent lieu de loi à ceux qui les ont faits*; Art. 1091 CC: *Las obligaciones que nacen de los contratos tienen fuerza de ley entre las partes contratantes, y deben cumplirse a tenor de los mismos.*)
2. Sofern die von den Parteien getroffene Vereinbarung lückenhaft ist und der tatsächliche Wille der Parteien nicht durch Auslegung ermittelt werden kann, gilt das dispositive Gesetzesrecht. Was die Bedeutung des dispositiven Gesetzesrechts für das Vertragsrecht anbelangt, unterscheiden sich Civil Law und Common Law. Das Europäische Privatrecht kennt keine *parol evidence rule*, wie sie im Common Law gilt, wonach keine Beweismittel zulässig sind außer dem, was im Vertrag schriftlich dokumentiert wurde.[73] Lückenhafte Erklärungen können dann nicht durch Rückgriff auf dispositives Recht ergänzt werden. Im Common Law ist es

70 *Fikentscher/Heinemann*, Schuldrecht, Rdnr. 44; *Boucard*, Responsabilité contractuelle, n° 233; *Looschelders*, Derecho de obligaciones, Parte general, S. 72.
71 *Fages*, in: Bien/Borghetti, Die Reform des französischen Vertragsrechts, S. 13, 18.
72 MK-BGB/*Schubert*, § 242 BGB Rdnr. 677.
73 *Schmidt-Kessel*, in: Riesenhuber, Europäische Methodenlehre, S. 383.

üblich, sämtliche Rechtsfragen in den Vertrag aufzunehmen, weshalb diese – im Verhältnis zu den kontinentaleuropäischen Verträgen – wesentlich umfangreicher ausfallen.[74] Aus unternehmerischer Sicht hat dispositives Vertragsrecht den betriebswirtschaftlichen Vorteil, dass es dazu beitragen kann, Transaktionskosten zu senken.[75] Die Parteien müssen weniger Aufwand für die Vertragsgestaltung betreiben. Der Nachteil besteht darin, dass sich aus dem Vertrag Rechtsfolgen ergeben, die von den Parteien bei Vertragsschluss nicht priorisiert wurden.

3. Die von den Parteien getroffenen Vereinbarungen dürfen nicht gegen den *ordre public* (Art. 6 C.civ.) verstoßen. Die Privatautonomie wird also durch zwingendes Gesetzesrecht beschränkt. Zwingende Normen im Obligationenrecht sind die Ausnahme. Die Normen des Obligationenrechts haben grundsätzlich dispositiven Charakter (*caractère suplétif*), wenn sie nicht ausnahmsweise als zwingendes Recht einzuordnen sind wie z. B. der Grundsatz von Treu und Glauben.[76]

01.52 Europäisches Obligationenrecht

Wenngleich das Obligationenrecht grundsätzlich nationales Recht ist, gibt es zwei von der EU reglementierte Materien, die den obligationenrechtlichen Teil des IT-Projekt-Vertrages berühren können. Das ist 1. das Recht der Datenwirtschaft und 2. das Recht des Verbraucherschutzes. Zu 1. ist die Datenverordnung (englisch: Data Act, DA)[77] zu beachten und zu 2. die Richtlinie (EU) 2019/770 (Digitale-Inhalte-Richtlinie, DIRL)[78] und die Richtlinie (EU) 2019/771 (Warenkauf-Richtlinie, WKRL). Gem. Art. 1 DIRL und Art. 1 WKRL bezwecken die beiden Richtlinien die Vollharmonisierung des Verbrauchervertragsrechts in der EU (jeweils ErwG 1–8) auf der Rechtsgrundlage von Art. 114 AEUV. Dabei gilt die Regel, dass die in EU-Richtlinien und EU-Verordnungen verwendeten Begriffe innerhalb der Europäischen Union eine einheitliche Auslegung erhalten müssen.[79]

1. Wer digitale Produkte nutzt, wird auch digitale Daten generieren. In diesem Sinn stellen Daten digitalisierte Nutzerhandlungen und -vorgänge

74 *Bugg*, Contracts in English, S. 8.

75 *Korch*, ZEuP 2021, 792, 796.

76 *Larenz*, Schuldrecht, Bd. 1 AT, S. 77; Rapport au Président de la République relatif à l'ordonnance n° 2016-131 du 10 février 2016 portant réforme du droit des contrats, du régime général et de la preuve des obligations, Chapitre Ier, JO n° 0035 du 11/02/2016; Bercovitz Rodríguez-Cano/*Pérez Conesa*, Comentarios al CC, Art. 1258, n° 2.

77 ABl. L 2023/2854 v. 22.12.2023.

78 Vgl. dazu aus dt.-span. Sicht: *Arroyo Vendrell/Schulze*, in: Kindl et al., Verträge über digitale Inhalte und digitale Dienstleistungen, S. 21, 29 ff.

79 EuGH, Urt. v. 3.9.2014 – C-201/13, BeckRS 2014, 81715.

dar (ErwG 15 DA). Wenn die Parteien die Bedingungen vereinbaren für die Nutzung der generierten Daten, so ist die Wirksamkeit der Vereinbarung anhand der Vorgaben des Data Act zu überprüfen (zu den missbräuchlichen Klauseln s. u. Nr. 02.56.)

2. Bereits oben (Nr. 01.22) war festgestellt worden, dass IT-Projekte von Unternehmen und nicht von Verbrauchern in Auftrag gegeben werden. Das bedeutet aber nicht, dass bei IT-Projekt-Verträgen zwingendes Gesetzesrecht zu Verbraucherverträgen keine Beachtung finden muss. Nehmen wir an, die IT-Firma hat für den Auftraggeber ein Computerspiel entwickelt. Computerspiele gelten als digitale Inhalte i. S. v. Art. 2 Nr. 1 DIRL, unabhängig davon, ob sie durch Übermittlung eines verkörperten Datenträgers oder durch die Bereitstellung als Download angeboten werden (ErwG 19 DIRL). Nehmen wir an, der Auftraggeber liefert das Computerspiel an Großhändler, die Großhändler liefern es an Einzelhändler und diese wiederum verkaufen es an Verbraucher. Zur Klarstellung: Die IT-Firma hat nur mit dem Auftraggeber einen Vertrag geschlossen; hingegen hat sie zum Großhändler, zum Einzelhändler und zu dem Verbraucher keinerlei vertragliche Beziehungen. Nehmen wir an, dass das von der IT-Firma entwickelte Computerspiel Fehlfunktionen hat. Der Verbraucher macht Gewährleistungsansprüche gegenüber dem Einzelhändler geltend. Er gibt dem Einzelhändler das Computerspiel zurück, und der Einzelhändler erstattet ihm den Kaufpreis. Jetzt entstehen über die Lieferkette Rückgriffsansprüche. Am Ende haftet die IT-Firma als Herstellerin.[80] Der Auftraggeber kann von ihr Aufwendungsersatz verlangen. Der Aufwendungsersatzanspruch ist zwingendes Recht gem. § 327u Abs. 4 BGB. Vertragliche Vereinbarungen, die zum Nachteil des Auftraggebers dessen Anspruch auf Aufwendungsersatz entgegen § 327u Abs. 1 BGB einschränken oder ausschließen, sind unwirksam (§ 134 BGB).[81] Wenn der Endbenutzer ein Verbraucher ist, ergibt sich das Rückgriffsrecht des Unternehmers bei digitalen Inhalten und Dienstleistungen aus Art. 20 DIRL und bei Waren mit digitalen Elementen aus Art. 18 WKRL. Dem entspricht im französischen Recht die *action récursoire* (Art. L 217-31 C.consom.), im spanischen Recht die *acción de repetición* (Art. 125.2 LGDCU) und im deutschen Recht der Rückgriffsanspruch gem. § 327u BGB (bei digitalen Inhalten und digitalen Dienstleistungen) bzw. gem. §§ 445a Abs. 1, 478 BGB (bei Waren mit digitalen Elementen).

80 Vgl. *Le Tourneau*, Contrats du numérique, n° 213.213.
81 Grüneberg/*Grüneberg*, § 327u BGB Rdnr. 6.

01.53 Urheberrecht

Bisher hatten wir uns mit dem Vertragsrecht befasst, soweit es das Obligationenrecht betrifft. Oben (Nr. 01.31) war erwähnt worden, dass Rechtsstreitigkeiten zwischen Unternehmen vor deutschen Gerichten ggf. auch in englischer Sprache verhandelt werden können. Das gilt zwar für Streitigkeiten zum Obligationenrecht, nicht aber für solche, die das Urheberrecht betreffen, § 119b Abs. 1 S. 1 Nr. 1 GVG. IT-Projekt-Verträge enthalten neben einem obligationenrechtlichen Teil, der zumindest die Erfüllungsansprüche des Auftraggebers und die Vergütungsansprüche der IT-Firma regelt, üblicherweise auch einen urheberrechtlichen Teil, der ausdrücklich regelt, in welchem Umfang dem Auftraggeber urheberrechtliche Befugnisse übertragen werden. Denn Software gilt als ein durch das Urheberrecht geschütztes literarisches Werk, Art. 1 Abs. 1 Computerprogramm-Richtlinie 2009/24/EG.[82] Ein solches Werk darf grundsätzlich niemand nutzen, wenn er sich nicht auf die Erlaubnis desjenigen berufen kann, der über die urheberrechtlichen Vermögensrechte an der Software verfügt. Im IT-Projekt muss der Auftraggeber vom Auftragnehmer, also vom Rechteinhaber, die Befugnis eingeräumt bekommen, die Software nutzen zu dürfen.

Um das Verhältnis von Urheberrecht und Obligationenrecht besser zu verstehen, kann man sich auf die funktionale Beschreibung des Rechts beziehen, wie sie von *Niklas Luhmann* vertreten wird.[83] Demnach besteht die Funktion des Rechts in der Stabilisierung normativer Erwartungen.[84] Rechtsnormen versprechen nicht, dass sich ihr Adressat normgemäß verhalten wird, sondern sie schützen den, der ein solches Verhalten erwarten darf. Eine Rechtsnorm ist somit als Ausdruck einer enttäuschungsfesten Erwartung zu verstehen (im Gegensatz zu persönlichen Erwartungen, die enttäuscht werden können). Bei IT-Projekten ist dann zu fragen: Wessen Erwartungen sollen jeweils durch das Obligationenrecht und das Urheberrecht geschützt werden? Demnach müsste die Antwort lauten: Das Obligationenrecht schützt sowohl die Erwartung des Auftraggebers, dass das bestellte Produkt für seine Bedürfnisse geeignet und frei von Sach- oder Rechtsmängeln ist, als auch die Erwartung der IT-Firma, dass der Kunde die vereinbarte Vergütung zahlen wird. Das Urheberrecht hingegen schützt vorrangig die Erwartung des Urhebers, dass seine Monopolstellung gegenüber seinem Werk so weit wie möglich bewahrt bleibt.

Der Vertrag im obligationenrechtlichen Sinn hat also eine andere Funktion als der urheberrechtliche Lizenzvertrag. Gegenstand des obligationenrechtlichen Vertrages ist die Bereitstellung von vertragskonformer und funktions-

82 ABl. L 111 v. 5.5.2009, S. 16–22.
83 In diesem Sinne: *Grünberger*, Verträge über digitale Güter, AcP (218) 2018, 251 ff.
84 *Luhmann*, Das Recht der Gesellschaft, S. 124 ff.

tüchtiger Software. Damit die Software funktioniert, ist es zwingend erforderlich, dass sie auf einem Datenträger in verkörperter Form existiert, wobei zu den in Frage kommenden Datenträgern auch stromabhängige Halbleiterspeicher zählen.[85] Gegenstand des Lizenzvertrages hingegen ist keine Sache, also kein körperlicher Gegenstand, sondern ein Immaterialgut, an dem der Lizenzgeber dem Lizenznehmer Nutzungsrechte einräumt. Das Immaterialgut an sich ist kein Recht, sondern ein durch geistige Schöpfung erschaffener immaterieller Gegenstand. Für die Qualifikation als Lizenzvertrag ist es also gerade nicht erforderlich, dass Software in verkörperter Form vorliegt. Urheberrecht und Obligationenrecht ergänzen sich, indem sie jeweils verschiedene Erwartungen normieren, ohne dass sich diese Erwartungen *per se* widersprechen müssen. Das Urhebervertragsrecht, soweit es um Software geht, ist außerdem – anders als das Obligationenrecht – im Wesentlichen EU-Recht. Es ergibt sich insbesondere aus der Computerprogramm-Richtlinie 2009/24/EG. (Zur Umsetzung der Richtlinie in deutsches, französisches und spanisches Recht s. u. Nr. 07.50).

01.54 Datenschutz

Das von der IT-Firma entwickelte Produkt kann selbst Daten generieren oder von der IT-Firma mit bestehenden Daten des Auftraggebers gespeist werden. In beiden Fällen muss die IT-Firma empfindliche Geldbußen befürchten, wenn die Daten personenbezogen sind (Art. 83 DSGVO). Um möglichen Sanktionen zu entgehen, muss die IT-Firma von sich aus und vorab klären, ob die Daten personenbezogen sein können. Personenbezogene Daten sind alle Informationen über eine bestimmte oder bestimmbare Person. Sie unterfallen dem Datenschutzgrundrecht aus Art. 8 GrCh und eröffnen den Anwendungsbereich der Datenschutzgrundverordnung (Art. 2 DSGVO). Die Verarbeitung personenbezogener Daten unterliegt einem Erlaubnisvorbehalt. D. h., sie ist grundsätzlich verboten, es sei denn, es liegt ein Erlaubnistatbestand vor (Artt. 6, 9 DSGVO). Egal, ob die IT-Firma die Verarbeitung der personenbezogenen Daten im Auftrag des Kunden durchführt oder im eigenen Interesse, muss sie mit dem Kunden eine entsprechende Vereinbarung abschließen, da andernfalls die Aufsichtsbehörde ein Bußgeld gegen sie verhängen könnte. Die datenschutzrechtlichen Vereinbarungen werden unten (s. Nr. 02.60 ff.) behandelt.

85 *Marly*, Praxishandbuch Softwarerecht, 7. Aufl., Rdnr. 717; BGH, Urt. v. 15.11.2006 – VII ZR 120/04, NJW 2007, 2394 Rdnr. 16.

01.55 Internationales Vertragsrecht

Wir haben festgestellt, dass Obligationenrecht grundsätzlich nationales Recht ist. Wenn aber IT-Firma und Auftraggeber aus zwei verschiedenen Staaten kommen, dann stellt sich die Frage: Welchem Vertragsstatut unterliegt der obligationenrechtliche Vertrag? Also welches Recht ist auf den Vertrag anzuwenden? Vertragliche Obligationen in Zivil- und Handelssachen, die eine Verbindung zum Recht verschiedener Staaten aufweisen, regelt die Verordnung (EG) Nr. 593/2008 vom 17.06.2008 (Rom I-VO).[86] Zum Grundsatz der Vertragsfreiheit (s. o. Nr. 01.51) gehört auch die Parteiautonomie. Demgemäß kommt es für die Ermittlung des anwendbaren Rechts in erster Linie darauf an, welches Recht die Parteien gewählt haben, Art. 3 Abs. 1 Rom I-VO. Die Parteien haben die Wahlfreiheit, welche staatliche Rechtsordnung gelten soll (z. B. die deutsche, französische oder spanische); hingegen ist der Verweis auf nichtstaatliche Vorschriften bzw. allgemeine Rechtsgrundsätze (wie z. B. die UNIDROIT Principles of International Commercial Contracts) nach geltendem Recht keine zulässige Rechtswahl.[87]

Wenn die Parteien keine Rechtswahl getroffen haben und der IT-Projekt-Vertrag als Dienstleistungsvertrag einzuordnen ist, dann gilt das Obligationenrecht des Staates, in dem die IT-Firma ihren gewöhnlichen Aufenthalt hat, Art. 4 Abs. 1 lit. b Rom I-VO. Wenn die Einordnung als Dienstleistungsvertrag zu verneinen wäre, bestimmt sich das auf den Vertrag anzuwendende Obligationenrecht nach dem Recht des Staates, in dem die Partei, welche die für den Vertrag charakteristische Leistung zu erbringen hat, ihren gewöhnlichen Aufenthalt hat, Art. 4 Abs. 2 Rom I-VO. Wenn man die Herstellung des digitalen Produkts als die für den IT-Projekt-Vertrag charakteristische Leistung ansieht, dann ist es die IT-Firma, die diese Leistung erbringt. Gem. Art. 19 Abs. 1 Rom I-VO ist der Ort des gewöhnlichen Aufenthalts von Gesellschaften, Vereinen und juristischen Personen der Ort ihrer Hauptverwaltung. Demzufolge gilt bei IT-Projekten das Obligationenrecht des Staates, in dem sich die Hauptverwaltung, die *administration centrale* bzw. die *administración central* der IT-Firma zum Zeitpunkt des Vertragsabschlusses befindet.

Ob eine vertragliche Bindung entstanden ist, beurteilt sich nach dem Recht, das anzuwenden wäre, wenn die vertraglichen Vereinbarungen wirksam zustande gekommen wären (Vertragsstatut), Art. 10 Abs. 1 Rom I-VO. Dieser Wirkung kann eine Partei widersprechen, wenn es nicht zu rechtfertigen wäre, das Verhalten dieser Partei als Zustimmung nach dem Recht des Vertragsstatuts zu beurteilen, Art. 10 Abs. 2 Rom I-VO. Dann kann sich diese

86 ABl. L 177 v. 4.7.2008, S. 6–16.

87 HK-BGB/*Staudinger*, Art. 3 Rom I-VO Rdnr. 2; Grüneberg/*Thorn*, Art. 3 Rom I-VO Rdnr. 4.

Partei ausnahmsweise auf das Recht ihres gewöhnlichen Aufenthalts berufen. Die Voraussetzungen des Art. 10 Abs. 2 Rom I-VO sind zu prüfen, wenn die Parteien darüber streiten, ob AGB wirksam in den Vertrag einbezogen wurden.[88]

Das Vertragsstatut betrifft obligationenrechtliche Streitigkeiten, es gilt aber nicht für Streitigkeiten, bei denen es um Verletzungen des Urheberrechts geht. Dann ist die Verordnung (EG) Nr. 864/2007 vom 11.7.2007 (Rom II-VO)[89] zu beachten. Gem. Art. 8 Abs. 2 Rom II-VO gilt die *lex loci protectionis*, also das Recht des Staates, in dem laut Klägervortrag die Verletzungshandlung begangen wurde. Das Schutzlandprinzip greift, wenn gestritten wird über die Entstehung des Urheberrechts, Inhalt und Umfang des Schutzes, die Zulässigkeit seiner (Teil-)Übertragung, die Einräumung von Nutzungsrechten auf erster und weiterer Stufe etc.[90]

01.56 Vorformulierte Vertragsklauseln

Die Kodifikationen (BGB, C.civ., CC) gehen von dem Grundfall aus, dass die Parteien die Vertragsbedingungen untereinander aushandeln. Um aber Transaktionskosten zu sparen, wird die IT-Firma vorformulierte Verträge verwenden und/oder in ihren Verträgen auf vorformulierte Klauselwerke (*General terms and conditions*) verweisen. In beiden Fällen gelten besondere gesetzliche Regelungen gegenüber dem von den Kodifikationen vorgesehenen Normalfall des ausgehandelten Vertrages. Dabei sind zwei Fragen zu unterscheiden:

1. Welche inhaltlichen Kriterien gelten für die vorformulierten Klauseln?
2. Wie werden Klauselwerke wirksam in den Vertrag einbezogen?

Was die erste Frage anbelangt, gelten für deutsches, französisches und spanisches Recht einheitliche Maßstäbe, sofern es um Verträge zwischen einem Unternehmer und einem Verbraucher geht. Die nationalen Gesetze, die die Inhalte vorformulierter Klauseln bei Geschäften mit Verbrauchern kontrollieren, sind im Sinne der Richtlinie 93/13/EWG v. 5.4.1993[91] anzuwenden. Die Richtlinie über missbräuchliche Klauseln in Verbraucherverträgen gilt aber nicht für die Geschäfte im Unternehmensverkehr, mit denen wir uns in diesem Buch befassen. Was uns jedoch auch interessiert, das sind Verträge zwischen Unternehmen, die den Datenzugang, die Datennutzung oder

88 OLG Hamm, Urt. v. 19.5.2015 – 7 U 26/15, RdTW 2016, 219, 221 f. (Nr. 28c); MK-BGB/*Martiny*, Rom I-VO, Art. 3 Rdnr. 105.

89 ABl. L 199 v. 31.7.2007, S. 40–48.

90 Schuster/Grützmacher, IT-Recht/*Giedke*, Rom I-VO, Art. 2 Rdnr. 3 (dort Fn. 2); Auer-Reinsdorff/Conrad, IT- und DatenschutzrechR-Hdb/*Auer-Reinsdorff*, § 23 Rdnr. 62.

91 ABl. L 095 v. 21.4.1993, S. 29–34.

datenbezogene Pflichten betreffen. Da kommt wieder europäisches Recht ins Spiel. Der Data Act (DA) regelt, ob Vertragsklauseln, die einem anderen Unternehmen auferlegt werden, missbräuchlich und deshalb nicht bindend sind, Art. 13 DA. Die missbräuchlichen Klauseln in Datenwirtschaftsverträgen werden unten Nr. 02.56 behandelt. Aber abgesehen von den Datenwirtschaftsverträgen, die unter den DA fallen, muss die IT-Firma für die Inhaltskontrolle ihrer vorformulierten Klauseln im B2B-Bereich allein auf das jeweilige nationale Recht achten. Auch die Frage 2, ob die Klauselwerke wirksam in den Vertrag einbezogen wurden, beurteilt sich allein nach nationalem Recht, und zwar auch bei Datenwirtschaftsverträgen, die unter den DA fallen. Denn der DA enthält keine Vorgaben für die Einbeziehung von AGB,[92] und sofern der DA nichts anderes vorsieht, lässt er das nationale Vertragsrecht unberührt, ErwG 9 S. 1 DA.

Zu Frage 1:

Unter Anwendung deutschen Rechts gilt: Allgemeine Geschäftsbedingungen (AGB) sind alle für eine Vielzahl von Verträgen vorformulierten Vertragsbedingungen, die eine Vertragspartei (Verwender) der anderen Vertragspartei bei Abschluss eines Vertrages stellt, § 305 Abs. 1 BGB. Wenn die andere Partei ein Unternehmer i. S. v. § 14 BGB ist, kann sie sich auf die Generalklausel des § 307 I, II BGB berufen, wonach Bestimmungen in AGB unwirksam sind, wenn sie den Vertragspartner des Verwenders entgegen dem Gebot von Treu und Glauben unangemessen benachteiligen. Die Klauselverbote aus § 309 BGB sind als Prüfungsmaßstab für eine unangemessene Benachteiligung i. S. v. § 307 BGB heranzuziehen.[93] Zweifel bei der Auslegung gehen gem. § 305c Abs. 2 BGB zu Lasten des Verwenders.

Unter Anwendung französischen Rechts gilt: Wenn die IT-Firma dem Kunden einen von ihr vorformulierten Vertrag vorlegt, der nicht verhandelbare Klauseln enthält, dann handelt es sich bei diesem Vertrag um einen *contrat d'adhésion* i. S. v. Art. 1110 al. 2 C.civ.[94] Dann gelten etwa besondere Regelungen zur Vertragsauslegung. Unklare Klauseln sind gemäß den allgemeinen Auslegungsregeln gegen den Schuldner, bei Adhäsionsverträgen gegen den Vertragspartner auszulegen, der sie vorgeschlagen hat.[95] Gem. Art. 1171 al. 1 C.civ. ist eine Klausel in einem Adhäsionsvertrag als nicht zustande gekommen anzusehen (*réputée non écrite*), wenn sie ein erhebliches Missverhältnis zwischen den Rechten und Pflichten der Vertragsparteien begründet.

92 BeckOK DatenschutzR/*Raue* DA, Art. 13 Rdnr. 7a.

93 BGH, Urt. v. 29.10.1997 – VIII ZR 347/96, NJW 1998, 677, 678.

94 Zu den unterschiedlichen Konzepten von AGB und *contrat d'adhésion*: *Ranieri*, op. cit., S. 323–333.

95 *Sonnenberger*, ZEuP 2017, 6, 46.

In ihrem Anwendungsbereich ist diese Vorschrift mit § 307 BGB vergleichbar.[96]

Unter Anwendung spanischen Rechts gilt: *Condiciones generales de la contratación*, die im Unternehmensverkehr verwendet werden, können ausnahmsweise unwirksam sein, wenn es sich um *cláusulas abusivas* handelt. Das ist insbesondere dann der Fall, wenn der Verwender mit diesen Klauseln gegen den Grundsatz von Treu und Glauben (*buena fe*) verstößt, Art. 1258 CC. Die spanische Rechtsprechung ist bei der Inhaltskontrolle von AGB im B2B-Bereich – im Vergleich zur deutschen Rechtsprechung – sehr zurückhaltend.[97] AGB-Klauseln, die unklar sind, müssen deshalb nicht unwirksam sein, es sei denn sie verstoßen gegen Treu und Glauben. Allerdings dürfen sie nicht zugunsten des Verwenders ausgelegt werden, Art. 1288 CC.

Zu Frage 2:

Unter Anwendung deutschen Rechts gilt: AGB kommen sowohl in Formularverträgen vor, die von der IT-Firma dem Geschäftspartner vorgelegt werden, als auch in Klauselwerken, auf die sich die IT-Firma bezieht, wobei die Klauselwerke sowohl solche sein können, die von der IT-Firma formuliert wurden, als auch solche, die von Dritten bereitgestellt werden. Wenn die IT-Firma auf Klauselwerke verweist, ist zu prüfen, ob diese wirksam in den Vertrag einbezogen wurden. Gem. § 305 Abs. 2 BGB muss derjenige, der die AGB-Klausel verwendet, die andere Partei ausdrücklich auf die AGB hinweisen und ihr die Möglichkeit der Kenntnisnahme geben; außerdem muss die andere Partei mit der Geltung der AGB einverstanden sein. Diese strengen Einbeziehungsregelungen gelten nicht, wenn die andere Partei ein Unternehmer ist, § 310 Abs. 1 S. 1 BGB. Im Unternehmensverkehr reicht es für die Einbeziehung von AGB aus, dass der Verwender im Zusammenhang mit dem Vertragsschluss auf sie hinweist und der Vertragspartner ihrer Geltung nicht widerspricht.[98]

Unter Anwendung französischen Rechts gilt: Gem. Art. 1119 al. 1 C.civ. sind die vom Verwender geltend gemachten *conditions générales* für die andere Partei nur dann wirksam, wenn sie der anderen Partei zur Kenntnis gebracht und von ihr angenommen wurden.

Unter Anwendung spanischen Rechts gilt: Nach Art. 5.1 LCGC ist Voraussetzung für die Einbeziehung von *condiciones generales*, dass die andere Partei eine schriftliche Annahmeerklärung (ggf. auch in elektronischer Form)[99] abgibt, und zwar selbst dann, wenn diese andere Partei ebenso wie

96 *Sonnenberger*, ZEuP 2017, 6, 41.

97 *Mato Pacín*, Cláusulas abusivas y empresario adherente, S. 411.

98 BGH, Urt. v. 12.2.1992 – VIII ZR 84/91, NJW 1992, 1232.

99 *Pardo Gato*, Las páginas web como soporte de condiciones generales contractuales, S. 70.

der Verwender ein Unternehmer ist.[100] Befinden sich die Unterschrift der anderen Partei nur unterhalb des Vertragstextes, nicht aber unterhalb der AGB, dann sollte die andere Partei durch eine zweite Unterschrift bestätigen, dass ihr vom Verwender die AGB zur Kenntnis gebracht wurden und dass sie diese angenommen hat.[101]

§ 6 Lösung Praktischer Fall 1

A vertritt die Auffassung, S könne sich nicht auf ihre AGB berufen, da diese nicht in den Vertrag einbezogen worden seien. S hat ihren Sitz in Deutschland, A hat ihren Sitz in Frankreich. Deshalb stellt sich die Frage, welches Recht für die Einbeziehung der AGB maßgeblich sein soll. Deutsches oder französisches Recht? Die Anwendbarkeit vertraglicher Obligationen in Zivil- und Handelssachen, die eine Verbindung zum Recht verschiedener Staaten aufweisen, regelt die Rom I-VO (s. o. Nr. 01.55).

➔ (A.) Art. 10 Abs 1 Rom I-VO

Gem. Art. 10 Abs. 1 Rom I-VO beurteilen sich Zustandekommen und Wirksamkeit von vertraglichen Bestimmungen nach dem Recht, das nach der Rom I-VO anzuwenden wäre, wenn die Bestimmungen wirksam zustande gekommen wären. Sie beurteilt sich also nach dem Vertragsstatut. Gem. Art. 3 Abs. 1 Rom I-VO unterliegt der Vertrag in erster Linie dem von den Parteien gewählten Recht. Die AGB der S enthalten in § 6 eine Rechtswahlklausel zugunsten deutschen Rechts. Die Frage, ob die AGB wirksam in den Vertrag einbezogen wurden, beurteilt sich also gem. Art. 10 Abs 1 Rom I-VO nach deutschem Recht.

➔ (B.) Einbeziehung nach deutschem Recht

Im Unternehmensverkehr reicht es für die Einbeziehung von AGB aus, dass der Verwender im Zusammenhang mit dem Vertragsschluss auf sie hinweist und der Vertragspartner ihrer Geltung nicht widerspricht.[102] Es ist nicht erforderlich, dass der Kunde den Inhalt der AGB kennt. Der Verwender muss dem Unternehmen nur ermöglichen, vom Inhalt der AGB in zumutbarer Weise Kenntnis zu nehmen.[103] Das ist dann der Fall, wenn das Angebotsschreiben einen deutlich sichtbaren Hinweis auf die Adresse enthält, unter

100 *Albiez Dohrmann*, Einbeziehungsvoraussetzungen von AGB im spanischen Recht beim Vertragsschluss zwischen Unternehmern – Eine Übersicht im europäischen Zusammenhang, in: Aderhold, Festschrift für Harm Peter Westermann zum 70. Geburtstag, S. 31 ff.

101 *Clavería Gosálbez*, Condiciones generales y cláusulas contractuales impuestas, S. 43.

102 BGH, Urt. v. 12.2.1992 – VIII ZR 84/91, NJW 1992, 1232.

103 OLG Celle, Urt. v. 4.4.2024 – 2 U 34/23, MMR 2024, 963, 965, Rdnr. 31; BGH, Urt. v. 31.10.2002 – VIII ZR 60/01, NJW 2002, 370, 372.

der die AGB im Internet einsehbar sind, selbst wenn der Vertragsschluss als solcher nicht über das Internet stattfindet.[104]

Die englischsprachige Vertragsurkunde, die von S und A unterzeichnet wurde, enthält einen Hinweis auf die Website von S mit dem englischsprachigen Text der AGB. A hat der Geltung der AGB nicht widersprochen. Demnach wären hier die AGB wirksam in den Vertrag einbezogen worden. Dennoch könnte die Einbeziehung der AGB unter den Voraussetzungen des Art. 10 Abs. 2 Rom I-VO scheitern.

➔ (C.) Art. 10 Abs. 2 Rom I-VO

Nach Art. 10 Abs. 2 Rom I-VO kann eine Partei geltend machen, dass sie entgegen dem von Art. 10 Abs. 1 Rom I-VO an sich berufenen Recht nicht an die Vereinbarungen gebunden ist, wenn (I.) das am Ort ihres gewöhnlichen Aufenthalts geltende Recht ein wirksames Zustandekommen der Vereinbarungen verneint und (II.) die Anwendung des Vertragsstatuts nicht gerechtfertigt wäre.

➔ (C. I.) Keine Einbeziehung nach französischem Recht

Zunächst ist also zu prüfen, ob unter Anwendung französischen Rechts die Einbeziehung der AGB in den Vertrag zu verneinen wäre. Gem. Art. 1119 al. 1 C.civ. sind die vom Verwender geltend gemachten AGB für die andere Partei nur dann wirksam, wenn sie der anderen Partei zur Kenntnis gebracht und von ihr akzeptiert wurden. Um die Nachweisbarkeit der Annahme sicherzustellen, ist es dem Verwender zu empfehlen, dass er sich die Annahme der AGB von der anderen Partei durch deren Unterschrift bestätigen lässt.[105] Das Schweigen der anderen Partei kann grundsätzlich nicht als Annahme bewertet werden, es sei denn, dass bereits Geschäftsbeziehungen zwischen den Vertragsparteien bestanden haben und die AGB schon bei früheren Vertragsabschlüssen von der anderen Partei akzeptiert wurden.[106] Das trifft auf den Fall 1 nicht zu. Wenn allerdings die Parteien auf der Vorderseite der Vertragsurkunde unterschreiben, wo sich ein ausdrücklicher Hinweis auf die auf der Rückseite aufgeführten AGB befindet, so muss die andere Partei nicht noch ein zweites Mal auf der Rückseite unterzeichnen, um ihre Zustimmung zu diesen AGB zu bekunden.[107] Im Fall 1 finden sich die AGB weder auf der Rückseite des Vertrages noch sind sie ihm als Anhang beigefügt, sodass die Unterschrift der Geschäftsführerin der A auf dem Vertrag nicht zugleich als Annahme der AGB verstanden werden kann. Die Einbeziehung der AGB nach französischem Recht ist hier zu verneinen.

104 BayObLG (2. Zivilsenat), Beschl. v. 14.8.2024 – 102 AR 84/24e, BeckRS 2024, 20625, Rdnr. 19; OLG Bremen (1. Zivilsenat), Urt. v. 11.2.2004 – 1 U 68/03, BeckRS 2004, 2810.

105 *Le Tourneau*, Contrats du numérique, n° 115.18.

106 Cass.com. du 08/07/2014, n° 13-18.700.

107 Cass.com. du 21/06/2023, n° 21-21.635; Cass.com. du 02/06/2015, n° 14-11.014.

➔ (C.II.) Anwendung des Vertragsstatuts nicht gerechtfertigt

Dass das französische Recht das Schweigen der A anders bewertet als das nach dem Vertragsstatut geltende deutsche Recht, ist jedoch nicht ausreichend, um die wirksame Einbeziehung der AGB gem. Art. 10 Abs. 2 Rom I-VO zu verneinen. Darüber hinaus ist auch noch erforderlich, dass die Anwendung des Vertragsstatuts im konkreten Fall nicht gerechtfertigt wäre. Die Bindung an den Vertrag nach Vertragsstatut muss für die von der Bindung überraschte Partei unzumutbar sein. Zumutbar aber ist die Anwendung des Vertragsstatuts, wenn sich die Partei (1.) objektiv freiwillig auf internationale Rechtsbeziehungen eingelassen hat und wenn sie subjektiv (2.) mit der Geltung ausländischen Rechts rechnen musste und (3.) dessen Regeln erkennen konnte.[108] In Fall 1 kann allein der dritte Punkt problematisch sein. Hätte A wissen müssen, dass die AGB der S nach deutschem Recht nur dann nicht in den Vertrag einbezogen werden, wenn sie (A) ausdrücklich widerspricht? Nach französischem Recht nämlich reicht es für die Nichteinbeziehung bereits aus, wenn A die AGB nicht unterzeichnet. Die Frage ist also, ob A die Unkenntnis des deutschen Sachrechts als Verschulden vorgeworfen werden kann. Wenn man vertritt, dass die Wahl fremden Rechts immer fahrlässig ist,[109] kann A nicht einwenden, dass sie wegen der Unkenntnis der deutschen Einbeziehungsregelungen kein Verschulden treffe. Wenn man aber vertritt, dass Art. 10 Abs. 2 Rom I-VO auch dann greift, wenn die Partei zwar wissen muss, dass deutsches Recht anzuwenden ist, sie aber kein Verschulden bei der Verkennung der deutschen Einbeziehungsregelungen trifft,[110] dann könnte A der Einbeziehung der AGB widersprechen.

Das Ergebnis hängt davon, ob man die Unkenntnis der A im Hinblick auf die deutschen Regelungen zur Einbeziehung von AGB als fahrlässig oder nicht fahrlässig ansieht. Wenn man Fahrlässigkeit bejaht, dann sind die Voraussetzungen des Art. 10 Abs. 2 Rom I-VO nicht erfüllt und die AGB der S sind gem. deutschem Recht wirksam in den Vertrag einbezogen worden (s. o. Punkt B). Eine auf 12 Monate verkürzte Gewährleistungsfrist, wie sie § 7 AGB vorsieht, stellt für den Auftraggeber auch keine unangemessene Benachteiligung i. S. v. § 307 Abs. 1 S. 1 BGB dar.[111] Die Klausel § 7 würde also einer Inhaltskontrolle standhalten. Wenn man allerdings Fahrlässigkeit verneint und die Voraussetzungen von Art. 10 Abs. 2 Rom I-VO bejaht, dann sind die AGB der S nicht in den Vertrag einbezogen worden. Dann gilt gem. Art. 4 Rom I-VO deutsches Recht, da S ihren Sitz in Deutschland hat (s. o. Nr. 01.55). Die gesetzliche Gewährleistungsfrist beträgt bei Werkverträgen über die Herstellung beweglicher Sachen zwei Jahre und beginnt mit der Abnahme des Werks, § 634a Abs. 1 Nr. 1, Abs. 2 BGB. Die S kann dann das Nachbesserungsverlangen der A nicht mit dem Einwand ablehnen, die Ge-

108 MK-BGB/*Kleinschmidt*, Rom I-VO, Art. 10 Rdnr. 234 f.

109 Ferrari et al., Internationales Vertragsrecht/*Ferrari*, VO (EG) 593/2008, Art. 10 Rdnr. 28.

110 In diesem Sinn wohl MK-BGB/*Kleinschmidt*, Rom I-VO, Art. 10 Rdnr. 245.

111 OLG Köln (19. Zivilsenat), Beschl. v. 10.11.2016 – 19 U 86/16, BeckRS 2016, 117761.

währleistungsansprüche seien verjährt, wenn seit der Abnahme erst 15 Monate vergangen sind.

Um in Zukunft Rechtsstreitigkeiten zu vermeiden, die die Einbeziehung der eigenen AGB betreffen, ist der S zu empfehlen, bei Projektverträgen mit französischen Auftraggebern stets eine schriftliche Bestätigung über die Einbeziehung der AGB einzuholen. Diese Empfehlung gilt auch für Projektverträge mit spanischen Auftraggebern. Nach Art. 5.1 LCGC ist nämlich Voraussetzung für die Einbeziehung von AGB, dass die andere Partei eine schriftliche Annahmeerklärung abgibt, und zwar selbst dann, wenn diese andere Partei ebenso wie der Verwender ein Unternehmer ist (s. o. Nr. 01.56).

02. Vielzahl von Verträgen in einem IT-Projekt

§ 1 Praktischer Fall 2

Das europäische Softwarehaus S, das Tochterunternehmen u.a. in Deutschland (T1), Frankreich (T2) und Spanien (T3) hat, bietet für größere Unternehmen ein maßgeschneidertes Human Resources & Tax Compliance Management-System unter dem Namen XY an. Die Anpassung von XY an die Kundenbedürfnisse erfordert umfangreiche Ergänzungsprogrammierungen. Die angepassten Versionen haben etliche Frameworks gemeinsam. Die S besteht auf der Geheimhaltung des Quellcodes als Geschäftsgeheimnis. Das teilweise KI-basierte System, das die Kunden bei der innerbetrieblichen Kontrolle und beim Personalmanagement unterstützt, kann auch steuerliche Analysen und Bewertungen z.B. für Gewerbesteuer oder Umsatzsteuer durchführen. S hat ein einheitliches Formular erstellt, das die Tochterunternehmen für Verträge über die Anpassung von XY verwenden sollen mit der Maßgabe, dass die Rechtswahlklausel § 12 das nationale Recht des jeweiligen Tochterunternehmens benennt.

Software Customization Agreement

(…)

§ 5 Maintenance

(I) The services have the quality according to the specifications.

(II) Defects reported to the Contractor by the Client within 12 months of acceptance of the software shall be remedied by the Contractor free of charge.

(…)

§ 12 Choice of law

The law of the *Federal Republic of Germany/Republic of France/Kingdom of Spain* applies exclusively, excluding the UN Convention on Contracts for the International Sale of Goods.

Außer der Klausel § 5 enthält der Formularvertrag keine Regeln zur Softwarepflege. Die Konzernmutter meint, dass Einzelheiten der Softwarepflege erst nach Ablauf der 12-monatigen *Maintenance* mit den Kunden individuell ausgehandelt werden sollen. Denn wenn sich der Kunde (K) erst einmal an XY gewöhnt habe, seien T1–3 in einer besseren Position, um einen lukrativen Pflegevertrag aushandeln zu können. S und T1–3 versprechen sich finanzielle Vorteile, wenn sie den Pflegevertrag erst später abschließen. Es fragt sich, ob diese Vorgehensweise den rechtlichen Interessen von S und T1–3 zuwiderlaufen könnte.

§ 2 Zwei Parteien – viele Verträge

02.20 Grundsätzliches

Mit den Verträgen in einem IT-Projekt verhält es sich wie mit den russischen Puppen, sagt *Philippe Le Tourneau.*[112] Da bringt ein Vertrag den nächsten Vertrag hervor. Wenn sich die Parteien auf ein IT-Projekt geeinigt haben, egal ob mündlich oder schriftlich, kann die Einigung unmittelbar mehrere Verträge hervorbringen, ohne dass es einer schriftlichen Fixierung dieser Verträge bedarf. Zur Vertragsfreiheit (s. o. Nr. 01.51) gehört nämlich, dass die Parteien autonom bestimmen, in welcher Form Verträge geschlossen werden sollen: mündlich oder schriftlich. Die Parteien können einen Vertrag in Schriftform schließen und mündlich Ergänzungen vereinbaren. Sie können ihre rechtsgeschäftlichen Beziehungen aber auch starr an bestimmte Formen binden. Im Unternehmensverkehr können die Parteien individualvertraglich festlegen, dass auf das Formerfordernis nur durch eine schriftliche Erklärung verzichtet werden kann (sog. doppelte Schriftformklausel).[113] Dann sind mündliche Vertragsergänzungen nur insofern wirksam, als die Parteien zuvor schriftlich auf das Formerfordernis verzichtet haben.

Wenn sich die Parteien – in welcher Form auch immer – über das IT-Projekt geeinigt haben, entsteht dadurch nicht nur ein Werkvertrag über die Herstellung des digitalen Produkts, sondern auch ein urheberrechtlicher Vertrag über die Einräumung der Nutzungsrechte (Nr. 02.23) sowie regelmäßig ein Software-Pflegevertrag (Nr. 02.40) und ein Datennutzungsvertrag (Nr. 02.53). Die Abschluss-, Inhalts- und Formfreiheit der Vertragsparteien findet ihre Grenzen im zwingenden Gesetzesrecht. Die Parteien können von Gesetzes wegen verpflichtet sein, zu den vorgenannten Verträgen noch einen datenschutzrechtlichen Vertrag in Schriftform abzuschließen (Nr. 02.60).

02.21 Eigenständige Verträge?

Im Kern geht es bei einem IT-Projekt darum, dass ein Unternehmen die IT-Firma mit der Herstellung eines digitalen Produkts beauftragt. Bei dem digitalen Produkt kann es sich um die Software als solche handeln oder um Geräte oder Anlagen, die von der Software gesteuert werden. Der Auftrag zur Herstellung des digitalen Produkts erfolgt durch einen Werkvertrag (*contrat d'entreprise*, *contrato de obra*), den die IT-Firma mit dem Auftraggeber schließt. Die Regelungen zum Werkvertrag werden in Kap. 04, 05, 07 und

112 *Le Tourneau*, Contrats du numérique, n° 013.11.

113 BGH, Urt. v. 17.9.2009 – I ZR 43/07, BeckRS 2010, 12866; BGH, Urt. v. 2.6.1976 – VIII ZR 97/74, NJW 1976, 1395.

08 behandelt. Neben der Herstellung des digitalen Produkts können sich die vertraglichen Leistungspflichten der IT-Firma im Rahmen des IT-Projekts auch auf die Lieferung von Hardware oder Standardsoftware erstrecken. Die IT-Firma bietet dem Auftraggeber Hardware oder Standardsoftware an, die sie ggf. von einem Dritten beschafft. Dann stellt sich die Frage: Sind Hardware oder Standardsoftware nur insofern für die betrieblichen Bedürfnisse des Auftraggebers geeignet, als das IT-Projekt erfolgreich umgesetzt werden kann? Oder erfüllen sie ihren Zweck unabhängig von dem IT-Projekt? Besteht der Kaufvertrag neben dem Werkvertrag oder liegt ein einheitlicher Werkvertrag vor?

Nach französischem Recht liegt jedenfalls ein einheitlicher erfolgsbezogener Vertrag vor, wenn die Parteien vereinbart haben, dass die Erstellung der Software und die Lieferung der Hardware «*clés en main*» erfolgen sollen[114] (s. u. Nr. 07.41). Dann handelt es sich um einen *contrat d'intégration*, bei dem die Pflicht zur Lieferung von Hardware untrennbar mit der Pflicht zur Erstellung der Software verbunden ist, sodass ein einziger Vertrag vorliegt, der vertragstypologisch als *contrat d'entreprise* eingeordnet werden kann.[115] Wenn die Parteien zwar keinen *contrat clé en main* abschließen möchten, aber verhindern wollen, dass die Erfüllung der einzelnen Verträge getrennt voneinander zu beurteilen ist, dann sollten sie ein betriebliches Ziel definieren, wodurch das jeweilige Schicksal des einzelnen Vertrages mit dem der übrigen Verträge verbunden ist.[116] Wenn die Voraussetzungen für den Rücktritt vom Kaufvertrag erfüllt sind, kann das auch zur Rückabwicklung der übrigen Verträge führen.[117]

Unter Anwendung französischen und spanischen Kaufrechts gibt es erhebliche Abweichungen zum Werkvertragsrecht, wenn der Kunde einen *vice caché* bzw. einen *vicio oculto* geltend macht (s. u. Nr. 02.32 f.), und unter Anwendung deutschen Kaufrechts gibt es erhebliche Abweichungen zum Werkvertragsrecht, wenn es um ein beiderseitiges Handelsgeschäft geht (s. u. Nr. 02.35). Um klarzustellen, dass der Kaufvertrag über die Lieferung der Hardware unabhängig vom Werkvertrag über die zu erstellende Software zu behandeln ist, empfiehlt es sich, folgende Klausel zu verwenden:[118]

114 Cass.com. du 19/05/1998, n° 95-21.116; CA Paris, 5e ch., du 20/02/1998, obs. *Serna*, Expertises 1999, 110 f.

115 *Besse/Debry*, RLDC 2009, n° 3520.

116 *Mathias*, Expertises 2003, 104 bezieht sich auf CA Versailles, arrêt du 04/04/2002, Expertises 2003, 109.

117 CA Paris, 25e ch., section B, du 22/06/2001, LPA 13 janvier 2003 (n° 9), 4–14, obs. *M.-B.*

118 *Gennen*, in: Schneider/Graf v. Westphalen, Software-Erstellungsverträge, S. 1476.

Der Vertrag über die Hardware [und/oder die Standardsoftware] einerseits und der Vertrag über die im Projekt zu erstellende Software andererseits stellen keine rechtliche Einheit i. S. d. § 139 BGB dar. Ein Rücktritt aufgrund eines Mangels der Software lässt diese Verträge unberührt und umgekehrt. Dies gilt auch, wenn ein Gesamtpreis hinsichtlich der Hardware [, der Standardsoftware] und der Individualsoftware vereinbart worden ist.

In Anlehnung an *Service Level Agreements*, wie sie im US-amerikanischen Recht üblich sind, schließen auch europäische IT-Firmen mit dem Auftraggeber noch einen Pflegevertrag, einen *contrat de maintenance*, einen *contrato de mantenimiento* ab. Der Pflegevertrag regelt einerseits, welche Dienstleistungen die IT-Firma zu erbringen hat, um die Gebrauchstauglichkeit der Software zu erhalten, und andererseits, welche Maßstäbe für die Vergütungspflicht des Auftraggebers gelten. Aus Sicht der IT-Firma erscheint zwar der Pflegevertrag lukrativ, weil er eine zusätzliche Einnahmequelle erschließt, zumal bei vielen Software-Lizenzen die Pflegegebühren schon nach relativ kurzer Laufzeit die Lizenzanschaffungskosten bei weitem übersteigen.[119] Dabei führt aber die Übernahme von *Service Level Agreements* US-amerikanischer Prägung in Rechtsordnungen des Civil Law zu Problemen. Denn nach kontinentaleuropäischem Rechtsverständnis ist der IT-Projekt-Vertrag regelmäßig ein Werkvertrag, durch den der IT-Firma eine Erfolgspflicht auferlegt wird (s. u. Kap. 07). D. h., die IT-Firma hat die Funktionsfähigkeit ihres digitalen Produkts im Rahmen des Werkvertrages zu gewährleisten. Der Pflegevertrag kann nur dann als ein gegenüber dem Werkvertrag eigenständiger Vertrag angesehen werden, wenn die IT-Firma darin Leistungen verspricht, zu denen sie nicht schon aus dem Werkvertrag verpflichtet ist. In der Regel ist der Pflegevertrag, den die IT-Firma mit dem Auftraggeber schließt, untrennbar mit dem urheberrechtlichen Lizenzvertrag verbunden, den die IT-Firma mit dem Auftraggeber geschlossen hat. Wenn der Auftraggeber das Recht hat, von der IT-Firma die Rückabwicklung des Lizenzvertrages zu verlangen, dann erstreckt sich sein Recht auch auf die Rückabwicklung des Pflegevertrages und umgekehrt.[120]

Das Risiko, dass das Projekt am Ende aus technischen Gründen nicht zu realisieren ist, trägt grundsätzlich die IT-Firma. Das ergibt sich aus dem Grundgedanken des Werkvertrages, wonach der Auftragnehmer nur dann Anspruch auf Vergütung hat, wenn das Werk fertiggestellt ist. Um das Risiko eines finanziellen Totalverlusts zu vermeiden, wäre der IT-Firma zu empfehlen, bei der Vertragsverhandlung zwischen Planung und Realisierung des

119 Auer-Reinsdorff/Conrad, IT- und DatenschutzR-HdB/*Conrad/Schneider*, § 14 Rdnr. 2.
120 *Bitan*, Droit et expertise des contrats informatiques, n° 700; LG Bonn, Urt. v. 19.12.2003 – 10 O 387/01, JurPC Web-Dok. 109/2004, Abs. 20 ff.

IT-Projekts zu unterscheiden. Anstelle *eines* IT-Projekt-Vertrages können die Parteien auch zwei getrennte Verträge jeweils für Planung und Realisierung des IT-Projekts schließen. Das soll nachfolgend in Nr. 02.22 erörtert werden.

Die Frage, ob die Parteien neben dem Werkvertrag noch einen Vertrag geschlossen haben, der unabhängig von dem Werkvertrag zu beurteilen ist, hängt nicht von formalen Kriterien ab. Die vertraglichen Regelungen zur Lieferung von Hardware oder zur Softwarepflege oder zur Projektplanung können sich in demselben Vertragswerk wie der Werkvertrag befinden und dennoch vertragsrechtlich als eigene Verträge einzuordnen sein.[121] Die Frage, ob neben dem Werkvertrag auch noch eigenständige Verträge vorliegen, lässt sich nur durch eine inhaltliche Auslegung der schriftlichen Vereinbarungen und der mündlichen Verhandlungen beantworten. Von einem eigenständigen Vertrag auszugehen ist, wenn er Regelungen enthält, die sich nicht notwendigerweise schon aus dem Werkvertrag ergeben. So könnten z. B. folgende Kriterien als Indizien für eigenständige Verträge in Betracht kommen: im Falle des Kaufvertrages, wenn der Kunde die gelieferte Hardware unabhängig vom IT-Projekt erwerben wollte; im Falle des Pflegevertrages, wenn sich die Pflege ausdrücklich nicht auf Beseitigung von Mängeln bezieht, die schon bei Abnahme vorhanden waren.

02.22 Planungs- und Realisierungsvertrag

Wenn Planung und Realisierung zwei in sich abgeschlossene Vorgänge sind, wie das bei den Phasenmodellen der Fall ist (s. o. Nr. 01.42), kann die IT-Firma mit dem Auftraggeber für Planung und Realisierung jeweils getrennte Verträge schließen.[122] Auf die Weise kann sie das von ihr zu tragende Erfolgsrisiko abschwächen. Bei einem Vertrag über die Herstellung eines digitalen Produkts trägt nämlich nach kontinentaleuropäischem Rechtsverständnis grundsätzlich der Hersteller das Erfolgsrisiko (s. u. Kap. 07). Dabei erweist sich die Planungsphase als besonders risikobehaftet, da die IT-Firma in dieser Phase nicht nur mit Beratungs-, sondern auch mit Ausforschungspflichten belastet ist (s. u. Kap. 04), bei denen sie auf die Mitwirkung des Auftraggebers angewiesen ist (s. u. Kap. 05). Die IT-Firma sollte deshalb bei der Gestaltung der Verträge darauf achten, dass ihre Erfolgspflicht nur für die Realisierung des Projekts gilt. Der Planungsvertrag hingegen sollte festlegen, dass die IT-Firma ihre Leistungspflichten schon dadurch erfüllt, dass sie bei der Planung sorgfältig gearbeitet hat. Unter Anwendung deutschen Rechts wäre dann der Planungsvertrag als Dienstvertrag (§ 611 BGB) ein-

121 Vgl. *Marly*, Praxishandbuch Softwarerecht, 7. Aufl., Rdnr. 1034.
122 *Schneider*, in: Schneider/Graf v. Westphalen, Software-Erstellungsverträge, S. 195 f.

zuordnen.[123] Das hat für die IT-Firma den Vorteil, dass sie nicht das Vergütungsrisiko tragen muss, falls sich in der Planungsphase herausstellen sollte, dass die technischen Anforderungen des Auftraggebers nicht realisierbar sind. Die Option, zwei verschiedene Verträge für Planung und Realisierung abzuschließen, scheidet allerdings dann aus, wenn die Parteien nach der agilen Methode vorgehen, denn da fehlt es an der erforderlichen Unterscheidung der beiden Phasen, sowohl im Hinblick auf deren Begrifflichkeit als auch im Hinblick auf deren zeitliche Abfolge (s. o. Nr. 01.42).

02.23 Urheberrechtlicher Lizenzvertrag

Wir hatten bereits oben (Nr. 01.53) festgestellt, dass Software als ein durch das Urheberrecht geschütztes literarisches Werk gilt, das grundsätzlich niemand nutzen darf, wenn er sich nicht auf die Erlaubnis desjenigen berufen kann, der über die urheberrechtlichen Vermögensrechte an der Software verfügt. Das ist regelmäßig der Urheber. Das Urheberrecht soll also die Interessen des Urhebers schützen, allein über die Verwertung seines Werkes entscheiden zu dürfen. Die Erlaubnis, die der Rechteinhaber dem Nutzer erteilt, erfolgt mittels eines urheberrechtlichen Lizenzvertrages, den der Rechteinhaber mit dem Nutzer schließt. Gegenstand des Lizenzvertrages ist kein körperlicher Gegenstand. Kennzeichnend für alle Lizenzen ist allein, dass sich der Lizenzgeber im Lizenzvertrag verpflichtet, dem Lizenznehmer den Gebrauch eines nichtkörperlichen, geistigen Gutes im vereinbarten Umfang zu gewähren, und soweit dies erforderlich ist, entsprechende Rechte einzuräumen, ohne jedoch das Immaterialgut selbst aufzugeben.[124] Aus Sicht des Rechteinhabers liegt der Sinn des urheberrechtlichen Lizenzvertrages in der Vertragsfreiheit, genauer gesagt in der Abschlussfreiheit. Der Rechteinhaber kann autonom entscheiden, ob und wem er welche Nutzungsrechte einräumen will. Aus Sicht des Nutzers besteht der Sinn des Lizenzvertrages darin, mögliche Vorwürfe des Rechteinhabers und seiner Nachfolger wegen vorgeblicher Urheberrechtsverletzung unter Berufung auf den Lizenzvertrag abwehren zu können. Wenn also ein wirksamer urheberrechtlicher Lizenzvertrag zwischen Nutzer und Rechteinhaber vorliegt, kann weder der Rechteinhaber noch sein Rechtsnachfolger dem Nutzer eine Urheberrechtsverletzung vorwerfen, soweit die Nutzung im Rahmen des Vertrages erfolgt.

---

123 Vgl. Schema bei Auer-Reinsdorff/Conrad, IT- und DatenschutzR-HdB/*Schneider/Conrad*, § 10 Rdnr. 37.

124 *Marly*, Praxishandbuch Softwarerecht, 7. Aufl., Rdnr. 697; *Aparicio Vaquero*, Licencias de uso no personalizadas de programas de ordenador, S. 73 f.; *Lesinska-Adamson*, Nutzungsrechtseinräumung und cession unter dem Blickwinkel ihrer Drittwirkungen, S. 92.

Nun ist aber wichtig zu verstehen, dass nicht jede Nutzung eines urheberrechtlich geschützten Werkes, die ohne Erlaubnis des Rechteinhabers erfolgt, eine Urheberrechtsverletzung darstellt. Urheberrechtlich relevant sind allein solche Handlungen, die in den nationalen Urheberrechtsgesetzen ausdrücklich aufgelistet sind. Es geht um Handlungen, die dem Urheber vorbehalten sind, wenn er sie nicht ausnahmsweise einer anderen Person gestattet. Die Vervielfältigung, Bearbeitung, Verbreitung, öffentliche Wiedergabe und Vermietung von Computerprogrammen sind urheberrechtsrelevante Handlungen, die durch Art. 4 Richtlinie 2009/24/EG (Computerprogramm-Richtlinie) definiert werden. Die Tatfrage, ob vorgenannte Handlungen stattgefunden haben, ist für die nationalen Urheberrechtsgesetze innerhalb der Europäischen Union richtlinienkonform zu beurteilen. Wenn also jemand das Computerprogramm nutzt, ohne es zu bearbeiten, zu verbreiten, zu vervielfältigen, öffentlich wiederzugeben oder zu vermieten, dann liegt auch keine urheberrechtlich relevante Handlung vor. Der Nutzer bedarf dann auch keiner Genehmigung durch den Rechteinhaber.

Die Nutzung eines Computerprogramms unterscheidet sich insofern von der Benutzung anderer Werke, die durch das Urheberrecht geschützt sind, als die Nutzung des Programms regelmäßig eine urheberrechtlich relevante Handlung ist. Wer z. B. ein Buch liest, benutzt zwar das Buch, begeht deshalb aber noch keine urheberrechtlich relevante Handlung. Benutzt er aber ein Computerprogramm, dann veranlasst er in der Regel die Vervielfältigung des Programms und begeht damit eine urheberrechtlich relevante Handlung.[125] Regelmäßig erfordert nämlich die Benutzung des Computerprogramms ein Laden in den Arbeitsspeicher (*random access memory*). Auch das vorübergehende Laden des Programms in den Arbeitsspeicher ist als vorübergehende Vervielfältigung i. S. v. Art. 4 Abs. 1 lit. a Richtlinie 2009/24/EG anzusehen.[126]

Wird das Programm jedoch weder kopiert noch heruntergeladen wie etwa beim reinen Client-Server-Betrieb (*client access*),[127] dann liegt auch keine urheberrechtlich relevante Handlung vor. Beim Cloud-Computing wird das Programm regelmäßig nicht im Arbeitsspeicher des Anwenders, sondern im Arbeitsspeicher des Anbieters geladen, sodass nur der Anbieter urheberrechtlich relevante Handlungen ausführt.[128] Für alle urheberrechtlich relevanten Handlungen wird die Erlaubnis des Rechteinhabers benötigt, damit die urheberrechtlich relevante Handlung rechtmäßig wird. Man nennt dies

125 *Gómez Perals/Fabra Valls*, in: Yzquierdo Tolsada, Contratos, Tomo XII, S. 531.

126 *Marly*, Praxishandbuch Softwarerecht, 7. Aufl., Rdnr. 159 ff.; BGH, Urt. v. 6.10.2016 – I ZR 25/16, GRUR 2016, 266, 269 (Rdnr. 38); Wandtke/Bullinger/*Grützmacher*, UrhR, § 69c UrhG Rdnr. 5.

127 Schuster/Grützmacher, IT-Recht/*Schuster/Hunzinger*, UrhG, § 69c Rdnr. 6.

128 *Kohm/Schreiber*, in: Marly, Praxishandbuch Softwarerecht, § 9 Rdnr. 40.

eine Lizenz.[129] Die Einräumung von Nutzungsrechten, also die Erteilung einer Lizenz, ist ein Verfügungsgeschäft. Unter Verfügung ist jedes Rechtsgeschäft zu verstehen, durch das der Berechtigte entweder die Rechtszuständigkeit oder den Rechtsinhalt oder beides ändert[130] (s. o. Nr. 02.30 zur Verfügung im Zusammenhang mit der Eigentumsübertragung von Kaufsachen). Die Voraussetzungen für die rechtswirksame Erteilung von Lizenzen werden unten in Kap. 06 behandelt.

02.24 Vertragsmanagement

Das Vertragsrecht, das zwischen den vertragschließenden Unternehmen Anwendung findet, ist nicht nur unter dem Gesichtspunkt der *sciences du droit* zu verstehen, sondern auch als Technik der Unternehmensorganisation im Sinne einer *science d'organisation.*[131] Das führt uns zum Vertragsmanagement *(gestion des contrats, gestión de contratos)*. Die Bezeichnung Vertragsmanagement ist kein Rechtsbegriff, sondern ein auf ingenieurswissenschaftlichen Vorstellungen beruhendes Modell für die Vertragsverwaltung eines Unternehmens. Deshalb wird das Vertragsmanagement im Französischen auch als ein Unterfall von „*Ingénierie juridique*" behandelt.[132] Das Vertragsmanagement, das sich infolge der Corporate-Governance-Bewegung entwickelt hat, bezweckt eine optimale Administration der Verträge über deren gesamten Lebenszyklus hinweg, sog. „*Lifecycle Contract Management*".[133] Effektives Vertragsmanagement wird also die Verwaltung der durch und für das Unternehmen geschlossenen Verträge nach Maßgabe des Lebenszyklus von Verträgen (*la gestion du cycle de vie des contrats*) organisieren.[134]

Für international tätige IT-Unternehmen bietet sich dieses Vorgehen geradezu an, da sich IT-Projekt-Verträge zwar bezüglich ihrer jeweils anzuwendenden nationalen oder internationalen Rechtsordnungen unterscheiden mögen, nicht aber bezüglich ihrer Lebenszyklen, denn diese ergeben sich nicht aus dem anzuwendenden Recht, sondern aus der Natur der Sache. Der Lebenszyklus beginnt mit den Vertragsverhandlungen. Dann kommen vor allem die vorvertraglichen Beratungs- und Ausforschungspflichten des beauftragten IT-Unternehmens ins Spiel (Kap. 04). Später geht es um die Realisierung des Projekts. Welche Mitwirkungspflichten obliegen dem Auftraggeber

129 *Hilty*, CR 2012, 625, 629.
130 *Larenz*, Schuldrecht, Bd. 1, AT, S. 570.
131 *Barthélémy*, Gaz. Pal. 1993, I, doctr., 247.
132 *Le Tourneau*, L'ingénierie, les transferts de technologie et de maîtrise industrielle, S. 54 ff. (n° 92).
133 *Schuhmann/Eichhorn*, ZfBR 2020, 504.
134 Vgl. hierzu *Leveau*, Pratique du Contract Management, Optimisez la gestion du cycle de vie contractuel.

(Kap. 05)? Welche Leistungspflichten hat hier das IT-Unternehmen zu erfüllen (Kap. 07)? Welche Verträge sind unbedingt abzuschließen, bevor das fertiggestellte Produkt in Betrieb gehen kann? Verträge des Datenwirtschaftsrechts (Nr. 02.50 ff.) und des Datenschutzrechts (Nr. 02.60 ff.)? Was ist nach Fertigstellung des Projekts? Ist das IT-Unternehmen zur Wartung des digitalen Produkts verpflichtet (Nr. 02.40 ff.)? Kann der Auftraggeber Schadensersatz und Rückabwicklung des Vertrages verlangen, wenn Mängel auftreten (Kap. 08)? Im Folgenden werden wir uns am Lebenszyklus eines IT-Projekt-Vertrages aus Sicht des beauftragten IT-Unternehmens orientieren.

§ 3 Kaufvertrag

02.30 Grundsätzliches

Kaufrecht kommt in Frage, wenn der Schwerpunkt der von der IT-Firma geschuldeten Leistung nicht darin besteht, ein Produkt herzustellen, sondern darin, ein bereits hergestelltes Produkt zu liefern. Der Grundgedanke des Kaufs besteht darin, dass der Verkäufer dem Käufer Eigentum und Besitz an der versprochenen Ware verschaffen soll. Nach französischem Recht geht das Eigentum bereits mit Abschluss des Kaufvertrages über (Art. 1196 al. 1 C.civ.); die Übergabe der Ware hat für den Eigentumsübergang keine Bedeutung (Art. 1583 C.civ.). Üblicherweise vereinbaren die Parteien einen Eigentumsvorbehalt, für den gem. Art. 2368 C.civ. die Schriftform erforderlich ist, um den Übergang des Eigentums auf einen späteren Zeitpunkt, etwa die vollständige Zahlung des Kaufpreises, hinauszuschieben (*clause de réserve de propriété*). Im spanischen Recht ist der Abschluss des Kaufvertrages (Art. 1445 CC) nicht ausreichend für den Übergang des Eigentums. Es muss auch noch die Übergabe der Kaufsache an den Käufer hinzukommen, Artt. 1461, 1462 CC. Das gilt zwar auch für deutsches Recht, aber anders als im spanischen Recht ist noch eine Einigung über die Übertragung des Eigentums erforderlich (§ 929 S. 1 BGB), die sog. dingliche Einigung zwischen Veräußerer und Erwerber. Sie ist unabhängig von der Wirksamkeit des Kaufvertrages zu beurteilen.

Im Civil Law gibt es also drei verschiedene Modelle der Eigentumsübertragung. Sie erfolgt entweder konsensual, kausal oder abstrakt. Die Eigentumsübertragung nach französischem Recht erfolgt konsensual durch den Abschluss des Kaufvertrages; nach spanischem Recht erfolgt sie kausal durch die auf dem Kaufvertrag beruhende Besitzverschaffung der Ware; und nach deutschem Recht erfolgt sie durch Besitzverschaffung und dingliche Einigung, die wiederum abstrakt zum Kaufvertrag ist. Alle drei Varianten stimmen darin überein, dass sie zwischen dem Verpflichtungsgeschäft und dem Verfügungsgeschäft unterscheiden. Unter Verfügung ist jedes Rechtsgeschäft zu verstehen, durch das der Berechtigte entweder die Rechtszuständigkeit oder den Rechtsinhalt oder beides ändert.[135] Die Unterscheidung zwischen Verpflichtung und Verfügung gilt nicht nur für deutsches und spanisches Recht, wo zwischen Kaufvertrag und Besitzverschaffung getrennt wird. Sie muss auch für französisches Recht gelten, denn sonst wäre die *clause de réserve de propriété* nicht denkbar.[136] Bei der Vereinbarung eines Eigentumsvorbehalts verpflichtet sich zwar der Eigentümer zur Eigentumsübertragung, aber er behält die Verfügungsmacht, die mit der Rechtszuständigkeit verbunden ist, und der Käufer erhält zunächst noch keine Verfügungsmacht.

Von den drei Varianten der Eigentumsübertragung entspricht nur die spanische der Tradition des Römischen Gemeinen Rechts.[137] Ansonsten ist aber auch das geltende französische Kaufrecht von der Tradition des Römischen Gemeinen Rechts geprägt.

02.31 Rücktritt des Käufers

Das Römische Gemeine Recht, das *ius commune*, sah für den Fall, dass der Käufer die Aufhebung des Kaufvertrags wegen eines Qualitätsmangels der gelieferten Ware begehrte, eine spezielle Klage vor, die *actio redhibitoria* (Wandelungsklage), bei der es sich um eine verschuldensunabhängige Garantiehaftung handelte, die im Gegensatz zur allgemeinen dreißigjährigen Verjährung einer Frist von sechs Monaten unterlag.[138] Der Tradition des Römischen Gemeinen Rechts folgend haben alle älteren kontinentalen Kodifikationen die Rechtsfigur der *actio redhibitoria* übernommen (Art. 1644 C.civ., Art. 1486 Abs. 1 CC, § 462 BGB a. F.). In Deutschland allerdings ist die spezielle kaufrechtliche Wandelungsklage für mangelhafte Warenlieferung mit der Schuldrechtsreform von 2002 aufgehoben worden. Durch die Reform wurden die Unterschiede, die vorher zwischen den Gewährleistungsregeln des Kauf- und Werkvertragsrechts bestanden, durch Angleichung des Kaufrechts an das werkvertragliche Modell erheblich reduziert.[139] Deshalb kann, was das deutsche Recht betrifft, auf den Rücktritt des Auftraggebers beim Werkvertrag verwiesen werden (s. u. Nr. 04.30 ff.). Für spanisches und französisches Recht hingegen sind weiterhin die Besonderheiten der kaufrechtlichen Gewährleistungsregeln zu berücksichtigen. Das gilt insbesondere für die Unterscheidung zwischen der Lieferung eines *peius* und der Lieferung eines *aliud*. Diese Differenzierung hat nur für den Kauf von

135 *Larenz*, Schuldrecht, Bd. 1, AT, S. 570.
136 *Kraßer*, GRUR Int. 1973, 230, 232.
137 *Ranieri*, Europäisches Obligationenrecht, S. 1051 ff.
138 *Ranieri*, Europäisches Obligationenrecht, S. 859 f.
139 MK-BGB/*Busche*, § 631 BGB Rdnr. 10.

Waren (z. B. Hardware oder Standardsoftware) erhebliche praktische Konsequenzen, nicht aber im Rahmen von Software-Erstellungsverträgen.[140] Die praktische Relevanz dieser Differenzierung zeigt sich im französischen und spanischen Recht dann, wenn es um die Frage geht, wann die Ansprüche des Käufers verjähren. Im französischen Recht hat sie auch Auswirkungen auf die Frage, inwieweit der Verkäufer seine Haftung beschränken kann. Das wird nachfolgend unter Nr. 02.33 und Nr. 02.34 erörtert.

Die terminologische Unterscheidung in den kontinentaleuropäischen Rechtslehren zwischen der Lieferung eines *peius* und der Lieferung eines *aliud* impliziert, dass letzteres auch dann vorliegen kann, wenn die Falschlieferung höherwertig ist.[141] Nur wenn die gelieferte Ware einen verdeckten Mangel hat, also ein *peius* ist, nicht aber wenn sie ein *aliud* gegenüber der vertraglich geschuldeten Ware ist, gilt nach französischem Kaufrecht die *garantie contre les vices cachés* und nach spanischem Kaufrecht der *saneamiento por los defectos ocultos.* Wenn also das gelieferte Managementsystem besser ist als das bestellte, kann kein *vice caché*, wohl aber *non-conformité* (also ein aliud) vorliegen.[142] Im deutschen Kaufrecht hingegen besteht seit der Schuldrechtsreform kein Unterschied mehr zwischen der Lieferung von mangelhafter Ware und der Lieferung einer anderen als der vertraglich geschuldeten Ware (§ 434 Abs. 5 BGB).

Der überkommene Dualismus von mangelhafter und falscher Warenlieferung, wie er dem französischen und spanischen Kaufrecht zugrunde liegt, wird also nur vor dem historischen Hintergrund des Römischen Gemeinen Rechts verständlich. Unter dem Einfluss des angloamerikanischen Rechts und des skandinavischen Kaufgesetzes hat sich heute im UN-Kaufrecht eine Gleichsetzung sämtlicher Formen von Vertragsverletzung (Art. 35 Abs. 1 CISG) als internationale Standardregelung durchgesetzt, die auch Vorbild für die Schuldrechtsreform des BGB von 2002 und für die *Europäische Richtlinie 1999/44/EG zu bestimmten Aspekten des Verbrauchsgüterkaufs* war.[143] In der französischen wie in der spanischen Doktrin wird der Dualismus von mangelhafter und falscher Warenlieferung im nationalen Kaufrecht als nicht mehr zeitgemäß angesehen und eine Reform angemahnt.[144]

---

140 *Soler Matutes*, in: Soler Matutes et al., Manual de gestión y contratación informática, S. 822; *Le Tourneau*, Contrats du numérique, n° 231.63.

141 Vgl. Grüneberg/*Weidenkaff*, § 434 BGB Rdnr. 40.

142 *Le Tourneau*, Contrats du numérique, n° 213.41.

143 *Ranieri*, Europäisches Obligationenrecht, S. 912, 922.

144 *Dross*, RTD civ. 2018, 787 ff.; *Le Tourneau*, RTD com. 1980, 231 ff.; *Vaquer Aloy*, El principio de conformidad: ¿supraconcepto en el derecho de obligaciones?, in: Albiez Dohrmann, Derecho privado europeo y modernización del Derecho contractual en España, S. 369 ff.; *Carrasco Perera*, ZEuP 2006, 552, 554.

02.32 Französisches Recht

Gemäß Art. 1603 C.civ. sind die Hauptpflichten des Verkäufers die *obligation de délivrer* und die *obligation de garantir.* Zu letzterer gehören die *garantie contre les vices cachés* (Art. 1641 C.civ.) und die *garantie contre l'éviction.* Wenn der Käufer ein Verbraucher ist, kommt noch die *garantie de conformité* hinzu, die dem gewerblichen Verkäufer gem. Artt. L217-1–L217-32 C.consom. auferlegt wird. Aus der *obligation de délivrer* (Art. 1603 C.civ.) wurde von der Rechtsprechung seit der zweiten Hälfte des 20. Jahrhunderts die *obligation de délivrance conforme* entwickelt.[145] Die Frage, wann ein Fall von *vice caché* (= Lieferung eines *peius*) und wann ein Fall von *non-conformité* (= Lieferung eines *aliud*) vorliegt, bereitet allerdings in der Praxis erhebliche Schwierigkeiten. Der Grundgedanke ist, dass sich der *vice caché* objektiv auf die gewöhnliche Verwendung der Kaufsache bezieht (Art. 1641 C.civ.), während die *non-conformité* subjektiv anhand der vertraglich vereinbarten Spezifikationen festzustellen sein soll.[146] Fehlfunktionen (*dysfonctionnements*) sind als *vices cachés* und nicht als *non-conformité* einzuordnen.[147] Hat die im Rahmen des Kaufpakets mitgelieferte Software einen Virus, handelt es sich um einen *vice caché*, und zwar auch dann, wenn die Software an sich kostenlos zur Verfügung gestellt wurde.[148] Im Einzelnen bleibt die Rechtsprechung der *Cour de cassation* jedoch nicht immer leicht verständlich.[149] Liefert der Verkäufer einen Drucker, der langsamer arbeitet als in der Werbebroschüre angegeben, was möglicherweise daran liegt, dass die vom Verkäufer bereitgestellte Software und die Hardware nicht kompatibel sind, kann das ein Fall von *non-conformité* sein.[150] Ebenso wird *non-conformité* angenommen, wenn die tatsächliche Kapazität des gelieferten Rechners nur 54 % der von den Parteien vereinbarten Kapazität beträgt.[151] Hingegen wird ein *vice caché* und keine *non-conformité* angenommen, wenn von vierzig bestellten Computern nur elf funktionstüchtig sind.[152]

Die Frage, ob die *non-conformité* oder ein *vice caché* vorliegt, ist aus mehreren Gründen von erheblicher praktischer Bedeutung. Zum einen, weil die *non-conformité* gem. Art. 2224 C.civ. innerhalb von fünf Jahren geltend zu machen ist, nachdem der Käufer von den anspruchsbegründenden Tatsachen

145 *Ranieri*, Europäisches Obligationenrecht, S. 887, Fn. 52.

146 *Le Tourneau*, Contrats du numérique, n° 213.151.

147 Cass.com. du 24/04/2007, n° 05-17.051, Gaz.Pal. 2008, I, somm. 557, obs. *Pottier*.

148 Cass.com. du 25/11/1997, n° 95-14.603, JCP E 1998, 2, n° 22, 28 mai 1998, 853, note *Gross*.

149 *Ranieri*, Europäisches Obligationenrecht, S. 892, Fn. 61 mit anschaulichen Beispielen außerhalb der IT-Branche.

150 Cass.com. du 16/09/2014, n° 13-18.996.

151 Cass.civ. 1re, du 13/10/1993, n° 91-16.344.

152 Cass.com. du 24/04/2007, n° 05-17.051.

Kenntnis erlangt hat, wohingegen die *garantie contre les vices cachés* binnen zwei Jahren nach Entdeckung des Fehlers geltend gemacht werden muss (Art. 1648 C.civ.). Bei der Berechnung der Fristen ist der materiellrechtliche (*droit substantiel*) und der prozessrechtliche (*droit processuel*) Aspekt der *garantie contre les vices cachés* zu unterscheiden. Ersterer betrifft die Dauer der Garantie, letzterer den Zeitraum, innerhalb dessen die *action en garantie* geltend gemacht werden muss. Aus der allgemeinen Verjährungsfrist von 5 Jahren (Art. 2224 C.civ.; Art. 110-4, I Code de commerce) wird gefolgert, dass das Recht des Käufers auf Geltendmachung der *garantie* gegenüber dem Verkäufer verjährt ist, wenn der Käufer den *vice caché* erst fünf Jahre nach dem Kauf entdeckt.[153]

Außerdem ist die Unterscheidung von *vice caché* und *non-conformité* deshalb wichtig, weil im B2B-Bereich der Verkäufer seine Verpflichtung zur *délivrance conforme* vertraglich beschränken kann, wohingegen eine vertragliche Beschränkung der *garantie contre les vices cachés* nur wirksam ist, wenn der Käufer ein *professionnel de la même spécialité* ist, also über dieselben Spezialkenntnisse wie der Verkäufer verfügt.[154] Aus Art. 1643 C.civ. ist nämlich zu folgern, dass eine *clause de non-garantie* unwirksam ist, wenn der Verkäufer den Mangel kennt und somit bösgläubig ist.[155] Nach Art. 1645 C.civ. haftet der Verkäufer bei versteckten Mängeln auch nur dann auf *dommages et intérêts* (Schadensersatz), wenn er den Mangel kannte. Nach gefestigter französischer Rechtsprechung gilt aber der Hersteller oder gewerbsmäßige Verkäufer unwiderlegbar als bösgläubig.[156] Das gilt ausnahmsweise dann nicht, wenn Verkäufer und Käufer *de la même spécialité* sind, was von der Rechtsprechung nur sehr selten angenommen wird.[157] Es könnte z. B. der Fall sein, wenn Käufer und Verkäufer jeweils Softwareentwickler sind. Umgekehrt gilt der gewerbliche Käufer bezüglich versteckter Mängel, die auch bei pflichtgemäßer Untersuchung nicht zu entdecken waren, nicht als bösgläubig i. S. v. Art. 1642 Code civil.[158] Stellt der Käufer zwar Unregelmäßigkeiten fest, so kann es sich dennoch um einen versteckten Mangel handeln, wenn dieser erst von einem Sachverständigen festgestellt werden kann.[159] Das dürfte bei Programmierfehlern regelmäßig der Fall sein, zumindest wenn der Käufer selbst kein IT-Experte ist. Was ist aber, wenn der Kläger im Prozess zunächst die *garantie contre les vi-*

153 *Le Tourneau*, Contrats du numérique, n° 213.174.

154 Cass.civ. 1re, du 20/12/1988, n° 87-16.369; du 24/11/1993, n° 91-17.753.

155 Cass.civ. 3e, du 28/03/2007, n° 06-12.299.

156 Cass.com. du 27/11/1973, n° 71-12.364; kritisch: *Le Tourneau*, Contrats du numérique, n° 213.195, n° 213.208.

157 Vgl. etwa Cass.com. du 03/02/1998, n° 95-18.602, zwei Kfz-Werkstattbetreiber.

158 Cass.com. du 15/11/1983, n° 82-11.310.

159 Cass.civ. 1re, du 07/06/1995, n° 93-13.060.

ces cachés geltend macht, dann aber mangels Beweisbarkeit des *vice caché* sich auf *non-conformité* beruft? Ist dann das Gericht verpflichtet, eine Neubewertung des Klagegrunds vorzunehmen? Die Vollversammlung des Kassationshofs hat das verneint: Hat das Gericht erster Instanz eine Klage abgewiesen, da der Beweis für einen *vice caché* nicht erbracht wurde, ist das Berufungsgericht nicht verpflichtet, die Voraussetzungen der *non-conformité* zu prüfen.[160]

02.33 Spanisches Recht

Ebenso wie das französische Recht unterscheidet auch das spanische Kaufrecht zwischen der Lieferung eines *peius* (dann kann der Käufer Gewährleistung wegen *vicios ocultos* verlangen, Artt. 1484, 1486.1 CC) und der Lieferung eines *aliud* (dann kann der Käufer Vertragsauflösung wegen *incumplimiento* verlangen, Art. 1124 CC). Das Abgrenzungskriterium aus dem französischen Recht gilt entsprechend auch fürs spanische Recht. Demnach liegt ein Fall von *incumplimiento* vor, wenn die Kaufsache für die gewöhnliche Verwendung völlig ungeeignet ist, und ein Fall von *vicios ocultos*, wenn die Kaufsache nicht den vertraglichen Vereinbarungen entspricht. Ansprüche wegen Gewährleistung (*saneamiento*) sind innerhalb von sechs Monaten nach Übergabe der verkauften Sache geltend zu machen, Art. 1490 CC. Wie in Frankreich führt auch in Spanien die Abgrenzung von *aliud* und *peius* zu schwer fassbaren Kriterien, die im Einzelfall von zufälligen Eigenheiten abhängen können.[161] Anders aber als im französischen Recht sind die Abgrenzungsprobleme im spanischen Recht dadurch entschärft, dass sich Ansprüche aus der Nichterfüllung des Vertrages und Ansprüche aus der Gewährleistung nicht ausschließen.[162] Der Kläger kann die Vertragsauflösung verlangen und hilfsweise Gewährleistung.[163] Der *Saneamiento por vicios ocultos* ist auf Kaufverträge (Art. 1484ss. CC) und das private Baurecht (Art. 1553 CC) beschränkt.[164] Er ist nicht auf Werkverträge über bewegliche Sachen anwendbar.[165] Zwar spricht man auch bei Werkverträgen von einem *aliud pro alio*, wenn das gelieferte Werk so sehr von der vertraglichen Vereinbarung abweicht, dass es für die vorgesehene Verwendung völlig unge-

---

160 Cass., ass. plén., du 21/12/2007, n° 06-11.343.

161 *Carrasco Perera*, ZEuP 2006, 552, 554.

162 *Ranieri*, Europäisches Obligationenrecht, S. 898; SAP Girona, Sección 1ª, de 05/12/2000, FD 2°, ROJ: SAP GI 2005/2000.

163 STS de 26/02/1996, FD 6°, ROJ: STS 7761/1996.

164 *Soler Matutes*, in: Soler Matutes et al., Manual de gestión y contratación informática, S. 819 ff.

165 Vgl. STS de 07/12/1996, FD 2°, ROJ: STS 6988/1996.

eignet ist.[166] Die Abgrenzung zwischen *peius* und *aliud* mit den praktischen Konsequenzen, wie sie im Kaufrecht für die Verjährung gelten, spielt im Werkvertragsrecht keine Rolle.

02.34 UN-Kaufrecht

Das UN-Kaufrecht (engl.: United Nations Convention on Contracts for the International Sale of Goods, CISG) vom 11.4.1980 ist ein völkerrechtlicher Vertrag über Verträge des internationalen Warenkaufs. Das CISG ist in Frankreich am 1.1.1988, in Deutschland am 1.1.1991 und in Spanien am 1.8.1991 – jeweils als nationales Recht – in Kraft getreten. Es ist autonom auszulegen und in seinen Originalsprachen – das sind die offiziellen UN-Sprachen Englisch, Arabisch, Chinesisch, Französisch, Russisch, Spanisch – anzuwenden. Dem CISG unterfallen auch Verträge über die Lieferung von Waren, die noch herzustellen oder zu erzeugen sind, Art. 3 Abs. 1 CISG (*Contracts for the supply of goods to be manufactured or produced*). Demgemäß wird von der Rechtslehre vertreten, dass das CISG auch auf Verträge über die Erstellung von Individualsoftware anzuwenden ist, selbst wenn der Wert der geistigen Arbeit den Wert des Datenträgers, auf dem die Software verkörpert ist, übersteigt.[167] In der Praxis jedoch würde die Anwendung des CISG auf Verträge über Individualsoftware mehr Fragen aufwerfen, als sich dadurch Rechtssicherheit herstellen ließe.[168] Folglich ist es üblich, bei internationalen Software-Erstellungsverträgen die Rechtswahlklausel zugunsten des nationalen Rechts – wie auch in den praktischen Fällen 1 und 2 – mit dem ausdrücklichen Hinweis zu verbinden, dass die Anwendbarkeit des CISG ausgeschlossen wird.[169]

02.35 Deutsches Recht

Im Rahmen des Kaufrechts ist noch eine Besonderheit des deutschen Rechts zu beachten, für die es keine Entsprechung im französischen und spanischen Recht gibt. Das ist die Rügeobliegenheit des Käufers bei einem beiderseitigen Handelsgeschäft i. S. d. §§ 343, 344 HGB. Der Käufer hat die Ware unverzüglich nach der Ablieferung durch den Verkäufer, soweit dies nach ordnungsmäßigem Geschäftsgang tunlich ist, zu untersuchen und, wenn sich ein Mangel zeigt, dem Verkäufer unverzüglich Anzeige zu machen, § 377

166 STS de 22/02/1997, FD 4°, ROJ: STS 1240/1997.

167 Kröll/Mistelis/Perales Viscasillas CISG/*Mistelis/Raymond*, Art. 3 CISG Rdnr. 23.

168 *Schassek*, Verträge über individuelle Software nach deutschem und spanischem Recht, S. 48.

169 *Lejeune*, in: Schneider/Graf v. Westphalen, Software-Erstellungsverträge, S. 586 f.; BeckFormB IT-R/*Imhof*, Form. C.3., § 23 IV.

Abs. 1 HGB. Unterlässt der Käufer die Anzeige, gilt die Ware als genehmigt, es sei denn, dass es sich um einen Mangel handelt, der bei der Untersuchung nicht erkennbar war, § 377 Abs. 2 HGB. Diese Genehmigungsfiktion verschafft dem Verkäufer frühzeitig Rechtssicherheit, wohingegen dem Käufer der Verlust seiner Mängelrechte droht, und zwar bevor die Verjährung in den Fristen des § 438 BGB eingetreten ist. Die Anforderungen an die Untersuchung sind durch eine Interessenabwägung zu ermitteln, die in erster Linie dem Tatrichter obliegt.[170] Anhaltspunkte für die Grenzen der Zumutbarkeit bilden vor allem der für eine Überprüfung erforderliche Kosten- und Zeitaufwand, die dem Käufer zur Verfügung stehenden technischen Prüfungsmöglichkeiten, das Erfordernis eigener technischer Kenntnisse für die Durchführung der Untersuchung beziehungsweise die Notwendigkeit, die Prüfung von Dritten vornehmen zu lassen.[171] Die Untersuchung muss sich aber nicht nur auf mögliche Sachmängel, sondern auch auf mögliche Rechtsmängel beziehen. Wenn der Verkäufer bei Übergabe der Software dem Käufer die Unterlagen über die Lizenzierung der Software überlässt, so muss der Käufer anhand der dokumentierten Rechtekette überprüfen, ob die Software evtl. einen Rechtsmangel hat, ggf. unter Zuhilfenahme eines Sachkundigen.[172] Nach Entdeckung des Mangels muss der Käufer unverzüglich rügen. Eine Rüge drei Monate nach Bekanntwerden des Mangels ist unter keinen Umständen ausreichend.[173]

Im Praktischen Fall 2 würden diese Überlegungen keine Rolle spielen, da es dort um Werkvertragsrecht und nicht um Kaufrecht geht. Im Praktischen Fall 2 hat sich die IT-Firma zu umfangreichen Ergänzungsprogrammierungen verpflichtet, um die Software XY an die Bedürfnisse des Kunden anzupassen. Der BGH stuft das vertraglich vereinbarte *Customizing* von Standardsoftware als Werkvertrag ein, wenn die Anpassung eine individuelle Programmierleistung darstellt[174] oder umfangreich ist.[175]

§ 4 Software-Pflegevertrag

02.40 Pflege und Projektvertrag

Der Auftraggeber zahlt der IT-Firma die gem. IT-Projekt-Vertrag vereinbarte Vergütung in der berechtigten Erwartung, dass die IT-Firma ihm ein mangel-

170 BGH, Urt. v. 14.10.1970 – VIII ZR 156/68, BeckRS 1970, 30932347.
171 BGH, Urt. v. 24.2.2016 – VIII ZR 38/15, NJW 2016, 2645, 2646, Rdnr. 22.
172 *Kubach/Hunzinger*, CR 2016, 213, 215.
173 *Marly*, Praxishandbuch Softwarerecht, 7. Aufl., Rdnr. 1887; OLG Düsseldorf, Urt. v. 22.12.1995 – 22 U 180/95, CR 1996, 350, 352.
174 BGH, Urt. v. 9.10.2001 – X ZR 58/00, CR 2002, 93, 95.
175 BGH, Urt. v. 25.3.2010 – VII ZR 224/08, NJW 2010, 2200, 2201.

freies Produkt ausliefert. Wenn die IT-Firma nach Auslieferung Updates zur Verfügung stellt, um die Tauglichkeit der Software zu erhalten, darf daraus nicht geschlossen werden, dass die Software schon bei Auslieferung mangelhaft war.[176] Ganz im Gegenteil: Software muss so beschaffen sein, dass sie die Fähigkeit zur Weiterentwicklung besitzt: *Le logiciel doit avoir la capacité d'évoluer*.[177] In Ermangelung dieser Beschaffenheit spricht die deutsche Rechtslehre von fehlender Zukunftsfähigkeit der Software unter dem Gesichtspunkt fehlender Flexibilität und ordnet diese als Sachmangel ein, § 633 Abs. 2 S. 2 Nr. 2 BGB.[178] Die IT-Firma kommt ihrer werkvertraglichen Pflicht zur Herstellung von vertragskonformer Software dadurch nach, dass sie in angemessenen Zeitabständen Updates zur Verfügung stellt.

Übereinstimmend nach deutschem, französischem und spanischem Recht muss die IT-Firma bei der Gestaltung des Pflegevertrages Rücksicht nehmen auf die Erfolgspflicht zur Herstellung funktionierender Software, wie sie sich aufgrund des zwischen den Parteien bestehenden Werkvertrages (*contrat d'entreprise*, *contrato de obra*) ergibt. Zunächst ist es eine Kalkulationsfrage, ob die IT-Firma zusätzliche Einnahmen aus dem Pflegevertrag generieren will oder ob sie die Pflegeleistungen in den werkvertraglichen Vergütungsanspruch einpreist und auf den Abschluss eines Pflegevertrages verzichtet. Wenn aber die IT-Firma einen Pflegevertrag anbietet, dann kommt es darauf an, für welche Dienstleistungen der Pflegevertrag eine Zahlungspflicht vorsieht. Wenn das auch Leistungen sind, zu denen die IT-Firma schon aufgrund des Werkvertrages verpflichtet ist, dann würde die Zahlungspflicht des Kunden nicht nur bedeuten, dass der Kunde doppelt zahlen soll, sondern auch, dass er für etwas haften soll, was er selbst nicht zu vertreten hat und was der Risikosphäre der IT-Firma entstammt. Wenn der Kunde für die Beseitigung von Software-Fehlern aufkommen soll, die er weder verursacht hat noch hätte verhindern können, würde das auf eine verschuldensunabhängige Haftung des Auftraggebers hinauslaufen.[179] Das wäre mit den gesetzlichen Regelungen zum Werkvertrag nicht zu vereinbaren. Für die Gestaltung des Pflegevertrages bedeutete das: Es sind die jeweils geltenden nationalen Regelungen zur Erfüllung des Werkvertrages zu beachten.

176 LG Freiburg, Urt. v. 14.6.2007 – 3 S 324/06, CR 2008, 556.

177 *Le Tourneau*, Contrats du numérique, n° 231.71.

178 *Marly*, Praxishandbuch Softwarerecht, 7. Aufl., Rdnr. 1495 ff.

179 *Peter*, in: Schneider/Graf v. Westphalen, Software-Erstellungsverträge, Kap. I Rdnr. 172.

02.41 Deutsches Recht

Nach deutschem Recht erscheint der Pflegevertrag dann problematisch, wenn seine Bestimmungen nicht individuell ausgehandelt wurden, sondern wenn sie (1.) als AGB in den Pflegevertrag einbezogen wurden und wenn (2.) die AGB die Vergütung von Mängelbeseitigungen während der Gewährleistung regeln. Gem. § 309 Nr. 8 b) ff) BGB ist bei Verträgen über Lieferungen neu hergestellter Sachen und Werkleistungen eine AGB unwirksam, der zufolge die Gewährleistungsfrist weniger als 1 Jahr beträgt. Gem. § 310 Abs. 1 S. 1 BGB findet § 309 BGB keine Anwendung auf AGB, die gegenüber einem Unternehmer verwendet werden. Aus § 310 Abs. 1 S. 2 BGB ergibt sich aber, dass § 307 BGB in den Fällen des § 310 Abs. 1 S. 1 BGB insoweit Anwendung findet, als dies zur Unwirksamkeit von in § 309 BGB genannten Vertragsbestimmungen führt. Dem BGH zufolge kommt dem strikten Klauselverbot des § 309 Nr. 8 b) ff) BGB im Rahmen des § 307 BGB Indizwirkung für die Unwirksamkeit einer entsprechenden Klausel zu.[180] Es darf also für den B2B-Bereich davon ausgegangen werden, dass eine Gewährleistungsfrist unter einem Jahr in AGB für die andere Partei eine unangemessene Benachteiligung i. S. v. § 307 BGB darstellt. Eine formularmäßige Klausel im Pflegevertrag, die während der Gewährleistungsfrist der Kundenfirma die Vergütungspflicht für Mängelbeseitigungen auferlegt, ist unwirksam. Darin liegt ein Verstoß gegen die Vorschrift des § 309 Nr. 8 b) cc) BGB, die über § 307 Abs. 2 BGB grundsätzlich auch im Unternehmensverkehr anwendbar ist.[181] Gem. § 635 Abs. 2 BGB hat der Auftragnehmer die zum Zwecke der Nacherfüllung erforderlichen Aufwendungen zu tragen. Eine AGB-Klausel, die von dieser Regelung abweichen würde, wäre als unangemessene Benachteiligung des Auftraggebers anzusehen (§ 307 Abs. 2 BGB).

Um Probleme zu vermeiden, die aus der Unwirksamkeit von AGB resultieren, sollte im Formularvertrag klargestellt werden, dass der Kunde das Recht auf unentgeltliche Mängelbeseitigung behält.[182] Wenn der Auftraggeber das Werk abgenommen hat, verwandelt sich nach deutschem Recht sein werkvertraglicher Erfüllungsanspruch in einen gewährleistungsrechtlich modifizierten Anspruch auf Nacherfüllung (s. u. Nr. 08.24). Deshalb ist bei der Vertragsgestaltung darauf zu achten, dass der Pflegevertrag nicht mit dem Anspruch auf Nacherfüllung kollidiert, den der Auftraggeber im Falle von Schlechtleistung innerhalb der Gewährleistungsfrist geltend machen kann. Enthielte der Pflegevertrag Regelungen zur Mängelbeseitigung, wäre das

180 BGH, Urt. v. 8.9.2016 – VII ZR 168/15, NJW 2017, 265 f., Rdnr. 35.

181 *Marly*, Praxishandbuch Softwarerecht, 7. Aufl., Rdnr. 1051; BGH, Urt. v. 9.4.1981 – VII ZR 194/80, NJW 1981, 1510.

182 BeckFormB IT-R/*Imhof*, Form. C.7. Anm. 3.

auch deshalb nachteilig für die IT-Firma, weil die werkvertragliche Gewährleistungsfrist während der Laufzeit des Pflegevertrages gehemmt ist und erst nach Beendigung des Pflegevertrages zu laufen beginnt.[183] Je nachdem, wie lange der Pflegevertrag läuft, könnte die aufgeschobene Gewährleistung mit einem nicht unerheblichen Risiko für die IT-Firma verbunden sein.

02.42 Französisches Recht

Nach französischem Recht ist die Problematik eine andere. Da bleibt der ursprüngliche Erfüllungsanspruch des Kunden auch über die Abnahme (*réception*) hinaus bestehen[184] (s. u. Nr. 08.24). Nach der Rechtsprechung des Kassationshofs hat der IT-Anbieter zu gewährleisten, dass die Software zum Zeitpunkt ihrer Veräußerung sowohl den Bedürfnissen des Kunden als auch den für ihre Lebensdauer vorgesehenen oder vorhersehbaren gesetzlichen Verpflichtungen entspricht, und zwar mindestens für eine Abschreibungsdauer von vier Jahren oder eine tatsächliche Nutzungsdauer von sieben Jahren[185] (s. u. Nr. 07.42). Diese Verpflichtung ergibt sich aus dem zwischen den Unternehmern geschlossenen Softwarevertrag, sofern sie nichts Gegenteiliges vereinbart haben.[186] Wenn ein Immobilienverwaltungsprogramm aufgrund der Änderung der Mietrechtsgesetze unbrauchbar geworden ist und die IT-Firma es nicht mehr anpassen kann, haftet sie für die dem Kunden durch die Unbrauchbarkeit entstandenen Schäden.[187] Die IT-Firma ist verpflichtet, Software mit der *capacité à évoluer* zu liefern, da sie Teil der vertraglich geschuldeten *conformité* ist.[188] Um sich vor möglicher Haftung zu schützen, müsste die IT-Firma den Kunden bei den Vertragsverhandlungen darauf hinweisen, dass sie im Falle einer Änderung der Gesetzeslage nicht imstande sein werde, eine Anpassung des Programms vorzunehmen.[189] Bei der Vergütungsfrage könnte sich die IT-Firma kulant zeigen und dem Kunden einen Nachlass gewähren. Wenn die Kundenfirma den Rabatt ausdrücklich angenommen hat, kann sie später nicht mehr den Einwand der Schlechtlieferung erheben.

Die IT-Firma liefert zwar nur dann eine vertragskonforme Software, wenn diese über die *capacité à évoluer* verfügt. Ungeachtet dessen darf die IT-Firma zusätzlich zum Werkvertrag noch einen *contrat de maintenance évoluti-*

---

183 Vgl. LG Bonn, Urt. v. 19.12.2003 – 10 O 387/01, JurPC Web-Dok. 109/2004, Abs. 32.

184 *Le Tourneau*, L'ingénierie, les transferts de technologie et de maîtrise industrielle, n° 288.

185 Cass.com. du 19/02/2008, n° 06-17.669.

186 *Le Tourneau*, Contrats du numérique, n° 231.71.

187 CA Paris, 15e ch., du 27/09/1996, Expertises 1997, 42–44.

188 *Le Tourneau*, Contrats du numérique, n° 331.162; n° 231.71.

189 CA Paris, 15e ch., du 27/09/1996, obs. *Richard*, Expertises 1997, 42.

ve mit dem Kunden abschließen.[190] Sie kann z. B. für die von ihr angebotene Buchhaltungssoftware mit dem Kunden einen zusätzlichen Pflegevertrag abschließen, der sie dazu verpflichtet, aktualisierte Versionen der Buchhaltungssoftware zu liefern, falls sich die für die Buchhaltung relevante Gesetzeslage ändert.[191] Dann darf die IT-Firma für die Bereitstellung der *maintenance-adaptation*, die zumeist als Abonnement gestaltet ist, auch Gebühren verlangen.

02.43 Spanisches Recht

Aufgrund von Software-Pflegeverträgen, die nach spanischem Recht geschlossen werden, sind Zahlungsforderungen nicht einklagbar, wenn sie sich auf Leistungen beziehen, die Teil des *cumplimiento total* sind, zu dem die IT-Firma schon aus einem Werk- oder Kaufvertrag verpflichtet ist. Beruft sich die IT-Firma bei Rechnungsstellung auf den zwischen den Parteien bestehenden *contrato de mantenimiento* und bezwecken die in Rechnung gestellten Leistungen die Korrektur eines *mal funcionamiento*, dann darf der Kunde die Zahlung verweigern, solange die IT-Firma nicht nachweisen kann, dass diese Leistungen nicht aufgrund ihrer vertraglichen (Nach-)Erfüllungspflicht geschuldet sind.[192] (Das Verhältnis von Erfüllungspflicht und Nacherfüllung gem. spanischem Recht wird auch unten unter Nr. 08.24 behandelt). Eine Zahlungsverweigerung kommt aber auch dann in Betracht, wenn die IT-Firma die Leistungspflichten aus dem *contrato de mantenimiento* nicht erfüllt. Der Kunde zahlt regelmäßig (z. B. monatlich) Gebühren für den *mantenimiento*, damit er die fortlaufend aktualisierten Versionen der Software nutzen kann. Wenn die aktuelle Version nicht funktioniert, sodass der Kunde die Software nicht nutzen kann, darf er die Zahlung der Gebühren aussetzen, selbst wenn die IT-Firma ihm anbietet, gegen Zahlung einer erheblichen Summe eine neue Version zu migrieren.[193] Auf dieses Angebot muss er sich nicht einlassen, weil die IT-Firma bereits aus dem Pflegevertrag verpflichtet ist, funktionstaugliche Aktualisierungen bereitzustellen.

Haben die Parteien des Software-Projekts keine Vereinbarungen zum *mantenimiento correctivo* getroffen, dann ist dieser dennoch von der IT-Firma geschuldet, und zwar als Bestandteil ihrer werkvertraglichen Pflicht zur Lieferung eines Erfolgs. Deshalb sollte der IT-Projekt-Vertrag auch begrifflich klar unterscheiden zwischen der kostenfreien *garantía de buen funcionamiento del programa* (z. B. für die Dauer von 6 Monaten) und dem

190 *Debras*, Guide juridique des contrats en informatique, S. 139.
191 Cass.civ. 1re, du 30/04/2014, n° 13-11.068.
192 SAP Murcia, Sección 1ª, de 04/02/2003, FD 1°, ROJ: SAP MU 343/2003.
193 SAP Madrid, Sección 14ª, de 28/10/2011, FD 5°, ROJ: SAP M 14118/2011.

kostenpflichtigen *mantenimiento*.[194] Hat die IT-Firma gegenüber dem Auftraggeber zu einem Festpreis die vollständige Digitalisierung des Betriebes übernommen, so muss sie nachweisen, dass über den Werkvertrag hinaus ein zusätzlicher Vertrag geschlossen wurde, wenn sie über den Festpreis hinaus weitere Dienstleistungen in Rechnung stellt. Das gilt für sämtliche Dienstleistungen, die Bestandteil des *cumplimiento total* sein könnten, denn diesen schuldet die IT-Firma dem Auftraggeber aufgrund des Werkvertrages.[195] Der Tribunal Supremo zählt dazu auch Leistungen der IT-Firma, die dem normalen Betrieb und der Wartung des von der IT-Firma erstellten IT-Systems dienen (*normal funcionamiento y mantenimiento del sistema informático*). Wenn Streit zwischen den Parteien besteht, ob sie neben dem Projektvertrag zusätzlich noch einen Pflegevertrag geschlossen haben, kann es bei der Entscheidung auf die Höhe der Vergütung ankommen, die der Auftraggeber laut Projektvertrag schuldet. Je höher die Vergütung, umso eher ist der Parteiwille dahingehend auszulegen, dass die Pflege bereits mit der werkvertraglichen Vergütung abgegolten ist.

02.44 Pflege und Erfolgspflicht

Die Parteien schließen üblicherweise einen Pflegevertrag, weil sie Störungen des IT-Systems zumindest für denkbar halten. Der Pflegevertrag regelt dann, welche Art von Störungen die IT-Firma zu beseitigen verpflichtet sein soll. Das Garantieversprechen, einen Erfolg zu liefern, gilt nach kontinentaleuropäischem Rechtsverständnis für die Entwicklung eines neuen IT-Systems. Es könnte aber zweifelhaft sein, ob das auch generell für Reparaturen eines bestehenden Systems gelten soll. Im laufenden Betrieb können Störungen nicht nur durch Entwicklungsfehler des Herstellers, sondern auch durch sorgloses Verhalten des Nutzers verursacht werden, auf das die IT-Firma keinen Einfluss hat.

In der spanischen Lehre und in der spanischen Rechtsprechung findet sich deshalb das Argument, dass es einer angemessenen Risikoverteilung widerspräche, jede Störungsbeseitigungspflicht aus dem Pflegevertrag als eine Erfolgspflicht (*obligación de resultado)* einzustufen.[196] Der Pflegevertrag wird vielmehr als ein gemischter Vertrag (*contrato complejo*) eingeordnet,[197] bei dem jede einzelne Pflicht danach zu untersuchen ist, ob es sich um eine Sorgfaltspflicht oder eine Erfolgspflicht handelt (generell zur Unterschei-

194 *Soler Matutes*, in: Soler Matutes et al., Manual de gestión y contratación informática, S. 898 f.

195 STS de 24/10/2002, FD 2°, ROJ: STS 7027/2002.

196 *Soler Matutes*, in: Soler Matutes et al., Manual de gestión y contratación informática, S. 890 f.

197 *Davara Rodríguez*, Manual de Derecho Informático, S. 327, Fn. 27.

dung dieser beiden Arten von vertraglichen Pflichten s. u. Nr. 07.40). Demgemäß wird von der spanischen Rechtsprechung festgestellt, dass ein Pflegevertrag niemals in seiner Gesamtheit als Werkvertrag (*contrato de obra*) zu qualifizieren ist.[198]

Im französischen Recht lassen sich keine allgemeinen Aussagen darüber treffen, ob Pflegeverträge der IT-Firma Erfolgs- oder Sorgfaltspflichten auferlegen. Es hängt vielmehr von der konkreten Vertragsgestaltung ab. So kann z. B. die Fernwartung für ein Alarmsystem als *obligation de moyens* gestaltet sein,[199] die Gerätewartung für einen Fotokopierer als *obligation de résultat*.[200] Bei Wartungsverträgen nach deutschem Recht müssen die vereinbarten Dienstleistungen danach abgegrenzt werden, ob sie als solche oder ob deren Erfolg geschuldet ist.[201] In ersterem Fall geht es um Dienstvertragsrecht, in letzterem Fall um Werkvertragsrecht. Bei einem Warenwirtschaftsprogramm, für das die IT-Firma im Rahmen eines Wartungsvertrages die fortlaufende Lieferung von Programmneuerungen versprochen hat, kann der Werkvertragscharakter im Vordergrund stehen, auch wenn dienstvertragliche Elemente enthalten sind.[202] Zur Unterscheidung von Dienst- und Werkvertragsrecht bei IT-Verträgen s. u. Nr. 07.43.

02.45 Pflege und Quellcode

Nur wer über den Quellcode verfügt, kann die Software pflegen und weiterentwickeln. Wenn aber der Auftraggeber erwarten darf, dass die Software über die erforderliche *capacité à évoluer* verfügt, dann stellen sich zwei Fragen: Hat er einen Anspruch auf Abschluss eines Pflegevertrages? Und wenn die IT-Firma die Pflege verweigert, hat er dann zumindest einen Anspruch auf Überlassung des Quellcodes? Von der deutschen Rechtsprechung wurde eine aus dem Software-Erstellungsvertrag herzuleitende Pflicht des Softwareerstellers zur Überlassung des Quellcodes bejaht, wenn der Softwareersteller mit dem Besteller entweder gar keinen Pflegevertrag,[203] keinen langfristigen[204] oder einen lediglich einjährigen Pflegevertrag[205] geschlossen hat. Bei der Vertragsauslegung ist auf den Vertragszweck und den danach vorausgesetzten Gebrauch des Programms abzustellen und zu prüfen,

---

198 SAP Madrid (Sección 25ª), de 16/11/2004, FD 3°, ROJ: SAP M 14668/2004.

199 Cass.com. du 07/07/2021, n° 19-22.807.

200 Cass.com. du 16/03/1999, n° 96-14.846.

201 *Siglmüller*, in: Marly, Praxishandbuch Softwarerecht, § 7 Rdnr. 16.

202 LG Bonn, Urt. v. 15.1.2008 – 10 O 383/06, CR 2008, 767, 768.

203 OLG Karlsruhe, Urt. v. 14.5.1998 – 11 U 39/96, CR 1999, 11, 12; OLG Saarbrücken, Urt. v. 22.9.1994 – 8 U 64/91, BB 1995, Beilage 16, S. 12, 13.

204 LG München I, Urt. v. 18.11.1988 – 21 O 11130/88, NJW 1989, 2625, 2626.

205 LG Köln, Urt. v. 3.5.2000 – 20 S 21/99, CR 2000, 505 = NJW-RR 2001, 1711.

ob der Besteller zur Nutzung des Programms der Übergabe des Quellcodes bedarf.[206] Die Frage, ob und – wenn ja – unter welchen Voraussetzungen der Auftraggeber vom Softwareersteller die Herausgabe des Quellcodes verlangen kann, werden wir unten unter Nr. 07.50 ff. jeweils unter Berücksichtigung der deutschen, französischen und spanischen Rechtsprechung erörtern. Vorerst beschäftigt uns die Frage, ob er von der IT-Firma den Abschluss eines Pflegevertrages verlangen kann. Die soeben zitierte Rechtsprechung legt nahe, dass für die IT-Firma zumindest faktisch ein mittelbarer Zwang zum Abschluss eines Pflegevertrages bestehen kann, wenn sie verhindern will, dass sie vom Besteller auf Herausgabe des Quellcodes verklagt wird.

Ein rechtlicher Zwang zum Abschluss eines Pflegevertrages muss sich aus schriftlich oder mündlich getroffenen Vereinbarungen zum Software-Projektvertrag ergeben. Aber allein aus der Tatsache, dass die Parteien einen Software-Projektvertrag geschlossen haben, lässt sich keinesfalls ein vertraglicher Abschlusszwang zu einem Software-Pflegevertrag herleiten.[207] Falls auch durch Auslegung des Software-Projektvertrages eine Pflicht der IT-Firma zum Abschluss eines Pflegevertrages nicht ermittelt werden kann, stellt sich die Frage, wie der grundsätzliche Interessenkonflikt von Auftraggeber und IT-Firma gelöst werden kann. Die IT-Firma wird grundsätzlich daran interessiert sein, den Quellcode geheim zu halten, damit sie ihn für weitere Projekte verwerten kann. Der Auftraggeber wird daran interessiert sein, den Quellcode zu kennen, wenn er Fehlerberichtigungen und Programmänderungen vornehmen will. Eine Lösung des Interessenkonflikts zwischen den Projektparteien sollte über das Recht des Anwenders zur bestimmungsgemäßen Nutzung des Computerprogramms aus Art. 5 Abs. 1 Richtlinie 2009/24/EG zu finden sein. Darum wird es unten unter Nr. 07.50 ff. gehen.

§ 5 Datenwirtschaftsverträge

02.50 Data Act

Fall 2a

Die S AG, ein europaweit tätiges Unternehmen im Anlagenbau mit mehreren tausend Beschäftigten, hat mit dem Pharmaunternehmen P einen Werkvertrag über eine speziell für P entwickelte Abfüllanlage mit Prozessautomatisierung geschlossen. Sensoren, die den Abfüllprozess überwachen, senden Daten über Druck, Temperatur, Durchfluss und

206 BGH, Urt. v. 30.1.1986 – I ZR 242/83, NJW 1987, 1259, 1260.

207 *Marly*, Praxishandbuch Softwarerecht, 7. Aufl., Rdnr. 1047.

Qualität der chemischen Substanzen an den Server der S, die sie zum Zweck der *predictive maintenance* sammelt. Worauf muss die S achten?

Stellt die IT-Firma für den Auftraggeber ein vernetztes Produkt (Nr. 02.52–02.54) oder ein cloud-basiertes Produkt (Nr. 02.55) her, findet der Data Act (DA)[208] Anwendung. Ein vernetztes Produkt kann Daten über seine Leistung, Nutzung oder Umgebung erlangen, generieren oder erheben und diese Daten über einen elektronischen Kommunikationsdienst, eine physische Verbindung oder einen geräteinternen Zugang übermitteln, ErwG 14 S. 1 DA. Vernetzte Produkte kommen in allen Bereichen der Wirtschaft und Gesellschaft vor, einschließlich in privaten, zivilen oder gewerblichen Infrastrukturen, Fahrzeugen, medizinischer Ausrüstung, Lifestyle-Ausrüstung, Schiffen, Luftfahrzeugen, Haushaltsgeräten und Konsumgütern, Medizin- und Gesundheitsprodukten oder landwirtschaftlichen und industriellen Maschinen und Anlagen, ErwG 14 S. 3 DA.

Der DA zielt auf die Verwirklichung des digitalen Binnenmarktes ab, Art. 114 AEUV. Zur Erreichung dieses Ziels muss die starke Fragmentierung von Informationen in Datensilos überwunden werden, ErwG 2 S. 2 DA. Anders gesagt: Der DA will der Abhängigkeit der „Daten-Habenichtse" von den Dateninhabern abhelfen.[209] Im Unterschied zur DSGVO bezieht sich der DA nicht allein auf personenbezogene Daten, sondern auch auf nicht-personenbezogene Daten, Art. 2 Nr. 4 DA. Unter Daten ist jede digitale Darstellung von Handlungen, Tatsachen oder Informationen sowie jede Zusammenstellung solcher Handlungen, Tatsachen oder Informationen auch in Form von Ton-, Bild- oder audiovisuellem Material zu verstehen, Art. 2 Nr. 1 DA. Der Anwendungsbereich des DA ist eröffnet, sobald die IT-Firma das vernetzte Produkt innerhalb der EU auf den Markt bringt, Art. 1 Abs. 3 DA. Es gilt das Marktortprinzip. Ob die IT-Firma ihren Sitz in der EU hat, ist unerheblich, wohl aber kommt es auf ihre Größe an. Es gelten nämlich Ausnahmen für Kleinstunternehmen sowie kleine und mittelständische Unternehmen (KMU), Art. 7 Abs. 1 DA. Das sind Unternehmen, die weniger als 250 Personen beschäftigen und die entweder einen Jahresumsatz von höchstens 50 Mio. EUR erzielen oder deren Jahresbilanzsumme sich auf höchstens 43 Mio. EUR beläuft, Art. 2 Abs. 1 Anhang zur Empfehlung 2003/361/EG der Kommission v. 6.5.2003.[210]

Die wichtigsten Beteiligten im DA sind der Dateninhaber (Art. 1 Nr. 13 DA), der Nutzer (Art. 1 Nr. 12 DA) und der Dritte, der zum Datenempfänger

208 ABl. L 2023/2854 v. 22.12.2023.
209 *Staudenmayer*, NJW 2024, 1377.
210 ABl. L 124 v. 20.5.2003, S. 36–41.

(Art. 1 Nr. 14 DA) wird, wenn ihm der Dateninhaber auf Verlangen des Nutzers Daten bereitstellt. Keiner der Beteiligten kann aufgrund des DA an den Daten ein absolutes Recht erwerben, das gegenüber jedermann (*erga omnes*) wirkt; ihm kann nur ein obligatorisches Recht zustehen, das relativ gegenüber einem anderen Beteiligten wirkt. Die Beziehungen der Beteiligten werden aufgrund des DA umfassend „kontraktualisiert“, sodass im Datenwirtschaftsrecht das Vertragsrecht die Führung übernimmt.[211] Im Fall 2a ist Dateninhaber die S und Nutzer ist die P. Als Dritter könnte etwa eine Firma in Betracht kommen, die im Auftrag der P Wartungsarbeiten an der Abfüllanlage durchführt. Die Wartungsfirma wäre dann Datenempfänger, wenn S ihr auf Verlangen der P die Prozessdaten der Abfüllanlage bereitstellt. Als Datenempfänger kommen auch Unternehmensberatungen in Frage, die auf Basis der Sensordaten von Maschinen verschiedener Hersteller in einer Fabrik Optimierungsvorschläge zu Auslastung, Stromverbrauch oder Neuanschaffungen machen.[212]

02.51 Obligationenrechtliche Verträge

Im Verhältnis von IT-Firma und Auftraggeber sind gedanklich vier Datenwirtschaftsverträge zu unterscheiden, die auch Teil eines einheitlichen Vertragswerks sein können. Das sind der Datenbereitstellungsvertrag (Nr. 02.52), der Datennutzungsvertrag (Nr. 02.53), der Vertrag über den verbundenen Dienst (Nr. 02.54) sowie der Vertrag über den Datenverarbeitungsdienst (Nr. 02.55). Datenwirtschaftsverträge sind Verträge des Obligationenrechts, die nur obligatorische Rechte und Pflichten zwischen den Vertragsparteien hervorbringen. Man darf sie nicht verwechseln mit Lizenzverträgen, wie sie im Immaterialgüterrecht üblich sind (s. u. Nr. 06.20 ff.). Anders als urheberrechtliche Nutzungsrechte sind Datennutzungsrechte keine Lizenzen, sondern Obligationen. Das ergibt sich schon aus der Überschrift von Art. 4 DA in der französischen und spanischen Fassung. (Zum Begriff der Obligation s. o. Nr. 01.51). Der Data Act gewährt keine dinglichen Verfügungsrechte an den Daten. Die Beteiligten erwerben weder ausschließliche Lizenzen, die sie gegenüber jedermann geltend machen können, noch erwerben sie einfache Lizenzen, die sie gegenüber neuen Dateninhabern geltend machen können. Anders als einfache Lizenzen vermitteln die obligatorischen Datennutzungsrechte des DA keinen Sukzessionsschutz. Wechselt der Dateninhaber, müssen Dritte sich mit dem neuen Dateninhaber (dem Sukzessor) einigen.[213] Sie können sich gegenüber dem neuen Datenin-

211 *Hennemann/Steinrötter*, NJW 2022, 1481 unter Berufung auf ErwG 5 S. 4 f. DA.
212 *Becker*, RDi 2024, 615, 616.
213 *Becker*, RDi 2024, 615, 626.

haber nicht auf Sukzessionsschutz berufen. (Zur einfachen Lizenz und zum Sukzessionsschutz im Urheberrecht s. u. Nr. 06.21).

02.52 Datenbereitstellungsvertrag

Der Hersteller entscheidet bei der Konzeption, welche Daten von dem vernetzten Produkt bereitgestellt werden können (ErwG 14 S. 4 DA). Er muss das vernetzte Produkt so konzipieren, dass die bereitgestellten Produktdaten standardmäßig für den Nutzer einfach, sicher, unentgeltlich in einem umfassenden, strukturierten, gängigen und maschinenlesbaren Format und, soweit relevant und technisch durchführbar, direkt zugänglich sind, Art. 3 Abs. 1 DA. Geschuldet ist die Konzeption der Zugangsmöglichkeit (*Data Accessibility by Design*)[214], allerdings nur für vernetzte Produkte und die mit ihnen verbundenen Dienste, die nach dem 12. September 2026 in Verkehr gebracht wurden, Art. 50 S. 3 DA. Stellt sich ein standardmäßig direkter Datenzugang nicht als relevant und angemessen dar, ist der Nutzer auf den Datenzugangsanspruch aus Art. 4 Abs. 1 DA verwiesen.[215] Der Dateninhaber hat die Pflicht, die ohne Weiteres verfügbaren Daten dem Nutzer zugänglich zu machen, und zwar unentgeltlich, kontinuierlich und in Echtzeit. Dem wiederum entspricht das Recht des Nutzers auf Zugänglichmachung. Es handelt sich um eine Obligation, wie sich aus der Überschrift von Art. 4 DA in der französischen und spanischen Fassung ergibt. (Zum Begriff der Obligation s. o. Nr. 01.51). Um eine gesetzliche Obligation handelt es sich, wenn Nutzer und Dateninhaber keinen Datenbereitstellungsvertrag geschlossen haben. Wenn aber ein solcher vorliegt, dann kann sich der Datenzugangsanspruch, entweder ausdrücklich oder konkludent, auch aus dem Vertrag ergeben.[216]

Der Dateninhaber kann den Anspruch auf Datenzugang nicht pauschal unter Hinweis auf Geschäftsgeheimnisse verweigern.[217] Gem. Art. 4 Abs. 6 DA hat der Dateninhaber mit dem Nutzer angemessene technische und organisatorische Maßnahmen zu vereinbaren, die erforderlich sind, um die Vertraulichkeit der weitergegebenen Daten, insbesondere gegenüber Dritten, zu wahren. Das kann dadurch geschehen, dass in den Datenbereitstellungsvertrag Mustervertragsklauseln zur Geheimhaltungspflicht aufgenommen werden, oder dadurch, dass der Dateninhaber mit dem Nutzer ein *non-disclosure agreement* abschließt.

Nutzer und Dateninhaber sind nicht verpflichtet, einen Datenbereitstellungsvertrag abzuschließen. Allerdings können Zugang sowie Nutzung und Wei-

---

214 *Steinrötter*, GRUR 2023, 216, 220.
215 *Specht-Riemenschneider*, MMR 2022, 809, 815.
216 BeckOK DatenschutzR/*Raue* DA, Art. 4 Rdnr. 16.
217 *Hennemann/Steinrötter*, NJW 2022, 1481, 1484.

tergabe der Daten nur aufgrund eines Vertrages zwischen Nutzer und Dateninhaber eingeschränkt werden, Art. 4 Abs. 2 S. 1 DA. Das wiederum ist nur dann gerechtfertigt, wenn durch den Datenzugang Sicherheitsanforderungen beeinträchtigt sein könnten und schwerwiegende nachteilige Auswirkungen auf die Gesundheit oder die Sicherheit von natürlichen Personen drohen. Dabei handelt es sich um eine Ausnahme von der Regel, dass Vertragsklauseln für den Nutzer nicht bindend sind, wenn sie zum Nachteil des Nutzers dessen Rechte auf Datenzugang, Datennutzung und Datenweitergabe einschränken, Art. 7 Abs. 2 DA.

Wenngleich der Dateninhaber mit dem Nutzer keinen Datenbereitstellungsvertrag abschließen muss, so ist er gem. Art. 5 Abs. 1 S. 2 i. V. m. Art. 8 Abs. 1 DA verpflichtet, mit dem Dritten als Datenempfänger einen Datenbereitstellungsvertrag abzuschließen, wenn der Nutzer die Datenbereitstellung zugunsten des Dritten verlangt. Bei der Gestaltung des Datenbereitstellungsvertrages hat der Dateninhaber darauf zu achten, dass er dem Dritten den Datenzugang zu fairen, angemessenen und nichtdiskriminierenden Bedingungen gewährt, und das in transparenter Weise, Art. 8 Abs. 1 DA. Zusätzlich zu diesen sog. FRAND-Bedingungen („*fair, reasonable and non-discriminatory terms*“) hat er auch gem. Art. 8 Abs. 2 DA die Regelungen zu den missbräuchlichen Klauseln aus Art. 13 DA zu beachten (s. u. Nr. 02.56). Ein wichtiger Unterschied: Im Rahmen des Art. 8 Abs. 1 DA kann das Gericht auch die Angemessenheit der Leistungsbestimmungen überprüfen, was bei der Inhaltskontrolle von missbräuchlichen Klauseln ausdrücklich ausgeschlossen ist, Art. 13 Abs. 8 DA.[218]

So wie auch beim Datenbereitstellungsvertrag mit dem Nutzer können Musterklauseln zur Geheimhaltungspflicht in den Datenbereitstellungsvertrag mit dem Dritten aufgenommen werden, Art. 5 Abs. 9 DA. Auch kann der Dateninhaber mit dem Dritten ein *non-disclosure agreement* abschließen. Wenn es nicht der Dateninhaber ist, der die Daten dem Dritten bereitstellt, sondern wenn es der Nutzer ist, der dem Dritten die Daten weitergibt, dann ist der Dritte kein Datenempfänger i. S. v. Art. 2 Nr. 14 DA. Für ihn gelten dann auch nicht die Pflichten aus Art. 6 DA. Wer die Daten in der weiteren Verwertungskette empfängt, ist in der Verwertung grundsätzlich frei, soweit er nicht vertraglich gebunden ist.[219]

02.53 Datennutzungsvertrag

Auch wenn der Dateninhaber die tatsächliche Verfügungsmacht über die Produktdaten hat, so verleiht ihm der Data Act kein entsprechendes Nut-

218 BeckOK DatenschutzR/*Raue* DA, Art. 13 Rdnr. 3a.
219 *Wiebe*, GRUR 2023, 1569, 1572.

zungsrecht, ErwG 25 S. 1 DA. Ist der Hersteller des vernetzten Produkts der Dateninhaber, dann darf er gem. Art. 4 Abs. 13 S. 1 DA die nicht-personenbezogenen Daten nur aufgrund eines Vertrages nutzen, den er mit dem Nutzer geschlossen hat, ErwG 25 S. 2. Es handelt sich dabei um ein aufgezwungenes Vertragsverhältnis.[220] Formal gesehen ist der DA strenger als die DSGVO,[221] da letztere neben der Einwilligung noch andere Erlaubnistatbestände für die Datenverarbeitung vorsieht (Artt. 6, 9 DSGVO). Auf der anderen Seite ist die DSGVO strenger als der DA, wenn es um die Koppelung der Einwilligung mit der Erfüllung eines Vertrages geht. Gem. Art. 7 Abs. 4 DSGVO darf die Erfüllung des Vertrages nicht von der Einwilligung abhängig gemacht werden, wenn diese für die Erfüllung des Vertrages nicht erforderlich ist. Eine vergleichbare Einschränkung gibt es für den Datennutzungsvertrag nicht. Insofern ist zu erwarten, dass Dateninhaber den Vertrieb ihrer Produkte und Leistungen davon abhängig machen („*Take it or leave it*"), dass der betroffene Nutzer ein umfassendes, örtlich, zeitlich und inhaltlich unbeschränktes Datennutzungsrecht erteilt.[222] Dateninhaber dürfen sich aber kein ausschließliches obligatorisches Datennutzungsrecht einräumen lassen, denn gem. Art. 7 Abs. 2 DA sind Vertragsklauseln für den Nutzer nicht bindend, wenn sie zu seinem Nachteil das Datenzugangsrecht oder das Weitergaberecht einschränken. Das muss selbst dann gelten, wenn der Dateninhaber dafür dem Nutzer einen finanziellen Ausgleich leistet. Es darf ernsthaft bezweifelt werden, dass eine sog. *buy-out*-Klausel mit Art. 7 Abs. 2 DA zu vereinbaren wäre.[223] Wenn der Nutzer dem Dateninhaber gegen eine entsprechende Vergütung ein ausschließliches Datennutzungsrecht einräumen könnte, so würde das dem Ziel des Data Act zuwiderlaufen, die starke Fragmentierung von Informationen in Datensilos zu verhindern, ErwG 2 S. 2 DA.

Im Fall 2a muss S mit P gem. Art. 4 Abs. 13 S. 1 DA einen Datennutzungsvertrag abschließen, wenn sie die Prozessdaten der Abfüllanlage für ihre vorausschauende Wartung verwenden will. Wenn S die Daten ohne Datennutzungsvertrag verwendet, droht ihr ein Bußgeldverfahren (s. u. Nr. 02.56).

02.54 Vertrag über verbundenen Dienst

Ist das vernetzte Produkt zum Zeitpunkt, in dem es vom Auftraggeber erworben wird, mit einem verbundenen Dienst derart vernetzt, dass es ohne diesen Dienst eine oder mehrere seiner Funktionen nicht ausführen kann,

---

220 *Becker*, RDi 2024, 615, 620.
221 *Hennemann/Steinrötter*, NJW 2022, 1481, 1483.
222 *Bomhard/Merkle*, RDi 2022, 168, 174; *Steinrötter*, GRUR 2023, 216, 219.
223 Vgl. BeckOK DatenschutzR/*Raue* DA, Art. 4 Rdnr. 88.

müssen die Parteien Vorschriften festlegen, Art. 2 Nr. 6 DA, ErwG 17 S. 1. Der Diensteanbieter muss nicht identisch sein mit dem Hersteller des vernetzten Produkts.[224] Wenn aber der Hersteller zugleich auch der Diensteanbieter ist, kann die Vereinbarung über die Erbringung des verbundenen Dienstes zusammen mit dem Kauf-, Miet- oder Leasingvertrag für das vernetzte Produkt getroffen werden, ErwG 25 S. 3 DA. Wenn nach deutschem, französischem und spanischem Recht der IT-Projektvertrag nicht als Kaufvertrag, sondern als Werkvertrag (*contrat d'entreprise*, *contrato de obra*) eingeordnet wird, so steht das der Anwendung des Data Act nicht entgegen. Denn die Auslegung von Begriffen unionsrechtlicher Vorschriften erfolgt in der Regel autonom gegenüber dem Recht der Mitgliedstaaten unter Berücksichtigung des verfolgten Regelungsziels.[225] Der Data Act sieht ausdrücklich vor, dass Hersteller und Nutzer Vertragspartner sein können, ErwG 24 S. 1 DA. Die Vorschriften zu den Produktdaten des vernetzten Produkts (s. o. Nr. 02.52 f.) gelten auch für die Dienstdaten des verbundenen Diensts.

02.55 Datenverarbeitungsdienst

Wenn die Parteien im Rahmen eines IT-Projekts vereinbart haben, dass eine auf die spezifischen Bedürfnisse des Auftraggebers zugeschnittene Software erstellt werden soll, der Auftraggeber aber vor Ort über keine eigene IKT-Infrastruktur verfügt und den damit verbundenen Aufwand scheut, dann wäre zu überlegen, ob die Bereitstellung der Software als Cloud-Lösung in Frage kommt. Dabei ist zu unterscheiden zwischen dem Software-Erstellungsvertrag und dem Vertrag über das Cloud-Computing. Die Softwareerstellung erfolgt regelmäßig aufgrund eines Werkvertrages (*contrat d'entreprise*, *contrato de obra*), durch den der IT-Firma Erfolgspflichten auferlegt werden (s. u. Nr. 07.40 ff.). Für die Qualifikation als Werkvertrag ist es unerheblich, ob die IT-Firma die auftragsgemäß erstellte Software in den Rechenanlagen des Kunden installieren oder dem Kunden als Cloud-Lösung bereitstellen soll. Vom Werkvertrag zu unterscheiden ist der Vertrag über das Cloud Computing. Dabei handelt es sich um ein Dauerschuldverhältnis zwischen IT-Firma und Auftraggeber, aufgrund dessen die IT-Firma die Softwarefunktionen bereitzustellen und der Kunde regelmäßige Gebühren zu zahlen hat. In der Regel nutzt der Kunde die Software, ohne eine urheberrechtlich relevante Handlung zu begehen (vgl. oben Nr. 02.23). Man spricht dann von *Software as a Service* (SaaS).

Aus dem SaaS-Vertrag ergibt sich für den Anbieter die erfolgsbezogene Pflicht, die Verfügbarkeit der Software zu gewährleisten, sodass auch auf

224 *Weinhold/Schröder*, ZD 2024, 306, 308.
225 EuGH, Urt. v. 3.9.2014 – C-201/13, BeckRS 2014, 81715.

diesen Vertrag tendenziell die Regelungen des Werkvertrages anzuwenden sind.[226] Der SaaS-Vertrag ist datenrechtlich ein Vertrag über einen Datenverarbeitungsdienst i. S. v. Art. 2 Nr. 8 DA, ErwG 81 S. 2 DA. Dieser Vertrag muss gem. Art. 25 Abs. 1 S. 1 DA insofern schriftlich festgelegt sein,[227] als es um die Rechte des Kunden und die Pflichten des Anbieters in Bezug auf den Wechsel des Kunden zu anderen Anbietern oder den Wechsel des Kunden zu einer IKT-Infrastruktur in den eigenen Räumlichkeiten geht. Der Anbieter ist nicht nur bei der technischen, sondern auch bei der vertraglichen Ausgestaltung verpflichtet, die in Art. 23 DA detailliert aufgeführten Maßnahmen zu treffen, um dem Kunden einen Wechsel zu ermöglichen. Gem. Art. 31 Abs. 1 DA ist der Anbieter von bestimmten Pflichten befreit, wenn die meisten zentralen Funktionen auf die spezifischen Bedürfnisse des Kunden zugeschnitten wurden oder wenn alle Komponenten für die Zwecke des Kunden entwickelt wurden. Gem. Art. 25 Abs. 1 S. 2 DA stellt der Anbieter dem Kunden den Vertrag über den Datenverarbeitungsdienst vor der Vertragsunterzeichnung so bereit, dass er den Vertrag speichern und reproduzieren kann.

02.56 Missbräuchliche Klauseln

Eine der wichtigsten Normen digitaler Transaktionen im europäischen Binnenmarkt dürfte Art. 13 DA sein, der für sämtliche Datentransaktionen zwischen Unternehmern intensive Vorgaben für eine AGB-Kontrolle aufstellt.[228] Art. 13 DA, der vertraglich weder abbedungen noch eingeschränkt werden kann (Art. 13 Abs. 9 DA), regelt die Inhaltskontrolle von Vertragsklauseln, die den Zugang, die Nutzung und die Weitergabe von Daten betreffen und die eine Partei der anderen einseitig auferlegt hat. Gem. Art. 13 Abs. 1 DA sind Klauseln nicht bindend, wenn sie missbräuchlich sind. Die Missbräuchlichkeit wird in Abs. 3–5 näher geregelt. Art. 13 Abs. 4 DA enthält eine Liste mit Klauseln, die immer missbräuchlich sind, Art. 13 Abs. 5 DA eine Liste mit Klauseln, die regelmäßig missbräuchlich sind, bei denen der Verwender aber im Einzelfall die Angemessenheit nachweisen kann, und Art. 13 Abs. 3 DA eine Generalklausel für andere Klauseln, die erst aufgrund einer Abwägung missbräuchlich sind. Nach Art. 13 Abs. 8 DA sind solche Klauseln von der Inhaltskontrolle ausgenommen, die den Hauptgegenstand des Vertrags festlegen (im Gegensatz zur Prüfung der FRAND-Bedingungen nach Art. 8 Abs. 1 DA, s. o. Nr. 02.52). Nach Art. 13 Abs. 7 DA bleibt der Vertrag im Übrigen bestehen, wenn die Klauseln abtrennbar sind. Wenn sich die einseitig

226 Taeger/Pohle, ComputerR-HdB/*Müglich*, 40. EL März 2025, 80.2, Rdnr. 172; *Le Tourneau*, Contrats du numérique, n° 342.15.

227 Zu den Anforderungen an die Schriftform: BeckOK DatenschutzR/*Schmidt-Wudy* DA, Art. 25 Rdnr. 12.

228 *Denga*, ZfPW 2024, 427, 455.

einem anderen Unternehmen auferlegten Vertragsklauseln in einem Klauselwerk befinden, dann beurteilt sich die Einbeziehung dieser Klauseln allein nach nationalem Recht (s. o. Nr. 01.56), denn der DA enthält keine Vorgaben für die Einbeziehung von AGB.[229] Sofern der DA nichts anderes vorsieht, lässt er das nationale Vertragsrecht unberührt, ErwG 9 S. 1 DA.

Nach Art. 41 DA erstellt und empfiehlt die Europäische Kommission unverbindliche Mustervertragsklauseln für den Datenzugang und die Datennutzung – einschließlich Bedingungen für eine angemessene Gegenleistung und den Schutz von Geschäftsgeheimnissen sowie nicht verbindliche Standardvertragsklauseln für Verträge über Cloud-Computing –, um die Parteien bei der Ausarbeitung und Aushandlung von Verträgen mit fairen, angemessenen und nichtdiskriminierenden vertraglichen Rechten und Pflichten zu unterstützen. Diese Mustervertragsklauseln sollten in erster Linie eine praktische Handhabe bieten, um insbesondere KMU den Abschluss eines Vertrags zu erleichtern (ErwG 111 S. 2 DA), und ihnen damit auch helfen, Transaktionskosten zu senken.

02.57 DA und DSGVO

Fall 2b

Wie im Fall 2a (s. o. Nr. 02.50), nur mit der Ergänzung: Die S empfiehlt aus Sicherheitsgründen, dass P mindestens alle 48 Stunden eine geringfügige Probe entnimmt und diese im Labor überprüfen lässt. Dazu müssen Mitarbeitende der P ein Ventil am Boden der Abfüllanlage bedienen. Die Sensoren der Abfüllanlage erfassen u. a. auch den Zeitpunkt und die Dauer der Ventilöffnung.

Im Gegensatz zum DA gilt die DSGVO nur für personenbezogene Daten. Die abschließende Einordnung eines konkreten Datums als nicht-personenbezogen ist oftmals (nahezu) unmöglich, denn insbesondere Maschinen- und Prozessdaten können erst durch den jeweiligen Kontext Personenbezug erlangen.[230] So ist das auch im Fall 2b. Auf den ersten Blick könnte man meinen, dass Daten, die den Zeitpunkt und die Dauer des geöffneten Ventils betreffen, bloße Prozessdaten sein müssen. Für sich genommen, ist das ja auch richtig. Aber der Personenbezug kann sich auch indirekt ergeben. Um festzustellen, ob eine natürliche Person identifizierbar ist, sollten alle Mittel berücksichtigt werden, die von dem Verantwortlichen oder einer anderen Person nach allgemeinem Ermessen wahrscheinlich genutzt werden, um die

229 BeckOK DatenschutzR/*Raue* DA, Art. 13 Rdnr. 7a.
230 *Bomhard/Merkle*, RDi 2022, 168, 172.

natürliche Person direkt oder indirekt zu identifizieren, ErwG 16 S. 3 VO (EU) 2018/1725. Im Fall 2b ist es denkbar, dass die von den Sensoren erfassten Daten zum Zeitpunkt und zur Dauer der Ventilöffnung auch einen Personenbezug haben, wenn der Mitarbeiter der P, der das Ventil geöffnet hat, z. B. über den Dienstplan identifiziert werden kann. Dann handelt es sich um die Verarbeitung personenbezogener Daten, deren Zulässigkeit auch in Arbeitsverhältnissen anhand der Erlaubnistatbestände des Art. 6 Abs. 1 DSGVO zu überprüfen ist.[231]

Die bislang übliche Praxis, Daten im Zweifel als personenbezogen zu behandeln, um die Anforderungen der DSGVO (ggf. überobligatorisch) zu erfüllen, ist mit dem DA nicht mehr zu vereinbaren.[232] Wer nicht-personenbezogene Daten zu Unrecht als personenbezogen einstuft und deshalb den Datenzugang unrechtmäßig verweigert, verstößt gegen Art. 4 Abs. 1 DA. Wer aber personenbezogene Daten unrechtmäßig als nicht-personenbezogen einstuft, läuft Gefahr, gegen die DSGVO zu verstoßen. Die Datenverarbeitung unterliegt allerdings auch dann den Vorschriften der DSGVO, wenn personenbezogene und nicht-personenbezogene Daten in einem Datensatz untrennbar miteinander verbunden sind, ErwG 34 S. 2 DA. Gem. Art. 1 Abs. 5 S. 3 DA soll im Falle eines Widerspruchs das Datenschutzrecht Vorrang vor dem Data Act haben. Die übergeordneten Regelungsziele des DA wären aber gefährdet, wenn sich Dateninhaber durch eine „Flucht ins Datenschutzrecht“[233] ihren Verpflichtungen aus dem DA entziehen könnten.

02.58 Sanktionen

Wenn im Fall 2a die IT-Firma als Dateninhaberin die Produktdaten der Abfüllanlage für ihre vorausschauende Wartung verarbeitet, ohne zuvor einen Nutzungsvertrag mit P abgeschlossen zu haben, muss sie damit rechnen, dass von der Aufsichtsbehörde ein Bußgeld bis zu 20 Mio. EUR bzw. bis zu 4 % des gesamten weltweit erzielten Jahresumsatzes gegen sie verhängt wird (Art. 40 Abs. 4 DA, Art. 83 DSGVO). Die Datenwirtschaftsverträge des DA weisen somit gegenüber gewöhnlichen Verträgen des Obligationenrechts die Besonderheit auf, dass ein fehlender Vertragsabschluss mit Geldbußen geahndet werden kann. Das verschafft Nutzern insoweit eine Machtposition, als sie gegenüber dem Hersteller Verträge erzwingen können.[234] Das Aufsichtsrecht steht aber nicht isoliert neben dem Vertragsrecht, sondern wirkt auf dieses wieder zurück. Die Einstrahlung des Aufsichtsrechts in Vertrags-

231 Vgl. BAG, Beschl. v. 9.5.2023 – 1 ABR 14/22, NZA 2023, 1404.
232 *Bomhard/Merkle*, RDi 2022, 168, 172.
233 *Bomhard*, MMR 2024, 71, 74.
234 *Becker*, RDi 2024, 615, 626.

verhältnisse[235] ermöglicht es dem Nutzer, Schadensersatzansprüche wegen (vor-)vertraglicher Pflichtverletzung gegen den Dateninhaber geltend zu machen, wenn dieser Pflichten aus dem DA verletzt hat. Andererseits wirken über das Aufsichtsrecht auch die übergeordneten Ziele des Data Act auf die Vertragsverhältnisse ein, sodass hier die Grundsätze der Vertragsfreiheit (s. o. Nr. 01.51) nicht uneingeschränkt gelten.

02.59 KI-VO

Im praktischen Fall 2 ist das Human Resource & Tax Compliance Management-System XY teilweise KI-basiert. XY könnte also Merkmale eines KI-Systems haben, auf das die Verordnung über künstliche Intelligenz (EU) 2024/1689 (kurz: KI-VO)[236] Anwendung findet. Nach Art. 3 Nr. 1 KI-VO ist ein KI-System ein maschinengestütztes System, das für einen in unterschiedlichem Grade autonomen Betrieb ausgelegt ist und das nach seiner Betriebsaufnahme anpassungsfähig sein kann und das aus den erhaltenen Eingaben für explizite oder implizite Ziele ableitet, wie Ausgaben wie etwa Vorhersagen, Inhalte, Empfehlungen oder Entscheidungen erstellt werden, die physische oder virtuelle Umgebungen beeinflussen können. Die KI-VO, die dem Produktsicherheitsrecht zuzuordnen ist, verbietet bestimmte KI-Systeme und formuliert für den Einsatz sonstiger KI-Systeme und für bestimmte KI-Modelle technische und organisatorische Voraussetzungen.[237] Zu den Normadressaten zählt nicht nur der Anbieter (Art. 2 Abs. 1 lit. a i. V. m. Art. 3 Nr. 3 KI-VO), sondern auch der Betreiber (Art. 2 Abs. 1 lit. b i. V. m. Art. 3 Nr. 4 KI-VO). Betreiber ist demnach eine natürliche oder juristische Person, Behörde, Einrichtung oder sonstige Stelle, die ein KI-System in eigener Verantwortung verwendet, es sei denn, das KI-System wird im Rahmen einer persönlichen und nicht beruflichen Tätigkeit verwendet. Wenn es sich bei XY um ein KI-System handelt, ist nicht nur das Softwarehaus S als Anbieter (vertreten durch seine Tochterunternehmen in Deutschland, Frankreich und Spanien) verpflichtet, die Regelungen der KI-VO einzuhalten, sondern diese Pflicht gilt auch für die deutsche, französische oder spanische Kundenfirma K, die XY in ihrem Betrieb einsetzt. Der Betreiber wiederum ist abzugrenzen vom Nutzer, der kein Normadressat der KI-VO ist. Im praktischen Fall 2 ist Betreiber die Kundenfirma K und Nutzer sind ihre Angestellten, die mit dem KI-System arbeiten. Bei XY handelt es sich um ein Hochrisiko-KI-System i. S. v. Art. 6 Abs. 2 KI-VO, da XY das Personalmanagement betrifft (vgl. KI-VO Anhang III Nr. 4). Der Betreiber überwacht gem. Art. 26 Abs. 5 KI-VO den Betrieb des Hochrisiko-KI-Systems

235 *Denga*, ZfPW 2024, 427, 463.
236 ABl. L 2024/1689 v. 12.7.2024.
237 *Honer/Schöbel*, JuS 2024, 648, 650.

anhand der Betriebsanleitung, die er vom Anbieter erhalten hat. Die Betreiberpflichten aus Art. 26 KI-VO stehen neben den Anbieterpflichten aus Art. 16–22 KI-VO. Bei Verstößen gegen die KI-VO regeln die Art. 99–101 KI-VO die in Frage kommenden Sanktionen, insbesondere Geldbußen. Die Sanktionsvorschriften orientieren sich in ihrer Struktur in weiten Teilen an denen der DSGVO[238] (s. u. Nr. 02.60). Anbieter und Betreiber sollten darüber nachdenken, vertraglich zu vereinbaren, wie die Haftung zwischen beiden im Innenverhältnis aufgeteilt werden kann, d. h., wer also für welche Pflichtverletzung haftet. Eine Haftungsverteilung mit Außenwirkung wäre zwar unzulässig, aber eine nur *inter partes* wirkende Regelung dürfte mit der KI-VO zu vereinbaren sein.[239]

§6 Datenschutz-Vereinbarungen

02.60 DSGVO

Ebenso wie der datenwirtschaftliche Grundsatz von *Accessibility by Design* (Art. 3 DA, s. o. Nr. 02.52) bezieht sich der datenschutzrechtliche Grundsatz von *Data Protection by Design* (Art. 25 DSGVO) auf die Konzeption des Produkts. Allerdings haben beide Grundsätze nicht nur verschiedene Stoßrichtungen,[240] sondern auch verschiedene Normadressaten. Verstößt der Hersteller bei der Konzeption des vernetzten Produkts, das nach dem 12. September 2026 in Verkehr gebracht wurde, gegen den Grundsatz von *Accessibility by Design*, kann das von der Aufsichtsbehörde mit Geldbuße geahndet werden. Wegen Verstoßes gegen den datenschutzrechtlichen Grundsatz *Data Protection by De*sign kann dem Hersteller hingegen keine Geldbuße auferlegt werden, denn Normadressat des Art. 25 DSGVO ist allein der datenschutzrechtlich Verantwortliche i. S. v. Art. 4 Nr. 7 DSGVO, nicht aber der Hersteller oder Entwickler des technischen Produkts, Dienstes oder Systems.[241] Art. 25 DSGVO normiert eine *obligation de garantie* nur für den datenschutzrechtlich Verantwortlichen und für den Auftragsverarbeiter.[242] Sobald der Hersteller jedoch die faktische Verfügungsmacht über die Produktdaten oder Dienstdaten des vernetzten Produkts hat und diese Daten einen Personenbezug haben, kann er als Dateninhaber i. S. v. Art. 2 Nr. 13 DA zum Verantwortlichen i. S. v. Art. 4 Nr. 7 DSGVO werden und ggf. ne-

238 BeckOK KI-Recht/*Schefzig* KI-VO, Art. 99 Rdnr. 3.
239 *Eulenpesch/Malczyk*, GRUR 2025, 40, 48.
240 *Steinrötter*, GRUR 2023, 216, 220.
241 Gola/Heckmann/*Nolte/Werkmeister* DSGVO, Art. 25 Rdnr. 11; vgl. EDPB Guidelines 4/2019 on Article 25 Data Protection by Design and by Default, Version 2.0., Rdnr. 1.
242 *Bensoussan*, Règlement européen sur la protection des données, S. 216.

ben dem Nutzer zum gemeinsamen Verantwortlichen i. S. v. Art. 26 DSGVO werden, ErwG 34 S. 9 DA.

Gem. Art. 4 Nr. 7 DSGVO ist Verantwortlicher jede natürliche oder juristische Person, Behörde, Einrichtung oder andere Stelle, die allein oder gemeinsam mit anderen über die Zwecke und Mittel der Verarbeitung von personenbezogenen Daten entscheidet. Falls ihr die Entscheidungsbefugnis über Zwecke und Mittel der Verarbeitung von personenbezogenen Daten fehlt, kann sie zwar kein Verantwortlicher, dafür aber ein Auftragsverarbeiter i. S. v. Art. 4 Nr. 8 DSGVO sein.[243] Die Begriffe „Verantwortlicher“ und „Auftragsverarbeiter“ sind *funktionelle* Begriffe: Das bedeutet, dass der rechtliche Status eines Akteurs als entweder „Verantwortlicher“ oder „Auftragsverarbeiter“ grundsätzlich anhand seiner tatsächlichen Tätigkeiten in einer bestimmten Situation zu bestimmen ist und nicht von der formellen Benennung eines Akteurs als „Verantwortlicher“ oder „Auftragsverarbeiter“ (z. B. in einem Vertrag) abhängig ist.[244]

Sowohl dem Verantwortlichen als auch dem Auftragsverarbeiter drohen Geldbußen, wenn sie gegen die in Art. 83 DSGVO genannten Vorschriften der DSGVO verstoßen. Als ein durch den Verstoß Betroffener kommt nur eine natürliche Person in Frage. Ist der Nutzer des vernetzten Produkts ein Unternehmen, kann der Nutzer folglich kein Betroffener sein. Er gilt dann als datenschutzrechtlich Verantwortlicher, ErwG 34 S. 6 DA. Die normierte maximale Bußgeldhöhe bei Verstößen gegen die DSGVO entspricht derjenigen, die für Verstöße gegen den DA gilt, Art. 40 Abs. 4 DA, Art. 83 DSGVO (s. o. Nr. 02.58).

02.61 Gemeinsame Verantwortung

Entsprechend der Legaldefinition von Art. 4 Nr. 7 DSGVO handelt es sich um einen Verantwortlichen, wenn er allein oder gemeinsam mit anderen über die Zwecke und Mittel der Verarbeitung von personenbezogenen Daten entscheidet. Dass Akteure bei der Verarbeitung personenbezogener Daten zusammenarbeiten, bedeutet allerdings noch nicht, dass sie auch gemeinsame Verantwortung tragen, denn ein Austausch von Daten zwischen zwei Parteien ohne gemeinsame Zwecke oder Mittel in einer gemeinsamen Vorgangskette ist nur als Datenübermittlung zwischen getrennten Verantwortlichen anzusehen. Die Bewertung kann sich jedoch ändern, wenn verschiedene Akteure beschließen, eine gemeinsame Infrastruktur für die Erreichung ihrer jeweiligen individuellen Zwecke einzurichten. Wenn diese Akteure bei

243 BeckOK DatenschutzR/*Spoerr* DSGVO, Art. 28 Rdnr. 22b.

244 EDPB, Guidelines 07/2020 on the concepts of controller and processor in the GDPR, Version 2.1, Rdnr. 12.

der Einrichtung dieser Infrastruktur über die wesentlichen Elemente der einzusetzenden Mittel entscheiden, sind sie als gemeinsam für die Verarbeitung Verantwortliche einzustufen – auf jeden Fall hinsichtlich der Mittel –, selbst wenn sie nicht notwendigerweise die gleichen Zwecke verfolgen.[245] Die Zwecke, die ein Verantwortlicher mit der Verarbeitung personenbezogener Daten verfolgt, können sich von jenen unterscheiden, die ein anderer mit personenbezogener Datenverarbeitung verfolgt, und dennoch können beide gemeinsame Verantwortliche sein. Das unterscheidet den Verantwortlichen vom Auftragsverarbeiter i. S. v. Art. 4 Nr. 8 DSGVO. Der Auftragsverarbeiter verfolgt hinsichtlich der Verarbeitung personenbezogener Daten überhaupt keine eigenen Zwecke, sondern er verarbeitet sie ausschließlich im Auftrag seiner Kunden, um sie weisungsgemäß zu speichern.[246] Er hat also keine über den Verarbeitungsauftrag hinausgehenden eigenen Interessen an den personenbezogenen Daten.[247]

Im Fall 2b verarbeiten S und P jeweils die Prozessdaten der Abfüllanlage, die z. T. auch Personenbezug (nämlich zu den Mitarbeitenden der P) haben. Es ist zu prüfen, ob S und P gemeinsame Verantwortliche sein könnten. Dann müssten S und P gemeinsam über Mittel und Zwecke der Verarbeitung personenbezogener Daten entschieden haben. Wenn sich beide einig sind, dass die Abfüllanlage personenbezogene Daten sammeln soll, dann haben sie sich gemeinsam für das Mittel der Datenverarbeitung entschieden. Dass S und P mit der Verarbeitung der personenbezogenen Daten womöglich unterschiedliche Zwecke verfolgen, ist unerheblich. Es ist also davon auszugehen, dass S und P nicht bloß getrennte Verantwortliche sind, sondern dass sie gemeinsame Verantwortliche sind.

Die gemeinsamen Verantwortlichen müssen gem. Art. 26 Abs. 1 S. 2 DSGVO eine Vereinbarung erzielen, in der sie in transparenter Weise u. a. festlegen, wer von ihnen den Informationspflichten gegenüber den betroffenen Personen nachkommen soll (Artt. 13, 14 DSGVO). Auch sollten sie festlegen, wer von ihnen die Einwilligung der betroffenen Personen einholen soll und wer den Meldepflichten gem. Artt. 33, 34 DSGVO gegenüber der Aufsichtsbehörde und gegenüber den betroffenen Personen nachkommen soll, wenn es zu einer Verletzung des Schutzes personenbezogener Daten kommt.[248] Nach Art. 26 Abs. 2 S. 2 DSGVO muss das Wesentliche der Vereinbarung der betroffenen Person zur Verfügung gestellt werden. Aus Gründen der Rechtssicherheit ist dringend zu empfehlen, eine solche Vereinbarung in Form eines

---

245 Art.-29-Datenschutzgruppe, Stellungnahme 1/2010 zu den Begriffen „für die Verarbeitung Verantwortlicher" und „Auftragsverarbeiter", WP 169, S. 24.

246 EDPB, Guidelines 07/2020 on the concepts of controller and processor in the GDPR, Version 2.1, Rdnr. 30.

247 BeckOK DatenschutzR/*Spoerr* DSGVO, Art. 28 Rdnr. 18.

248 *Gierschmann*, ZD 2020, 69, 72.

verbindlichen Dokuments wie eines Vertrags oder einer anderen rechtsverbindlichen Handlung nach EU-Recht oder dem Recht eines Mitgliedstaats, dem die Verantwortlichen unterliegen, zu treffen.[249] Unter Berücksichtigung der strengen Vorgaben im französischen und spanischen Recht, was die Einbeziehung von AGB angeht (s. o. Nr. 01.56), sollte dort die Vereinbarung über die gemeinsame Verantwortlichkeit unbedingt in Schriftform erfolgen. Aber auch ansonsten ist es aus Beweis- und Nachweisgründen dringend anzuraten, diese Vereinbarung schriftlich oder in Textform zu dokumentieren.[250] Denn das Fehlen einer solchen Vereinbarung kann zu einer Geldbuße gem. Art. 83 Abs. 4 lit. a DSGVO führen.

02.62 Auftragsverarbeitung

Nehmen wir im Fall 2b an, dass S kein Interesse an *predictive maintenance* hat, z. B. weil sie diese an ein Dienstleistungsunternehmen ausgelagert hat. Dann würde sie keine eigenen Interessen mit der Verarbeitung personenbezogener Daten verfolgen, sodass sie kein Verantwortlicher, wohl aber Auftragsverarbeiter sein könnte. Notwendige, aber nicht hinreichende Voraussetzung für die Wirksamkeit der Auftragsverarbeitung ist deren Vereinbarung in einem rechtlich verbindlichen Akt, wobei für nicht-öffentliche Stellen insbesondere ein Vertrag in Frage kommt, Art. 28 Abs. 3 DSGVO.[251] Es handelt sich dabei nicht um einen Subunternehmervertrag (*contrat de sous-traitance*, s. u. Nr. 03.21), sondern um einen Vertrag *sui generis*.[252] Er ist gem. Art. 28 Abs. 9 DSGVO schriftlich abzufassen, was auch in einem elektronischen Format erfolgen kann. Das Fehlen einer solchen Vereinbarung kann zu einer Geldbuße gem. Art. 83 Abs. 4 lit. a DSGVO führen. Art. 28 Abs. 3 DSGVO normiert die inhaltlichen Mindestanforderungen an den Vertrag, wobei die Aufzählung nicht abschließend ist, sodass es den Parteien freisteht, noch weitere Pflichten zu vereinbaren.[253]

Die EU-Kommission hat 2021 erstmals Standardvertragsklauseln für Auftragsverarbeitungsverhältnisse nach Art. 28 Abs. 7 DSGVO vorgelegt. Eine Datenschutzaufsichtsbehörde ist an diese Feststellung der EU-Kommission in Art. 1 des Durchführungsbeschlusses (EU) 2021/915 vom 4.06.2021[254] gebunden. Mit den Standardvertragsklauseln steht zwar eine kostengünstige

249 EDPB, Guidelines 07/2020 on the concepts of controller and processor in the GDPR, Version 2.1, Rdnr. 173.
250 Vgl. *Haas*, Guide juridique du RGPD, S. 72; Kühling/Buchner/*Hartung* DSGVO, Art. 26 Rdnr. 52.
251 Kühling/Buchner/*Hartung* DSGVO, Art. 28 Rdnr. 62.
252 *Le Tourneau*, Contrats du numérique, n° 336.11.
253 BeckOK DatenschutzR/*Spoerr* DSGVO, Art. 28 Rdnr. 50.
254 ABl. L 199 v. 7.6.2021, S. 18–30.

und rechtssichere Variante zur Verfügung.[255] Andererseits ist aber auch zu beachten, dass der Auftragsverarbeitungsvertrag nicht lediglich die Bestimmungen der DSGVO wiederholen, sondern vielmehr spezifischere, konkrete Angaben dazu enthalten sollte, wie die Anforderungen erfüllt werden und welches Sicherheitsniveau für die Verarbeitung personenbezogener Daten erforderlich ist.[256]

02.63 Vereinbarung als Erlaubnis

Das Grundprinzip des Datenschutzes aus Art. 5 Abs. 1 lit. a DSGVO besagt, dass personenbezogene Daten nur auf rechtmäßige Weise verarbeitet werden dürfen. Art. 6 Abs. 1 DSGVO führt abschließend sechs Voraussetzungen für die Rechtmäßigkeit der Verarbeitung von personenbezogenen Daten auf und begründet damit ein Verbot mit Erlaubnistatbeständen. Diese Erlaubnistatbestände sind die Einwilligung (lit. a), der Vertrag (lit. b), die rechtliche Verpflichtung (lit. c), der Schutz lebenswichtiger Interessen (lit. d), die Aufgabenerfüllung (lit. e) und die Interessenabwägung (lit. f). Als datenschutzrechtliche Vereinbarungen, durch die eine personenbezogene Datenverarbeitung rechtmäßig werden kann, kommen also die Einwilligung der betroffenen Person (Art. 6 Abs. 1 lit. a DSGVO) oder die Erfüllung eines Vertrages in Betracht, der mit der betroffenen Person abgeschlossen wurde (Art. 6 Abs. 1 lit. b DSGVO). Art. 88 Abs. 1 DSGVO weitet den Kreis möglicher Erlaubnistatbestände im Beschäftigtendatenschutz auf Kollektivvereinbarungen aus, zu denen Tarifverträge (*conventions collectives*) zählen, die sowohl auf Verbandsebene als auch auf Unternehmensebene zustande kommen können.[257] Letzterem entspricht nach deutschem Recht die Betriebsvereinbarung, die zwischen Betriebsrat und Arbeitgeber abgeschlossen wird. Wie Tarifverträge gelten auch Betriebsvereinbarungen gem. § 77 Abs. 4 S. 1 BetrVG unmittelbar und zwingend für alle Beschäftigten im Betrieb.

Aus unternehmerischer Sicht ist die Betriebsvereinbarung einer Einwilligung stets vorzuziehen. Letztere hat nämlich den Nachteil, dass die betroffene Person das Recht hat, ihre Einwilligung jederzeit zu widerrufen, Art. 7 Abs. 3 DSGVO. Außerdem treffen den Verantwortlichen besondere Informationspflichten, wenn die Datenverarbeitung auch ohne die Einwilligung wegen eines gesetzlichen Erlaubnistatbestands rechtmäßig wäre. Dann muss der Verantwortliche den Betroffenen vor Einholung der Einwilligung darauf hinweisen, dass die Datenverarbeitung auch ohne die Einwilligung erlaubt

255 *Kohm/Schreiber*, in: Marly, Praxishandbuch Softwarerecht, § 9 Rdnr. 177.

256 EDPB, Guidelines 07/2020 on the concepts of controller and processor in the GDPR, Version 2.1, Rdnr. 112.

257 Simitis/Hornung/Spieker genannt Döhmann DatenschutzR/*Seifert* DSGVO, Art. 88 Rdnr. 33.

wäre. Ohne diesen klar und verständlich formulierten Hinweis würde der Verantwortliche für den Fall, dass der Betroffene seine Einwilligung widerruft, Gefahr laufen, nicht mehr auf den gesetzlichen Erlaubnistatbestand zurückgreifen zu dürfen. Es würde nämlich gegen den Grundsatz von Treu und Glauben (Art. 5 Abs. 1 lit. a DSGVO) verstoßen, wenn dem Betroffenen eine Entscheidungsmacht suggeriert worden wäre, die so tatsächlich gar nicht bestand.[258] Um dieser Problematik mit der Einwilligung zu entgehen, wäre es im Fall 2b für S sicherer, wenn die P mit ihrem Betriebsrat eine Betriebsvereinbarung über die Verarbeitung personenbezogener Daten beschließen könnte. Der datenschutzrechtliche Vertrag zwischen S und P über die gemeinsame Verantwortung (s. o. Nr. 02.61) sollte Bezug nehmen auf die Betriebsvereinbarung.

§ 7 Lösung des praktischen Falls 2

Zu prüfen ist, ob das Vorgehen dem rechtlichen Interesse von S und T1–3 widerspricht, wobei unterstellt werden darf, dass S und T1–3 gemeinsame Interessen haben. Die rechtlichen Interessen des Unternehmens werden dann nicht verletzt, wenn die empfohlene Vorgehensweise rechtssicher ist und für das Unternehmen nicht mit einem erhöhten Risiko verbunden ist. (Zur Erinnerung: Rechtsberatung versteht sich aus unternehmerischer Sicht als Teil des Risikomanagements, s. o. Nr. 01.21). Im Fall 2 hat sich die rechtliche Prüfung auf zwei Fragen zu konzentrieren. Zunächst ist die Klausel § 5 auszulegen und auf ihre Wirksamkeit zu überprüfen (Punkt A). Sodann sind die Rechtsfolgen zu untersuchen, die sich ergeben, wenn die Parteien den Projektvertrag mit Klausel § 5 wirksam abschließen, ohne zugleich eine Pflegevereinbarung zu treffen (Punkt B). Die T1–3 schließen gem. dem für sie geltenden nationalen Recht jeweils einen Projektvertrag mit den Kunden K1–3. Die Prüfung erfolgt deshalb getrennt für jedes nationale Tochterunternehmen.

➔ (A.) Auslegung Klausel § 5

➔ (A. I.) T1/K1: deutsches Recht

Klausel § 5 ist dahingehend auszulegen, dass K1 einen möglichen Anspruch auf Nacherfüllung innerhalb von 12 Monaten nach Abnahme von XY geltend machen muss. Da es sich um ein Vertragsformular handelt, das zur vielfachen Verwendung gedacht ist, sind die Vertragsklauseln Allgemeine Geschäftsbedingungen i. S. v. § 305 Abs. 1 BGB. Eine Verkürzung der Gewährleistungsfrist auf ein Jahr kann auch durch AGB im Unternehmensverkehr wirksam vereinbart werden (s. o. Nr. 02.41). Unklar ist, ob man Klausel

258 Kühling/Buchner/*Buchner/Kühling* DSGVO, Art. 7 Rdnr. 17a; EDPB, Guidelines 05/2020 on consent under Regulation 2016/679, Version 1.1, Rdnr. 123.

§ 5 auch als Pflegevereinbarung auslegen könnte. Dagegen spricht, dass die versprochenen Leistungen «free of charge» sind und nur 12 Monate gelten sollen. Nach § 305c Abs. 2 BGB gehen Zweifel bei der Auslegung von AGB zu Lasten des Verwenders.

Ergebnis: Der Vertrag enthält keine Regelungen zur Softwarepflege.

➔ (A.II.) T2/K2: französisches Recht

Da das Vertragsformular von T2 vorgelegt wurde und nicht verhandelbare Klauseln enthält, handelt es sich um einen *contrat d'adhésion* i. S. v. Art. 1110 al. 2 C.civ. (s. o. Nr. 01.56). Klausel § 5 ist als Befristung der werkvertraglichen (Nach-)Erfüllungspflicht (*exercice de la garantie*) zu verstehen. Unklar ist, ob man Klausel § 5 auch als Pflegevereinbarung auslegen könnte. Dagegen spricht, dass die versprochenen Leistungen «free of charge» sind und nur 12 Monate gelten sollen. Die IT-Firma liefert nur dann eine vertragskonforme Software, wenn diese über die *capacité d'évoluer* verfügt. Die IT-Firma darf mit dem Kunden Gebühren für die *maintenance évolutive* vereinbaren, was hier nicht der Fall ist. Bei Adhäsionsverträgen sind unklare Klauseln gegen den Vertragspartner auszulegen, der sie vorgeschlagen hat.[259]

Ergebnis: Der Vertrag enthält keine Regelungen zur *maintenance évolutive*.

➔ (A.III.) T3/K3: spanisches Recht

Das Vertragsformular wurde von S für eine Vielzahl von Verträgen gestellt. Bei den Vertragsklauseln handelt sich also um *condiciones generales de la contratación*. Die Klausel § 5 könnte sich ausschließlich auf die *garantía de buen funcionamiento del programa* beziehen. Dafür würde sprechen, dass die Leistungen «free of charge» und zeitlich beschränkt sein sollen. Für die Erfüllung der *garantía* darf der Werkunternehmer nämlich keine zusätzliche Vergütung verlangen – im Gegensatz zum *mantenimiento correctivo*, für den er Gebühren festlegen darf. AGB-Klauseln, die unklar sind, müssen deshalb nicht unwirksam sein, es sei denn sie verstoßen gegen Treu und Glauben. Allerdings dürfen sie nicht zugunsten des Verwenders ausgelegt werden, Art. 1288 CC (s. o. Nr. 01.56).

Ergebnis: Der Vertrag enthält keine Vereinbarungen zum *mantenimiento correctivo*.

➔ (B.) Rechtsfolgen bei fehlendem Pflegevertrag

➔ (B. I.) T1/K1: deutsches Recht

Wenn die Parteien keinen oder nur einen lediglich einjährigen Pflegevertrag geschlossen haben, ist zu prüfen, ob nach dem Vertragszweck und dem danach vorausgesetzten Gebrauch des Programms der Besteller auf die Überlassung des Quellcodes angewiesen ist, damit er das Programm nutzen kann. Unter diesen Voraussetzungen könnte der Besteller nämlich einen vertraglichen Anspruch auf Herausgabe des Quellcodes geltend machen.

259 *Sonnenberger*, ZEuP 2017, 6, 46.

Die einschlägige Rechtsprechung (s. o. Nr. 02.43) bezieht sich zwar auf Individualsoftware. Die kundengerechte Anpassung von XY erfordert aber umfangreiche Ergänzungsprogrammierungen, sodass sich ein Rückgriff auf die Rechtsprechung zur Erstellung von Individualsoftware gut begründen ließe.

Selbst wenn man Klausel § 5 als Pflegevereinbarung auslegen wollte, wäre eine einjährige Laufzeit nicht ausreichend, um sicher zu stellen, dass K1 keinen Anspruch auf Herausgabe des Quellcodes erheben kann, falls er gemäß dem Vertragszweck auf Überlassung des Quellcodes angewiesen sein sollte, um XY nutzen zu können. Der Zweck von XY besteht darin, dem Kunden bei der Verwaltung seiner Steuerverbindlichkeiten zu unterstützen. Da K1 also XY benötigt, um gegenüber den Finanzbehörden gesetzeskonform zu handeln, ist er auf regelmäßige Aktualisierung gemäß den geltenden Steuergesetzen angewiesen. Die Aktualisierungen kann nur vornehmen, wer über den Quellcode verfügt. Wenn XY nicht von S bzw. T1 gepflegt wird, muss K1 der Quellcode bekannt gemacht werden, damit er entweder selbst die Pflege durchführen oder einen Dritten damit beauftragen kann.

➔ (B.II.) T2/K2: französisches Recht

Wenn T2 keine Aktualisierungen von XY zur Verfügung stellt, könnte das als eine Verletzung ihrer Pflicht zur Lieferung eines vertragskonformen Produkts verstanden werden und Schadensersatzansprüche des Kunden auslösen. Die IT-Firma ist nämlich verpflichtet, Software mit der *capacité à évoluer* zu liefern, da sie Teil der vertraglich geschuldeten *conformité* ist (s. o. Nr. 02.42). Wenn XY nicht schon bei Auslieferung diese Eigenschaft besitzt, dann müsste T2 den Kunden darauf hinweisen und ihm einen entsprechenden Nachlass gewähren, der vom Kunden bestätigt wird.

➔ (B.III.) T3/K3: spanisches Recht

Wenn die Parteien keine ausdrücklichen Vereinbarungen zum *mantenimiento correctivo* getroffen haben, dann schuldet der Hersteller den *mantenimiento correctivo* aufgrund des *contrato de obra* (s. o. Nr. 02.43), ohne dafür zusätzlich Vergütung verlangen zu dürfen. Anders wäre allenfalls zu urteilen, wenn die vereinbarte werkvertragliche Vergütung so niedrig sein sollte, dass der Kunde redlicherweise nicht erwarten konnte, dass die Softwarepflege mit ihr abgegolten sei.

➔ (C.) Ergebnis und Empfehlung

Dadurch, dass T1–3 mit ihren Kunden keinen Software-Pflegevertrag abgeschlossen haben, ergeben sich sowohl nach deutschem als auch nach französischem und spanischem Recht erhebliche Risiken für T1–3. Entweder müssen T1–3 die Pflege aufgrund des Werkvertrages leisten, ohne dafür zusätzliche Vergütung verlangen zu dürfen, oder sie müssen Schadensersatz an die Kunden zahlen, weil XY wegen fehlender Entwicklungsfähigkeit mangelhaft ist. Nach deutschem Recht besteht auch noch das Risiko, dass T1–3 den Quellcode herausgeben müssen. Es ist deshalb im Interesse der IT-Firma, wenn der Software-Pflegevertrag stets gleichzeitig mit dem Software-Erstellungsvertrag abgeschlossen wird,[260] und zwar unabhängig davon, ob die Verträge nach deutschem, französischem oder spanischem Recht geschlossen werden. Für den Vorschlag, den Software-Pflegevertrag erst ein Jahr nach Abnahme von XY mit dem Kunden auszuhandeln, mögen wirtschaftliche Gründe sprechen, aber angesichts der rechtlichen Risiken kann dem Vorschlag nicht gefolgt werden.

260 Auer-Reinsdorff/Conrad, IT- und DatenschutzR-HdB/*Conrad/Schneider*, § 14 Rdnr. 55.

03. Die dritte Partei im IT-Projekt

§ 1 Praktischer Fall 3

> Das Softwareunternehmen S mit Sitz in Frankfurt/Main ist Spezialist für Coding in der KI-Entwicklung. S bietet seine Dienste als Subunternehmer für Digitalunternehmen an, die größere IT-Projekte planen und realisieren. S hat jeweils einen Auftrag von der deutschen IT-Firma A, von der französischen IT-Firma B und von der spanischen IT-Firma C erhalten. Der Auftrag von B enthält keine Rechtswahlklausel, der Auftrag von C enthält eine Rechtswahlklausel zugunsten spanischen Rechts. Die drei IT-Firmen benötigen die Unterstützung von S für IT-Projekte, die sie nach dem jeweils geltenden nationalen Recht in ihren Heimatländern durchführen. Deren Hauptauftraggeber sind die deutsche Firma Aa, die französische Firma Bb und die spanische Firma Cc. Von seinem Firmensitz aus übermittelt S über eine sichere Datenverbindung die fertiggestellten Codes jeweils an A, B und C. Keiner der drei Vertragspartner begleicht seine Rechnung. Kann S die Vergütung für die Erstellung der Codes nur von seinen Vertragspartnern verlangen? Oder kann S auch Aa, Bb, Cc wegen der ausstehenden Vergütung in Anspruch nehmen? Wenn ja, welche Voraussetzungen müssen hierfür gegeben sein?

§ 2 Subunternehmer

03.20 Zwei-Personen-Verhältnis

Wenn die beauftragte IT-Firma etwa wegen Personalmangels oder wegen fehlender Spezialkenntnisse nicht alle Aufgaben des IT-Projekts selbst ausführen kann, wird sie Subunternehmer beauftragen, es sei denn, der mit der Auftraggeberin geschlossene Projektvertrag untersagt ausdrücklich die Erteilung von Unteraufträgen. Soweit der Projektvertrag keine gegenteiligen Regelungen enthält, darf die IT-Firma für einzelne Aufgaben grundsätzlich Unteraufträge an Subunternehmer vergeben. Sie darf aber nicht das gesamte Projekt auf einen Subunternehmer übertragen.[261] Denn das wäre keine Beauftragung eines Subunternehmers, sondern die Vertragsübernahme durch einen Unternehmer. Während durch den Abschluss eines obligationenrechtlichen Vertrages regelmäßig nur Rechte und Pflichten für die beiden Vertragsparteien entstehen, stellt die Vertragsübernahme ein Drei-Personen-Verhältnis dar, durch das sowohl für die Neupartei als auch für die

261 *Bitan*, Droit et expertise des contrats informatiques, n° 184.

beiden Altparteien Rechte und Pflichten entstehen. Für die Wirksamkeit der Vertragsübernahme ist es unerlässlich, dass ihr alle drei Beteiligten zustimmen.[262] Anders ist das beim Vertrag zugunsten Dritter. Der liegt vor, wenn sich der Versprechende und der Versprechensempfänger vertraglich darüber einigen, dass ein Dritter ein Forderungsrecht gegen den Versprechenden erhalten soll. Im Gegensatz zur Vertragsübernahme reicht es beim Vertrag zugunsten Dritter aus, wenn sich die beiden Vertragsparteien einigen. Sowohl der Vertrag zugunsten Dritter als auch die Vertragsübernahme sind Ausnahmen von der im Allgemeinen Privatrecht geltenden Regel, dass ein obligationenrechtlicher Vertrag nur relative Wirkung entfalten kann. Diese Regel besagt, dass Rechte oder Pflichten nur den beiden Vertragsparteien erwachsen. Ausnahmen wie der Vertrag zugunsten Dritter und die Vertragsübernahme sind Ausdruck der Vertragsfreiheit, die ein übergeordnetes Prinzip des Obligationenrechts darstellt (s. o. Nr. 01.51).

Eine weitere Ausnahme von der Vertragsfreiheit besteht, wenn der Subunternehmer ein KI-System, Instrumente, Dienste, Komponenten oder Verfahren bereitstellt, die in einem von der beauftragten IT-Firma erstellten Hochrisiko-KI-System verwendet oder integriert werden. Dann greift Art. 25 Abs. 4 KI-VO, der eine öffentlich-rechtliche Verpflichtung zum Abschluss und zu Pflichtinhalten eines Vertrags zwischen dem Hersteller und dem Subunternehmer enthält.[263] Der Subunternehmer muss mit der IT-Firma (Anbieter) in einer schriftlichen Vereinbarung die Informationen, die Fähigkeiten, den technischen Zugang und die sonstige Unterstützung nach dem allgemein anerkannten Stand der Technik festlegen, die erforderlich sind, damit der Anbieter des Hochrisiko-KI-Systems die in der KI-VO festgelegten Pflichten vollständig erfüllen kann.

Das Schriftformerfordernis nach Art. 25 Abs. 4 KI-VO stellt eine Ausnahme dar. Abgesehen von diesem Sonderfall kann die IT-Firma mit Subunternehmern Verträge schließen, ohne dass hierfür eine besondere Form vorgeschrieben ist. Vertragstypologisch wird es sich dabei genauso wie beim Projektvertrag selbst (s. o. Nr. 02.21) um einen Werkvertrag (*contrat d'entreprise*, *contrato de obra*) handeln, durch den jedoch nur die IT-Firma und ihr Subunternehmer gebunden werden. Die Relativität der Vertragsverhältnisse bedeutet dann folgendes: Die Wirksamkeit des Untervertrages hängt nicht von der Wirksamkeit des Projektvertrages ab. Wenn der Projektvertrag aufgelöst wird, entbindet das nicht die IT-Firma von ihrer vertraglichen Pflicht, den Subunternehmer zu vergüten. Umgekehrt kann der Subunternehmer aus dem Untervertrag keine Ansprüche gegen die Hauptauftraggeberin geltend

262 *Larenz*, Schuldrecht, Bd. 1 AT, S. 618 (§ 35 III); STS de 09/12/1997, FD 3°, ROJ: STS 7436/1997.

263 Vgl. BeckOK KI-Recht/*Bosman* KI-VO, Art. 25 Rdnr. 145.

machen. Die Vertragsfreiheit gestattet es den Parteien, auch Dritten ein eigenes Forderungsrecht einzuräumen. Was Verträge mit Subunternehmern anbelangt, gelten die vorgenannten Regeln allerdings nur im deutschen Recht uneingeschränkt. Hingegen gibt es im französischen und spanischen Recht gesetzliche Ausnahmen zur Relativität obligationenrechtlicher Verträge, die – anders als der Vertrag zugunsten Dritter und die Vertragsübernahme – gerade nicht durch die Vertragsfreiheit begründet sind. Das soll nachfolgend erörtert werden.

03.21 Französisches Recht

Die Regel von der Relativität der Schuldverhältnisse erfährt nach französischem Recht Ausnahmen. Wenn der Hauptauftragnehmer der Auffassung ist, sein Subunternehmer habe nicht vertragskonform geleistet, dann kann er sich nicht auf die Einrede der Nichterfüllung berufen und seinem Subunternehmer die Zahlung verweigern, wenn nicht der Auftraggeber gegenüber dem Hauptauftragnehmer Schlechtleistung geltend gemacht hat.[264] Zwei weitere Ausnahmen zur Relativität der Schuldverhältnisse ergeben sich aus der *Loi n° 75 -1334 du 31 décembre 1975 relative à la sous-traitance* (Subunternehmergesetz).[265] Das ist zum einen das Zustimmungserfordernis eines Dritten und zum anderen der Direktanspruch eines Dritten, der jeweils nicht Vertragspartner ist. Nach Art. 3 Subunternehmergesetz ist der Hauptauftragnehmer verpflichtet, dem Hauptauftraggeber anzuzeigen, welche Subunternehmer er für welche Aufgaben zu welchen finanziellen Bedingungen vorgesehen hat. Der Auftraggeber kann dann entscheiden, ob er die vom Auftragnehmer benannten Subunternehmer akzeptieren will. Gem. Art. 12 Abs. 1 Subunternehmergesetz hat der Subunternehmer einen direkten Anspruch gegen den Hauptauftraggeber, wenn der Hauptauftragnehmer einen Monat nach Mahnung die gemäß dem Subunternehmervertrag fälligen Beträge nicht bezahlt hat und eine Kopie der Mahnung dem Hauptauftraggeber zugestellt wird. Gem. Art. 12 Abs. 2 Subunternehmergesetz kann der Direktanspruch des Subunternehmers vertraglich nicht ausgeschlossen werden. Anders als der Direktanspruch des Dritten beim echten Vertrag zugunsten Dritter ist der Direktanspruch des Subunternehmers nicht Ausdruck der Vertragsfreiheit, sondern zwingendes Recht.

Das Subunternehmergesetz wird üblicherweise im Bauwesen angewendet, kann aber auch auf IT-Projekte Anwendung finden, wenn z. B. zur Erfüllung eines *contrat clé en main* der Hauptauftragnehmer einen *contrat d'en-*

264 *Flambard*, Expertises 2010, 179 f. unter Berufung auf CA Rennes, 2e ch. commerciale, du 02/02/2010, Expertises 2010, 196.
265 JO 3 janvier 1976, 148–149.

treprise mit einem Subunternehmer abschließt.[266] Es ist nicht erforderlich, dass alle Projektbeteiligten französische Unternehmen sind. Der Hauptauftragnehmer kann auch eine ausländische Firma sein. Es ist nicht einmal erforderlich, dass das auf den Projektvertrag anzuwendende Recht französisches Recht ist. Haben die ausländische IT-Firma und die französische Auftraggeberin einen Projektvertrag nach französischem Recht geschlossen und hat die IT-Firma ein Subunternehmen beauftragt, kann das Subunternehmergesetz Anwendung finden, wenn zwischen dem Projekt und Frankreich ein Zusammenhang besteht, und zwar im Hinblick auf das mit dem Gesetz verfolgte Ziel des Schutzes von Subunternehmern in Frankreich.[267] Haben die ausländische IT-Firma und die französische Auftraggeberin einen Projektvertrag nach ausländischem Recht geschlossen und hat die IT-Firma ein ausländisches Subunternehmen beauftragt, kann das Subunternehmergesetz trotzdem Anwendung finden. Die französische Rechtsprechung stuft nämlich das Subunternehmergesetz als *loi de police*, also als Eingriffsnorm i. S. v. Art. 9 Rom I-VO ein,[268] die auch dann zu beachten ist, wenn der Vertrag nach ausländischem Recht geschlossen wurde. Für die Anwendbarkeit des Subunternehmergesetzes kommt es entscheidend darauf an, dass das Projekt eine räumliche Verbindung zu Frankreich hat, denn Ziel des Gesetzes ist es, Subunternehmer zu schützen, die in Frankreich ihrer Tätigkeit nachgehen.[269] Wenn diese Voraussetzungen erfüllt sind, können die Parteien nicht wirksam vereinbaren, dass das französische Subunternehmergesetz keine Anwendung finden soll.[270]

03.22 Spanisches Recht

Nach Art. 1597 CC kann ein Subunternehmer, der durch Leistung von Arbeit und Material für den Hauptauftragnehmer zur Erstellung eines Werks beigetragen hat, für welches der Hauptauftraggeber mit dem Hauptauftragnehmer einen Festpreis vereinbart hat, direkt gegen den Hauptauftraggeber in Höhe des Betrages vorgehen, den der Hauptauftragnehmer ihm schuldet. Die *acción directa* gem. Art. 1597 CC, die auch im Rahmen von IT-Projekten geltend gemacht werden kann,[271] stellt eine gesetzlich normierte Ausnahme vom Grundsatz der Relativität der Vertragsverhältnisse (Art. 1257

266 *Le Tourneau*, Contrats du numérique, n° 252.23.
267 Cass.com. du 27/04/2011, n° 09-13.524.
268 Cass. Ch. mixte, du 30/11/2007, n° 06-14.006.
269 Vgl. *Le Tourneau*, L'ingénierie, les transferts de technologie et de maîtrise industrielle, n° 406.
270 *Betto*, RDAI 1999, 411, 420, 423.
271 *Soler Matutes*, in: Soler Matutes et al., Manual de gestión y contratación informática, S. 426 f.

CC) dar.[272] Letztlich bedeutet sie eine Privilegierung des Subunternehmers gegenüber dem Hauptauftraggeber,[273] denn für jenen sieht der CC keinen Direktanspruch gegen den Subunternehmer vor.[274] Dem Wortlaut nach setzt die *acción directa* voraus, dass der Hauptauftraggeber und der Hauptauftragnehmer die Erstellung eines Werks zu einem Festpreis vereinbart haben. Dieses Merkmal erfährt durch die Rechtsprechung eine sehr weitgehende Auslegung. Es gilt auch dann als erfüllt, wenn der Preis der Hauptleistung nach einem Pauschalpreissystem festgelegt wird oder wenn er nach Leistungseinheiten festgelegt wird, falls die Anzahl der auszuführenden Einheiten bestimmt ist.[275] Von einer Festpreis-Vereinbarung kann jedoch dann nicht mehr gesprochen werden, wenn lediglich nach Zeitaufwand abgerechnet wird.[276]

Klageberechtigt ist nicht nur der Subunternehmer des Hauptauftragnehmers, sondern auch der Subunternehmer des Subunternehmers.[277] Der Subunternehmer kann aus seinem Vertrag gegen den Hauptauftragnehmer oder gegen den übergeordneten Subunternehmer klagen und zugleich gegen den Hauptauftraggeber im Wege der *acción directa* vorgehen.[278] Umgekehrt ist es aber nicht erforderlich, dass zuvor oder gleichzeitig gegen den Hauptauftragnehmer geklagt wurde, dass zuvor eine Pfändung seines Vermögens vorgenommen wurde oder dass er für zahlungsunfähig erklärt wurde oder dass seine Zahlungsunfähigkeit nachgewiesen wurde.[279] Wenn der Subunternehmer aus der *acción directa* gegen den Hauptauftraggeber klagt, kann dieser aber dem Subunternehmer alle Einreden entgegenhalten, die auch dem Hauptauftragnehmer gegen den Subunternehmer zustehen würden, z. B. wegen Schlechtleistung.[280]

---

272 STS de 06/06/2000, FD 2°, ROJ: STS 4619/2000; STS de 02/07/1997, FD 3°, ROJ: STS 4694/1997.

273 *Schassek*, Verträge über individuelle Software nach deutschem und spanischem Recht, S. 125.

274 *Soler Matutes*, in: Soler Matutes et al., Manual de gestión y contratación informática, S. 432.

275 STS de 14/10/2010, FD 6°, ROJ: STS 5063/2010.

276 *Soler Matutes*, in: Soler Matutes et al., Manual de gestión y contratación informática, S. 428.

277 *Lacruz Berdejo*, Elementos de Derecho Civil II, Derecho de obligaciones, Vol. 2°, S. 195.

278 STS de 11/10/1994, FD 3°, ROJ: STS 6434/1994.

279 Bercovitz Rodríguez-Cano/*Rodríguez Morata*, Comentarios al CC, Art. 1597, n° 1.3.

280 Bercovitz Rodríguez-Cano/*Rodríguez Morata*, Comentarios al CC, Art. 1597, n° 1.4.

§ 3 Leasingfirma

03.30 Drei-Personen-Verhältnis

Drei-Personen-Verhältnisse im Vertragsrecht sind keine Selbstverständlichkeit. Historischer Ausgangspunkt für das Verständnis von vertraglichen Beziehungen ist das Zwei-Personen-Verhältnis. Ein Vertrag bestehend aus drei Parteien war dem klassischen römischen Recht fremd, denn die *obligatio* erzeugte nur eine persönliche Gebundenheit zugunsten eines bestimmten Forderungsberechtigten, aber weder die *obligatio* noch die Forderung konnten übertragen werden, sodass ein Vertrag zugunsten Dritter undenkbar war:[281] *per extraneam personam nobis adquiri non posse.*[282] Der Rechtsgedanke der Forderungszession setzte sich erst mit dem Vernunftrecht des 17./18. Jahrhunderts vollends durch, als man die Vergleichbarkeit von Eigentumsübertragung und Forderungsübertragung erkannte, wobei allerdings ältere europäische Zivilrechtskodifikationen wie der Code civil und der Código Civil noch als zusätzliche Wirksamkeitsvoraussetzung ein förmliches Verfahren vorsehen, durch das der Schuldner Kenntnis von der Abtretung erlangen muss, Art. 1690 C.civ. und Art. 1526 CC. Das gilt auch für die Kodifikation des Handelsrechts im Código de Comercio von 1885, denn gem. Artt. 347, 348 CCom ist die Benachrichtigung des Schuldners Wirksamkeitsvoraussetzung für die *cesión.*

Die jüngeren europäischen Zivilrechtskodifikationen wie das BGB haben sich endgültig von der Notwendigkeit einer Abtretungsanzeige an den Schuldner als Wirksamkeitsvoraussetzung der Forderungsabtretung verabschiedet.[283] Nach § 398 BGB ist die Einigung zwischen Zedenten und Zessionar ausreichend, um die Übertragung der Forderung zu bewirken. Der Código civil und das BGB stimmen darin überein, dass sie zwar Regelungen zur Forderungsabtretung, also zur *cesión de un crédito* enthalten, dass sie aber keine ausdrücklichen Regelungen zur Vertragsübernahme, also zur *cesión del contrato* enthalten. Dass es aber möglich sein muss, den von den alten Vertragsparteien vereinbarten Vertrag in der Gesamtheit seiner Rechte und Pflichten inhaltlich unverändert von den neuen Vertragsparteien fortführen zu lassen, dass also eine Vertragsübernahme, eine *cesión del contrato* zulässig sein muss, das ist in inzwischen in beiden Rechtsordnungen an-

281 *Kaser*, Das Römische Privatrecht, 1. Abschnitt, Das altrömische, das vorklassische und klassische Recht, S. 491; vgl. auch *Lacruz Berdejo*, Elementos de Derecho Civil II, Derecho de Obligaciones, Vol. 1°, S. 211; *Ranieri*, Europäisches Obligationenrecht, S. 463.

282 Dt.: Von außenstehenden Personen kann man nichts erwerben, *Gaius*, Institutiones 2, 95.

283 *Ranieri*, Europäisches Obligationenrecht, S. 1187 f. mit Hinweis auf die Kodifikationen von Italien, Polen, Griechenland und Portugal.

erkannt.[284] In Frankreich ist die *cession de contrat* (d. h. die Vertragsübernahme) aufgrund der Vertragsrechtsreform von 2016[285] erstmals als eigenständiger Vertrag kodifiziert worden, Art. 1216 C.civ., wobei dieser Vertrag grundsätzlich dem deutschen Verständnis der Vertragsübernahme entspricht.[286] Für die Vertragsübernahme ist es unerlässlich, dass alle drei Beteiligten zustimmen (s. o. Nr. 03.20). Das Konzept der Vertragsübernahme ist entscheidend für das Verständnis des Leasing-Grundfalls (I), s. u. Nr. 03.31.

03.31 Position der IT-Firma im Dreieck

Als dritte Partei kann eine Leasingfirma ins Spiel kommen, wenn der Auftraggeber beschließt, die Software bzw. Hardware nicht dauerhaft von der IT-Firma, sondern vorübergehend von einer Leasingfirma zum Gebrauch überlassen zu bekommen. Nach der Rechtsprechung des *Tribunal Supremo* liegt kein Leasingvertrag vor, wenn der Leasinggeber identisch ist mit dem Hersteller bzw. mit dem Verkäufer.[287] Das gilt entsprechend auch für französisches Recht, wonach Leasinggeber nur eine juristische Person sein kann, die berufsmäßig Bankgeschäfte betreibt, Artt. L313-7, L511-1 al. II, Code monétaire et financier. Hingegen kommt es nach deutschem Recht für die Annahme von Leasing nicht auf das Dreiecksverhältnis an, sondern darauf, dass der Leasingnehmer zur vollen Amortisation der vom Leasinggeber getätigten Aufwendungen verpflichtet ist, was auch beim direkten Händler- oder Herstellerleasing der Fall sein kann.[288] Das Ziel der Vollamortisation kann entweder dadurch erreicht werden, dass die Vertragslaufzeit von vornherein so bemessen wird, dass schon die während dieser Zeit zu erbringenden Leasingraten den vollständigen Rückfluss der Investitionskosten sicherstellen („*full-pay-out-leasing*"), oder falls die während der Laufzeit gezahlten Leasingraten nicht kostendeckend kalkuliert sind, dass die Vollamortisation erst durch eine ergänzende Ausgleichsmaßnahme am Ende der Grundlaufzeit eintritt („*non-full-pay-out-leasing*").[289] Dieses Kriterium wird sinngemäß auch von der spanischen Lehre geteilt: Die vom Leasingnehmer zu zahlenden Raten dürfen in ihrer Höhe nicht bloß der Nutzungsdauer entsprechen.[290]

284 MK-BGB/*Kieninger*, § 398 BGB Rdnr. 4; *Marchal Escalona*, La cesión del contrato, in: Sánchez Lorenzo, Derecho contractual comparado, Vol. II, S. 501 f.
285 Ord. n° 2016-131 du 10 févr. 2016, JO n° 0035 du 11/02/2016.
286 *Sonnenberger*, ZEuP 2017, 6, 53.
287 STS de 30/04/1991, FD 3°, ROJ: STS 2324/1991.
288 MK-BGB/*Koch/Harnos*, Anh. § 515 BGB Rdnr. 8 unter Verweis auf BGH, Urt. v. 11.3.1998 – VIII ZR 205/97, NJW 1998, 1637, 1639 m. w. N.
289 MK-BGB/*Koch/Harnos*, Anh. § 515 BGB Rdnr. 6.
290 *Lacruz Berdejo*, Elementos de Derecho Civil II, Derecho de Obligaciones, Vol. 2°, S. 377.

Nach französischem und spanischem Recht ist der Leasingvertrag, der *contrat de crédit-bail*, also der *contrato de «leasing»* zu unterscheiden vom *contrat de location financière*, also vom *contrato de «renting»*, wie er im Spanischen heißt. Dabei handelt es sich um eine Unterscheidung, die dem deutschen Recht fremd ist:[291] Wenn eine Kaufoption des Leasingnehmers nach Ablauf der Mietzeit ausdrücklich ausgeschlossen ist, dann folgt daraus zwingend, dass es sich nicht um einen *contrat de crédit-bail* bzw. um einen *contrato de «leasing»* handeln kann, sondern allenfalls um einen *contrat de location financière*,[292] d.h. um einen *contrato de «renting»*.[293] Bei Abschluss des *arrendamiento financiero* sollten bereits die Bedingungen für die Kaufoption des Leasingnehmers (*arrendatario usuario*) nach Ende der Laufzeit festgelegt sein. Ist die Kaufoption ausgeschlossen, liegt auch kein *contrato de leasing* vor. Folgende Klausel bietet sich an:[294]

> Al inicio del contrato puede fijarse una opción de compra que será:
>
> Mínima y prefijada: 1 % del precio de oferta.
>
> Al finalizar el contrato de arrendamiento el cliente podrá optar por:
>
> – Ejercer la opción de compra.
> – Renovar el contrato.
> – Devolver las máquinas.

Bei Verträgen, die französischem Recht unterliegen, darf im Hinblick auf die sog. *Loi Toubon* (s.o. Nr. 01.33) nur der Begriff *crédit-bail* verwendet werden, nicht jedoch die Bezeichnung «leasing».[295]

Unabhängig von den nationalen Regelungen gibt es grundsätzlich zwei Konstellationen, wie ein Leasingverhältnis zustande kommt, die nachfolgend beschrieben werden.

> **Leasing-Grundfall (I): Vorübergehende Vertragsbeziehung IT-Firma ↔ Anwenderfirma**
>
> Der Auftragnehmer schließt zunächst mit dem Auftraggeber einen Kauf- bzw. Werkvertrag, in den das Leasingunternehmen durch Vertragsübernahme eintritt. Hier entsteht also zwischen Anwender und der beauftragten IT-Firma nur eine vorübergehende vertragliche Beziehung.

291 *Franck*, Les contrats de location financière dans les procédures collectives d'apurement du passif en droits français et allemand comparés, S. 16.

292 Cass.com. du 18/12/2001, n° 99-17.358; vgl. auch *Franck*, op. cit., S. 15.

293 SAP Madrid, Sección 18ª, de 03/11/2004, FD 3°, ROJ: SAP M 13986/2004.

294 *Gómez Perals*, La cesión de uso de los programas de ordenador, S. 48.

295 Vgl. *Franck*, op. cit., S. 13.

Leasing-Grundfall (II): Keine Vertragsbeziehung IT-Firma ↔ Anwenderfirma

Die Anwenderfirma verhandelt direkt mit dem Leasingunternehmen, damit dieses einen Kauf- oder Werkvertrag mit der IT-Firma schließt. Im Gegensatz zum Grundfall (I) kommt hier überhaupt keine vertragliche Beziehung zwischen Anwender und der beauftragten IT-Firma zustande.

Der Grundfall (I) beschreibt das sog. Eintrittsmodell.[296] Auf spanisches Recht bezogen, bedeutet das: Im Grundfall (I) überträgt der Anwender als *cedente* (Altpartei) seine Position des *comprador* (Käufer) im Wege der *cesión de un contrato de venta* auf das Leasingunternehmen als den *cesionario* (Neupartei), sodass nun ein Kaufvertrag zwischen der IT-Firma und dem Leasingunternehmen besteht.[297] Die spanische Rechtsprechung bezeichnet den Grundfall (I) als «*leasing directo*» und den Grundfall (II) als «*leasing indirecto*».[298] Letzterer kann z. B. dann vorliegen, wenn sich der Auftraggeber von Individualsoftware nicht direkt an die IT-Firma, sondern an die Leasingfirma wendet, damit Leasingfirma und IT-Firma einen *contrato de obra* schließen.

Grundfall (I) und Grundfall (II) gelten sowohl für den Fall, dass der Anwender ein bereits auf dem Markt befindliches IT-Produkt erwerben möchte (wie Hardware oder Standardsoftware), als auch für den Fall des IT-Projektleasings, wenn der Anwender die Erstellung von Individualsoftware einschließlich der Lieferung von passender Standardsoftware und Hardware sowie das Projekt begleitende Personalleistungen begehrt.[299]

03.32 Risikoverteilung

Übereinstimmend ergibt sich nun nach deutschem, französischem und spanischem Recht für die IT-Firma, dass

a) der Vertragspartner der IT-Firma die Leasingfirma ist, die wiederum der Anwenderfirma den Gebrauch des Leasinggegenstands befristet überlässt, und zwar gegen Zahlung einer regelmäßigen Gebühr,

und dass

b) die Leasingfirma die Rechte, die ihr aus dem Kauf- bzw. Werkvertrag gegenüber der IT-Firma im Falle der Schlecht- oder Nichterfüllung zuste-

296 Vgl. BGH, Urt. v. 27.11.1985 – VIII ZR 316/84.

297 Vgl. STS de 15/03/2001, ROJ: STS 2065/2001.

298 STS de 26/06/1989, FD 3°, ROJ: STS 15622/1989.

299 *Gennen*, in: Schneider/Graf v. Westphalen, Software-Erstellungsverträge, S. 1472 f.; vgl. auch BGH, Urt. v. 29.10.2008 – VIII ZR 258/07, NJW 2009, 575.

hen, an die Anwenderfirma abtritt.[300] Das Risiko, dass die Anwenderfirma in Insolvenz gerät und deshalb die Kosten für die Leasingraten nicht mehr bedienen kann, trägt die Leasingfirma; sie kann dieses Risiko nicht auf die IT-Firma abwälzen.[301]

Diese typische Risikoverteilung beim Leasing, dass nämlich mit der Haftungsfreistellung des Leasinggebers gegenüber dem Leasingnehmer zwingend auch die Abtretung der Gewährleistungsrechte durch den Leasinggeber an den Leasingnehmer verbunden ist, diese Risikoverteilung wird von der spanischen Rechtsprechung unter ausdrücklicher Berufung auf die deutsche und italienische Rechtsprechung festgestellt.[302] Zwar muss im französischen Recht der Schuldner (hier also die IT-Firma) Kenntnis von der Abtretung der Gewährleistungsansprüche haben (Art. 1690 C.civ., s. o. Nr. 03.30). Allerdings steht das der Wirksamkeit der leasingtypischen Abtretungskonstruktion nicht entgegen, denn der Schuldner wird spätestens dann, wenn der *utilisateur-locataire* (Leasingnehmer) ihm gegenüber die *garantie des vices cachés* oder die *résolution du contrat* gerichtlich geltend macht, von der Abtretung Kenntnis erlangen.[303] Stellt der Kunde nach Lieferung des Produkts fest, dass es nicht seinen Bedürfnissen entspricht, und führt er das auf eine falsche Beratung durch die IT-Firma zurück, dann gilt die leasingtypische Abtretung auch für Ansprüche des Kunden wegen Verletzung der vorvertraglichen Beratungspflicht[304] (zu den unterschiedlichen Regelungen vorvertraglicher Beratungspflichtverletzungen nach deutschem, französischem und spanischem Recht s. u. Kap. 04).

Die leasingtypische Abtretung kann aber nicht bedeuten, dass mit der Abtretung jegliche Ansprüche des Leasinggebers gegenüber der IT-Firma erloschen wären. Die leasingtypische Abtretung betrifft nur die Gewährleistungsansprüche und anderen Ansprüche, die – ohne die Haftungsfreistellung – dem Leasingnehmer gegenüber dem Leasinggeber zugestanden hätten. Da aber der Leasingnehmer kein Eigentum an der Leasingsache erwerben soll, verbleiben die aus dem Eigentum folgenden Rechte an der Leasingsache beim Leasinggeber, sodass der Leasinggeber für den Fall, dass

---

300 Vgl. für dt. Recht: OLG Koblenz, 26.2.2015 – 3 U 812/14, MMR 2015, 512, 513 Rdnr. 22 („leasingtypische Abtretungskonstruktion“); *Marly*, Praxishandbuch Softwarerecht, 7. Aufl., Rdnr. 751; für span. Recht: STS de 26/02/1996, FD 6°, ROJ: STS 7761/1996; *Lacruz Berdejo*, Elementos de Derecho Civil II, Derecho de Obligaciones, Vol. 2°, S. 377; für frz. Recht: Cass.com. du 04/06/1996, n° 94-14.768; CA Paris, 25ᵉ ch., du 05/03/1996, obs. *Gomes Parein*, Expertises 1996, 279 f.; *Le Tourneau*, Contrats du numérique, n° 215.16.

301 Vgl. OLG Hamm, Urt. v. 28.11.2012 – 12 U 115/12, CR 2013, 214, 217.

302 SAP Baleares, Sección 3ª, de 04/11/2004, FD 3°, ROJ: SAP IB 1497/2004.

303 Cass.com. du 04/06/1996, n° 94-14.768.

304 Vgl. OLG Köln, Urt. v. 13.11.1987 – 19 U 140/84, CR 1988, 723, 726.

die IT-Firma die ihr aus dem Kaufvertrag obliegende Eigentumsverschaffungspflicht nicht erfüllt, die IT-Firma auf Rückgewähr des Kaufpreises und Schadensersatz verklagen kann.[305]

Regelmäßig wird es auch dem Willen der Parteien entsprechen, wenn die dem Leasinggeber zustehenden Gewährleistungsrechte an den Leasingnehmer abgetreten werden. Wollte man hingegen den wahren Parteiwillen dahingehend auslegen, dass die Anwenderfirma kein abgetretenes Gewährleistungsrecht, sondern ein originäres Gewährleistungsrecht gegenüber der IT-Firma erhalten soll, so würde das vor allem dann praktische Auswirkungen haben, wenn es für die Geltendmachung des Gewährleistungsrechts auf den Status des Leasingnehmers ankommt und dieser sich vom Status des Leasinggebers unterscheidet:[306] Nach deutschem Recht z. B. würde es sich für die IT-Firma nachteilig auswirken, wenn der ihr unbekannte Leasingnehmer (die Anwenderfirma) – im Gegensatz zu dem ihr bekannten Leasinggeber (= Leasingfirma) – keine Kaufmannseigenschaft hat. In diesem Fall würde den Leasingnehmer – im Gegensatz zum Leasinggeber – nicht die Obliegenheit aus § 377 HGB treffen, bei Lieferung fehlerhafter Software unverzüglich zu rügen. Umgekehrt würde es sich nach französischem Recht für die IT-Firma als vorteilhaft erweisen, wenn die der IT-Firma unbekannte Leasingnehmerin ebenfalls eine IT-Firma wäre, weil dann die IT-Firma und die Leasingnehmerin – im Gegensatz zu dem Verhältnis von IT-Firma und Leasinggeber – *de la même spécialité* wären, sodass die ständige Rechtsprechung der *Cour de Cassation* zur unwiderlegbaren Bösgläubigkeit des gewerblichen Verkäufers auf die IT-Firma nicht anzuwenden wäre (zur Bösgläubigkeit des gewerblichen Verkäufers s. o. Nr. 02.32).

03.33 Abhängigkeit der Verträge

Wenn die Leasingfirma ihre Gewährleistungsrechte gegenüber der IT-Firma an den Leasingnehmer abgetreten hat, sind Leasingvertrag und Liefervertrag dermaßen voneinander abhängig, dass die Rückabwicklung des einen nicht ohne die des anderen erklärt werden kann. Erhebt der Leasingnehmer erfolgreich Klage auf Rückabwicklung des Liefervertrages, wird das Gericht auch der Rückabwicklung des Leasingvertrages stattgeben, und umgekehrt. Übereinstimmend nach deutschem, französischem und spanischem Recht kann der Leasingnehmer nicht durch einseitige Erklärung das Dreiecksverhältnis aufheben.

Ist die von der IT-Firma gelieferte Hardware oder Software mangelhaft, dann kann der Leasingnehmer gegenüber der IT-Firma den Rücktritt gemäß

305 Vgl. OLG Hamm, Urt. v. 28.11.2012 – 12 U 115/12, CR 2013, 214 ff.
306 Vgl. hierzu auch MK-BGB/*Koch*, Anh. § 515 BGB Rdnr. 56.

den vom Leasinggeber abgetretenen Gewährleistungsrechten erklären. Das wirkt sich auf den Leasingvertrag insofern aus, als die IT-Firma (Lieferantin) den Rücktritt akzeptiert oder wegen des erklärten Rücktritts vom Leasingnehmer verklagt wird.[307] Der Rücktritt des Leasingnehmers vom Kaufvertrag führt zum Wegfall der Geschäftsgrundlage für den Leasingvertrag mit Wirkung *ex tunc*, sodass ggf. die Leasingfirma zur Rückerstattung der vom Leasingnehmer gezahlten Leasingraten verpflichtet sein kann.[308] Indem der Leasinggeber die ihm gegen den Lieferanten zustehenden Gewährleistungsrechte an den Leasingnehmer abgetreten hat, erklärt er sich auch bereit, das Ergebnis der zwischen Lieferanten und Leasingnehmer geführten Mängelauseinandersetzung als für sich verbindlich hinzunehmen.[309]

Wenn der Leasinggeber die Gewährleistungsrechte, die ihm aus dem mit der IT-Firma geschlossenen Kaufvertrag zustehen, an den Leasingnehmer abgetreten hat, dann handelt es sich um einen *litisconsorcio pasivo necesario*[310] (vgl. Art. 12.2 LEC). Demnach müssen alle Personen zur Verhandlung geladen werden, die wegen der Untrennbarkeit des materiellen Rechtsverhältnisses in gleichem Maße unmittelbar an der im Prozess erarbeiteten Lösung interessiert sein können.[311] Grund für die Ausdehnung der Rechtskraft auf weitere als die zunächst in der Klageschrift benannten Beklagten ist, dass es bei den Beteiligten um dasselbe materiell-rechtliche Verhältnis geht. In dem zugrunde liegenden Fall der *AP Baleares* hatte die IT-Firma an die Leasingnehmer, Inhaber einer Videothek, einen *video-cajero* (= Automat für die Ausgabe und Rücknahme von DVDs) geliefert. Weil die Leasingnehmer gegenüber der Leasinggeberin die Auflösung (*resolución*) des *contrato de arrendamiento financiero* geltend machten, musste das Gericht zugleich die Auflösung des zwischen der Leasinggeberin und der IT-Firma geschlossenen Liefervertrages aussprechen. Nun erfolgt die Rückabwicklung zwischen den Parteien dadurch, dass die Leasinggeberin verpflichtet ist, mit Hilfe der Leasingnehmer den *video-cajero* an die IT-Firma zurückzugeben; die Leasinggeberin muss den Leasingnehmern die bislang geleisteten Leasingraten ersetzen, und die IT-Firma hat der Leasinggeberin den Kaufpreis zu erstatten. Darüber hinaus hat die IT-Firma den Leasingnehmern die Schäden zu ersetzen, die an deren Geschäftsgebäude durch den Rückbau des *video-cajero* entstanden sind.

Hat der *locataire* (Leasingnehmer) im *contrat de crédit-bail* auf alle Rechtsmittel gegen den *bailleur* (Leasinggeber) als Gegenleistung für die Über-

---

307 BGH, Urt. v. 16.6.2010 – VIII ZR 317/09, NJW 2010, 2798.

308 BGH, Urt. v. 16.9.1981 – VIII ZR 265/80, NJW 1982, 105, 107.

309 MK-BGB/*Koch/Harnos*, Anh. § 515 BGB Rdnr. 165.

310 SAP Baleares, Sección 3ª, de 04/11/2004, FD 3°, ROJ: SAP IB 1497/2004.

311 STS de 18/05/2006, FD 2°, ROJ: STS 2905/2006.

tragung der dem *bailleur* gegen den Verkäufer zustehenden Gewährleistungsrechte verzichtet und beantragt er nun vor Gericht die *résolution* des Kaufvertrags, weil die gelieferte Computer-Hardware *vices cachés* aufweist, dann wird das Gericht, wenn es dem Antrag stattgibt, zugleich die *résiliation du contrat de crédit-bail* feststellen müssen, denn aufgrund der Abtretungsklausel sind die beiden Verträge untrennbar miteinander verbunden (*l'indivisibilité*).[312] Durch die Reform des Vertragsrechts von 2016[313] haben sich die Begrifflichkeiten geändert. Die *résolution* des Kaufvertrages führt jetzt zur *caducité du contrat de crédit-bail*.[314] Wenn mehrere Verträge derselben *opération* dienen und der ausgefallene Vertrag die Durchführung der anderen unmöglich macht oder bestimmend war für den Abschluss der anderen Verträge, dann sind auch die anderen Verträge hinfällig, Art. 1186 al. 2 Code civil. Dabei steht für die *caducité* der objektive Sinnzusammenhang zwischen den Verträgen im Vordergrund, ohne den subjektiven völlig zu verdrängen, was in funktionaler Hinsicht mit § 139 BGB vergleichbar ist.[315]

Eine Klausel im *contrat de crédit-bail*, wonach dieser unabhängig von den übrigen Verträgen besteht, kann vom Gericht für unwirksam erachtet werden, und zwar gerade auch im B2B-Bereich, wie der folgende Fall der *Cour de cassation* zeigt:[316] Apotheker X (Beklagter) schließt mit der Werbefirma D einen Werbevertrag mit vier Jahren Laufzeit über die Ausstrahlung von Werbesendungen, die in den Geschäftsräumen seiner Apotheke präsentiert werden. Hierfür wird von D eine spezielle Hardware angeboten, die der Beklagte bei der Leasingfirma C (Klägerin) least. D stellt ihre Dienste vorzeitig ein, woraufhin der Beklagte sowohl den Werbevertrag als auch den Leasingvertrag kündigt. Der Leasingvertrag enthält eine Klausel, wonach die Pflicht zur Zahlung der Leasingraten für die Dauer von vier Jahren unabhängig davon besteht, ob der Vertrag mit D erfüllt oder vorzeitig gekündigt wird. Die *Cour d'appel* sieht darin eine *clause abusive* (missbräuchliche Klausel), sodass sie die Kündigung durch den Beklagten für rechtens erklärt. Die Klägerin macht geltend, dass das Urteil der *Cour d'appel* gegen den Grundsatz von *pacta sunt servanda* (Art. 1134 C.civ. a. F., jetzt Art. 1103 C.civ.) verstoße. Die *Cour de cassation* bestätigt im Ergebnis das Urteil der *Cour d'appel*, wenngleich sie die Begründung für rechtsfehlerhaft erachtet.[317] Die *Cour de cassation* sieht die Unbeachtlichkeit der Klausel darin

312 Cass. Ch. mixte, du 23/11/1990, n° 88-16.883, obs. *Rémy*, RTD civ. 1991, 360 f.; *Le Tourneau*, Contrats du numérique, n° 215.16.

313 Ord. n° 2016-131 du 10 févr. 2016, JO n° 0035 du 11/02/2016.

314 Cass. Ch. mixte, du 13/04/2018, n° 16-21.345.

315 *Sonnenberger*, ZEuP 2007, 6, 45.

316 Cass.com. du 15/02/2000, n° 97-19.793.

317 Die CA hatte sich auf Art. L.132-1 C.consom. a. F. berufen, der aber nur für Verbraucherverträge galt. Inzwischen hat der Gesetzgeber auch Regelungen zur Inhaltskon-

begründet, dass sie in Widerspruch zur wirtschaftlichen Systematik des Vertrages (*économie générale du contrat*) steht. D. h., eine Klausel kann auch im Unternehmensverkehr (B2B) für unwirksam erachtet werden, wenn sie zwar präzise und unmissverständlich ist, aber den inneren Zusammenhang (*la cohérence interne*) des Vertrages untergräbt.[318] Darüber hinaus kann *l'indivisibilité* zwischen *contrat de crédit-bail* und Kaufvertrag auch dann zu bejahen sein, wenn die Zusammenarbeit zwischen Leasingfirma und IT-Firma so intensiv ist, dass die gemeinsamen Geschäftsbeziehungen als ein einheitlicher Betrieb erscheinen (*„une opération globale générant des droits et obligations interdépendants"*).[319]

Was die Untrennbarkeit der geschlossenen Verträge im Falle von *crédit-bail* angeht, besteht kein grundsätzlicher Unterschied zum *contrat de location financière*, also jenem Leasingvertrag, bei dem eine Kaufoption des Leasingnehmers nach Ablauf der Mietzeit ausdrücklich ausgeschlossen ist (zur Unterscheidung s. o. Nr. 03.30). Wenn für die Verwirklichung eines IT-Projekts mehrere Verträge geschlossen wurden und sich darunter eine *location financière* befindet, dann sind die Verträge voneinander abhängig (*contrats interdépendants*), d. h. Vertragsklauseln, die mit dieser Abhängigkeit nicht zu vereinbaren sind, finden keine Beachtung.[320]

03.34 Urheberrechtliches Vermietrecht

Wenn die IT-Firma mit der Leasingfirma einen Kauf- oder Werkvertrag über solche Produkte schließt, die Software enthalten, dann sollte sich die IT-Firma dessen bewusst sein, dass sie ihrer Vertragspartnerin das urheberrechtliche Vermietrecht an der Software, § 69c Nr. 3 UrhG, *le droit de location du logiciel*, Art. L122-6 CPI, *el derecho de alquiler del programa de ordenador*, Art. 99 LPI, einräumen muss. Beim Vermietrecht handelt es sich um ein auf die Vermietung beschränktes dingliches Nutzungsrecht (generell zur Einräumung von Nutzungsrechten s. u. Nr. 06.30 ff.). Dass das Vermietrecht als eigenständiges Recht behandelt wird, entspricht Art. 11 TRIPS. Werden Werkstücke, die zuvor in den Verkehr gebracht wurden, ohne die Zustimmung des Rechtsinhabers vermietet, so begeht der Vermieter eine Urheberrechtsverletzung, wohingegen der Rechtsinhaber gegen den (gutgläubigen) Mieter keine urheberrechtlichen Ansprüche geltend machen kann.[321] Der Begriff der „Vermietung" (*«location» d'objets*; *«alquiler» de objetos*) ver-

trolle von missbräuchlichen Klauseln bei B2B-Verträgen kodifiziert, Artt. 1168–1171 Code civil, vgl. *Sonnenberger*, ZEuP 2017, 6, 40.

318 Cass.com. du 15/02/2000, n° 97-19.793, obs. *Mestre/Fages*, RTD civ. 2000, 325 f.

319 Cass.com. du 15/10/1996, n° 94-18.903.

320 Cass. Ch. mixte, du 17/05/2013, n° 11-22.927.

321 *Loewenheim*, in: Loewenheim, Handbuch des Urheberrechts, § 20 Rdnr. 51.

steht sich i. S. v. Art. 1 Abs. 1 lit. a Richtlinie 2006/115/EG[322] als die körperliche und zeitlich begrenzte Gebrauchsüberlassung zu unmittelbarem oder mittelbarem wirtschaftlichem oder kommerziellem Nutzen.

Wenn wir annehmen, dass es die IT-Firma versäumt hat, das Vermietrecht ausdrücklich im Vertrag zu erwähnen, dann könnte unter Anwendung französischen Rechts das Gericht wegen Verstoßes gegen Art. L131-3 al. 1 CPI die *nullité du contrat de cession* aussprechen und diesen für insgesamt unwirksam erklären.[323] Dabei handelt es sich allerdings um eine *nullité relative*, die nur vom Rechteinhaber beantragt werden kann, hier also von der IT-Firma. Der strenge Formalismus, wie ihn Art. L131-3 al. 1 CPI den Vertragsparteien nach französischem Recht vorschreibt, ist dem deutschen Urhebervertragsrecht fremd (s. u. Nr. 06.31). Folglich kann die deutsche Rechtsprechung auch dann die Einräumung des Vermietrechts für wirksam erklären, wenn diese zwar nicht ausdrücklich im Vertrag erwähnt wurde, es aber dem Lieferanten bekannt war, dass das zu liefernde Produkt vom Kunden anschließend verleast werden sollte.[324] Denn die Frage, ob ein Nutzungsrecht eingeräumt wurde, richtet sich gem. § 31 Abs. 5 UrhG nicht danach, ob die Einräumung ausdrücklich erwähnt wurde, sondern hängt vielmehr davon ab, welchen Vertragszweck die Parteien zugrunde gelegt haben. Der Auslegungs- und Beweislastregel des § 31 Abs. 5 UrhG liegt die sog. Zweckübertragungslehre zugrunde, der zufolge der Urheber im Zweifel keine weitergehenden Rechte überträgt, als es der Zweck der Verfügung erfordert, sodass die urheberrechtlichen Befugnisse die Tendenz haben, soweit wie möglich beim Urheber zu verbleiben.[325] Insofern ist die Zweckübertragungslehre funktional vergleichbar mit dem aus Art. L122-7 al. 2–4 CPI abgeleiteten Grundsatz «*in favorem auctoris*», wonach die Auslegung des Vertrages zugunsten des Urhebers erfolgt.[326] Das gilt entsprechend auch für spanisches Urhebervertragsrecht. Wenn Art. 43.2 LPI bestimmt, dass sich die *cesión* auf das Maß beschränkt, das zur Erfüllung des Vertragszwecks unerlässlich ist (*indispensable para cumplir la finalidad del contrato*), so handelt es sich dabei im Sinne der Zweckübertragungslehre um eine Schutzvorschrift zugunsten des Urhebers.[327] Sollte also die Leasingfirma die Rückabwicklung des Vertrages verlangen, weil ihr die IT-Firma in dem Vertrag

322 ABl. L 376 v. 27.12.2016, S. 28–32.

323 *Montels*, in: Hilty/Geiger, Impulse für eine europäische Harmonisierung des Urheberrechts, S. 495 f., 509.

324 OLG Hamm, Urt. v. 28.11.2012 – 12 U 115/12, CR 2013, 214, 216.

325 BGH, Urt. v. 22.4.2004 – I ZR 174/01, GRUR 2004, 938.

326 *Montels*, in: Hilty/Geiger, Impulse für eine europäische Harmonisierung des Urheberrechts, S. 496, 510.

327 *Serrano Gómez/Placer Sánchez*, in: Yzquierdo Tolsada, Contratos, Tomo XII, Contratos sobre bienes inmateriales (I), S. 98.

nicht ausdrücklich das Vermietrecht eingeräumt hatte, so könnte sich die IT-Firma sowohl nach deutschem als auch nach französischem und spanischem Urheberrecht darauf berufen, dass zugunsten des Urhebers zu entscheiden sei bzw. dass zur Erfüllung des Vertragszwecks die Einräumung des Vermietrechts erforderlich gewesen sei, sodass die unterlassene Erwähnung im Vertrag unschädlich sein müsste.

Problematisch wird es allerdings, wenn die IT-Firma Produkte anbietet, die Fremdsoftware enthalten, wenn also die IT-Firma nicht der Erstausrüster, also kein OEM (*Original Equipment Manufacturer*) bzw. kein FEO (*Fabricant d'équipement d'origine*) ist, wie er im Französischen heißt. Hat die IT-Firma für die Erstellung des Leasingobjekts auch Bauteile von Zulieferern verwendet, die Software enthalten (wie etwa eingebettete Systeme), so ist es nicht damit getan, dass sie diese käuflich erworben hat, sondern sie muss auch sicherstellen, dass die Programme, die sich in den von Zulieferern erworbenen Bauteilen befinden, vermietet werden dürfen, weil andernfalls die Gefahr besteht, dass die Zulieferfirma urheberrechtliche Unterlassungs- und Schadensersatzansprüche gegenüber dem Leasinggeber geltend macht. Der Zulieferer kann sich nämlich darauf berufen, dass er weiterhin das Vermietrecht an der Software hat. Gem. Art. 4 Abs. 2 Richtlinie 2009/24/EG[328] verliert der Rechtsinhaber das Verbreitungsrecht mit dem Erstverkauf der Programmkopie (Erschöpfungsgrundsatz = *l'épuisement des droits de propriété intellectuelle* = *el agotamiento de los derechos de propiedad intelectual*), er behält aber das Recht auf die Kontrolle der Weitervermietung des Programms oder einer Kopie davon, wobei sich das Vermietrecht nur auf körperliche Gegenstände (*objets corporels*) bezieht.[329] Die dem Art. 4 Abs. 2 Richtlinie 2009/24/EG entsprechenden nationalen Vorschriften finden sich in § 69c Nr. 3 S. 2 UrhG, in Art. 99 LPI und in Art. L122-6 al. 3 CPI.

Gem. Art. 11 S. 3 TRIPS gelten die *rental rights* in Bezug auf Computerprogramme dann nicht, wenn das Programm nicht wesentlicher Gegenstand der Vermietung ist (*essential object of the rental*). Unter Berufung auf Art. 11 S. 3 TRIPS wird im deutschen Schrifttum auch die Auffassung vertreten, dass das entsprechend für das Vermietrecht i. S. v. Art. 4 Abs. 2 Richtlinie 2009/24/EG gelten müsse, sodass es für die Zulässigkeit der Vermietung von Hardware mit Embedded System nicht darauf ankommen könne, dass derjenige, der die Rechte an der in dem Embedded System befindlichen Software hat, der Vermietung zugestimmt haben müsse.[330] Andererseits ist aber im Sinne einer richtlinienkonformen Auslegung zu berücksichtigen,

328 ABl. L 111 v. 5.5.2009, S. 16–22.

329 *Pollaud-Dulian*, Le droit d'auteur, n° 992; Wandtke/Bullinger/*Grützmacher*, § 69c UrhG Rdnr. 75.

330 *Vander*, CR 2011, 77, 80; *Marly*, Praxishandbuch Softwarerecht, 7. Aufl., Rdnr. 194.

dass das Vermietrecht an Computerprogrammen in Art. 4 Abs. 2 der Richtlinie 2009/24/EG ausdrücklich als Ausnahme zur Erschöpfung des Verbreitungsrechts geregelt ist. Demnach erschöpft sich durch den Erstverkauf der Software das Verbreitungsrecht des Rechtsinhabers, nicht aber sein Vermietrecht. Folglich müsste das Merkmal der Wesentlichkeit der Software, wie es für das Vermietrecht gefordert wird, auch für den Erstverkauf und die damit einhergehende Erschöpfung des Verbreitungsrechts gelten. D. h., die Software müsste der wesentliche Gegenstand des Erstverkaufs sein. Diese Auffassung wäre jedoch nicht mit der Rechtsprechung zum Erschöpfungsgrundsatz zu vereinbaren. Es ist nämlich schon entschieden worden, dass dann, wenn der Hersteller die Hardware mit aufgespielter Software überlässt, die Hardware das Werkstück ist, an dem Erschöpfung eingetreten ist.[331] Die Weitergabe von Software kann auch darin bestehen, dass eine Datenverarbeitungsanlage mit einer Festplatte veräußert wird, auf der die Software aufgespielt ist.[332] In beiden Fällen kann man schwerlich den wesentlichen Vertragsgegenstand in der Software erachten. Für die Anwendung des Vermietrechts sollten aber keine anderen Maßstäbe gelten als für die Anwendung des Erschöpfungsgrundsatzes. Zur Vermeidung von Rechtsstreitigkeiten sollte die IT-Firma deshalb darauf achten, dass die Zulieferer die Zustimmung zur Vermietung erteilt haben.

03.35 Grenzüberschreitendes Leasing

Grenzüberschreitendes Leasing liegt vor, wenn die Vertragspartner ihren Sitz oder ihre Niederlassung in verschiedenen Staaten haben, z. B. wenn der Sitz des Leasinggebers in Deutschland, der Sitz des Leasingnehmers in Frankreich und der Sitz des Lieferanten – also der IT-Firma – in Spanien ist. Dann ist die Rom I-VO zu beachten (s. o. Nr. 01.55). Dabei ist aus Sicht der IT-Firma bedeutsam, dass das auf den Leasingvertrag anzuwendende Recht nicht identisch sein muss mit dem auf den Kaufvertrag anzuwendenden Recht. Falls die Parteien keine Rechtswahl vereinbart haben, unterliegt der Kaufvertrag dem Recht am gewöhnlichen Aufenthaltsort des Verkäufers (Art. 4 Abs. 1 lit. a Rom I-VO), wohingegen der Leasingvertrag dem Recht am gewöhnlichen Aufenthaltsort des Leasinggebers unterliegt (Art. 4 Abs. 1 lit. b Rom I-VO, wenn man den Leasinggeber als Dienstleister ansieht, bzw. Art. 4 Abs. 2 Rom I-VO, wenn man die für den Leasingvertrag charakteristische Leistung nicht in der Finanzdienstleistung, sondern in der Gebrauchsüberlassung sieht).[333] Maßgeblich für das auf den Kaufvertrag anzuwenden-

331 OLG Düsseldorf, Urt. v. 29.6.2009 – I-20 U 247/08, CR 2009, 566 = JurPC Web.-Dok. 170/2009, Abs. 9.

332 LG Köln, Urt. v. 2.6.2010 – 28 O 77/06, CR 2010, 576, 577 mit Anm. *Redeker*, 579.

333 MK-BGB/*Martiny*, Rom I-VO Art. 4 Rdnr. 56.

de Recht ist also die Hauptniederlassung des Verkäufers, Art. 4 Abs. 1 lit. a Rom I-VO i. V. m. Art. 19 Abs. 1 Rom I-VO. Und Art. 14 Abs. 2 Rom I-VO bestimmt, dass im Rahmen der leasingtypischen „Abtretungskonstruktion" auch im Verhältnis zwischen IT-Firma (Lieferant) und Leasingnehmer das auf den Kaufvertrag anzuwendende Recht (also das Recht an der Hauptniederlassung der IT-Firma) maßgeblich ist.[334]

§ 4 Lösung des praktischen Falls 3

Zu prüfen ist, ob S gegen die jeweiligen Auftraggeber von A, B oder C vorgehen kann, um die ausstehende Vergütung für die Erstellung der Codes einzufordern. Mangels vertraglicher Vereinbarung zwischen S und den Hauptauftraggebern Aa, Bb und Cc scheidet ein vertraglicher Vergütungsanspruch aus. Zu prüfen ist deshalb, ob S ein gesetzlicher Vergütungsanspruch zusteht. Da die Projektverträge zwischen A, B, C und den Hauptauftraggebern nach dem jeweils geltenden nationalen Recht geschlossen wurden, ist der Anspruch der S auf Vergütung abhängig vom Anspruchsgegner zu prüfen.

➔ (A.) Vergütungsanspruch von S gegen Aa

Nach deutschem Recht ist ein gesetzlicher Vergütungsanspruch der S gegen Aa nicht ersichtlich.

➔ (B. I.) Vergütungsanspruch von S gegen Bb

Der Auftrag von B enthält keine Rechtswahlklausel. Theoretisch könnte deshalb französisches oder deutsches Recht auf den Subunternehmervertrag anzuwenden sein. Nach deutschem Recht ist kein direkter Vergütungsanspruch gegen Bb ersichtlich (s. o. Punkt A.). Unter Anwendung französischen Rechts könnte S gegen Bb einen Anspruch auf Vergütung gem. Art. 12 al. 1 Loi n° 75 -1334 du 31 décembre 1975 relative à la sous-traitance (Subunternehmergesetz) haben.

➔ (B.II.) Anspruchsvoraussetzungen

Gem. Art. 12 Abs. 1 Subunternehmergesetz hat der Subunternehmer einen direkten Anspruch gegen den Hauptauftraggeber, wenn der Hauptauftragnehmer einen Monat nach Mahnung die gemäß dem Subunternehmervertrag fälligen Beträge nicht bezahlt hat und eine Kopie der Mahnung dem Hauptauftraggeber zugestellt wird. S müsste also zunächst B mahnen und Bb eine Kopie davon zustellen. Sollte B nicht innerhalb eines Monats zahlen, könnte S den Bb in Anspruch nehmen.

Für den Direktanspruch kommt es nicht darauf an, ob der Subunternehmervertrag zwischen S und B nach deutschem oder französischem Recht geschlossen wurde. Würde S vor einem französischen Gericht Zahlungskla-

334 MK-BGB/*Koch/Harnos*, Anh. § 515 BGB Rdnr. 232.

ge gegen Bb erheben, müsste das Gericht einen möglichen Anspruch gem. Art. 12 Abs. 1 Subunternehmergesetz als Eingriffsnorm prüfen, selbst wenn auf den Subunternehmervertrag deutsches Recht Anwendung finden sollte.

Entscheidend für die Anwendbarkeit des Subunternehmergesetzes ist, dass ein räumlicher Bezug zu Frankreich besteht, denn Ziel dieses Gesetzes ist es, Subunternehmer zu schützen, die ihre Leistungen in Frankreich erbringen. Das dürfte im vorliegenden Fall fraglich sein. Die Leistungen wurden von S nicht in Frankreich, sondern in Deutschland erbracht. Es darf bezweifelt werden, dass die Übermittlung der Codes über eine sichere Datenverbindung ausreichend ist, um einen räumlichen Bezug der Subunternehmerleistung zu Frankreich begründen zu können.

➔ (B.II.) Zwischenergebnis

S hat keinen gesetzlichen Vergütungsanspruch gegenüber Bb.

➔ (C. I.) Vergütungsanspruch von S gegen Cc

Der Auftrag von Cc enthält eine Rechtswahlklausel zugunsten spanischen Rechts. Es ist deshalb zu prüfen, ob ein Vergütungsanspruch nach spanischem Recht in Frage kommt. S könnte gegen Cc einen gesetzlichen Direktanspruch auf Vergütung gem. Art. 1597 CC haben (*acción directa*).

➔ (C.II.) Anspruchsvoraussetzungen

Der Direktanspruch setzt voraus, dass Hauptauftraggeber und Hauptauftragnehmer die Erstellung eines Werks zu einem Festpreis vereinbart haben. Dieses Merkmal gilt auch dann als erfüllt, wenn die Vergütung aufgrund eines Pauschalpreissystems oder anhand von Leistungseinheiten bestimmbar ist. Das Merkmal ist nicht gegeben, wenn lediglich nach Zeitaufwand abgerechnet wird. Im vorliegenden Fall sollte S nicht bloß Dienstleistungen erbringen, die nach Zeitaufwand berechnet werden, sondern er sollte einen funktionsfähigen Code schreiben und somit einen Erfolg liefern. Voraussetzung für die Vergütung ist demnach die Lieferung eines verwertbaren Ergebnisses. Unter Berücksichtigung der Rechtsprechung des Tribunal Supremo dürfte das Merkmal der Festpreis-Vereinbarung damit erfüllt sein.

Für die Geltendmachung der *acción directa* ist es nicht erforderlich, dass zuvor oder gleichzeitig gegen den Hauptauftragnehmer geklagt wurde, dass zuvor eine Pfändung seines Vermögens vorgenommen wurde oder dass er für zahlungsunfähig erklärt wurde oder dass seine Zahlungsunfähigkeit nachgewiesen wurde. Somit kann S von Cc die Vergütung verlangen, wie sie ihm aus dem Vertrag mit C zusteht. Er muss nicht erst erfolglos gegen C klagen, bevor er einen Direktanspruch gegen Cc geltend machen darf.

➔ (C.II.) Zwischenergebnis

Unter Zugrundelegung spanischen Rechts hat S gegen Cc einen Direktanspruch auf Vergütung in der Höhe, wie sie ihm aufgrund des Subunternehmervertrags zustehen würde. Falls der von S erstellte Code aber Mängel haben sollte, kann Cc ihm die Einrede der Nichterfüllung entgegenhalten.

➔ (D.) Gesamtergebnis

Die gerichtliche Geltendmachung eines Vergütungsanspruchs gegenüber Aa, Bb und Cc hat nur im Fall von Cc Aussicht auf Erfolg.

04. Informationspflichten des Auftragnehmers

§ 1 Praktischer Fall 4

Die Drogeriekette D, die regional zahlreiche Filialen betreibt, beauftragt die Softwarefirma S mit der Entwicklung und Einrichtung eines auf die Bedürfnisse von D zugeschnittenen Enterprise-Resource-Planning-Systems (ERP). Es wird ein Festpreis von 275.000 EUR vereinbart. Der Vertrag enthält keine festen Terminvorgaben. Auch haben die Parteien keine Rücktritts- oder Auflösungsklausel vereinbart. Der Vertrag enthält keine Vorgaben, unter welchen Voraussetzungen die D die Rückabwicklung des Vertrages verlangen darf. Am 1.3. erfolgt die Abnahme und Inbetriebnahme des ERP.

Am 1.4. beschwert sich D, dass Abfragen zum Warensortiment und Lagerbestand nur von den einzelnen Filialen aus zum Zentrallager hin und umgekehrt vom Zentrallager zu den Filialen hin möglich seien, dass aber dezentrale Abfragen von Filiale zu Filiale über den jeweiligen Warenbestand nicht zuverlässig funktionierten.

Ein Pflichtenheft (*cahier des charges*, *análisis de requerimientos*) hatten die Parteien nicht erstellt. Sie hatten sich aber während der intensiven Vertragsverhandlungen darüber verständigt, dass das ERP ein Abrufen des im Zentrallager verfügbaren Warenbestands von den einzelnen Filialen aus ermöglichen soll. Es besteht nun Streit darüber, ob S auch verpflichtet war, die Funktion einer dezentralen Abfrage zu implementieren. S sagt, dies sei nicht vereinbart gewesen. D aber hält diese Funktion für essenziell. Sie betont, dass sie den Vertrag über das ERP nicht geschlossen hätte, wenn man sie darüber informiert hätte, dass eine dezentrale Abfrage von Filiale zu Filiale mit dem ERP nicht möglich ist. Diese Funktion sei für ihr Geschäftsmodell unerlässlich, um auch kurzfristig Warenknappheit innerhalb der Filialen ausgleichen zu können. Dafür gebe es im Unternehmen eine eigene Abteilung, die für die interne Logistik zuständig sei.

Am 1.7. legt die S einen Plan vor, aufgrund dessen die von der D gewünschte Funktion realisiert werden soll. Für die vollständige Implementierung veranschlagt S einen Zeitraum von 8 Wochen. D will sich nicht länger vertrösten lassen und den Vertrag sofort rückgängig machen. Sie sagt, dass sie das Vertrauen verloren habe, dass es der S noch gelingen könne, ein ERP zu erstellen, das tatsächlich ihren Bedürfnissen entspricht. Sie bietet die Rückgabe des ERP an und verlangt im Gegenzug die Rückerstattung der von ihr gezahlten Vergütung. Die S hingegen will am Vertrag festhalten und beharrt auf ihrem Plan zur Nachbesserung. Ihre Kalkulationen zeigen, dass sich das Geschäft für sie auch dann noch lohnt, wenn sie die Kosten für die Nachbesserungen vollumfänglich trägt. Bei der Rückabwicklung des Vertrages hingegen würden der S erhebliche finanzielle Nachteile entstehen, da sie das individuell angepasste ERP nicht anderweitig anbieten könnte.

Kann D die Rückabwicklung des Vertrages und damit auch die Rückerstattung der an S geleisteten Vergütung verlangen? Worauf kommt es dafür an, wenn jeweils deutsches, französisches oder spanisches Recht Anwendung findet?

§ 2 Vorvertragliche Informationspflichten

04.20 Grundsätzliches

Das Zivilrecht kennt keine generelle Informationspflicht des Anbieters gegenüber dem Kunden vor Abschluss des Vertrages. Bei IT-Verträgen jedoch besteht regelmäßig ein für den Anbieter erkennbares Wissensgefälle gegenüber dem Kunden, ein *déséquilibre informationnel*,[335] eine *desigualdad informativa*.[336] Aus dem schon während der Vertragsverhandlungen geltenden Grundsatz von Treu und Glauben (§§ 311 Abs. 2, 241 Abs. 2, 242 BGB), *bonne foi* (Art. 1112 al. 1 C.civ.)[337], *buena fe* (Art. 7.1 CC)[338] lässt sich herleiten, dass der Anbieter dem Kunden gegenüber umfassende Beratungspflichten immer dann zu erfüllen hat, wenn für ihn das Wissensgefälle erkennbar war oder zumindest hätte erkennbar sein müssen. Der Grundsatz der *bona fides*, der durch die Rezeption des römischen Rechts Einzug in das kontinentaleuropäische Zivilrecht gefunden hat, ist dem angelsächsischen Recht fremd geblieben (s. o. Nr. 01.50). Anstelle von wechselseitigen Schutzpflichten gilt dort zugunsten des Anbieters der römische Rechtssatz «*Caveat emptor!*» (dt.: der Käufer sei gewarnt!).[339] Nach kontinentalem Rechtsverständnis hingegen kann sich der IT-Anbieter nicht ohne Weiteres mit dem Argument herausreden, von einem Wissensgefälle nichts gewusst zu haben.[340] Ein für den

335 *Cruquenaire/Henrotte*, in: Degrave et al., Law, norms and freedom in cyberspace: liber amicorum Yves Poullet, S. 601; *Le Tourneau*, Contrats du numérique, n° 014.11 spricht von «Asymétrie de l'information».

336 *Soler Matutes*, in: Soler Matutes et al., Manual de gestión y contratación informática, S. 438 ff.; *Gómez Calle*, Los deberes precontractuales de información, S. 12–18; *Davara Rodríguez*, Manual de Derecho Informático, S. 334.

337 Zur Vertragsrechtsreform: *Mekki*, doctrine Gaz. Pal 2016, n° 14 (12 avril 2016), S. 830.

338 STS de 26/02/1994, FD 5°, ROJ: 1263/1994.

339 *Fabre-Magnan*, JCP G 2016, 706, 20 juin 2016, S. 1218.

340 Vgl. *Schuster/Hunzinger*, CR 2015, 209, 212.

Anbieter erkennbares Wissensgefälle darf zumindest immer dann unterstellt werden, wenn der Kunde nicht selbst IT-Experte ist. Umgekehrt kann die Intensität der Beratungspflicht dadurch begrenzt sein, dass der Auftraggeber über eine eigene IT-Abteilung verfügt.[341]

Die Komplexität digitaler Produkte und ungleiche IT-Kenntnisse der Vertragsparteien machen es erforderlich, dass die IT-Firma den Auftraggeber vor Vertragsschluss ausführlich über die Funktionen und Verwendungsmöglichkeiten des gewünschten Produkts berät. Das unterscheidet Verträge über die Herstellung digitaler Produkte von traditionellen Werkverträgen. Wer einem Schreiner den Auftrag zur Erstellung eines Bücherregals erteilt, muss selbst kein Schreiner sein, um zu wissen, welche Funktion dieses Werk haben soll und inwiefern diese Funktion seinen Bedürfnissen entspricht. Bei einem Auftrag zur Entwicklung eines digitalen Produkts hingegen müssen Auftraggeber und Auftragnehmer gemeinsam herausfinden, welche Funktionen das Produkt am Ende haben soll. Und der Hersteller muss bei diesen Vertragsverhandlungen den Auftraggeber ggf. darauf hinweisen, dass die Funktionen des Produkts, so wie der Auftraggeber sie beschreibt, nicht mit den betrieblichen Bedürfnissen des Auftraggebers übereinstimmen können. Diese Pflichten gelten nicht nur für Werk-, sondern mit Einschränkungen auch für Kaufverträge. Der Anbieter von IT-Produkten muss den Kunden bei der Produktauswahl beraten, und wenn er eine Auswahlentscheidung getroffen hat, muss ihn der Anbieter vor möglichen Nachteilen warnen.

Die Beratungspflichten der IT-Firma umfassen nicht nur Informationspflichten, sondern auch Ausforschungspflichten. Während der Vertragsverhandlung muss sie den Kunden nicht nur über die funktionalen Einschränkungen der angebotenen Software informieren, sondern sie muss sich umgekehrt auch über die Bedürfnisse des Kunden informieren und ihm helfen, seine Bedürfnisse auszudrücken; sie muss ihn bei seiner Entscheidung bestmöglich beraten und ihn ggf. auch darauf hinweisen, sich an einen Dritten zu wenden, der besser geeignet ist, die gewünschten Funktionen zu implementieren.[342] Wenn der Auftraggeber bestimmte Softwarefunktionen wünscht, muss der Hersteller bei der Beratung auch darauf achten, dass diese den Vorgaben der DSGVO entsprechen (s.u. Nr. 04.28). Das betrifft insbesondere die Erstellung eines Löschkonzepts, eines Einwilligungsmanagements, eines Berechtigungs- und Rollenkonzepts innerhalb des Unternehmens und, falls der Auftraggeber die personenbezogenen Daten nur für Statistikzwecke benötigt, die Implementierung einer Funktion zur dauerhaften und technisch endgültigen Anonymisierung.[343] Die IT-Firma kann aber ihre

341 OLG Köln, Urt. v. 29.7.2005 – 19 U 4/05, BeckRS 2005, 10355.
342 CA Paris, pôle 5, 11e ch., du 16/10/2015, RG n° 13/06759, CCÉ 2015/12, n° 98.
343 *Klingbeil/Kohm*, MMR 2021, 3, 7.

Ausforschungspflicht nur dann hinreichend erfüllen, wenn der Auftraggeber seinerseits durch wahrheitsgemäße Auskünfte daran mitwirkt. Wird der IT-Firma ein Verstoß gegen die ihr obliegende Beratungspflicht vorgeworfen, kann sie sich ggf. mit dem Nachweis entlasten, dass die fehlerhafte Beratung darauf zurückzuführen ist, dass der Kunde die ihm obliegende Mitwirkungspflicht verletzt hat. Die Mitwirkungspflichten des Kunden werden unten Nr. 05.20 ff. behandelt.

Die Informationspflichten der IT-Firma enden nicht mit dem Vertragsschluss, sondern bleiben über das gesamte Projekt bestehen. Stellt die IT-Firma im Laufe des Projekts fest, dass der ursprünglich vorgesehene Kostenrahmen nicht zu halten ist, muss sie den Auftraggeber über die neuen Erkenntnisse informieren. Wenn sie das unterlässt, verletzt sie ihre vertragliche Informationspflicht. Die IT-Firma kann sich ihrer Informationspflicht nicht entziehen, indem sie sich darauf beruft, dass die Parteien eine agile Projektmethode („*mode Agile*") vereinbart haben.[344] Haben sich die Parteien für eine agile Projektmethode entschieden, bedeutet das nicht, dass die Informationspflicht des Auftraggebers in Bezug auf die Einhaltung des vereinbarten Budgets entfallen soll.

Wenn wir die vorvertraglichen Informations- und Beratungspflichten der IT-Firma praktisch einordnen wollen, dann ist zunächst einmal danach zu unterscheiden, zu welchem Zeitpunkt der Kunde erkennt, dass ihn die IT-Firma nicht ausreichend beraten hat. Vor oder nach Vertragsabschluss? Die entscheidende Frage ist: Hat die Verletzung der vorvertraglichen Informations- und Beratungspflicht den Kunden zum Abschluss eines für ihn nachteiligen Vertrages oder lediglich zu fruchtlosen Vertragsverhandlungen veranlasst? Letzteres wäre z. B. dann der Fall, wenn der Kunde die Verhandlungen abbricht, nachdem er erfahren hat, dass ihm die IT-Firma eine erhebliche Information vorenthalten hat. Wäre er von Anfang an im Besitz dieser Information gewesen, hätte er sich erst gar nicht auf langwierige Verhandlungen mit der IT-Firma eingelassen. Kann dann der Kunde von der IT-Firma verlangen, dass sie ihm die Unkosten und Einbußen erstattet, die ihm durch die unnützen Vertragsverhandlungen entstanden sind? Darum wird es unten Nr. 05.21–05.23 gehen. Im Folgenden aber ist davon auszugehen, dass der Vertrag zustande gekommen ist. Anders als in der vorgenannten Konstellation hat der Kunde die fehlenden Informationen erst nach Vertragsschluss erfahren. Er will – wie auch im Praktischen Fall 4 – den Vertrag rückgängig machen und die gezahlte Vergütung zurückerstattet bekommen, weil das fertiggestellte Produkt für seine betrieblichen Bedürfnisse ungeeignet ist. Er führt das darauf zurück, dass ihn die IT-Firma entweder vorvertraglich und/ oder während der Projektentwicklung falsch beraten hat. Wenn er richtig

344 CA Paris, pôle 5, 11e ch., du 03/07/2015, RG n° 13/06963; *Bitan*, op. cit., n° 631.

beraten worden wäre, hätte er rechtzeitig erkannt, dass das vertraglich vereinbarte Produkt für seine betrieblichen Bedürfnisse ungeeignet ist, und den Vertrag erst gar nicht abgeschlossen oder zumindest vorzeitig gekündigt.

04.21 Obligations de conseil

Den IT-Anbieter trifft nicht nur während der Vertragsdurchführung, sondern auch schon vorvertraglich eine *obligation de conseil*. Hat das Kundenunternehmen keine Fachkenntnisse, muss die IT-Firma besonders umfangreiche Informationspflichten erfüllen. Sie muss z. B. schon vor der Phase der Migration den Kunden darüber in Kenntnis setzen, dass unbedingt *tests de démarrage* (*start-up tests*) durchzuführen sind.[345] Dem Wortlaut des Art. 1112-1 al. 1 C.civ. folgend, könnte man meinen, dass vorvertraglich nur derjenige haftet, der eine Information kennt (*qui connaît une information*) und für sich behält. Zur vorvertraglichen Informationspflicht des IT-Anbieters kommt aber noch eine vorvertragliche Ausforschungspflicht hinzu, sodass auch derjenige haftet, der die Informationen hätte wissen müssen (*qui aurait dû connaître*)[346]. Das bedeutet, dass die IT-Firma den Willen des Kunden und seine Bedürfnisse zu erforschen hat (*obligation de recherche de la volonté du client et de ses besoins*), und zwar auch dann, wenn es bloß um den Verkauf von Standardsoftware geht.[347] Informationspflicht und Ausforschungspflicht bilden zusammen die *obligation de conseil*. Der Anbieter darf sich nicht damit begnügen, Informationen über die Eigenschaften der Hardware oder Software zu geben, sondern muss seinem Partner die Lösung empfehlen, die ihm am besten erscheint, auch wenn sie nicht die wirtschaftlichste ist, und ihn dazu ermutigen, diese zu übernehmen.[348] Die *obligation de conseil* ist besonders streng, wenn Auftraggeber und Auftragnehmer langjährige Geschäftsbeziehungen pflegen.[349] Die IT-Firma hat ihre Beratungspflicht nicht verletzt, wenn die branchenfremde Auftraggeberin sich in voller Kenntnis der Sachlage für eine technische Lösung entscheidet, obwohl sie von der IT-Firma darauf hingewiesen worden war, dass die ursprünglich implementierte Lösung keine gute Lösung sei, die Auftraggeberin aber über Personal und eine Struktur verfügt, die sie in die Lage versetzt, die gegebenen Ratschläge zu berücksichtigen, und sie über eine gewisse Erfahrung

345 Cass.com. du 10/07/2019, n° 18-12.213; *Paulin*, Gaz.Pal. 2019, n° 29, S. 2544 f.
346 *Le Tourneau*, Droit de la responsabilité, n° 3112.14.
347 Cass.com. du 19/02/2002, n° 99-15.722, obs. *Gardone*, Expertises 2002, 190–192; Cass.com. du 15/05/2001, n° 98-18.603.
348 CA Toulouse, 2e ch., du 26/02/1992, obs. *Vivant/Lucas*, JCP E 1993, chron., 246, n° 13.
349 CA Paris, 25e ch., du 03/12/1993, obs. *Rolland*, Expertises 1994, 193–195.

in der Softwareentwicklung verfügt.[350] Wenn der IT-Anbieter die vom Auftraggeber gewünschte Software liefert, um sie auf seine Bedürfnisse anzupassen, es dabei aber zu Kompatibilitätsproblemen kommt, dann haftet der IT-Anbieter nicht wegen Verletzung der vorvertraglichen Beratungspflicht, falls der Auftraggeber von dem IT-Anbieter des Altsystems beraten worden war.[351]

Die vorvertragliche Beratungspflicht wird dadurch, dass ein Vertrag zustande kommt, zur vertraglichen Beratungspflicht. Angenommen, die IT-Firma hat ihre vorvertragliche Beratungspflicht verletzt. Schließen nun die Parteien einen Vertrag, dann bleibt zwar das tatsächliche Fehlverhalten der IT-Firma dasselbe, aber die rechtliche Einordnung ändert sich. Die vorvertragliche Pflichtverletzung wird nun zur *défaillance contractuelle*. D.h., mit Zustandekommen des Vertrages unterfallen Verstöße gegen die (vor-)vertragliche Beratungspflicht der vertraglichen Haftung. Allerdings unterfallen Verstöße gegen die vorvertragliche Beratungspflicht der deliktischen Haftung, wenn entweder kein Vertrag zustande kommt oder wenn der zustande gekommene Vertrag später wegen *vices du consentement* annulliert wird, vgl. Art. 1112-1 al. 6 C.civ. (zur Annullierung des Vertrages s.u. Nr. 04.35 und zur Unterscheidung der beiden Haftungsarten s.u. Nr. 08.28).

Die vertragliche Beratungspflicht kann sich implizit aus dem Liefervertrag ergeben, wohingegen die vorvertragliche Informationspflicht als *ordre public* gesetzlich vorgeschrieben ist und deshalb von den Parteien nicht abbedungen werden kann (Art. 1112-1 al. 5 C.civ.). Im Gegensatz zu den vorvertraglichen Beratungspflichten können die Parteien also die vertraglichen Beratungspflichten vertraglich einschränken. Beruft sich aber der Auftragnehmer auf eine Klausel in seinen Allgemeinen Geschäftsbedingungen, der zufolge der Kunde verpflichtet ist, seine Erwartungen in Bezug auf bestimmte Bedürfnisse ausdrücklich zu spezifizieren (*«obligation à spécifier expressément ses attentes concernant certains besoins spécifiques»*), so bedeutet diese Klausel nicht, dass die vorvertragliche Beratungspflicht des Auftragnehmers eingeschränkt sein soll, was gem. Art. 1112-1 al. 5 C.civ. zur Unwirksamkeit der Klausel führen würde. Eine solche Klausel entbindet den Auftragnehmer nicht von seiner Ausforschungspflicht. Sie ist vielmehr dahingehend auszulegen, dass die *garantie de conformité* des Auftragnehmers auf jene Bedürfnisse des Kunden beschränkt sein soll, die dieser spätestens bei Vertragsschluss zum Ausdruck gebracht hat.[352] Bringt der Kunde

350 Cass.com. du 19/06/2007, n° 06-13.868, obs. *Saurel/Ohayon*, Gaz. Pal. 2008 I, somm. 480.

351 CA Bordeaux, 2e ch., du 09/05/2006, Expertises 2006, 276 f.; *Walon*, Expertises 2006, 268.

352 CA Paris, pôle 5, 11e ch., du 16/10/2015, RG n° 13/06759, CCÉ 2015/12, n° 98.

seine Bedürfnisse erst nach Vertragsschluss aufs Tapet, ist der Auftragnehmer insofern nicht mehr gebunden.

Derjenige, der einer gesetzlichen oder vertraglichen Informationspflicht unterliegt, muss den Beweis für die Erfüllung dieser Pflicht erbringen.[353] Damit ist die Beratung als solche gemeint. Es handelt sich um eine *obligation de résultat*. Für die Haftung des IT-Anbieters ist es somit ausreichend, wenn er nicht nachweisen kann, dass er den Kunden überhaupt irgendwie beraten hat. Was jedoch die Pflicht zu richtiger Beratung angeht, so handelt es sich um eine *obligation de moyens*.[354] Deshalb kann es sich auch keinesfalls um die Verletzung einer *obligation de résultat* handeln, wenn die IT-Firma dem Kunden im Rahmen des vorvertraglichen Beratungsgesprächs nicht angeraten hat, einen *cahier des charges* zu erstellen.[355] (Zur Unterscheidung zwischen *obligation de résultat* und *obligation de moyens* s.u. Nr. 07.41). Der IT-Anbieter haftet nur dann wegen Verletzung der vorvertraglichen Beratungspflicht, wenn der Kunde ihm die Erteilung eines falschen oder nicht angemessenen Rates nachweist. Dann handelt es sich um die Verletzung einer *obligation de moyens*. Kann der Kunde, der selbst über professionelle IT-Kenntnisse verfügt, nicht den Beweis erbringen, dass die Lieferung der unbefriedigenden Software auf einer unzureichenden Empfehlung beruht, dann haftet der IT-Anbieter nicht.[356]

Wurde vorvertraglich kein präziser *cahier des charges* erstellt, sodass die Bedürfnisse des Auftraggebers erst mühsam während des Projekts ermittelt werden müssen, und schafft es die IT-Firma deshalb nicht, das Projekt innerhalb eines Zeitrahmens abzuschließen, der mit den betrieblichen Zwängen des Auftraggebers vereinbar ist, dann kann der Auftraggeber die Vertragsauflösung geltend machen. Der Vorwurf besteht dann darin, dass die IT-Firma ihre vorvertragliche Pflicht verletzt hat, den Auftraggeber bei der Erstellung eines Pflichtenhefts zu unterstützen (*obligation d'assistance*), sodass das Gericht auf Antrag des Auftraggebers die Vertragsauflösung zum Nachteil der IT-Firma aussprechen kann.[357] Die IT-Firma muss die empfangenen Zahlungen rückerstatten und verliert den Anspruch auf die noch ausstehenden Rechnungsbeträge. D.h., die Erstellung des *cahier des charges* ist nicht nur Bestandteil der Mitwirkungspflicht des Auftraggebers (s.u. Nr. 05.25), sondern kann im Einzelfall auch Teil der vorvertraglichen Beratungspflicht des Auftragnehmers sein, insbesondere dann, wenn für ihn erkennbar war,

353 Cass.civ. 1re, du 25/02/1997, n° 94-19.685.
354 *Lipovetsky/Mutz*, Expertises 2005, 107, 108.
355 TC Paris, 8e ch., du 05/05/2004, Expertises 2004, 278, 280.
356 Cass.com. du 17/12/1991, n° 90-13.557.
357 CA Grenoble, ch. com., du 04/06/2015, CIMM Franchise/E-Developpement Conseil, abrufbar bei legalis.net/jurisprudences; *Bitan*, Droit et expertise des contrats informatiques, n° 14.

dass die betrieblichen Bedürfnisse des Auftraggebers eine zeitnahe Verwirklichung des Projekts erfordern.

04.22 Französische Rechtsprechung

Cour de cassation, civile, chambre commerciale, du 12 novembre 1992, n° 91-12.600

La société «B. F.» (céréales) et la société «S.» (informatique) ont conclu un contrat par lequel cette dernière s'est engagée à fournir à sa cliente un progiciel de gestion commerciale et comptable, adapté aux particularités de son activité. Quelques années après la réception de ce logiciel, la société «B. F.» a reproché à son fournisseur de ne pas l'avoir informée de l'existence d'autres logiciels spécialement destinés à des professionnels de son secteur et proposés par d'autres sociétés d'ingénierie informatique. La Cour de cassation a confirmé l'arrêt de la cour d'appel de Bordeaux qui a rejeté le recours: «La Cour d'appel a, à bon droit, retenu que la société informatique «S.» avait accompli ses obligations contractuelles, y inclus son devoir de conseil, sans avoir à rechercher si elle s'était abstenue d'apporter des informations sur les solutions concurrentes, aucune circonstance particulière n'étant invoquée qui justifiât un tel devoir».

Dem Urteil des Kassationshofs[358] ist zu entnehmen, dass die Beratungspflicht des IT-Anbieters eine vertragliche Pflicht ist, die daraus folgt, dass die Parteien einen Vertrag über die Lieferung und Anpassung einer Buchhaltungssoftware geschlossen haben. Wie bereits oben unter Nr. 04.21 angesprochen, wird im französischen Recht die mangelhafte Beratung als *défaillance contractuelle* verstanden, und zwar auch dann, wenn die Beratung vor (!) Abschluss des Vertrages hätte erfolgen müssen.[359] Damit sich der Auftraggeber auf eine Verletzung der Beratungspflicht berufen kann, muss weder ein gesonderter Beratungsvertrag vorliegen noch müssen die Parteien ausdrücklich eine Beratungspflicht vereinbart haben. Wenn der Liefer- und Anpassungsvertrag erst einmal zustande gekommen ist, ergibt sich die vorvertragliche Beratungspflicht aus diesem Vertrag. Die Beratungspflicht kann ggf. auch bedeuten, dass der Anbieter den Kunden über konkurrierende Produkte zu informieren hat, wenn diese besser für die Bedürfnisse des Kunden geeignet sind als das von ihm angebotene. Von einer Verletzung der Beratungspflicht lässt sich erst dann sprechen, wenn sie dazu führt, dass der Kunde ein Produkt erwirbt, das für seine Bedürfnisse nicht geeignet ist. Der Kunde kann die Verletzung der vorvertraglichen Beratungspflicht nicht geltend machen, wenn er nicht nachweisen kann, dass das vom IT-Anbieter gelieferte Produkt für seine Bedürfnisse nicht geeignet ist. Der Kassations-

358 Cass.com. du 12/11/1992, n° 91-12.600, obs. *Mestre* RTD civ. 1993, 115.
359 *Le Tourneau*, Contrats du numérique, n° 014.14.

hof bestätigt damit das Urteil des Berufungsgerichts, das die Klage der Anwenderfirma gegen die IT-Firma wegen Verletzung der vorvertraglichen Beratungspflicht verworfen hatte. Die Anwenderfirma hatte nicht nachweisen können, dass das gelieferte Produkt für ihre Bedürfnisse ungeeignet war.

Cour d'appel de Paris, pôle 5, 11e chambre, du 16 octobre 2015, RG n° 13/06759

Une société hôtelière a confié à une société informatique la refonte de son site web afin de le transformer en site marchand permettant aux clients de réserver une chambre et de procéder au paiement sécurisé. Une fois le site livré, il s'est avéré qu'il n'était pas interconnecté avec le serveur de la banque de l'hôtel ce qui empêchait les clients de procéder à un paiement immédiat via le site. Estimant que la prestation réalisée ne correspondait pas à ses besoins, la société hôtelière a refusé de régler l'intégralité des factures présentées par la société informatique. Cette dernière a alors assigné la société hôtelière en paiement des factures en question. La cour d'appel de Paris a prononcé la résolution du contrat, estimant que le manque d'information de la société informatique envers son client, l'absence d'étude quant aux besoins de la société hôtelière en matière de système de paiement sécurisé, alors que le contrat portait sur l'amélioration du site internet, ainsi que le fait que le mode de paiement, pour un site marchand, est un élément à définir précisément, avaient conduit à la fourniture d'un site internet inadapté aux besoins évidents du client, et donc à une inexécution de l'obligation de délivrance conforme.

In dem vorliegenden Fall der *Cour d'appel de Paris*[360] hatte die IT-Firma mit dem Kunden, einem Hotelbetreiber, vereinbart, für dessen Website eine Neugestaltung mit einem sicheren Zahlungssystem zu entwickeln. Nachdem die neue Website fertiggestellt war, stellte sich heraus, dass die über die Website vernetzte Software zur Verwaltung der Reservierungen nicht mit dem Server der Bank des Kunden verbunden war und es den Hotelgästen daher nicht möglich war, über die Website eine Sofortzahlung vorzunehmen. Der Kunde war der Ansicht, dass die erbrachte Leistung nicht seinen Anforderungen und Bedürfnissen entsprach, und weigerte sich deshalb, die von der IT-Firma vorgelegten Rechnungen zu begleichen. Daraufhin verklagte die IT-Firma den Kunden auf Zahlung.

Der Kunde begründete die Zahlungsverweigerung damit, dass die IT-Firma eine Website schulde, bei der sich die Buchungssoftware mit dem Server seiner Hausbank verbinde, um den Hotelgästen die Online-Zahlung zu ermöglichen. Die IT-Firma entgegnete, dass eine solche Funktion vertraglich nicht vorgesehen sei und dass die geforderte Leistung lediglich darin bestanden habe, die Kreditkartendaten der Hotelgäste zu sammeln und sie

360 CA Paris, pôle 5, 11e ch., du 16/10/2015, RG n° 13/06759, CCÉ 2015/12, n° 98.

in vollständig verschlüsselter Form auf den Server des Kunden zu übertragen, damit dieser sie manuell in sein Zahlungsterminal eingeben könne. Die IT-Firma konnte sich dabei auf den Wortlaut des vom Kunden unterzeichneten Auftrags berufen, wonach sie lediglich zu einer „sicheren Zahlung" und einer „SSL-Verschlüsselung" verpflichtet war. Umgekehrt war der Kunde der Ansicht, dass die IT-Firma aufgrund ihrer Beratungspflicht verpflichtet gewesen sei, ihn über die Einschränkungen und Grenzen ihrer Leistungen aufzuklären, sich aber auch über seine Bedürfnisse zu informieren und ihm zu helfen, diese auszudrücken, um ihn bei seiner Entscheidung bestmöglich zu beraten und ihn ggf. auf die Notwendigkeit hinzuweisen, einen Zusatzvertrag abzuschließen, um die genannte Funktion zu erhalten. Insbesondere hätte die IT-Firma dem Kunden erklären müssen, was die im Vertrag genannten Begriffe *paiement sécurisé* (sichere Zahlung) und *cryptage SSL* (SSL-Verschlüsselung) für die Neugestaltung der Website bedeuteten.

Das Berufungsgericht stellt schließlich fest, dass der Vertrag die Verbesserung der bestehenden Website betrifft und die Zahlungsmethode bei einer E-Commerce-Website ein genau zu definierendes Element ist. Der Mangel an Informationen des Anbieters gegenüber seinem Kunden und die fehlende Untersuchung der Bedürfnisse des Kunden haben in Bezug auf das sichere Zahlungssystem zur Lieferung einer Website geführt, die den offensichtlichen Bedürfnissen (*besoins évidents*) des Kunden nicht entspricht; die Pflicht zur ordnungsgemäßen Lieferung wurde von der IT-Firma nicht erfüllt. Das Gericht entschied, den Vertrag in Bezug auf die Erstellung der E-Commerce-Website aufzulösen. Es wies den Antrag der IT-Firma auf Zahlung der vereinbarten Vergütung zurück und verurteilte sie dazu, die bereits erhaltenen Beträge zurückzuerstatten.

Fazit: Damit die IT-Firma der vertraglichen Haftung entgehen kann, ist es nicht ausreichend, dass die erbrachte Leistung mit der Auftragsbeschreibung übereinstimmt, wenn nicht nachzuweisen ist, dass die IT-Firma den Kunden über die Grenzen ihrer Leistung informiert und sich über seine Bedürfnisse erkundigt hat. Die IT-Firma ist verpflichtet, den Kunden bei seiner Entscheidung bestmöglich zu beraten und hierbei die offensichtlichen Bedürfnisse des Kunden zu berücksichtigen.

Cour de cassation, première chambre civile, du 3 avril 2002, n° 00-12.508

La société IFT a d'abord commandé du matériel informatique à la société EGT, puis a conclu un contrat de location financière avec la société SFET, qui est la bailleresse. Cependant, le matériel s'étant révélé incompatible avec le logiciel dont la société IFT était équipée, celle-ci n'a plus réglé les loyers. La cour d'appel a prononcé la nullité du contrat de vente conclu entre la société EGT et la société SFET, représentée par la société IFT.

La société SFET fait grief à l'arrêt d'avoir prononcé la nullité du contrat de vente. La Cour de cassation juge: «que la cour d'appel a exactement retenu que le vendeur professionnel d'un matériel informatique est tenu d'une obligation de renseignement et de conseil envers un client dépourvu de toute compétence en la matière; qu'elle a constaté que la société EGT ne rapportait pas la preuve qu'elle avait fourni à la société IFT, sans compétence en matière informatique, la documentation ou les informations faisant état de l'incompatibilité du matériel fourni et du logiciel dont l'acquéreur était équipé, ni qu'elle ait attiré l'attention de celui-ci sur cette incompatibilité; qu'en l'état de ses constatations et énonciations, elle a pu décider que seul le manquement du fournisseur à son obligation de renseignement et de conseil était à l'origine de l'erreur commise par l'acquéreur, incompétent en la matière...».

Im vorliegenden Fall bestätigte der Kassationshof, dass die Verletzung der vorvertraglichen Beratungspflicht durch den IT-Anbieter zu einem Willensmangel beim Kunden führen kann. Das wurde inzwischen in Art. 1112-1 al. 6 C.civ. kodifiziert.[361] Mit der dort genannten *responsabilité* ist die deliktische Haftung, nicht die vertragliche Haftung gemeint.[362] (Zur grundsätzlichen Unterscheidung von vertraglicher und deliktischer Haftung s. u. Nr. 08.28). Der Willensmangel (*vice du consentement*) über eine substantielle Eigenschaft der Sache berechtigt grundsätzlich den Irrenden, vor Gericht die Annullierung des Vertrages zu beantragen (s. u. Nr. 04.35). Der IT-Anbieter hatte hier dem Kunden, der über keine Fachkenntnisse verfügte, Hardware verkauft, die nicht kompatibel zu der Software war, die der Kunde in seinem bestehenden IT-System verwendete. Der Kunde befand sich also in einem Irrtum über die Geeignetheit der angebotenen Hardware für die von ihm verwendete Software.

Ähnlich gelagert war der Fall, über den die *Cour d'appel de Limoges* zu entscheiden hatte. Dabei ging es um die Lieferung von Standardsoftware, die nicht kompatibel war mit dem Datenvolumen des vom Auftraggeber verwendeten IT-Systems, weshalb es zu Funktionsstörungen und Verzögerungen in der Datenverarbeitung kam. Die CA entschied, dass der Auftragnehmer wegen Lieferung einer nicht vertragskonformen Software haftet. Der Auftragnehmer muss dem Auftraggeber Schadensersatz zahlen nach den Regeln der *responsabilité contractuelle*, wenn er es unterlassen hat, vorvertraglich eine ausreichende Untersuchung darüber durchzuführen, welche Bedürfnisse der Auftraggeber hat und ob das vom Auftraggeber verwendete IT-System für die angebotene Software geeignet ist.[363]

361 *Le Tourneau*, Contrats du numérique, n° 014.14.
362 *Babusiaux/Witz*, JZ 2017, 496, 499.
363 CA Limoges, du 21/12/2015, RG n° 14/01136.

Dem Vergleich der beiden letztgenannten Entscheidungen der *Cour de cassation* und der *Cour d'appel de Limoges* ist zu entnehmen, dass der Schaden, der dem Auftraggeber dadurch entstanden ist, dass die IT-Firma ihre vorvertragliche Beratungspflicht verletzt hat, einmal die vertragliche Haftung der IT-Firma, ein anderes Mal deren deliktische Haftung auslösen kann. Dabei kommt es auf den Klageantrag an. Insofern steht dem Geschädigten ein Wahlrecht zu (s. u. Nr. 04.35); dieses Wahlrecht des Auftraggebers gilt nur für die Verletzung der vorvertraglichen Beratungspflicht, nicht jedoch für den Fall, dass der Auftraggeber der IT-Firma vorwirft, ihn während der Vertragsdurchführung schlecht beraten zu haben.[364] Schadensersatz wegen Verletzung der vertraglichen Beratungspflicht kann nur nach der vertraglichen Haftungsart geltend gemacht werden (zur Unterscheidung zwischen deliktischer und vertraglicher Haftung s. u. Nr. 08.28). Der Kunde kann jedoch weder die Annullierung des Vertrages wegen *vice du consentement* noch die Auflösung des Vertrages wegen Schlechtberatung verlangen, wenn ihn der Anbieter nicht darüber aufgeklärt hat, dass der Preis für das vertragsgemäß gelieferte Produkt nicht dem objektiven Marktwert entspricht.[365] Wie sich inzwischen auch aus Art. 1112-1 al. 2 C.civ. und Art. 1137 al. 3 C.civ. ergibt, erstreckt sich die Informationspflicht der IT-Firma nicht auf den Marktwert des von ihr angebotenen Produkts.

04.23 Beratungspflichten

Sobald der Vertrag zustande kommt, verwandelt sich nach französischem Recht die Verletzung der vorvertraglichen Beratungspflicht in eine *défaillance contractuelle* und unterfällt damit der vertraglichen Haftung (s. o. Nr. 04.21). Das deutsche Recht hingegen unterscheidet auch nach dem Zustandekommen des Vertrages weiterhin streng zwischen vorvertraglicher und vertraglicher Pflichtverletzung. Wenn sich die Verletzung der vorvertraglichen Beratungspflicht auf einen Umstand bezieht, der einen Sachmangel begründet, dann verdrängt zwar das Sachmangelgewährleistungsrecht nicht die Haftung aus vorvertraglichem Verschulden (*culpa in contrahendo*).[366] Aber es gilt dann der Vorrang der Nacherfüllung (s. u. Nr. 08.27). Außerdem gelten dann die kürzeren Verjährungsfristen des Gewährleistungsrechts. Das sind zwei Jahre nach Abnahme gem. § 634 Abs. 1 Nr. 1, Abs. 2

364 *Cauvin*, Das Leistungsstörungsrecht des französischen C.civ. nach der Vertragsrechtsreform 2016, S. 118, Fn. 789.

365 CA Paris, 5ᵉ ch., de 15/05/1975, obs. *Boitard/Dubarry*, JCP G 1976 II, n° 18265; *Bitan*, op. cit., n° 96.

366 OLG Schleswig, Urt. v. 3.6.2016 – 17 U 49/15, CR 2017, 83, 84; OLG Köln, Urt. v. 13.11.1987 – 19 U 140/84, CR 1988, 723, 726; BGH, Urt. v. 6.6.1984 – VIII ZR 83/83, NJW 1984, 2938, 2939.

BGB anstelle der regelmäßigen dreijährigen Verjährungsfrist gem. § 195 BGB, bei der sich der Verjährungsbeginn nicht nach der Abnahme, sondern nach § 199 BGB richtet. Insofern kommt es entscheidend darauf an, ob sich die Verletzung der Beratungspflicht auf einen mangelbegründenden Umstand bezieht.[367] Falls ja, sollte die IT-Firma die Verjährung prüfen. In jedem Fall kann sie verlangen, dass ihr der Auftraggeber die Möglichkeit zur Nacherfüllung einräumt, bevor er vom Vertrag zurücktritt und Schadensersatz verlangt. Wenn der Kunde die Verletzung einer vorvertraglichen Beratungspflicht geltend macht, geht der Schadensersatzanspruch allerdings nur auf das negative Interesse. Der Kunde kann dann verlangen, so gestellt zu werden, wie er stehen würde, wenn er den Vertrag nicht abgeschlossen hätte. Er kann aber nicht verlangen, so gestellt zu werden, wie er stehen würde, wenn der Vertrag ordnungsgemäß erfüllt worden wäre.[368] (Zur Unterscheidung von negativem und positivem Interesse s. u. Nr. 08.23).

Der Auftraggeber darf von der IT-Firma erwarten, dass Software und Hardware für die eigenen betrieblichen Bedürfnisse geeignet sind. Ein Sachmangel liegt somit auch dann vor, wenn Software und Hardware an und für sich funktionieren, aber vom Auftraggeber unter Berücksichtigung seiner betrieblichen Bedürfnisse nicht sinnvoll verwendet werden können.[369] Nach § 633 Abs. 2 S. 1 BGB ist das Werk frei von Sachmängeln, wenn es die vereinbarte Beschaffenheit hat. Der Wortlaut von § 633 Abs. 2 S. 1 BGB darf aber nicht zu dem irrigen Schluss führen, dass das Werk immer dann, wenn es vereinbarungsgemäß erstellt wurde, mangelfrei sein muss. Nach der Rechtsprechung des BGH umfasst der Begriff der vereinbarten Beschaffenheit auch das werkvertragliche Erfolgsversprechen. Eine Abweichung von der vereinbarten Beschaffenheit i. S. v. § 633 Abs. 2 S. 1 BGB liegt auch dann vor, wenn das Werk zwar vereinbarungsgemäß hergestellt wurde, aber der mit dem Vertrag verfolgte Zweck der Herstellung des Werks nicht erreicht wird und das Werk seine vereinbarte oder nach dem Vertrag vorausgesetzte Funktion nicht erfüllt[370] (sog. funktionaler Mangel). Für das Vorliegen eines funktionalen Mangels ist es ausreichend, dass eine bestimmte Funktion nicht vorhanden ist, auch wenn die Software ansonsten funktioniert.[371]

Aus dem funktionalen Mangelbegriff und dem werkvertraglichen Erfolgsversprechen ergeben sich weitreichende Konsequenzen für die Beratungs- und Ausforschungspflichten der beauftragten IT-Firma. Um die Mangelhaftigkeit des Werks zu verhindern, genügt es nicht, wenn die IT-Firma die

367 *Fikentscher/Heinemann*, Schuldrecht, Rdnr. 97.
368 OLG Stuttgart, Urt. v. 18.10.1988 – 6 U 64/88, NJW-RR 1989, 1328.
369 OLG Düsseldorf, Urt. v. 10.12.1993 – 17 U 33/93, CR 1994, 351.
370 BGH, Urt. v. 29.9.2011 – VII ZR 87/11, NJW 2011, 3780.
371 BGH, Urt. v. 3.4.2007 – X ZR 104/04, NJW 2007, 2761.

Vorgaben des Auftraggebers treu befolgt. Die IT-Firma muss von sich aus die innerbetrieblichen Bedürfnisse, Wünsche und Vorstellungen des Auftraggebers ermitteln, Unklarheiten aufklären, sofern sie für die IT-Firma erkennbar sind, bei der Formulierung der Bedürfnisse helfen und Organisationsvorschläge zur Problemlösung unterbreiten.[372] Unklarheiten, die für die IT-Firma nicht erkennbar waren, gehen zu Lasten des Auftraggebers.[373] Ob die IT-Firma im konkreten Fall eine vorvertragliche Beratungspflicht zu erfüllen hatte, kann aber dahinstehen, wenn dem Vertragsschluss tatsächlich eine eingehende Beratungstätigkeit vorausgegangen ist.[374] Dann haftet die IT-Firma auf Schadensersatz, falls sie oder ihr Erfüllungsgehilfe die fehlerhafte Beratung zu vertreten hat. Der Schadensersatz geht in jedem Fall auf Ersatz des negativen Interesses. Der Geschädigte ist so zu stellen, wie er stehen würde, wenn er den nur wegen fehlerhafter Beratung geschlossenen Vertrag nicht geschlossen hätte.[375]

Haben die Projektparteien kein Pflichtenheft erstellt, so stellt das für sich genommen keine vorvertragliche Beratungspflichtverletzung durch die IT-Firma dar, denn grundsätzlich obliegt es dem Kunden, ein Pflichtenheft zu erstellen.[376] Die IT-Firma kann aber – insbesondere bei komplexen Projekten – verpflichtet sein, den Kunden über die Sinnhaftigkeit eines Pflichtenhefts aufzuklären. Klärt sie ihn nicht darüber auf, dass der vertraglich vorausgesetzte Zweck nur in einem intensiven Dialog mit dem Kunden konkretisiert werden kann, dessen Ergebnis in der Regel in einem Pflichtenheft festzuhalten ist, und kommt es im Laufe des Projekts zu erheblichen Problemen, so kann die fehlende Aufklärung über die Sinnhaftigkeit des Pflichtenhefts einen schuldhaften Beratungsfehler darstellen.[377] Die IT-Firma haftet dann dem Kunden auf Schadensersatz wegen *culpa in contrahendo*, §§ 280 Abs. 1, 311 Abs. 2, 241 Abs. 2 BGB. Fehlt ein Pflichtenheft, so sind die Anforderungen an das Beratungsniveau nochmals erhöht.[378] Generell kann sich die Pflicht zur Aufklärung und Beratung auf folgende typische Umstände beziehen: Art und Weise der Verwendung im konkreten Unternehmen, technische Ausgestaltung des IT-Systems und der Software, Anforderungen an vorhandene IT, Kompatibilitätsprobleme, Kapazitätsprobleme, Umsetzungshindernisse bei den Wünschen des Kunden.[379]

---

372 OLG Köln, Urt. v. 29.7.2005 – 19 U 4/05, openJur 2011, 38596; OLG Köln, Urt. v. 18.6.1993 – 19 U 215/92, NJW-RR 1993, 1528.

373 OLG Köln, Urt. v. 25.6.1993 – 19 U 216/92, NJW-RR 1993, 1529, 1530.

374 BGH, Urt. v. 6.6.1984 – VIII ZR 83/83, BeckRS 1984, 3481.

375 OLG Köln, Urt. v. 13.11.1987 – 19 U 140/84, CR 1988, 723, 728.

376 *Witzel*, in: Schneider/Graf v. Westphalen, Software-Erstellungsverträge, S. 679.

377 OLG Stuttgart, Urt. v. 18.10.1988 – 6 U 64/88, NJW-RR 1989, 1328.

378 OLG Schleswig, Urt. v. 3.6.2016 – 17 U 49/15, CR 2017, 83, 85.

379 *Schuster/Hunzinger*, CR 2015, 209, 213.

04.24 Deutsche Rechtsprechung

LG Stuttgart, Urt. v. 10.8.1999 – 20 O 170/99, JurPC Web-Dok. 230/2000

Der Kläger verlangt von der Beklagten, die Verwendung folgender Klausel in seinen AGB zu unterlassen:

Keine Gewährleistungsansprüche des Bestellers bestehen: (...) wenn der Liefergegenstand aufgrund der Vorgabe des Bestellers, insbesondere nach von ihm überlassenen Zeichnungen erstellt wurde, und der Mangel des Liefergegenstandes auf diese Vorgaben/Zeichnungen zurückzuführen ist.

Der Kläger sieht darin einen Verstoß gegen das Klauselverbot aus § 11 Nr. 10 a AGBG (heute: § 309 Nr. 8 b aa BGB) und einen Verstoß gegen das Transparenzgebot aus § 9 AGBG (heute: § 307 Abs. 1 S. 2 BGB). Das Gericht erachtet die Klage für begründet und erklärt die Klausel für unwirksam.

Der Besteller vertraut in der Regel darauf, dass der in der Herstellung des Gegenstandes erfahrenere Unternehmer ihn auf Fehlerquellen in seinen Vorgaben und Zeichnungen hinweist. Wenn eine solche Aufklärung und Beratung unterbleibt, kann der Besteller davon ausgehen, dass auch das fertige Werk funktionsfähig sein wird. Die Funktionsfähigkeit des Werkes ist bei unterbliebenen Hinweisen auf Bedenken gegen dieselbe durch den Unternehmer regelmäßig als konkludent vereinbarter Soll-Zustand anzusehen. Das fertige, nicht funktionsfähige Werk entspricht dann nicht dem Soll-Zustand, auch wenn es vorgabegemäß hergestellt wurde. Dagegen stehen dem Besteller die werkvertraglichen Gewährleistungsrechte zu. Die Klausel, die dem Besteller für diesen Fall die Gewährleistungsrechte versagt, verstößt somit gegen § 309 Nr. 8 b aa BGB.

Auch verstößt die Klausel gegen das Transparenzgebot aus § 307 Abs. 1 S. 2 BGB. Die Klausel erweckt den falschen Eindruck, dass im Falle von Vorgaben des Bestellers und einer entsprechenden Herstellung durch die Beklagte dieser keine weiteren Aufklärungs- und Beratungspflichten bezüglich der Tauglichkeit der Vorgaben und der zu erwartenden Funktionsfähigkeit des fertigen Liefergegenstandes mehr obliegen. Die Klausel ist somit geeignet, einen durchschnittlichen Besteller über den Umfang der Pflichten der Beklagten zu täuschen und verstößt damit auch insoweit gegen das Transparenzgebot.

Die Urteilsgründe machen noch einmal den Zusammenhang von werkvertraglichem Erfolgsversprechen und den vorvertraglichen Beratungs- und Aufklärungspflichten deutlich. Wie bereits oben unter Nr. 04.23 zum funktionalen Mangelbegriff festgestellt wurde, kann sich der Auftragnehmer nicht hinter den Vorgaben des Bestellers verstecken, sondern er bleibt dafür verantwortlich, ein funktionstaugliches Werk zu erstellen. Das bedeutet, dass er ggf. den Besteller darüber aufklären muss, dass dessen Vorgaben mit seiner eigenen Erfolgsverpflichtung nicht zu vereinbaren sind. Den Kunden frühzeitig darüber aufzuklären, dass dessen Vorgaben nicht realisierbar sind, stellt aus Sicht der IT-Firma nicht nur eine vorvertragliche Verpflichtung dar, sondern zugleich auch eine haftungsbefreiende Maßnahme.

OLG Schleswig, Urt. v. 3.6.2016 – 17 U 49/15, CR 2017, 83–86.
Die Klägerin betreibt ein aus wenigen Mitarbeitern bestehendes Handelsgeschäft. Im Jahr 2012 plante sie, ihre stark veraltete Geschäftssoftware zu erneuern und durch ein modernes System zu ersetzen. Zu diesem Zweck trat sie mit der Beklagten in Kontakt, einem Fachbetrieb, der Softwarelösungen für Unternehmen anbietet. Zwischen Oktober 2012 und Februar 2013 kam es zu mehreren Treffen. Dabei sprach die Klägerin die aus ihrer Sicht notwendigen Anforderungen an das System an und legte exemplarisch Listen vor, die sie für ihren Geschäftsbetrieb benötigte und die sich aus dem alten IT-System der Klägerin unproblematisch erstellen ließen. Die Beklagte sah für die Umstellung bei der Klägerin keine besonderen Schwierigkeiten und ging davon aus, dass die von der Klägerin für ihren Geschäftsbetrieb benötigten Listen nach der Softwareumstellung und gewissen Anpassungen zur Verfügung stehen würden, da die Software für alle von der Klägerin benötigten Funktionen Lösungen anbiete. Das vermittelte sie auch der Klägerin. Diese entschloss sich daraufhin zum Erwerb des Produktes. Man vereinbarte, dass ab dem 1.5.2013 das alte und das neue System parallel laufen sollten und dass am 1.7.2013 das neue System „scharf" geschaltet werden solle. Im Parallelbetrieb zeigte sich, dass mit dem neuen System keine Abfrageergebnisse erzielt werden konnten, die mit dem alten System übereinstimmten, sodass der Starttermin vom 1.7.2013 nicht zu halten war. Dass die Mitarbeitenden der Klägerin nunmehr gezwungen waren, alle Daten doppelt einzugeben, bedeutete einen erheblichen Mehraufwand für das kleine Unternehmen. Angesichts der aufgetretenen Schwierigkeiten konnte die neue Software zu keiner Zeit verantwortlich im Betrieb eingesetzt werden. Im März 2014 forderte die Klägerin die Beklagte unter Hinweis auf eine Reihe von 59 im Einzelnen aufgeführte Beanstandungen auf, dieselben fristgemäß abzustellen. Nach erfolglosem Verstreichen der Frist erklärte die Klägerin im April 2014 gegenüber der Beklagten den Rücktritt. Der Klage auf Rückabwicklung der mit der Beklagten geschlossenen IT-Verträge gab das Gericht statt. Es stellt fest, dass die Klägerin die Rückabwicklung der Verträge wegen Verletzung vorvertraglicher Beratungspflichten gem. §§ 280, 311 Abs. 2 BGB als Schadensersatz (negatives Interesse) verlangen kann.

Die Entscheidungsgründe des Gerichts im vorliegenden Fall machen deutlich, dass die IT-Firma, sobald sie die Kundin tatsächlich berät, Sorgfaltspflichten zu erfüllen hat. Zunächst hätte sie prüfen müssen, ob die in der neuen Software enthaltenen Standardformulare tatsächlich die im Betrieb der Kundin gestellten Anforderungen erfüllen würden, und, falls nicht, ob die Kundin mit ihrem geringen Personalbestand überhaupt in der Lage sein würde, den zeitlichen, personellen und finanziellen Aufwand zu leisten, um die erforderlichen Anpassungen der Standardformulare vorzunehmen. Indem die IT-Firma der Kundin den zeitweisen Parallelbetrieb vorschlug, hätte sie zugleich berücksichtigen müssen, dass bei der geringen Mitarbeiterzahl der Kundin kein „Personalpuffer" zur Verfügung stehen würde. Der

IT-Firma hätte klar sein müssen, dass unvorhersehbare Schwierigkeiten angesichts des geringen Personalbestands schnell die Arbeitsfähigkeit des Betriebes insgesamt gefährden könnten. All dies hätte die IT-Firma mit ihrer Erfahrung dazu bewegen müssen, die Kundin deutlich darüber aufzuklären, was bei der gewählten Vertragsgestaltung auf sie zukommen würde, und sie dahingehend zu beraten, sich ggf. nicht auf die Systemumstellung auf eine angepasste Standardsoftware einzulassen. Das Gericht stellt schließlich fest, dass sich die Kundin kein eigenes Mitverschulden anrechnen lassen muss, weil sie erkennbar auf die Beratungsleistung der IT-Firma angewiesen war.

04.25 Deberes de consejo

Wegen ihres überlegenen Wissens obliegen der IT-Firma gegenüber dem Kunden vorvertragliche Beratungspflichten. Sie sollen verhindern, dass der Kunde bei der Willensbildung einem Irrtum erliegt.[380] Diese *deberes de consejo y asesoramiento* haben ihre Rechtsgrundlage im Grundsatz von *buena fe*, Art. 7.1 CC (s. o. Nr. 04.20). Zum Teil werden sie in der spanischen Doktrin auch verfassungsrechtlich aus Art. 1.1 und Art. 9.2 CE[381] hergeleitet.[382] Um sie zu erfüllen, muss die IT-Firma alle für die Durchführung des Projekts erforderlichen Nachforschungen (*averiguaciones*) anstellen, ohne sich generell mit dem Einwand entlasten zu können, der Kunde habe sie nicht informiert.[383] Berät sie den Kunden bei der Auswahl eines Produkts, kann sie sich ihrer Verantwortung nicht mit dem Hinweis entziehen, das Produkt sei von dem Kunden und ihr gemeinsam ausgewählt worden. Sofern nicht eindeutig feststeht, dass der Kunde überlegenes Wissen hat oder dass er allein die vertragliche Haftung übernommen hat, trägt der IT-Anbieter die Verantwortung dafür, dass das ausgewählte Produkt den IT-Bedürfnissen des Kunden besser entspricht als andere zur Auswahl stehende Produkte.[384] Beim Projektvertrag schuldet die IT-Firma keine isolierte Beratung, sondern das Ergebnis dieser Beratung, nämlich ein funktionstaugliches IT-System, das den Bedürfnissen des Auftraggebers gerecht wird.[385] Die IT-Firma kann sich ihrer Beratungspflicht nicht mit dem Hinweis entziehen, dass die Kundenfirma selbst über fachkundiges Personal verfüge.[386]

---

380 *Davara Rodríguez*, Manual de Derecho Informático, S. 334.

381 Constitución Española de 27/12/1978, BOE núm. 311, de 29/12/1978, 29313–29424.

382 *Gómez Calle*, Los deberes precontractuales de información, S. 12–18; vgl. *Schassek*, Verträge über individuelle Software nach deutschem und spanischem Recht, S. 207 ff.

383 *Soler Matutes*, in: Soler Matutes et al., Manual de gestión y contratación informática, S. 440–468.

384 SAP Barcelona, Sección 16ª, de 26/10/2001, FD 3°, ROJ: SAP B 9900/2001.

385 SAP Valencia, Sección 11ª, de 28/10/2002, FD 2°, ROJ: SAP V 5925/2002.

386 SAP Pontevedra, Sección 5ª, de 04/11/2002, FD 2°, ROJ: SAP PO 3604/2002.

Um die Bedürfnisse des Auftraggebers bestmöglich zu erforschen, kann es zielführend sein, wenn die IT-Firma im Rahmen der Vertragsverhandlungen einen Prototyp erstellt. Mit Hilfe des Prototyps können IT-Firma und Auftraggeber gemeinsam – sozusagen spielerisch – herausfinden, welche Funktionen die zu entwickelnde Software haben soll. Für die Herstellung des Prototyps kann die IT-Firma ggf. Aufwendungsersatz verlangen, und zwar unabhängig davon, ob der Projektvertrag zustande kommt oder nicht. Hatten die Parteien die Neugestaltung der Website des Kunden zu einem Festpreis vereinbart und wurde dieser Projektvertrag vorzeitig beendigt, kann die IT-Firma für die Erstellung des Prototyps in der vorvertraglichen Phase selbst dann einen finanziellen Ausgleich verlangen, wenn das im Projektvertrag nicht explizit vorgesehen war.[387] Die IT-Firma kann nämlich unter den Voraussetzungen der *culpa in contrahendo* (s. u. Nr. 05.23) eine angemessene finanzielle Entschädigung für ihren Arbeitsaufwand verlangen.

In Anlehnung an das französische Recht (s. o. Nr. 04.21) wird auch in der spanischen Rechtslehre die Unterscheidung vorgenommen zwischen der Verpflichtung, den Kunden überhaupt zu beraten (dann soll es eine *obligación de resultado* sein), und der Verpflichtung, ihn auch richtig zu beraten (dann soll es eine *obligación de medios* sein).[388] Was die erforderliche Beratungsintensität angeht, sind die *deberes de consejo y asesoramiento* im spanischen Recht mit den *obligations de conseil* im französischen Recht und den Beratungspflichten im deutschen Recht vergleichbar. Was jedoch die passenden Rechtsmittel bei Falschberatung angeht, unterscheiden sich die Lösungen im deutschen, französischen und spanischen Recht. Bezieht sich die Falschberatung der IT-Firma auf die Konzeption der Lieferung, dann empfiehlt *Soler Matutes*, auf jeden Fall die *acción de la anulabilidad* (s. u. Nr. 04.36) geltend zu machen, ggf. kumulativ zur *resolución contractual* (s. u. Nr. 04.32).[389] Das Urteil der *Audiencia Provincial de Almería*, auf das sich *Soler Matutes* bezieht, wird unten unter Nr. 04.26 behandelt. Das Unterscheidungsmerkmal, ob die IT-Firma zur Konzeption der Anlage falsch beraten hat oder ob sie die konzipierte Anlage mangelhaft geliefert hat, findet sich auch in der deutschen Rechtsprechung wieder, wenn die Beschwerde des Kunden danach einzuordnen ist, ob der Kunde die Verletzung der vorvertraglichen Beratungspflicht oder Gewährleistungsrechte geltend macht.[390] Die Anforderungen an die in Frage kommenden Rechtsmittel unterscheiden sich aber, je nachdem ob deutsches oder spanisches Recht Anwendung findet (s. u. Nr. 04.30 ff.).

---

387 SAP La Rioja, Sección 1ª, de 30/05/2002, ROJ: SAP LO 397/2002.

388 *Aparicio Vaquero*, La nueva contratación informática, S. 100.

389 *Soler Matutes*, in: Soler Matutes et al., Manual de gestión y contratación informática, S. 484 unter Berufung auf SAP Almería, Sección 1ª, de 19/06/1997, recurso de apelación 322/1996, JUR 2003, 237745.

390 Vgl. OLG Köln, Urt. v. 13.11.1987 – 19 U 140/84, CR 1988, 723, 726.

04.26 Spanische Rechtsprechung

SAP Álava, 1a Sección, de 20/01/2015, ROJ: SAP VI 14/2015.

Don H. es un profesional protésico dental que, entre otras tareas, se dedica a colocar implantes dentales a sus clientes. En abril de 2011, Don H. recibió una circular en la que se ofrecía «*software abierto, global y estandarizado para emplear en diferentes áreas de la odontología*». En ella se explicaba que, con esta Plataforma, tendría acceso a diferentes tipos de datos, usando un software de diseño protésico de última generación. Podrá beneficiarse de aplicaciones y flujos de trabajo que le garantizarán restauraciones protésico-dentales de altísima calidad, garantizadas por la empresa S. Posteriormente, Don H. recibió la visita de un comercial de la empresa S, Don V., que le aseguró que el sistema de escáner de clase "CS 2" satisfaría sus necesidades profesionales. El comercial no le indicó que el sistema hubiera provocado quejas de los clientes. Don H., creyendo que el escáner "CS 2" y el software "SV" le serían útiles en su trabajo de protésico dental, firmó el 20 de mayo de 2011 un contrato de compraventa de ambos por un importe de 14.500 euros, que se incrementarán con 2.610 euros de IVA, a pagar en doce meses.

La primera mensualidad se abona por importe de 1.425,78 euros, se instala el sistema en el establecimiento de Don H. y todo parece marchar sobre ruedas. Sin embargo el escáner resulta inapropiado para los fines pretendidos por éste, pues no sirve para una gran parte de los trabajos de laboratorio que realizan, en particular los trabajos muy largos y los unitarios. Los cuatro trabajos realizados, incluso con la asistencia de la empresa S, tuvieron que repetirse. Don H. se queja entonces a la empresa S, que le pide que espere hasta septiembre porque con el nuevo software mejorará, pero no es así. Ante las quejas de Don H., dejó de pagar y devolvió el equipo, pero la sociedad S no lo aceptó.

La empresa S demanda a Don H. para que pague. El Juzgado de 1ª Instancia núm. 3 de Vitoria-Gasteiz dictó sentencia el 10 de julio de 2014 (…), cuya parte dispositiva dice lo siguiente: «*Se acuerda estimar íntegramente la demanda presentada por el Procurador Don C. B. en nombre y representación de S S.A., contra Don H. al que condeno al pago de 15.684,23 euros, más intereses (...) y al pago de las costas procesales*». Frente a esta resolución, la representación de Don H. interpuso un recurso de apelación alegando lo siguiente: «*1. Error en la valoración de la prueba; 2. Infracción de la doctrina legal de los arts. 1265 y ss del Código Civil por no apreciar el vicio invalidante del consentimiento, vista la falta de información que, a su juicio, se presenta en el caso*». La Audiencia Provincial revocó la sentencia de primera instancia.

In seinen Entscheidungsgründen stellt das Gericht folgende Tatsachen als unstreitig fest: 1.) dass der Kunde das Produkt für seine berufliche Tätigkeit als Zahntechniker erwerben wollte, um die Qualität und Geschwindigkeit seiner Arbeiten zu verbessern; 2.) dass er sich nachweislich mehrfach über die Ungeeignetheit des Produkts beim Anbieter beschwerte und vergeblich Abhilfe verlangte; 3.) dass die Lösung auf nach dem Sommer verschoben wurde, ohne dass der Kunde eine Verbesserung feststellte, sodass er im September schließlich das Produkt an den Anbieter zurücksandte. Mit diesem Beweismaterial kann der Kunde hinreichend belegen, dass das gelieferte Produkt nicht seinen Erwartungen entsprach (FD 3°). Auch lässt die Beweislage nach Überzeugung des Gerichts den Schluss zu, dass die S den Kunden nicht angemessen über die Leistungen des Scanners und der Software informiert hat. Sie habe ihm zu verstehen gegeben, dass Scanner und Software zur Verbesserung der Qualität und Schnelligkeit der Arbeiten nützlich seien, obwohl sie in Wirklichkeit für die Herstellung von großformatigen Teilen nicht geeignet sind, sodass sich die vom Kunden getätigten Investitionen als überflüssig erwiesen haben (FD 4°).

Gem. Art. 1265 CC ist eine Willenserklärung nichtig, die aufgrund von *error, violencia, intimidación* oder *dolo* abgegeben wurde. Derjenige, der die Erklärung aufgrund einer fehlerhaften Willensbildung abgegeben hat, kann die Rückabwicklung des Vertrages im Wege der *acción de la anulabilidad* verlangen, Art. 1300ss. CC (s. u. Nr. 04.36). Die Nichtigkeit wegen Irrtums i. S. v. Art. 1266 CC setzt sowohl die *esencialidad en el error* als auch die *excusabilidad del error* voraus. Beide Merkmale sieht das Gericht im vorliegenden Fall als gegeben an. Die Wesentlichkeit des Irrtums sieht es darin begründet, dass der Kunde die Software und den Scanner niemals erworben hätte, wenn er von deren Ungeeignetheit für den beabsichtigten Zweck gewusst hätte. Die Entschuldbarkeit des Irrtums erkennt das Gericht darin, dass der Kunde keine Probezeit (*período de prueba*) hatte, die er zur Überprüfung der versprochenen Eigenschaften hätte nutzen können (FD 5°). Ganz allgemein ergeben sich aus der Rechtsprechung zur Entschuldbarkeit des Irrtums praktische Konsequenzen für die vorvertragliche Phase: Wenn der Kunde das Produkt erwirbt, ohne es zuvor ausgiebig getestet zu haben, dann führt das zu einem gesteigerten Risiko, dass er später die Nichtigkeit des Vertrages wegen Irrtums geltend macht.

Im vorliegenden Fall stellt das Gericht auch fest, dass nicht nur die Voraussetzungen erfüllt sind, um die Nichtigkeit des Vertrages wegen Willensmängeln (*vicios del consentimiento*) zu erklären, sondern dass alternativ auch die Voraussetzungen gegeben wären, bei entsprechendem Klageantrag die Vertragsauflösung wegen Nichterfüllung (*resolución del contrato por incumplimiento*) auszusprechen (FD 7°). Das Gericht erkennt in der Lieferung des Scanners und der Software ein *aliud pro alio*, das nach der Rechtsprechung des TS zur Vertragsauflösung berechtigt.[391] Um ein *aliud pro alio* handelt es sich, wenn der Käufer etwas erhält, das diametral entgegengesetzt ist zu dem, was vereinbart wurde, sodass es für seinen Zweck ungeeignet ist und den Vertragszweck vereitelt. (Die Voraussetzungen der Vertragsauflösung

391 STS de 05/11/1993, FD 3°, ROJ: 18500/1993.

werden im Einzelnen unten unter Nr. 04.32 erörtert.) Im vorliegenden Fall hat sich also der Käufer über die Eigenschaften der Kaufsache geirrt, die zugleich auch noch eine Schlechtleistung darstellte. Diese Kombination von Irrtum des Käufers und Schlechtleistung des Verkäufers ist aber keinesfalls zwingend. Es kann auch vorkommen, dass die Lieferung den vertraglichen Vereinbarungen entspricht, aber der Kunde sich über die Eigenschaften der Kaufsache geirrt hat. Dann hat der Käufer zwar keinen Anspruch auf Vertragsauflösung wegen Nichterfüllung, aber er kann ggf. die Nichtigkeit des Vertrages wegen Irrtums geltend machen, wie wir anhand des folgenden Falles sehen werden, auf den sich auch *Soler Matutes* bezieht (s. o. Nr. 04.25).

SAP Almería, Sección 1a, de 19/06/1997, recurso de apelación 322/1996, JUR 2003, 237745.

Sentencia Juzgado de 1a Instancia Almería, n° 3, de 25/03/1996, n° 175/95, JUR 2003, 237754.

La empresa informática demanda a la empresa usuaria por el pago de un proyecto informático completado. El Juzgado de Primera Instancia declara como hechos probados los siguientes: A) Que, en virtud de las relaciones comerciales entre la actora y el demandado, aquella presentó este último un proyecto informático el 26 de marzo de 1992, que comprendía la instalación de diverso equipo y material informático, así como el programa de la actividad del demandado, su mantenimiento y la actualización de los programas y el material consumible, B) Que, el 15 de diciembre de 1992, la actora presentó a los demandados un presupuesto económico que fue aceptado, y se procedió a la instalación del proyecto; C) Que, desde junio de 1993 hasta junio de 1994, la actora suministró a la demandada diverso material consumable por un importe de 2.073.111,– pts., que no ha sido abonado por esta última; D) Que, como consecuencia de las divergencias entre las partes, el 24 de octubre de 1994 se produjo un cruce de correspondencia, alegándose diversos incumplimientos, habida cuenta del contenido de la litis incoándose por ambas partes.

In dem vorliegenden Rechtsstreit verlangt die Klägerin von der Beklagten Bezahlung u. a. für die im Rahmen des IT-Projekts gelieferte Ausstattung mit Peripheriegeräten. Die Beklagte erhebt Widerklage und macht Schadensersatz wegen Nichterfüllung geltend, da Peripheriegeräte doppelt geliefert worden seien und die Ausstattung insgesamt überdimensioniert sei. Das Berufungsgericht lehnt die Widerklage ab und stellt fest, dass die Überdimensionierung und die doppelte Lieferung vertragsgemäß waren (FD 4°).

El hecho de que el equipo informático adquirido esté sobredimensionado y que se hayan duplicado innecesariamente los denominados «periféricos» en el lenguaje informático no constituye evidentemente una infracción del acuerdo, ya que esta duplicación y este sobredimensionamiento fueron ofrecidos por la empresa demandante y adquiridos, en principio, de forma voluntaria por la demandada. Si la demandada considera que su consentimiento fue erróneo, podría interponer la correspondiente demanda de nulidad del contrato. Esta situación difiere de la demanda de indemnización por incumplimiento contractual que se alega en el presente caso, ya que no existe incumplimiento contractual en relación con estas cuestiones. Por lo tanto, la reconvención debe desestimarse en este punto.

Das Berufungsgericht stellt fest, dass, wenn die Widerklägerin einen Willensmangel erlitten haben sollte, sie Klage wegen der Nichtigkeit des Vertrages hätte erheben müssen. Die Widerklägerin hat hier aber nicht Klage wegen Nichtigkeit des Vertrages, sondern Klage wegen Nichterfüllung erhoben, sodass die Widerklage abzuweisen war. In solchen Fällen, deren rechtliche Einordnung unsicher ist, wäre dem Kläger zu empfehlen, dass er im Hauptantrag Klage wegen Nichterfüllung und hilfsweise Klage wegen Nichtigkeit des Vertrages geltend macht.

04.27 Datenverarbeitung

Abgesehen von dem Fall, dass der Kunde die IT-Firma zur Herstellung eines Produkts beauftragt, das er zielgerichtet zum Zwecke der Datenspeicherung nutzen möchte, wird ihm oftmals nicht bewusst sein, ob und – wenn ja – welche Daten das von ihm erworbene Produkt verarbeitet. Bei Verträgen über digitale Produkte umfasst der Transaktionsgegenstand nicht nur Softwarefunktionen, sondern auch Daten (s. o. Nr. 01.22). Die IT-Firma muss vor Vertragsschluss prüfen, ob und in welchem Umfang sie den Kunden darüber aufzuklären hat, welche Datenverarbeitungsprozesse das von ihr hergestellte Produkt ausführt. Für die Frage, ob und inwieweit die IT-Firma solche Aufklärungspflichten hat, ist zunächst einmal zu klären, ob das Produkt mit einem Datenverarbeitungsdienst verbunden ist, der im faktischen Herrschaftsbereich der IT-Firma liegt. Das wäre z. B. dann der Fall, wenn der Dienst über einen von der IT-Firma kontrollierten Server läuft. Soweit es die Dienstdaten und die Produktdaten des vernetzten Produkts betrifft, muss die IT-Firma gegenüber dem Kunden die vorvertraglichen Informationspflichten gem. Art. 3 Abs. 2, 3 DA erfüllen. Das wird unten unter Nr. 04.29 behandelt. Wenn aber das vernetzte Produkt und der verbundene Dienst auch solche Daten verarbeiten, die personenbezogen sind, dann wird die IT-Firma regelmäßig Verantwortlicher i. S. v. Art. 4 Nr. 7 DSGVO sein.

Die Informationspflichten des Verantwortlichen gegenüber den Betroffenen sind danach zu unterscheiden, ob sie vor Abschluss einer datenschutzrechtlichen Vereinbarung oder ob sie zum Zeitpunkt der Datenerhebung zu erfüllen sind. Wenn der Betroffene seine datenschutzrechtliche Einwilligung abgibt, dann muss ihn die IT-Firma vorher insbesondere darüber in Kenntnis gesetzt haben, welche Arten von Daten zu welchem Zweck verarbeitet werden, wer die verantwortliche Stelle ist und wie diese zu erreichen ist sowie an welche Dritten die Daten im Falle der Übermittlung weitergegeben werden.[392] Diese Auskünfte sind erforderlich, damit der Betroffene die Einwilligung in informierter Weise erteilen kann (Art. 4 Nr. 11 DSGVO). Falls die Datenverarbeitung auch ohne seine Einwilligung rechtmäßig sein sollte, muss der Betroffene diesbezüglich von der IT-Firma klar und verständlich aufgeklärt werden, bevor er seine Einwilligung abgibt (s. o. Nr. 02.63). Während diese Informationen vorab dem Betroffenen übermittelt werden müssen, ergeben sich die Informationspflichten aus Art. 13 ff. DSGVO erst zum Zeitpunkt der Datenerhebung.[393] Gem. Art. 12 Abs. 1 DSGVO müssen diese Informationen in präziser, transparenter und verständlicher Form leicht zugänglich gemacht werden. Falls die IT-Firma nicht Verantwortlicher, sondern Auftragsverarbeiter i. S. v. Art. 4 Nr. 8 DSGVO sein sollte, müsste sie die Informationspflichten aus Art. 12 DSGVO ebenfalls beachten. Denn Art. 12 DSGVO gilt mittelbar auch für den Auftragsverarbeiter, Art. 28 Abs. 3 S. 2 lit. e DSGVO.[394] Verstößt die IT-Firma gegen das Transparenzgebot des Art. 12 DSGVO und hängt die (weitere) Verarbeitung der personenbezogenen Daten, auf die sich die Informationspflicht bezieht, von einer ordnungsgemäßen Information ab, so folgt aus diesem Verstoß ein Verarbeitungsverbot.[395] Auch kann die Aufsichtsbehörde gem. Art. 83 Abs. 5 lit. b DSGVO eine Geldbuße gegen die IT-Firma in Höhe von 20.000.000 EUR oder von bis zu 4 % ihres gesamten weltweit erzielten Vorjahresumsatzes verhängen.

Wenn es sich aber bei dem von der IT-Firma hergestellten Produkt um kein vernetztes Produkt handelt, dann wird die IT-Firma regelmäßig auch keine faktische Kontrolle über die verarbeiteten Daten haben können, sodass eine datenschutzrechtliche Verantwortung seitens der IT-Firma praktisch auszuschließen ist. Die DSGVO und ihre Sanktionsmöglichkeiten sind dann auf die IT-Firma nicht anzuwenden. Umgekehrt enthält die DSGVO aber keine Norm, die einer Anwendung vorvertraglicher Beratungspflichten entgegenstehen würde, wie sie von der Rechtsprechung für Anbieter digitaler Produkte entwickelt wurde.[396] Deshalb wird in Nr. 04.28 zu prüfen sein, inwieweit die vorvertraglichen Beratungspflichten, wie wir sie oben unter Nr. 04.20–04.26 behandelt haben, auch die Eignung des digitalen Produkts zur gesetzeskonformen Verarbeitung personenbezogener Daten betreffen können.

---

392 Kühling/Buchner/*Buchner/Kühling*, DSGVO, Art. 7 Rdnr. 59.

393 Ehmann/Selmayr/*Heckmann/Paschke*, DSGVO, Art. 12 Rdnr. 5.

394 BeckOK DatenschutzR/*Quaas* DSGVO, Art. 12 Rdnr. 5a.

395 Kühling/Buchner/*Bäcker*, DSGVO, Art. 12 Rdnr. 13.

396 Vgl. *Cruquenaire/Henrotte*, in: Degrave et al., Law, norms and freedom in cyberspace: liber amicorum Yves Poullet, S. 614.

04.28 Data Protection by Design

Die vorvertraglichen Beratungspflichten des IT-Anbieters, wie sie die deutsche, französische und spanische Rechtsprechung entwickelt haben, beruhen auf dem Wissensgefälle, dem *déséquilibre informationnel*, der *desigualdad informativa* (s. o. Nr. 04.20) zwischen IT-Anbieter und Kunde. Ein Wissensgefälle zu Lasten des Kunden besteht insbesondere dann, wenn der Kunde, indem er das digitale Produkt erwirbt, automatisch DSGVO-Normadressat wird, ohne sich dessen bewusst zu sein. Die Rechtsgrundlage für diesbezügliche Aufklärungspflichten des IT-Anbieters hängt davon ab, ob er die Datenverarbeitung faktisch kontrolliert, da er dann selbst DSGVO-Adressat ist, und zwar entweder als gemeinsamer Verantwortlicher zusammen mit dem Kunden oder als Auftragsverarbeiter neben dem Kunden. Wenn der IT-Anbieter eigene Zwecke bei der Datenverarbeitung verfolgt, ist er Verantwortlicher. Die gemeinsamen Verantwortlichen, also die IT-Firma und ihr Kunde, müssen vorab gem. Art. 26 Abs. 1 S. 2 DSGVO eine Vereinbarung erzielen, in der sie in transparenter Weise u. a. festlegen, wer von ihnen den Informationspflichten gegenüber den betroffenen Personen nachkommen soll, Artt. 13, 14 DSGVO (s. o. Nr. 02.61). Aber selbst wenn die IT-Firma keine eigenen Zwecke bei der Datenverarbeitung verfolgt, ist sie als Auftragsverarbeiter verpflichtet, mit dem Kunden eine schriftliche Vereinbarung zu treffen (s. o. Nr. 02.62).

Wenn der IT-Anbieter das digitale Produkt zwar hergestellt hat, selbst aber keine Kontrolle über die von dem Produkt verarbeiteten personenbezogenen Daten hat, dann ist er datenschutzrechtlich nicht dafür verantwortlich, dass das von ihm erstellte Produkt datenschutzkonform ist (s. o. Nr. 02.60). Die Pflicht zur Umsetzung des Datenschutzes durch Technikgestaltung und durch datenschutzfreundliche Voreinstellungen gem. Art. 25 DSGVO richtet sich an den Verantwortlichen bzw. an die gemeinsamen Verantwortlichen, aber nicht an den Hersteller.[397] Stellt die IT-Firma für den Auftraggeber ein digitales Produkt her, das mit dem Grundsatz von *Data Protection by Design and by Default* (Art. 25 DSGVO) nicht übereinstimmt, kann zwar der Auftraggeber als datenschutzrechtlich Verantwortlicher mit einer Geldbuße von bis zu 10 000 000 EUR oder von bis zu 2 % seines gesamten weltweit erzielten Jahresumsatzes des vorangegangenen Geschäftsjahrs belegt werden (Art. 83 Abs. 4 lit. a DSGVO); an die IT-Firma als Herstellerin könnten aber Geldbußen nur adressiert werden, wenn sie und der Auftraggeber gemeinsame Verantwortliche wären (Art. 26 DSGVO). Liegen weder die Voraussetzungen der gemeinsamen Verantwortlichkeit noch der Auftragsverarbeitung vor, bedeutet das jedoch nicht, dass die IT-Firma frei von jeglicher Haftung

397 Vgl. EDPB Guidelines 4/2019 on Article 25 Data Protection by Design and by Default, Version 2.0., Rdnr. 1.

wäre. Zu überlegen ist, ob der Auftraggeber im Wege des Schadensersatzes von der IT-Firma Kostenausgleich für das von ihm zu leistende Bußgeld verlangen kann. Dann wäre am Ende doch die IT-Firma diejenige, die die Kostenlast des Bußgeldes zu tragen hätte. Das wäre denkbar, wenn der IT-Firma die Verletzung einer vorvertraglichen Beratungspflicht und/oder die Lieferung eines mangelhaften Produkts vorzuwerfen wäre.

Ist die IT-Firma verpflichtet, den Kunden umfassend über die DSGVO-konforme Gestaltung ihres Produkts aufzuklären? Für die Bejahung dieser Pflicht kommt es darauf an, ob das zwischen IT-Firma und Kunden bestehende Wissensgefälle, der *déséquilibre informationnel*, die *desigualdad informativa* für die IT-Firma erkennbar war. Denn nur dann ist sie nach Treu und Glauben, *bonne foi*, *buena fe* zu einer umfassenden Beratung des Kunden verpflichtet (s. o. Nr. 04.20). Wenn der IT-Firma eine Verletzung der vorvertraglichen Beratungspflicht über die DSGVO-Konformität vorzuwerfen ist, dann kann der Auftraggeber Rückabwicklung des Vertrages nach Maßgabe der einschlägigen Rechtsmittel (s. u. Nr. 04.30 ff.) geltend machen. Wenn der Auftraggeber die Rückabwicklung des Vertrages nicht wegen vorvertraglicher Schlechtberatung, sondern wegen eines Mangels geltend macht, dann muss dieser Mangel bei Abnahme der Software bestanden haben. Handelt es sich um KI-Software, dann könnte die Mangelhaftigkeit zweifelhaft sein, wenn der Software zwar die Regelungen der DSGVO von Anfang an „eingeimpft" worden waren, sie später aber gegen die DSGVO verstößt, weil das selbstlernende System inzwischen falsche Schlüsse gezogen hat.[398]

Umgekehrt kann man aber auch nicht sagen, dass von Anfang an fehlende DSGVO-Konformität generell einen Mangel darstellen muss. Da kommt es vielmehr auf den Einzelfall an. Wenn der Auftraggeber von der IT-Firma nicht darüber informiert wurde, dass das fertiggestellte Produkt personenbezogene Daten der Mitarbeitenden des Auftraggebers verarbeitet, dann wird man einen Mangel verneinen müssen, wenn die DSGVO-Konformität und damit die Mangelfreiheit nur dadurch hergestellt werden kann, dass der Auftraggeber die Einwilligungen seiner Mitarbeitenden einholt. Wenn das vom Schuldner herzustellende Werk einen Mangel hat, den allein der Gläubiger heilen kann, dann kann es sich dabei um keinen Mangel im Rechtssinne handeln. Der Schuldner des Werkvertrages, der die Herstellung eines mangelfreien Werkes schuldet, würde dann eine ihm unmögliche Leistung schulden. In der Tradition des Römischen Rechts sind sich die kontinentaleuropäischen Zivilrechtsordnungen darin einig, dass eine unmögliche Leistung nicht geschuldet sein kann, sodass der Gläubiger keinen Primäranspruch gegen den Schuldner hat: «*impossibilium nulla obligatio est*».[399]

398 *Klingbeil/Kohm*, MMR 2021, 3, 6.
399 *Celsus*, Dig. 50, 17, 185.

Unterschiede gibt es aber im Hinblick auf den Sekundäranspruch des Gläubigers auf Schadensersatz, wenn der Primäranspruch wegen Unmöglichkeit wegfällt. Das deutsche Recht geht seit der Schuldrechtsreform davon aus, dass der Gläubiger gegen den Schuldner einen auf das positive Interesse gehenden Schadensersatzanspruch hat, falls der Schuldner die Unmöglichkeit kannte oder seine Unkenntnis von der Unmöglichkeit zu vertreten hat (§ 311a Abs. 2 BGB); im Hinblick auf andere europäische Zivilrechtsordnungen ist hingegen von einem Anspruch auf Ersatz des negativen Interesses auszugehen.[400] (Zur Bedeutung von positivem und negativem Interesse für die Bemessung des Schadensersatzes s. u. Nr. 08.23). Im französischen Recht wäre die *acción en nullité* (s. u. Nr. 04.35) und im spanischen Recht die *acción de la anulabilidad* (s. u. Nr. 04.36) das passende Rechtsmittel; beide Rechtsmittel kommen auch bei der Verletzung einer vorvertraglichen Beratungspflicht in Frage.

Anders einzuordnen wäre der Fall aber, wenn der Auftraggeber die Erstellung einer Software für sein Kundenmanagement in Auftrag gegeben hat und die IT-Firma es versäumt hat, eine Löschfunktion zu integrieren. Eine solche Software wäre nicht mit dem Recht des Betroffenen auf Vergessenwerden (Art. 17 DSGVO) vereinbar. Software zur Verarbeitung personenbezogener Daten, die kein datenschutzkonformes Löschen ermöglicht, eignet sich in der Regel nicht für die nach dem Vertrag vorausgesetzte Verwendung bzw. den gewöhnlichen Gebrauch.[401] Damit wäre die Software mangelhaft. Die Rechtsmittel wegen fehlender Vertragskonformität (Rücktritt, *Résolution* und *Resolución*) wären anwendbar (s. u. Nr. 04.31–04.33).

04.29 Data Accessibility by Design

Stellt die IT-Firma ein vernetztes Produkt her, so hat sie vorvertragliche Informationspflichten gegenüber ihrem Kunden zu erfüllen, wenn dieser das Produkt nutzen will, Art. 3 Abs. 2 DA. Adressat der Pflichten aus Art. 3 Abs. 2 und Abs. 3 DA ist nur der entsprechende Vertragspartner des Nutzers.[402] Vor Abschluss des Vertrages müssen dem Nutzer vom Verkäufer, Vermieter oder Leasinggeber – wobei es sich auch um den Hersteller handeln kann – Informationen in klarer und verständlicher Art und Weise bereitgestellt werden, die u. a. den Umfang der generierten Produktdaten sowie die Zugriffsmöglichkeiten des Nutzers betreffen, Art. 3 Abs. 2 DA. Bereitgestellt werden etwa Informationen über Datenstrukturen, Datenformate, Vokabulare, Klassifizierungssysteme, Taxonomien und Codelisten sowie In-

400 *Ranieri*, Europäisches Obligationenrecht, S. 616, der von einem deutschen Sonderweg spricht (S. 774 f.).

401 *Schuster/Hunzinger*, CR 2017, 141, 147.

402 BeckOK DatenschutzR/*Schemmel* DA, Art. 3 Rdnr. 50.

formationen, die für die Ausübung der Nutzerrechte relevant sind, ErwG 24 S. 2 DA. Die Informationen dürfen nicht lediglich kurz vor Vertragsschluss zur Verfügung gestellt werden, sondern müssen bereits vor Finalisierung des Vertrages vorliegen, damit der Nutzer ausreichend Zeit hat, die Informationen zu verwerten und zu reflektieren.[403] Der Informationspflicht könnte beispielsweise dadurch nachgekommen werden, dass eine stabile URL-Adresse im Internet unterhalten wird, die als Weblink oder QR-Code verbreitet werden kann und zu den einschlägigen Informationen führt, ErwG 24 S. 4 DA. Verstöße gegen die vorvertraglichen Informationspflichten können mit Geldbußen geahndet werden, Art. 40 Abs. 4 DA (s. o. Nr. 02.58). Auch obligationenrechtliche Ansprüche wegen Verletzung der vorvertraglichen Informationspflichten kommen in Betracht. Ändern sich die Informationen während der Lebensdauer des vernetzten Produkts oder der Vertragslaufzeit für den verbundenen Dienst, z. B. weil sich der Zweck, zu dem diese Daten verwendet werden sollen, gegenüber dem ursprünglich vorgesehenen Zweck geändert hat, so sollten diesbezügliche Informationen auch dem Nutzer bereitgestellt werden, ErwG 24 S. 9 DA. Will der Dateninhaber also den ursprünglich vorgesehenen Zweck der Datenverarbeitung ändern, ist er nicht mehr frei darin, die bei ihm liegenden Daten nach Belieben zu verwenden, ohne den Nutzer darüber in Kenntnis gesetzt zu haben.[404]

§ 3 Rückabwicklung des Vertrages

04.30 Grundsätzliches

Im Praktischen Fall 4 behauptet der Kunde, die von der IT-Firma erstellte Software sei für seine Bedürfnisse nicht geeignet. Er wirft der IT-Firma vorvertragliche Schlechtberatung vor und will die Rückabwicklung des Vertrages. D. h., er will die geleistete Vergütung zurückerstattet bekommen und keine weiteren Zahlungen mehr tätigen. Die gelieferte Software möchte er der IT-Firma zurückgeben. Welches Rechtsmittel der Kunde zur Rückabwicklung des Vertrages geltend machen kann, hängt davon ab, ob Fall 4a oder Fall 4b vorliegt.

Fall 4a:

Die IT-Firma hat eine vertragliche Pflicht verletzt.

Fall 4b:

Die IT-Firma hat eine vorvertragliche Pflicht verletzt.

---

403 BeckOK DatenschutzR/*Schemmel* DA, Art. 3 Rdnr. 53.

404 *Etzkorn*, RDi 2024, 116, 119.

Der Kunde stellt fest, dass die gelieferte Software für seine betrieblichen Bedürfnisse ungeeignet ist. Er will deshalb den Vertrag rückgängig machen. Wenn z. B. durch ein Sachverständigengutachten erwiesen ist, dass die gelieferte Software für die vom Kunden vorgesehene Verwendung ungeeignet ist, dann lässt sich allein aus dieser Tatsache noch nicht zwingend ableiten, wie die Ungeeignetheit der Software rechtlich einzuordnen ist. Die Ungeeignetheit kann darauf beruhen, dass die IT-Firma eine vertragliche Leistungspflicht gegenüber dem Kunden verletzt hat (Fall 4a), sie kann aber genauso gut darauf beruhen, dass die IT-Firma eine vorvertragliche Schutzpflicht gegenüber dem Kunden verletzt hat (Fall 4b).[405] Sollte Fall 4a gegeben sein, hätte die IT-Firma infolge mangelnder Beratung und Ausforschung ihre vertragliche Pflicht zur Lieferung eines vertragskonformen Produkts verletzt. Sollte Fall 4b gegeben sein, hätte die IT-Firma ihre vorvertragliche Schutzpflicht während der Vertragsverhandlung verletzt, indem sie es unterlassen hat, die Bedürfnisse des Kunden sorgfältig zu erforschen. Denn während der Vertragsverhandlungen gelten für beide Parteien besondere Schutzpflichten gegenüber der jeweils anderen Partei. Obschon die Parteien während der Vertragsverhandlungen noch keinen vertraglichen Bindungen unterliegen, so sind sie doch nicht völlig frei; vielmehr sind sie mit Beginn der Vertragsverhandlungen daran gebunden, den Grundsatz von Treu und Glauben (*bonne foi*; *buena fe*) während der gesamten Verhandlungsphase zu berücksichtigen (s. o. Nr. 04.20). Diese Phase ist durch Ambivalenz geprägt: Einerseits sind die Parteien in der Aufnahme, im Ablauf und im Abbruch der Vertragsverhandlungen frei, andererseits sind sie durch die Grundsätze von Treu und Glauben gebunden.[406] Diese ursprünglich auf Richterrecht beruhenden Wertungen wurden durch die Reform des Vertragsrechts von 2016 in Art. 1112 C.civ. kodifiziert.

Will der Kunde die Rückabwicklung des Vertrages, dann kommt es für das passende Rechtsmittel darauf an, ob Fall 4a oder Fall 4b gegeben ist. In Fall 4a ist das passende Rechtsmittel für die Rückabwicklung des Vertrages nach französischem Recht die *résolution* (s. u. Nr. 04.31), nach spanischem Recht die *resolución* (s. u. Nr. 04.32) und nach deutschem Recht der Rücktritt (s. u. Nr. 04.33). In Fall 4b ist das passende Rechtsmittel für die Rückabwicklung des Vertrages gem. deutschem Recht die *culpa in contrahendo* (s. u. Nr. 04.34), nach französischem Recht die *action en nullité* (s. u. Nr. 04.35) und nach spanischem Recht die *acción de la anulabilidad* (s. u. Nr. 04.36). Diese Rechtsmittel unterscheiden sich in ihren Anwendungsvoraussetzungen. Was die Rechtsfolgen anbelangt, stimmen sie darin überein, dass die Vertragsparteien die empfangenen Leistungen zurückgeben müssen.

---

405 Vgl. Cass.com. du 04/01/2005, n° 03-17.119.

406 *Bitan*, Droit et expertises des contrats informatiques, n° 55.

Die IT-Firma hat die eingenommene Vergütung zu erstatten, und der Auftraggeber hat das von der IT-Firma gelieferte Produkt zurückzugeben. Die Rechtsfolgen unterscheiden sich allerdings dann, wenn der Kunde neben der Rückabwicklung des Vertrages auch noch Schadensersatz verlangt. Generell lässt sich sagen: Der Anspruch auf Schadensersatz wegen einer vertraglichen Pflichtverletzung (Fall 4a) geht auf das positive Interesse; der Anspruch auf Schadensersatz wegen einer vorvertraglichen Pflichtverletzung (Fall 4b) geht auf das negative Interesse. Das wird später in Nr. 08.30 ff. ausführlich behandelt. Zunächst aber befassen wir uns mit den unterschiedlichen Voraussetzungen der einschlägigen Rechtsmittel.

04.31 Résolution

Stellt der Auftraggeber nach Inbetriebnahme des fertiggestellten Produkts fest, dass es nicht seinen Erwartungen entspricht, und begehrt er deshalb die Rückabwicklung des Vertrages, dann kommt für ihn die *résolution* (Artt. 1224–1230 C.civ.) in Betracht. Nach Art. 1240 C.civ. bieten sich ihm drei Möglichkeiten: (1.) Er wendet eine vertragliche Auflösungsklausel an, falls diese zuvor von den Parteien ausdrücklich vereinbart worden war, oder (2.) er erklärt einseitig die Vertragsauflösung oder (3.) er klagt gegen die IT-Firma, um ein gerichtliches Auflösungsurteil zu erwirken. Die Auflösung kann in allen Fällen vor Gericht verlangt werden (Art. 1227 C.civ.). Das ist allerdings kein zwingendes, sondern dispositives Recht. Die Parteien können deshalb vereinbaren, auf die Möglichkeit der gerichtlichen Auflösung zu verzichten.[407] Falls das nicht vereinbart wurde und eine Partei vor Gericht die Auflösung beantragt, liegt es im Ermessen des Gerichts, ob es die Vertragsauflösung oder die Vertragserfüllung anordnet, ggf. unter Gewährung einer Frist, oder ob es dem Kläger statt dessen Schadensersatz zuspricht (Art. 1228 C.civ.). Der Code civil verleiht hier den Richtern einen Ermessensspielraum, wie er dem BGB fremd ist.[408] Der deutsche Zivilrichter ist in erster Linie an den Klageantrag gebunden.

Der Auftraggeber kann die *résolution* geltend machen, ohne dass die IT-Firma dagegen einzuwenden vermag, dass ihrerseits keine *faute* vorliegt. Kann sie jedoch belegen, dass sie an der Erfüllung ihrer Leistungspflicht aufgrund *force majeure* gehindert ist, steht dem Auftraggeber das Recht auf Vertragsauflösung nicht zu.[409]

---

407 Cass.civ. 3e du 03/11/2011, n° 10-26.203, obs. *Fages*, RTD civ. 2012, chron., 114.

408 Kritisch: *Remien*, in: Bien/Borghetti, Die Reform des französischen Vertragsrechts, S. 181, 194.

409 Cass.civ. 1re du 25/11/2020, n° 19-21.060, obs. *Barbier*, RTD civ. 2021, 126 ff.

Erklärt der Auftraggeber einseitig die Auflösung oder klagt er gegen die IT-Firma auf Auflösung, so ist die *résolution* nur dann möglich, wenn seitens der IT-Firma eine *inexécution suffisament grave* vorliegt (Art. 1224 C.civ.). Im Falle der einseitigen Auflösung ist die hinreichende Schwere jedoch dann nicht zwingend, wenn sich der Kündigende auch auf eine Auflösungsklausel (*clause résolutoire* bzw. *clause de résiliation*) berufen könnte. Es kommt dann darauf an, ob die Parteien eine Vereinbarung getroffen haben, die als Auflösungsklausel verstanden werden kann. Haben die Parteien eine Klausel vereinbart, wonach dem Auftragnehmer nach einseitiger Beendigung durch den Auftraggeber nur 10 % der vereinbarten Vergütung zustehen soll, kann das Gericht die Auflösung nicht deshalb ablehnen, weil die für eine einseitige Auflösung erforderliche *inexécution suffisament grave* nicht gegeben ist.[410] D. h., die Klausel zur zehnprozentigen Restvergütung kann vom Gericht als Auflösungsklausel verstanden werden.

Hat die IT-Firma im Falle einer *obligation de résultat* die vertraglich vereinbarten Ergebnisse nicht erzielt, so liegt eine *inexécution suffisament grave* vor, die den Auftraggeber zur Auflösung berechtigt.[411] Es dürfte ihm jedoch kaum gelingen, die hinreichende Schwere der Nichterfüllung darzulegen, wenn er zuvor die *recette définitive* erklärt und damit das Produkt abgenommen hat, und zwar auch dann nicht, wenn er die Abnahme nur unter Vorbehalt erklärt hat.[412] Eine Abnahme unter Vorbehalt darf der Auftraggeber nämlich nur dann erklären, wenn sich der Vorbehalt bloß auf Kleinigkeiten bezieht, die der Auftragnehmer noch zu erledigen hat, bevor das Projekt erfolgreich zu Ende gebracht werden kann (*les réserves sont des points mineurs à finaliser*).[413] D. h., der Auftraggeber ist nach der Abnahme nicht mehr berechtigt, umfangreiche Maßnahmen zur Verbesserung des IT-Projekts zu verlangen. Andernfalls macht er sich gegenüber dem Auftragnehmer schadensersatzpflichtig.

Art. 1226 C.civ. normiert, was eigentlich selbstverständlich sein sollte: Wer einseitig die *résolution* erklärt, trägt das Risiko, dass im Falle einer gerichtlichen Überprüfung deren Voraussetzungen für nicht gegeben erachtet werden. In diesem Fall kann das Gericht dem Vertragspartner eine Entschädigung zusprechen.[414] Das lässt sich am besten dadurch vermeiden, dass die

410 Cass.civ. 3e du 09/10/2013, n° 12-23.379; *Laithier*, RDC 2014, 181.

411 CA Bordeaux 1re ch. civ., section B, du 29/01/2015, IBM France et BNP Paribas Factor/Mutuelle Assurance des Instituteurs de France, abrufbar bei legalis.net/jurisprudences/.

412 *Wery*, Les contentieux liés aux contrats informatiques, Droit & Technologies, 18.4.2017, 3.2.7.4.

413 TC Marseille du 15/10/2013, Drilnet/Christian J., abrufbar bei legalis.net/jurisprudences/.

414 CA Nancy, ch. com. du 20/11/2000, JCP E 2002, pan. n° 199.

Vertragsparteien eine *clause résolutoire* bzw. eine *clause de résiliation* vereinbaren, deren Anwendungsvoraussetzung eindeutig ist. Im Interesse der IT-Firma sollte diese Klausel regeln, dass die Erklärung der Vertragsauflösung an eine vorherige Mahnung und an das erfolglose Verstreichen einer Frist gebunden ist. Eine Auflösungsklausel, die ausdrücklich eine solche Bedingung ausschließen würde, wäre wohl wirksam, aber aus Sicht des Herstellers nicht ratsam. Kommt es zum Streit über die Auflösungswirkung der Klausel, so hat der Richter nur zu prüfen, ob ihre Voraussetzungen vorliegen, aber ein Ermessen hat er nicht.[415] Wenn die Parteien also nichts Gegenteiliges vereinbart haben und auch kein dringender Fall vorliegt, muss der Gläubiger den säumigen Schuldner unter ausdrücklichem Hinweis auf sein Auflösungsrecht dazu auffordern, seine Verpflichtung innerhalb einer angemessenen Frist zu erfüllen (Art. 1226 C.civ.). Leistet der Schuldner nicht fristgemäß, kann der Gläubiger die Vertragsauflösung erklären. Die Auflösung erfolgt durch eine Mitteilung des Gläubigers an den Schuldner. Diese *notification* muss zugleich die *motivation* benennen, die den Gläubiger zur Vertragsauflösung veranlasst hat.[416]

04.32 Resolución

Stellt der Auftraggeber nach Inbetriebnahme des fertiggestellten Produkts fest, dass es nicht seinen Erwartungen entspricht, kann er entweder weiterhin auf Erfüllung (*cumplimiento*) bestehen oder die Vertragsauflösung (*resolución*) verlangen, Art. 1124 CC. Er kann sich gem. Art. 1124 CC für die *resolución* des Werkvertrages entscheiden, wenn die IT-Firma eine ihr aus dem Werkvertrag obliegende Pflicht nicht erfüllt hat, wobei es sich um eine *obligación principal* handeln muss, wohingegen die Nichterfüllung von *prestaciones accesorias* nicht zur Vertragsauflösung berechtigt.[417] Nicht jede vertragliche Verpflichtung gehört also zum *cumplimiento* i. S. v. Art. 1124 CC, sondern nur diejenige, die als Äquivalent der anderen gewollt war.[418] Das kann bei einem Vertrag über die vollständige Digitalisierung auch die Verpflichtung zum *mantenimiento* einschließen, selbst wenn diese nicht ausdrücklich vereinbart war.[419] Die Parteien können die *resolución* auch ohne entsprechendes Gerichtsurteil erklären. Das Gericht ordnet die Vertragsauflösung nur an, wenn der Kläger einen entsprechenden Antrag stellt, wobei

415 *Sonnenberger*, ZEuP 2017, 6, 57.

416 Rapport au Président de la République relatif à l'ordonnance n° 2016-131 du 10 février 2016 portant réforme du droit des contrats, du régime général et de la preuve des obligations, Sous-section 4: la résolution, JO n° 0035 du 11/02/2016.

417 Bercovitz Rodríguez-Cano/*Minero Alejandre*, Comentarios al CC, Art. 1124, n° 2.3.

418 STS de 18/11/1994, FD 4°, ROJ: STS 20980/1994.

419 STS de 24/10/2002, ROJ: 7027/2002.

das Gericht die Vertragsauflösung nicht automatisch ausspricht, sondern eine abwägende Prüfung unter Berücksichtigung des *principio de conservación de los negocios jurídicos* vornimmt.[420] Ein zur Auflösung berechtigender *incumplimiento* kommt dann in Betracht, wenn die IT-Firma überhaupt kein Produkt liefert oder wenn sie Produkte liefert, die *graves defectos de funcionamiento* haben,[421] wobei der Auftraggeber die Fehler zu beweisen hat, idealerweise durch ein Sachverständigengutachten.[422] Der Auftraggeber kann den Werkvertrag auch dann auflösen, wenn die von der IT-Firma hergestellten Produkte zwar an sich funktionieren, aber völlig unbrauchbar für den vorgesehenen Verwendungszweck sind (*totalmente inservibles para el uso a que estaban destinados*).[423] Letzteres fällt unter die Lehre von *aliud pro alio* (s. o. Nr. 02.33 und Nr. 04.26).[424] Außerdem steht dem Auftraggeber die *resolución* zu, wenn die IT-Firma den vertraglich vereinbarten Fertigstellungstermin nicht einhält, obwohl der Termin für den Auftraggeber wesentlich ist (*plazo de terminación con carácter de esencial*).[425]

Die Vertragsauflösung kann aber unter Umständen auch dann in Frage kommen, wenn die Parteien keine Termine vereinbart haben und wenn der Auftragnehmer die Fertigstellung entweder des gesamten Projekts oder auch nur einer wichtigen Phase ungerechtfertigterweise hinauszögert. Das ist dann der Fall, wenn der Auftragnehmer über mehrere Monate hinweg eine völlig passive Haltung einnimmt, ohne dass unüberwindbare Hindernisse bestünden, wobei ein finanzieller Engpass beim Auftragnehmer kein Rechtfertigungsgrund ist, denn das hätte der Auftragnehmer klären müssen, bevor er beim Kunden berechtigte Erwartungen in den Erfolg des Projekts geweckt hat.[426] Die Vertragsauflösung setzt nicht voraus, dass der Auftragnehmer von Beginn des Projekts an untätig war. Die Vertragsauflösung kann vom Auftraggeber auch dann noch geltend gemacht werden, wenn der Auftragnehmer erst später in Passivität verfällt, nachdem sich das herzustellende Produkt bereits in einem fortgeschrittenen Teststadium befindet.[427] In den vorgenannten Fällen ist die Vertragsauflösung immer dann zulässig, wenn das von der Auflösungsklägerin verfolgte ökonomische Ziel erschüttert ist (*frustrado la finalidad económica perseguida por la actora*).[428] Dabei han-

420 STS de 22/03/1993, FD 3°, ROJ: STS 1820/1993; Bercovitz Rodríguez-Cano/*Minero Alejandre*, Comentarios al CC, Art. 1124, n° 2.7.

421 *Soler Matutes*, in: Soler Matutes et al., Manual de gestión y contratación informática, S. 825.

422 SAP Baleares, Sección 5ª, de 17/02/2005, FD 2°, ROJ: SAP IB 250/2005.

423 STS de 22/02/1997, FD 4°, ROJ: STS 1240/1997.

424 SAP Valencia, Sección 11ª, de 28/10/2002, FD 6°, ROJ: SAP V 5925/2002.

425 STS de 10/06/1996, FD 3°, ROJ: STS 3524/1996.

426 STS de 05/06/1989, FD 4°, ROJ: STS 15601/1989.

427 SAP Barcelona, Sección 15ª, de 10/03/2000, FD 7°, ROJ: SAP B 3035/2000.

428 STS de 10/03/2001, FD 1°, ROJ: STS 1906/2001.

delt es sich um den entscheidenden Punkt für die Rechtmäßigkeitsprüfung einer Vertragsauflösung.[429]

Nach Art. 1226 C.civ. darf der Auftraggeber die Vertragsauflösung erst dann geltend machen, wenn er die IT-Firma gemahnt hat. Eine vergleichbare Regelung sieht der Código Civil nicht vor. Nach Art. 1124 al. 3 CC ist das Gericht zwar ermächtigt, dem Schuldner eine Frist zur Nacherfüllung zu gewähren (*un plazo de gracia al deudor, para que efectúe el cumplimiento*),[430] die Entscheidung darüber liegt aber im Ermessen des Tatsachengerichts. Liefert die IT-Firma ein mangelhaftes Produkt ab, so kann der Auftraggeber unter den oben genannten Voraussetzungen unmittelbar *resolución* verlangen, ohne verpflichtet zu sein, der IT-Firma die Möglichkeit zur *subsanación* eingeräumt zu haben. Im Gegenteil. *Soler Matutes* empfiehlt sogar, der Kunde solle im Hauptantrag die *resolución contractual* verlangen und subsidiär den Antrag stellen, dass die IT-Firma die *subsanación* auf eigene Kosten durchzuführen habe, falls das Gericht die Anforderungen an die *resolución contractual* als nicht gegeben ansieht.[431] Wenn die IT-Firma ein ökonomisches Interesse hat, die Fehler zu beseitigen, um das Projekt gewinnbringend abschließen zu können, so hat sie kein rechtliches Druckmittel in der Hand. Nach der früheren Rechtsprechung konnte sich der Schuldner noch damit behelfen, dass er seinen guten Willen zur Vertragserfüllung zeigte. Seinerzeit war Voraussetzung für die *resolución* gewesen, dass der Auflösungsgegner eine *voluntad deliberademente rebelde al cumplimiento del contrato* zum Ausdruck brachte. Solange er Leistungsbereitschaft demonstrierte, konnte er den Vertragspartner an der Vertragsauflösung hindern. Die neuere Rechtsprechung jedoch hat das Merkmal der bewussten Erfüllungsverweigerung aufgegeben.[432]

04.33 Rücktritt

Wenn sich die Verletzung der vorvertraglichen Beratungspflicht auf einen Umstand bezieht, der einen Sachmangel begründet, dann kann der Auftraggeber nicht nur Vertragsaufhebung wegen *culpa in contrahendo* verlangen (s. o. Nr. 04.23), sondern stattdessen auch den Rücktritt erklären, §§ 634 Nr. 3, Alt. 1, 636, 323, 326 Abs. 5 BGB. Falls er der IT-Firma keine Schlechtberatung vorwerfen kann, scheidet *culpa in contrahendo* aus und es kommt nur der Rücktritt in Betracht. Der Rücktritt des Kunden setzt voraus, dass

429 Bercovitz Rodríguez-Cano/*Minero Alejandre*, Comentarios al CC, Art. 1124, n° 2.4.

430 SAP Barcelona, Sección 11ª, de 04/05/2001, FD 2°, ROJ: SAP B 4924/2001; STS de 14/10/1994, FD 5°, ROJ: STS 6526/1994.

431 *Soler Matutes*, in: Soler Matutes et al., Manual de gestión y contratación informática, S. 829.

432 STS de 10/06/1996, FD 3°, ROJ: STS 3524/1996.

der Schuldner eine Pflicht aus einem gegenseitigen Vertrag durch Nicht- oder Schlechterfüllung verletzt hat.[433] Nach § 633 Abs. 2 S. 1 BGB ist das Werk mangelfrei, wenn es die vereinbarte Beschaffenheit hat. Ein Mangel liegt somit vor, wenn die Istbeschaffenheit der Software von deren Sollbeschaffenheit abweicht. Der Mangel muss schon zum Zeitpunkt der Abnahme vorgelegen haben, §§ 644 Abs. 1 S. 1, 640 BGB. Die Sollbeschaffenheit ergibt sich in erster Linie aus vorvertraglichen Werkbeschreibungen der Parteien. Dabei kommt vorrangig das Pflichtenheft in Betracht. Ergänzend können auch mündliche Vereinbarungen zur Sollbeschaffenheit berücksichtigt werden. Bei agilen Projekten, die grundsätzlich ohne vorvertragliches Pflichtenheft auskommen, kann die Sollbeschaffenheit noch während des Projekts festgelegt werden. Wenn die Parteien die Scrum-Methode gewählt haben, geschieht das im *Product Backlog*.[434]

Aber selbst wenn das Werk vereinbarungsgemäß erstellt wurde, kann eine Abweichung von der vereinbarten Beschaffenheit i. S. v. § 633 Abs. 2 S. 1 BGB vorliegen. Das ist dann der Fall, wenn der mit dem Vertrag verfolgte Zweck der Herstellung des Werks nicht erreicht wird und das Werk seine nach dem Vertrag vorausgesetzte Funktion nicht erfüllt.[435] Demzufolge kann das Werk auch dann mangelhaft sein, wenn es zwar den Vereinbarungen entspricht, der vertragliche Erfolg aber wegen unzureichender Vorgaben des Bestellers nicht erreicht wird. Dieser funktionale Mangelbegriff hat für den Werkunternehmer durchaus Vorteile. Er muss zwar trotz unzureichender Vorgaben des Bestellers den Erfolg erreichen, auf der anderen Seite hat er wegen der Mangelhaftigkeit der Leistung die Möglichkeit der Nacherfüllung,[436] bevor der Besteller zurücktreten kann. Wenn die Parteien keine Vereinbarungen zur Sollbeschaffenheit getroffen haben, dann kann die Software dennoch mangelhaft sein, wenn sie nicht dem Stand der Technik bei einem mittleren Ausführungsstandard entspricht. Haben die Vertragsparteien nicht im Einzelnen vereinbart, was das zu erstellende Programm zu leisten hat, schuldet der Werkunternehmer ein Datenverarbeitungsprogramm, das unter Berücksichtigung des vertraglichen Zwecks des Programms dem Stand der Technik bei einem mittleren Ausführungsstandard entspricht. Welche Anforderungen sich hieraus im Einzelnen ergeben, hat der Tatrichter gegebenenfalls mit sachverständiger Hilfe festzustellen.[437]

433 Grüneberg/*Grüneberg*, § 323 BGB Rdnr. 10.
434 *Redeker*, IT-Recht, Rdnr. 336.
435 BGH, Urt. v. 29.9.2011 – VII ZR 87/11, NJW 2011, 3780.
436 *Voit*, Anm. zu BGH, Urt. v. 29.9.2011 – VII ZR 87/11, NJW 2011, 3782.
437 BGH, Urt. v. 24.9.1991 – X ZR 85/90, CR 1992, 543; BGH, Urt. v. 16.12.2003 – X ZR 129/01, CR 2004, 490; OLG Düsseldorf, Urt. v. 18.7.1997 – 22 U 3/97, NJW-RR 1998, 345.

Der Kunde kann erst zurücktreten, wenn er der IT-Firma erfolglos eine angemessene Frist zur Leistung oder Nacherfüllung bestimmt hat, § 323 Abs. 1 BGB. Bei Hard- und Softwarefehlern kann eine Frist von einem Monat als angemessen gelten.[438] Die Fristsetzung ist entbehrlich in den Fällen des § 323 Abs. 2 BGB, wenn also gem. Nr. 1 die IT-Firma die Erfüllung ernsthaft und endgültig verweigert oder wenn gem. Nr. 2 ein relatives Fixgeschäft vorliegt. Das ist dann der Fall, wenn das Geschäft mit der zeitgerechten Leistung steht und fällt, wobei eine bloße kalendermäßige Bestimmung der Leistungszeit nicht genügt.[439] Die Fristsetzung ist ebenfalls entbehrlich, wenn die Nacherfüllung unmöglich ist (§ 326 Abs. 5, Halbsatz 2 BGB), wenn der Unternehmer die Nacherfüllung gem. § 635 Abs. 3 BGB wegen unverhältnismäßiger Kosten verweigert oder wenn die Nacherfüllung fehlgeschlagen oder dem Besteller unzumutbar ist, § 636 BGB. Eine solche Unzumutbarkeit liegt vor, wenn das Vertrauen des Auftraggebers auf die ordnungsgemäße Mängelbeseitigung infolge berechtigter Zweifel an der Leistungsfähigkeit und Zuverlässigkeit des Unternehmers erschüttert ist, z. B. weil er dem Unternehmer mehr als ein Jahr lang Gelegenheit zu zahlreichen Nachbesserungsversuchen gegeben hat.[440] Unzumutbarkeit ist auch gegeben, wenn das Vertrauen des Bestellers in die Verlässlichkeit und Kompetenz des Unternehmers so nachhaltig erschüttert ist, dass aus seiner (objektiven) Sicht eine erfolgreiche Nacherfüllung nicht zu erwarten ist, namentlich, wenn die Werkleistung ein ganzes Paket nicht nur geringfügiger Mängel aufweist.[441] Im Kaufrecht gilt die Nachbesserung regelmäßig nach dem erfolglosen zweiten Versuch als fehlgeschlagen, § 440 S. 2 BGB. Eine solche Vermutung über das Fehlschlagen gibt es im Werkvertragsrecht nicht. Je nach den Umständen des Einzelfalls kann ein Fehlschlagen auch bei nur einem oder erst bei drei erfolglosen Nachbesserungsversuchen vorliegen.[442]

Der Rücktritt ist nach § 323 Abs. 5 S. 2 BGB ausgeschlossen, wenn die Pflichtverletzung (d. h. hier: der Mangel) unerheblich ist, wobei der Softwarehersteller die Unerheblichkeit beweisen muss.[443] Außerdem ist er gem. § 640 Abs. 2 BGB ausgeschlossen, wenn der Besteller Kenntnis vom Mangel hat und das Werk dennoch vorbehaltlos abgenommen hat. Ein weiterer Ausschlussgrund liegt vor, wenn der Besteller die Umstände selbst zu vertreten hat, die ihn zum Rücktritt berechtigen würden, § 323 Abs. 6 BGB. Der Rücktritt wegen nicht oder nicht vertragsgemäß erbrachter Leistung ist unwirksam, wenn der Anspruch auf die Leistung oder der Nacherfüllungsanspruch

---

438 OLG Hamm, Urt. v. 6.9.1999 – 13 U 3/99, BeckRS 1999, 9279.
439 OLG Stuttgart, Urt. v. 25.11.2011 – 3 U 173/11, NJW-RR 2012, 251.
440 BGH, Urt. v. 3.3.1998 – X ZR 14/95, NJW-RR 1998, 1268.
441 OLG Saarbrücken, Urt. v. 15.11.2017 – 1 U 127/16, NJW-RR 2018, 237.
442 *Redeker*, in: Schneider/Graf v. Westphalen, Software-Erstellungsverträge, S. 400.
443 OLG Hamburg, Urt. v. 16.8.2013 – 9 U 41/11, CR 2013, 697, 698.

verjährt ist und der Schuldner sich hierauf beruft, § 218 Abs. 1 BGB. (Diese kuriose Regelung beruht auf dem Dogma, dass nur Ansprüche verjähren können, nicht aber Gestaltungsrechte wie das Rücktrittsrecht.[444]) Die Verjährungsfrist beträgt zwei Jahre ab Abnahme, wenn sich der Werkvertrag auf die Herstellung, Wartung oder Veränderung einer beweglichen Sache bezieht, § 634a Abs. 1 Nr. 1, Abs. 2 BGB.

Nachdem der Kunde den Rücktritt erklärt hat (§ 349 BGB), verwandelt sich das Schuldverhältnis zwischen ihm und der IT-Firma in ein Rückgewährschuldverhältnis mit der Folge, dass gem. § 346 Abs. 1 BGB die empfangenen Leistungen zurückzugewähren und die gezogenen Nutzungen herauszugeben sind.

04.34 Culpa in contrahendo

Wenn der Auftraggeber der IT-Firma pflichtwidrige Schlechtberatung vorwirft, kann er im Wege eines Schadensersatzanspruchs aus *culpa in contrahendo* (§§ 280 Abs. 1, 311 Abs. 2, 241 Abs. 2 BGB) neben dem Ersatz des Vertrauensschadens auch die Rückabwicklung des Vertrages verlangen.[445] Der Vertrag, den der Auftraggeber aufgrund der Schlechtberatung eingegangen ist, wird nach deutschem Recht als Schaden angesehen. Wer zum Schadensersatz verpflichtet ist, hat den Zustand herzustellen, der bestehen würde, wenn der zum Ersatz verpflichtende Umstand nicht eingetreten wäre, § 249 Abs. 1 BGB. Das ist der Grundsatz der Naturalrestitution. Daraus ergibt sich die Pflicht zur Aufhebung des nachteiligen Vertrages im Wege des Schadensersatzes. Die für § 280 Abs. 1 BGB erforderliche Pflichtverletzung liegt in der Schlechtberatung. Der Anspruch auf Rückabwicklung besteht nicht, wenn die IT-Firma die Pflichtverletzung nicht zu vertreten hat, § 280 Abs. 1 S. 2 BGB. Die IT-Firma müsste also darlegen, dass sie die Schlechtberatung nicht zu vertreten hat. Wenn aber die Schlechtberatung fahrlässig oder gar vorsätzlich erfolgte, hat die IT-Firma sie zu vertreten, § 276 Abs. 1 S. 1 BGB.

Wichtig ist, dass der Schadensersatzanspruch aus *culpa in contrahendo* auf § 280 Abs. 1 BGB und nicht auf § 281 Abs. 1 BGB beruht. Im Falle von Schlechtleistung ist es für den Schadensersatz gem. § 280 Abs. 1 BGB – anders als bei § 281 Abs. 1 S. 3 BGB – nicht erforderlich, dass die Pflichtverletzung erheblich ist. Auch ist es – im Gegensatz zu § 281 Abs. 1 S. 1 BGB – nicht erforderlich, dass der Auftraggeber der IT-Firma erfolglos eine angemessene Frist zur Nacherfüllung bestimmt hat. D. h., der Auftraggeber kann die Rückabwicklung des Vertrages verlangen, ohne der IT-Firma zuvor die Chance zur Nacherfüllung eingeräumt zu haben. Die IT-Firma

444 Jauernig/*Mansel*, § 634a BGB Rdnr. 4.
445 Grüneberg/*Grüneberg*, § 311 BGB Rdnr. 54 f.

kann gegen den Anspruch auf Vertragsaufhebung nicht einwenden, dass die Schlechtberatung lediglich unerheblich gewesen sei. Das unterscheidet die *culpa in contrahendo* vom Rücktritt. Nach §323 Abs.5 S.2 BGB ist der Rücktritt ausgeschlossen, wenn die Pflichtverletzung unerheblich ist.

Bei Beratungspflichten trägt der Gläubiger die Beweislast, dass der Schuldner objektiv eine ihm obliegende Pflicht verletzt hat.[446] Er muss aber nicht beweisen, dass die Pflichtverletzung zu einem Irrtum geführt hat. Bei der Verletzung von Beratungs- und Aufklärungspflichten ist nämlich der Schuldner beweispflichtig dafür, dass der Schaden auch bei pflichtgemäßem Verhalten entstanden wäre, da die Vermutung besteht, dass sich der Geschädigte aufklärungsrichtig verhalten hätte.[447] Sofern sich die Schlechtberatung nicht auf einen Umstand bezieht, der einen Sachmangel begründet, verjährt der Schadensersatzanspruch aus *culpa in contrahendo* auf Rückgängigmachung des Vertrages ab Kenntnis oder grob fahrlässiger Unkenntnis innerhalb von drei Jahren (§§195, 199 Abs.1 BGB). Fehlt es an der Kenntnis oder grob fahrlässigen Unkenntnis, verjährt der Anspruch binnen zehn Jahren von der Entstehung des Anspruchs an, ansonsten nach 30 Jahren (§199 Abs.3 BGB). Wenn sich aber die Schlechtberatung auf einen Umstand bezieht, der einen Sachmangel begründet, dann verjährt der Anspruch auf Rückabwicklung des Vertrages zwei Jahre nach Abnahme des Produkts (s.o. Nr.04.33). Der Verjährungsbeginn bei der *culpa in contrahendo* richtet sich subjektiv danach, wann der Auftraggeber erkannte oder hätte erkennen müssen, dass er den Vertrag infolge der Schlechtberatung eingegangen ist. Hingegen ist im Falle eines Sachmangels der Verjährungsbeginn objektiv nach dem Datum der Abnahme festzustellen.

04.35 Action en nullité

Hat die IT-Firma den Kunden in der vorvertraglichen Phase schuldhaft falsch beraten und ist dem Kunden dadurch ein Schaden entstanden, kann er deshalb Schadensersatz verlangen, allerdings beschränkt auf sein negatives Interesse, Art.1112 al.2 C.civ. (zum Begriff des negativen Interesses s.u. Nr.08.23). Wenn er darüber hinaus auch die Aufhebung des Vertrages möchte, dann kann er das nicht im Wege dieses Schadensersatzanspruchs geltend machen.[448] Die Möglichkeit, den pflichtwidrig zustande gekommenen Vertrag im Rahmen des Schadensersatzes aufzuheben, wie sie das deutsche Recht mit dem Anspruch aus *culpa in contrahendo* vorsieht (s.o. Nr.04.34),

446 BGH, Urt.v. 16.10.1984 – VI ZR 304/82, NJW 1985, 264.

447 BGH, Urt.v. 8.5.2012 – XI ZR 262/10, NJW 2012, 2427.

448 *Cauvin*, Das Leistungsstörungsrecht des französischen C.civ. nach der Vertragsrechtsreform 2016, S.95f.

ist dem französischen Recht fremd. Nach französischem Recht ist das aber mit der *action en nullité* möglich. Eine mangelhafte Beratung durch die IT-Firma im Rahmen der Vertragsverhandlungen kann beim Kunden einen Willensmangel (*vice du consentement*) hervorrufen[449] (s. o. Nr. 04.22). Schließt der Kunde dann den Vertrag infolge des Willensmangels, kann er die Annullierung des Vertrages im Wege der *action en nullité* gem. Art. 1178 C.civ. gerichtlich geltend machen. Als Willensmängel kommen *erreur* (Art. 1132 C.civ.), *dol* (Art. 1137 C.civ.) oder *violence* (Art. 1140ss. C.civ.) in Betracht. Annullierung wegen *violence* ist etwa denkbar, wenn eine der Vertragsparteien ihre Marktmacht gegenüber der anderen Partei missbraucht; man spricht dann von *dépendance économique* (Art. L420-2 C.com.).[450]

Vertragsauflösung (*résolution*) und Annullierung (*action en nullité*) schließen sich gegenseitig aus. Die Vertragsauflösung setzt voraus, dass der Vertrag nicht erfüllt wurde, wohingegen die Annullierung voraussetzt, dass der Vertrag nicht wirksam zustande gekommen ist. Der Auftraggeber kann also nicht kumulativ die Annullierung und die Vertragsauflösung verlangen, sondern nur jeweils als Haupt- und als Hilfsantrag. Auflösung und Annullierung unterscheiden sich auch insofern, als nur die Auflösung, nicht aber die Annullierung einseitig erklärt werden kann. In ihrer Zielsetzung stimmen sie jedoch überein. Beide sind auf die Wiederherstellung des Zustandes gerichtet, wie er vor dem Vertragsschluss bestand. D. h., sie wirken beide *ex tunc*. Das unterscheidet die *résolution* und die *nullité* einerseits von der *résiliation* andererseits, die *ex nunc* wirkt (s. u. Nr. 08.31). In ihren Rechtsfolgen unterscheiden sich Auflösung und Annullierung jedoch dann, wenn der Auftraggeber zusätzlich noch Schadensersatz verlangt (s. u. Nr. 08.33 und Nr. 08.36).

Aus der Zusammenschau der oben Nr. 04.22 wiedergegebenen Rechtsprechung ergibt sich, dass die Verletzung der vorvertraglichen Beratungs- und Ausforschungspflicht sowohl Voraussetzung für die Auflösung des IT-Vertrages sein kann als auch für dessen Nichtigkeit. D. h., je nach Antrag des Klägers kann das Tatsachengericht entweder feststellen, dass die Verletzung der Beratungspflicht ursächlich war für die Lieferung einer nicht vertragskonformen Software[451] oder dass sie ursächlich dafür war, dass beim Kunden ein Willensmangel entstanden ist.[452] Im ersten Fall kann das Gericht die Auflösung des Vertrages aussprechen (Fall 4a), im zweiten Fall den Vertrag für nichtig erklären (Fall 4b). Wirft der Auftraggeber der IT-Firma vor, sie habe ihre vorvertragliche Beratungspflicht nicht erfüllt, und will er deshalb

449 Cass.civ. 1re du 03/04/2002, n° 00-12.508.
450 *Bitan*, Droit et expertise des contrats informatiques, n° 110.
451 CA Limoges, du 21/12/2015, RG n° 14/01136.
452 Cass.civ. 1re du 03/04/2002, n° 00-12.508.

den Vertrag rückgängig machen, so ist dieses Begehren für sich genommen noch nicht aussagekräftig genug, um verstehen zu können, ob der Auftraggeber die Auflösung oder die Nichtigerklärung des Vertrages begehrt. Aus Sicht der IT-Firma ist es günstiger, wenn der Auftraggeber die Vertragsauflösung will, weil ihr da regelmäßig eine Frist zur Nacherfüllung eingeräumt werden muss (Art. 1226 C.civ.), wohingegen es für die Nichtigkeitsklage keine vergleichbare Pflicht zur Fristgewährung gibt.

04.36 Acción de la anulabilidad

Anders als für die Auflösung des Vertrages (s. o. Nr. 04.32) bedarf der Auftraggeber für die Annullierung des Vertrages einer gerichtlichen Entscheidung. Dafür muss er die *acción de la anulabilidad* (Art. 1300ss. CC) vor Gericht geltend machen. Diese setzt voraus, dass der Kläger den Vertrag aufgrund eines Willensfehlers eingegangen war. Als Willensfehler kommen gem. Art. 1265 CC *error*, *dolo*, *violencia* oder *intimidación* in Betracht. Die Verletzung der vorvertraglichen Informationspflicht durch die IT-Firma kann auf Seiten des Auftraggebers einen *error* hervorrufen und/oder auf Seiten der IT-Firma den Tatbestand des *dolo* erfüllen. Letzterer würde ein hinterlistiges Verhalten der IT-Firma voraussetzen, das darauf abzielte, eine geschäftliche Erklärung des Auftraggebers herbeizuführen (*una conducta insidiosa dirigida a provocar la declaración negocial*).[453] Das hinterlistige Verhalten muss aber nicht in einer aktiven Handlung bestehen, es kann sich auch dadurch manifestieren, dass der Schuldner hinterlistig schweigt und den Vertragspartner nicht ordnungsgemäß aufklärt.[454] Der Irrtum gem. Art. 1266 al. 1 CC über die Substanz der Sache, die Gegenstand des Vertrages ist, muss *esencial* und *excusable* sein.[455] Er ist *esencial*, wenn die Sache eine der ihr zugeschriebenen Eigenschaften nicht aufweist, und zwar genau diejenige, die unter Berücksichtigung des Geschäftszwecks für den Abschluss ausschlaggebend war.[456] Für die Entschuldbarkeit des Irrtums kommt es sowohl auf ein durchschnittlich sorgfältiges Verhalten des Erklärenden als auch auf das vorvertragliche Verhalten des Erklärungsempfängers und dessen Informationspflichten an.[457] Die Anforderungen an die Sorgfaltspflichten des Erklärenden sind dann niedriger, wenn dieser Laie und sein Geschäftspartner Experte ist.[458] Umgekehrt aber sind die Anforde-

453 STS de 29/12/1999, FD 2°, ROJ: STS 8541/1999.
454 STS de 06/02/2001, FD 3°, ROJ: STS 723/2001.
455 Bercovitz Rodríguez-Cano/*García Vicente*, Comentarios al CC, Art. 1266, n° 3.
456 STS de 17/07/2006, FD 1°, ROJ: STS 5282/2006.
457 *López Frías*, in: Albiez Dohrmann, Derecho privado europeo y modernización del Derecho contractual en España, S. 167, 172; STS de 26/07/2000, ROJ: 6314/2000.
458 STS de 18/02/1994, ROJ: STS 968/1994.

rungen höher, wenn der Erklärende selbst IT-Experte ist. Ein Händler von gebrauchten Computerteilen, der ein IT-System erwirbt, das nicht seinen Erwartungen entspricht, kann angesichts seines Expertenwissens nicht glaubhaft darlegen, dass er einem entschuldbaren Irrtum über die Eigenschaften des IT-Systems erlegen ist.[459]

§ 4 Lösung des praktischen Falls 4

D verlangt die Rückgängigmachung des Vertrages und die Rückerstattung der von ihr geleisteten Vergütung gegen Rückgabe des ERP. Die S hingegen will am Vertrag festhalten. Bei dem Vertrag über die Erstellung und Einrichtung des ERP handelt es sich übereinstimmend nach deutschem, französischem und spanischem Recht um einen Werkvertrag, d. h. einen *contrat d'entreprise*, einen *contrato de obra*. Kaufrecht findet somit keine Anwendung. Wie die S vorgehen sollte, um die Forderung der D abzuwehren, hängt davon ab, welche Rechtsmittel der D zustehen. Deshalb sind die in Frage kommenden Rechtsmittel zu prüfen, und zwar getrennt nach deutschem, französischem und spanischem Recht. Sämtliche zu prüfende Rechtsmittel sehen als Rechtsfolge vor, dass der Gläubiger vom Schuldner die Rückerstattung der geleisteten Vergütung gegen Rückgabe des bestellten Produkts verlangen kann. Obschon die zu prüfenden Rechtsmittel in den Rechtsfolgen übereinstimmen, so unterscheiden sie sich doch in ihren Anwendungsvoraussetzungen.

➔ (A.) Deutsches Recht

➔ (A. I.) Rücktritt vom Vertrag gem. §§ 634 Nr. 3, Alt. 1, 636, 323, 326 Abs. 5 BGB

(1.) Wirksamer Werkvertrag

Die Parteien haben die Erstellung und Einrichtung eines kundenspezifischen ERP vereinbart. Es liegt somit ein Werkvertrag i. S. v. § 631 BGB vor.

(2.) Pflichtverletzung der S

S könnte ihre Leistungspflicht zur Herstellung des versprochenen Werks gem. § 631 Abs. 1, Alt. 1 BGB verletzt haben. Dann müsste es sich bei der Herstellung des ERP um eine nicht vertragsgemäße Leistung handeln. Dass das ERP keine Funktion für eine dezentrale Abfrage des Warenbestands hat, könnte einen Sachmangel darstellen. Ein Mangel liegt vor, wenn das ERP nicht die vereinbarte Beschaffenheit hat (§ 633 Abs. 2 S. 1 BGB). Ausdrücklich vereinbart haben die Parteien nur die Implementierung einer Funktion zur

459 SAP Barcelona, Sección 14ª, de 23/12/2009, FD 2°, ROJ: SAP B 12956/2009.

zentralen, nicht aber zur dezentralen Abfrage des Warenbestands. Insofern wäre die Beschaffenheit des ERP vereinbarungsgemäß. Es könnte aber ein funktionaler Mangel vorliegen. Das setzt voraus, dass der mit dem Vertrag verfolgte Zweck der Herstellung des Werks nicht erreicht wird und das Werk seine nach dem Vertrag vorausgesetzte Funktion nicht erfüllt. Dann müsste es sich bei der dezentralen Abfrage des Warenbestands um eine nach dem Vertrag vorausgesetzte Funktion handeln, ohne die der mit dem Vertrag verfolgte Zweck nicht erreicht wird. Dafür könnte sprechen, dass diese Funktion für das Geschäftsmodell der D unerlässlich ist, um kurzfristig die Warenversorgung innerhalb der Filialen ausgleichen zu können.

(3.) Setzung einer Nacherfüllungsfrist

Die D müsste der S eine Frist zur Nacherfüllung gesetzt haben. Das hat sie nicht getan. Unter den Voraussetzungen von § 323 Abs. 2 BGB oder § 636 BGB wäre die Fristsetzung entbehrlich. Gründe für die Entbehrlichkeit der Fristsetzung gem. § 323 Abs. 2 BGB sind nicht ersichtlich. Entbehrlichkeit gem. § 636 BGB liegt vor, wenn der Unternehmer die Nacherfüllung gemäß § 635 Abs. 3 BGB verweigert oder wenn die Nacherfüllung fehlgeschlagen oder dem Besteller unzumutbar ist. Hier käme allenfalls Unzumutbarkeit in Frage. Die Setzung einer Frist ist unzumutbar, wenn das Vertrauen des Bestellers in die Verlässlichkeit und Kompetenz des Unternehmers so nachhaltig erschüttert ist, dass aus seiner (objektiven) Sicht eine erfolgreiche Nacherfüllung nicht zu erwarten ist, z. B. weil er dem Unternehmer mehr als ein Jahr lang Gelegenheit zu zahlreichen Nachbesserungsversuchen gegeben hat oder weil die Werkleistung ein ganzes Paket nicht nur geringfügiger Mängel aufweist (s. o. Nr. 04.33). D macht lediglich ein einziges Funktionsdefizit geltend und hat der S bislang noch keine Chance zur Nacherfüllung gegeben. Die Unzumutbarkeit einer Fristsetzung ließe sich nicht nachvollziehbar begründen. Demnach wäre die Setzung einer Nacherfüllungsfrist erforderlich.

(4.) Erfolgloser Fristablauf

Wenn man davon ausgeht, dass eine Frist von einem Monat als angemessen gilt (s. o. Nr. 04.33), dann kann die Einhaltung der Frist für S allerdings kritisch werden, da S annimmt, noch acht Wochen für die Nacherfüllung zu benötigen.

(5.) Kein Ausschluss des Rücktritts

Der Rücktritt ist nach § 323 Abs. 5 S. 2 BGB ausgeschlossen, wenn die Pflichtverletzung (= der Mangel) unerheblich ist, wobei der Softwarehersteller die Unerheblichkeit beweisen muss (s. o. Nr. 04.33). D sagt, die dezentrale Abfrage sei für ihr Geschäftsmodell essenziell. Das spricht für die Erheblichkeit des Mangels.

Der Rücktritt ist nach § 326 Abs. 6 BGB ausgeschlossen, wenn der Gläubiger für den Umstand, der ihn zum Rücktritt berechtigen würde, allein oder weit überwiegend verantwortlich ist oder wenn der vom Schuldner nicht zu vertretende Umstand zu einer Zeit eintritt, zu welcher der Gläubiger im Verzug der Annahme ist. Solche Gründe sind hier nicht ersichtlich.

(6.) Rücktrittserklärung

D müsste gegenüber S den Rücktritt erklären, § 349 BGB.

(7.) Keine Unwirksamkeit des Rücktritts

Der Rücktritt der D ist unwirksam, wenn der Nacherfüllungsanspruch verjährt ist und S die Einrede der Unwirksamkeit gem. §§ 634a Abs. 4, 218 BGB erhebt. Bei der Herstellung einer beweglichen Sache wie dem ERP beträgt die Verjährung zwei Jahre ab Abnahme, § 634a Abs. 1 Nr. 1, Abs. 2 BGB. Üblicherweise legen die AGB des Herstellers eine Verjährungsfrist von einem Jahr fest. AGB, die eine Frist von weniger als 1 Jahr vorsehen würden, können auch im Unternehmensverkehr nicht wirksam in den Vertrag einbezogen werden, §§ 307, 309 Nr. 8 b) ff) BGB (s. o. Nr. 02.41). Dem Sachverhalt ist zu entnehmen, dass seit der Abnahme keine 12 Monate vergangen sind, sodass noch keine Verjährung eingetreten sein kann.

Unter der Voraussetzung, dass das Funktionsdefizit einer dezentralen Abfrage einen Mangel darstellt, könnte D wirksam den Rücktritt erklären und die Erstattung der geleisteten Vergütung verlangen. Allerdings kann sie nicht zurücktreten, bevor sie der S eine Chance zur fristgemäßen Nacherfüllung eingeräumt hat. Die Beschwerde vom 1.4. kommt hierfür nicht in Frage, da sie keine Fristsetzung enthält. Die Fristsetzung steht also noch aus.

➔ (A.II.) Schadensersatzanspruch auf Vertragsaufhebung wegen *culpa in contrahendo* gem. §§ 280 Abs. 1, 311 Abs. 2, 241 Abs. 2 BGB

(1.) Schuldverhältnis i. S. v. § 311 Abs. 2 BGB

Die Parteien haben intensive Vertragsverhandlungen geführt.

(2.) Pflichtverletzung, § 241 Abs. 2 BGB

S müsste eine vorvertragliche Sorgfaltspflicht gem. § 241 Abs. 2 BGB verletzt haben. Auf die Erheblichkeit der Pflichtverletzung kommt es nicht an. S könnte die ihr obliegende vorvertragliche Beratungspflicht verletzt haben, indem sie es unterlassen hat, zunächst das Geschäftsmodell der D zu erforschen und dann die D darüber zu informieren, dass das ERP über keine Funktion zur dezentralen Abfrage des Sortiments verfügt. Wenn S ihrer Ausforschungspflicht nachgekommen wäre, hätte sie erkennen müssen, dass eine dezentrale Abfrage essenziell für das Geschäftsmodell der D ist.

(3.) Vertretenmüssen

Die S muss die Verletzung der Beratungspflicht zu vertreten haben. Gem. § 276 BGB hat der Schuldner Vorsatz oder Fahrlässigkeit zu vertreten. Nach § 280 Abs. 1 S. 2 BGB wird das Vertretenmüssen vermutet. Es sind keine Gründe ersichtlich, mit denen die S den Vorwurf der Fahrlässigkeit widerlegen könnte.

(4.) Schadensersatz, § 280 Abs. 1 BGB

Der Schadensersatz geht auf das negative Interesse (s. o. Nr. 04.34). D ist so zu stellen, wie sie stehen würde, wenn sie sich nicht auf den Vertrag eingelassen hätte. Der Vertrag ist im Wege der Naturalrestitution gem. § 249 BGB aufzuheben.

(5.) Vorrang des Gewährleistungsrechts

Wenn eine Verletzung der vorvertraglichen Beratungs- und Ausforschungspflicht vom Gericht festgestellt wird, kann D die Aufhebung des Werkvertrages verlangen. Die unmittelbare Aufhebung des Vertrages ist jedoch dann nicht möglich, wenn das Gericht außerdem feststellt, dass sich die Verletzung der vorvertraglichen Beratungspflicht auf einen mangelbegründenden Umstand bezieht. Das wäre dann der Fall, wenn das Funktionsdefizit der dezentralen Abfrage dazu führt, dass das ERP nicht der vereinbarten Beschaffenheit entspricht. Dann müsste es sich bei der dezentralen Abfrage des Warenbestands um eine nach dem Vertrag vorausgesetzte Funktion handeln, ohne die der mit dem Vertrag verfolgte Zweck nicht erreicht wird. Dann würde sich die Verletzung der Beratungspflicht auf einen mangelbegründenden Umstand beziehen mit der Folge, dass der Vorrang des Gewährleistungsrechts gilt (s. o. Nr. 04.23). Dann müsste die D der S eine Chance zur Nacherfüllung einräumen, bevor sie die Aufhebung des Vertrages verlangen kann. Wenn aber vom Gericht festgesellt wird, dass S zwar die Beratungspflicht verletzt hat, dass aber das Funktionsdefizit der dezentralen Abfrage keinen Sachmangel darstellt, dann kann D die Aufhebung des Vertrages verlangen, ohne dass sie der S zuvor eine Chance zur Nacherfüllung eingeräumt haben muss.

➔ (B.) Französisches Recht

➔ (B. I.) Résolution unilatérale par notification

(1.) Contrat d'entreprise

(2.) Inexécution suffisamment grave

L'entreprise numérique n'a-t-elle pas rempli son obligation de délivrance conforme?

Ou bien l'entreprise numérique n'a-t-elle pas rempli son obligation de recherche de la volonté du client et de ses besoins?

La prestation réalisée ne correspond-elle pas aux besoins évidents du client?

(3.) Mise en demeure

Le client a-t-il préalablement envoyé une mise en demeure restée infructueuse à l'entreprise numérique (art. 1226 al. 1 C.civ.)?

(4.) Notification

Le client a-t-il notifié à l'entreprise numérique sa décision de résilier le contrat ainsi que les motifs de cette décision (art. 1226 al. 3 C.civ.)?

Erst wenn die vorgenannten Fragen affirmativ beantwortet werden können, sind die Voraussetzungen erfüllt, damit D von S die Rückerstattung der geleisteten Vergütung verlangen kann. Allerdings sind laut Sachverhalt die Punkte (3.) und (4.) noch nicht erfüllt. Die Wirksamkeit der *résolution* setzt voraus, dass D die S in Verzug gesetzt hat (*mise en demeure*). Die Beschwerde vom 1.4. wird hierfür nicht ausreichend sein, da sie keine Fristsetzung enthält. D muss also noch einen *lettre de mise en demeure* an S richten, um S eine zweite Chance einzuräumen. Nach fruchtlosem Fristablauf muss D eine *notification* an S zustellen lassen, die die Gründe für die Auflösung des Vertrages enthält. Erst dann sind die Voraussetzungen erfüllt, damit D von S die Rückerstattung der geleisteten Vergütung verlangen kann.

Die von D einseitig erklärte *résolution* kann S vom Gericht überprüfen lassen. Dann hat D die Schwere der Nichterfüllung (*gravité de l'inexécution*) nachzuweisen (art. 1226 al. 4 C.civ.). Dieser Nachweis wäre nicht erforderlich, wenn die Voraussetzungen einer von den Parteien vertraglich vereinbarten Auflösungsklausel (*clause résolutoire*) vorliegen würden (s. o. Nr. 04.31). Im Praktischen Fall 4 wurde von S und D eine solche Klausel aber nicht vereinbart.

➔ (B.II.) Action en nullité du contrat (art. 1178 C.civ.)

(1.) Demande en justice

(2.) Vice du consentement: erreur

Le client s'est-il trompé sur les qualités substantielles de la chose?

(3.) Erreur excusable et non grossière

La violation de l'obligation de renseignement et de conseil par l'entreprise numérique était-elle la seule cause de l'erreur commise par le client, incompétent en la matière?

Wenn die vorgenannten Fragen affirmativ beantwortet werden können, sind die Voraussetzungen für eine Klage auf Annullierung des Vertrages gegeben. Sobald ein Urteil vorliegt, in dem das Gericht die Nichtigkeit des Vertrages festgestellt hat, kann D von S die Erstattung der geleisteten Vergütung gegen Rückgabe des ERP verlangen. Die Einräumung einer zweiten Chance zur Nacherfüllung ist nicht Voraussetzung für eine erfolgreiche Annullierungsklage.

➔ (C.) Spanisches Recht

➔ (C. I.) Resolución del contrato por incumplimiento, art. 1124 CC

(1.) Contrato de obra

(2.) Incumplimiento de una obligación principal

¿La empresa informática ha suministrado un producto con graves defectos de funcionamiento o totalmente inservible para el uso previsto?

¿Se ha frustrado la finalidad económica perseguida por el cliente?

Wenn die vorgenannten Fragen affirmativ beantwortet werden können, sind die Voraussetzungen für die Vertragsauflösung gegeben. Für die Vertragsauflösung bedarf es keiner gerichtlichen Entscheidung, wenn S sie akzeptiert. Die Einräumung einer zweiten Chance zur Nacherfüllung ist nicht Voraussetzung für die Auflösung des Vertrages. Wenn S die Vertragsauflösung nicht akzeptiert, kann D versuchen, sie vor Gericht zu erstreiten.

➔ (C.II.) Acción de la anulabilidad, art. 1300ss. CC

(1.) Demanda ante los tribunales

(2.) Vicio del consentimiento: error esencial (art. 1266 CC)

¿Se ha equivocado el cliente con respecto a la sustancia del objeto del contrato o a las condiciones principales que han motivado su celebración?

(3.) Vicio del consentimiento: error excusable (art. 1266 CC)

¿Ha incumplido la empresa informática su obligación de consejo precontractual?

Wenn die vorgenannten Fragen affirmativ beantwortet werden können, sind die Voraussetzungen für eine Klage auf Annullierung des Vertrages gegeben. Sobald ein Urteil vorliegt, in dem das Gericht die Nichtigkeit des Vertrages festgestellt hat, kann D von S die Erstattung der geleisteten Vergütung gegen Rückgabe des ERP verlangen. Die Einräumung einer zweiten Chance zur Nacherfüllung ist nicht Voraussetzung für eine erfolgreiche Annullierungsklage.

05. Mitwirkungspflichten des Auftraggebers

§ 1 Praktischer Fall 5

Sie arbeiten im Projektmanagement der Firma S, die auf die Digitalisierung und Robotisierung von Gastronomiebetrieben und Großküchen spezialisiert ist. Im Auftrag der Geschäftsleitung führen Sie Vertragsverhandlungen mit der Catering-Firma K, die Krankenhäuser und Schulen in der Region mit warmen Speisen beliefert. K ist an der umfassenden Digitalisierung und Vernetzung ihrer Zentralküche interessiert. Sie legt Wert darauf, dass die hochwertigen smarten Küchenmaschinen, die sie 2024 von der Z erworben hatte, mit den von S angebotenen Küchenrobotern vernetzt werden. Techniker der S, die das bestehende Smart-Cooking-System der K untersucht haben, kommen zu dem Ergebnis, dass eine Vernetzung der Systeme von Z und S zu Dateninkonsistenzen führen werden. Während Sie der Ansicht sind, dass K umgehend über das Untersuchungsergebnis in Kenntnis gesetzt werden müsse, hält Ihr Kollege, der Projektmanager P, es für nicht opportun, zu einem so frühen Zeitpunkt in den Vertragsverhandlungen die Probleme mit der Kompatibilität anzusprechen. Momentan erarbeitet K unter Mitwirkung von S das Pflichtenheft. P meint, dass, wenn man K erst nach Abschluss des Pflichtenhefts oder noch besser nach Vertragsschluss über die technischen Probleme mit der Kompatibilität informieren würde, dass man dann in einer besseren Verhandlungsposition wäre. Es wäre dann einfacher, K davon zu überzeugen, dass sie das System ausschließlich mit Gerätschaften von S ausstatten solle. Gibt es gegen die von P vorgeschlagene Vorgehensweise rechtliche Bedenken?

§ 2 Vorvertragliche Mitwirkungspflichten

05.20 Grundsätzliches

Wenn wir von vorvertraglichen Mitwirkungspflichten des Auftraggebers sprechen, dann geht es uns vor allem um zwei Problemkreise. Zum einen geht es um die Frage, inwieweit sich aus der Mitwirkungspflicht eine Verantwortung des Auftraggebers für das von ihm erstellte Pflichtenheft ableiten lässt (Nr. 05.24–05.26). Es stellt sich die Frage, ob und unter welchen Voraussetzungen der Auftraggeber haftbar gemacht werden kann, wenn Ungereimtheiten im Pflichtenheft später zu Problemen bei der Realisierung des Projekts führen. Zum anderen geht es um die Frage, inwieweit aus der Mitwirkungspflicht eine Obliegenheit des Auftraggebers erwächst, sich während der Vertragsverhandlungen fair zu verhalten und diese nicht treuwidrig scheitern zu lassen (Nr. 05.21–05.23). Wenn nach langwierigen Vertragsverhandlungen der Auftraggeber die Verhandlungen scheitern lässt und weitere Verhandlungen ablehnt, dann stellt sich die Frage, ob er damit seine Mitwirkungspflicht verletzt hat oder ob ggf. die IT-Firma die Verantwortung dafür tragen soll.

Es stellt sich auch generell die Frage, ob und unter welchen Voraussetzungen ein schuldhafter und treuwidriger Abbruch der Vertragsverhandlungen zum Schadensersatz verpflichten kann. In allen kontinentalen Rechtsordnungen wird inzwischen eine solche Haftung akzeptiert, wobei die deutsche Rechtsprechung in der ersten Hälfte des 20. Jahrhunderts Vorreiterin war.[460] Demnach steht es jedem Verhandlungspartner zwar frei, in Verhandlungen einzutreten und diese jederzeit wieder zu verlassen, er soll aber insofern gebunden sein, als er während der gesamten Verhandlungsphase den Grundsatz von Treu und Glauben, *good faith*, *bonne foi*, *buena fe* zu berücksichtigen hat. Bei dem Grundsatz von Treu und Glauben handelt es sich um eine zwingende Norm, die ausnahmslos für alle Schuldverhältnisse gilt und über die sich die Parteien nicht hinwegsetzen können.[461] In entgegengesetzte Richtung hat sich die Rechtsprechung im englischen Common Law entwickelt. Dort wird die Pflicht und die Durchsetzung einer Vereinbarung bezüglich der Selbstverpflichtung zu gutgläubigen Verhandlungen (*contract to negotiate in good faith*) entschieden abgelehnt.[462] Hier zeigt sich abermals ein diametraler Widerspruch zwischen Civil Law und Common Law (s. o. Nr. 01.50).

Wenn wir vom Pflichtenheft sprechen, dann meinen wir die Leistungsbeschreibung, die der Kunde vorvertraglich erstellt, und zwar maßgeblich durch Beratung der IT-Firma, mit der er Vertragsverhandlungen führt. Das Pflichtenheft darf nicht verwechselt werden mit dem Lastenheft, das der Kunde im Rahmen einer Ausschreibung seinem *Request for Proposal* beifügt. Anders als das Pflichtenheft ist das Lastenheft vom Kunden selbst oder in dessen Auftrag erstellt worden, ohne dass die IT-Firma Einfluss auf seine Gestaltung hätte nehmen können. Damit entspricht das Lastenheft zumeist einer *étude de préfaisabilité et de définition des objectifs*[463] oder einem *estudio de viabilidad*.[464] Das sind Machbarkeitsstudien, die der Kunde im Vor-

---

460 *Ranieri*, Europäisches Obligationenrecht, S. 204 f. unter Berufung auf RG, Urt. v. 19.1.1934, RGZ 143, 219.

461 *Larenz*, Schuldrecht, Bd. 1 AT, S. 77.

462 House of Lords, [1992] 2 A. C. 128, Walford/Miles; *Ranieri*, Europäisches Obligationenrecht, S. 1882.

463 *Le Tourneau*, Contrats du numérique, n° 111.21.

464 *Soler Matutes*, in: Soler Matutes et al., Manual de gestión y contratación informática, S. 468 f.

feld des IT-Projekts z. B. von einem Consulting-Unternehmen erstellen lässt, um daraufhin eine Ausschreibung zu starten. Wenn die IT-Firma auf die Ausschreibung hin ein Angebot vorlegt, kann sie vom Kunden zu Vertragsverhandlungen eingeladen werden. Im Rahmen dieser Vertragsverhandlungen erfolgt dann auf der Grundlage des Lastenhefts die Ausarbeitung des Pflichtenhefts.

Selbstverständlich ist die Ausschreibung kein notwendiger Bestandteil des Projekts. Der Auftraggeber kann sich auch direkt an die IT-Firma wenden und in Vertragsverhandlungen eintreten. Das endgültige Pflichtenheft, das der Kunde in den Vertragsverhandlungen unter Beratung der IT-Firma erstellt, ist ein hinreichendes, aber nicht notwendiges Produkt sowohl der vorvertraglichen Mitwirkungspflicht des Kunden als auch der vorvertraglichen Beratungspflicht der IT-Firma. Die Parteien können auf die Erstellung eines Pflichtenhefts verzichten, wie das bei den agilen Projektmethoden üblich ist, aber sie können durch den Verzicht aufs Pflichtenheft weder die IT-Firma von ihrer vertraglichen Beratungspflicht noch den Kunden von seiner vertraglichen Mitwirkungspflicht vollständig entbinden.

Welchen Namen die Parteien dem Dokument auch geben, ob sie es als «Pflichtenheft», als «*cahier des charges*» oder als «*análisis de requerimientos*» betiteln oder ob sie ihm einen ganz anderen Namen geben, ist irrelevant. Entscheidend ist nur, dass es vom Auftraggeber unter beratender Mitwirkung der IT-Firma im Rahmen der Vertragsverhandlungen erstellt wurde. Wenn im internationalen Projektmanagement von *functional specifications* die Rede ist, dann sagt das noch nichts über deren rechtliche Qualifikation aus. Es kommt vielmehr darauf an, ob es um fachliche Spezifikationen oder ob es um technische Spezifikationen geht.[465] Erstere werden vom Auftraggeber während der Vertragsverhandlungen unter Beratung der IT-Firma erstellt und entsprechen somit dem Pflichtenheft (*cahier des charges, análisis de requerimientos*); letztere werden erst nach Vertragsschluss von der IT-Firma erstellt und sind vom Auftraggeber ggf. zu validieren oder zu falsifizieren. Sie entsprechen der *analyse fonctionnelle* bzw. dem *análisis funcional*.

05.21 Abbruch der Vertragsverhandlungen

Aus dem Grundsatz der Vertragsfreiheit folgt, dass ein auch nur mittelbarer Zwang zum Vertragsabschluss zu vermeiden ist, sodass jede Partei bis zum endgültigen Vertragsabschluss grundsätzlich frei sein muss, die Vertragsverhandlungen abzubrechen, ohne deshalb dem anderen Teil zum Schadensersatz verpflichtet zu sein. Anders ist es, wenn eine Partei die vorvertrag-

465 Vgl. *Schneider*, in: Schneider/Graf v. Westphalen, Software-Erstellungsverträge, S. 195 f.

lichen Rücksichtnahmepflichten verletzt hat, indem sie bei dem anderen Teil falsche Vorstellungen über die eigene Abschlussbereitschaft bzw. Abschlussfähigkeit erweckt oder aufrechterhalten hat.[466] Wenn nämlich der Vertragsschluss als sicher zu erwarten ist und in diesem Vertrauen bereits Aufwendungen vor Abschluss des Vertrages gemacht werden, können die Aufwendungen unter dem Gesichtspunkt der *culpa in contrahendo* zu erstatten sein, vorausgesetzt, die Aufwendungen waren für die Vertragsvorbereitung erforderlich und der mögliche Vertragspartner musste auch mit ihnen rechnen.[467] An die Annahme eines Grundes, der den Abbruch von Vertragsverhandlungen zu rechtfertigen vermag, sind keine allzu strengen Anforderungen zu stellen. Bei IT-Projekten dürfte es ausreichen, wenn der Softwarebesteller seine Organisationspläne begründet ändert und die noch nicht bestellte Software daher entbehrlich wird.[468] Im Regelfall umfasst der Ersatzanspruch aus c. i.c. wegen des Abbruchs von Vertragsverhandlungen allein das negative Interesse, nicht dagegen das positive Interesse.[469]

05.22 Rupture des pourparlers

Wer seinen Partner absichtlich in einer anhaltenden Ungewissheit lässt, indem er ihn glauben lässt, das Geschäft werde zu seinen Gunsten abgeschlossen, und dann in dem Wissen, dass der Partner bereits Investitionen getätigt hat, ohne berechtigten Grund die fortgeschrittenen Gespräche abrupt und einseitig abbricht, der verstößt gegen den Grundsatz von Treu und Glauben in den Geschäftsbeziehungen (*bonne foi dans les relations commerciales*) und begründet damit die deliktische Haftung gegenüber dem Verhandlungspartner.[470] Dieses treuwidrige Verhalten ist als ein schuldhafter Abbruch der Vertragsverhandlungen, eine *rupture fautive*, zu bewerten. Der Abbruch der Vertragsverhandlungen ist hingegen nicht schuldhaft, wenn die Verhandlungen weder lange noch intensiv waren und zuvor noch keine Geschäftsbeziehungen zwischen den Parteien bestanden hatten.[471]

Wer den Abbruch der Verhandlungen verschuldet hat, ist dem anderen Teil zum Schadensersatz verpflichtet. Das muss nicht zwingend derjenige sein, der den Willen bekundet hat, die Verhandlungen zu beenden. Alleiniger Verantwortlicher kann auch der Vertragspartner sein, der aufgrund seines treuwidrigen Verhaltens den anderen dazu veranlasst hat, die Beendigung

466 MK-BGB/*Emmerich*, § 311 BGB Rdnr. 241.
467 LG Stuttgart, Urt. v. 22.3.2002 – 8 O 420/99, JurPC Web-Dok. 315/2002; CR 2002, 644, 646.
468 *Redeker*, in: Schneider/Graf v. Westphalen, Software-Erstellungsverträge, S. 327.
469 BGH, Urt. v. 18.7.2001 – XII ZR 183/98, NJW-RR 2001, 1524, 1525.
470 Cass.com. du 18/01/2011, n° 09-14.617.
471 Cass.com. du 20/06/2000, n° 96-16.497.

zu erklären.[472] Schließt die abbrechende Partei mit einem Dritten einen Vertrag ab, kann der Dritte wegen des Abbruchs nicht haftbar gemacht werden, selbst wenn er von den abgebrochenen Vertragsverhandlungen wusste.[473] Der Schadensersatzanspruch geht nicht auf das positive, sondern auf das negative Interesse, Art. 1112 al. 2 C.civ. (zum Begriff des negativen Interesses s. u. Nr. 08.23). Der Anspruchsberechtigte kann verlangen, so gestellt zu werden, wie er stehen würde, wenn er sich niemals auf die Vertragsverhandlungen eingelassen hätte. Er kann dann nicht den Gewinn verlangen, den der anvisierte Vertrag eingebracht hätte, wohl aber kann er den Gewinn verlangen, den er mit dem Abschluss eines anderen Vertrages gemacht hätte, den er aber wegen der laufenden Vertragsverhandlungen nicht abschließen konnte. Diesen entgangenen Gewinn, der das negative Interesse betrifft, wird dann als *perte de chance* bezeichnet.[474] Den kann z. B. die IT-Firma verlangen, wenn sie während der nunmehr nutzlos gewordenen Verhandlungen einen anderen lukrativen Vertrag hätte abschließen können. Außerdem kann sich die *perte de chance* auch aus dem Reputationsverlust ergeben, den die IT-Firma durch den brutalen Abbruch der Vertragsverhandlungen erleiden musste.[475]

Derjenige, dessen Partner für den Abbruch der Verhandlungen verantwortlich ist, befindet sich in einer vergleichbaren Situation wie derjenige, dessen Vertragspartner für die Annullierbarkeit des Vertrages verantwortlich ist (s. o. Nr. 04.35). In beiden Fällen kann er den auf das negative Interesse gehenden Schadensersatz verlangen, der nicht nur die Erstattung der durch den Vertragsabschluss bzw. die Vertragsverhandlung entstandenen Kosten umfasst, sondern auch finanzielle Kompensation für die erlittene *perte de chance*.

05.23 Ruptura de los tratos preliminares

Unter ausdrücklicher Berufung auf die deutsche Doktrin akzeptiert auch der Tribunal Supremo, dass treuwidriges Verhalten während der *tratos preliminares* („Vorverhandlungen") zur Haftung wegen *culpa in contrahendo* führen kann, allerdings – anders als im deutschen Recht – zur deliktischen Haftung (Art. 1902 CC).[476] Insofern entspricht das spanische Recht dem französischen Recht. Treuwidriges Verhalten während der vorvertraglichen

472 *Le Tourneau*, Contrats du numérique, n° 112.23.
473 *Fages*, in: Bien/Borghetti, Die Reform des französischen Vertragsrechts, S. 13, 23 unter Berufung auf Cass.com. du 26/11/2003, n° 00-10.243 und n° 00-10.949.
474 *Bitan*, Droit et expertise des contrats informatiques, n° 65; *Le Tourneau*, Contrats du numérique, n° 112.32.
475 Vgl. Cass.com. du 16/09/2014, n° 13-16.524.
476 STS de 16/12/1999, FD 1°, ROJ: STS 8109/1999.

Phase kann nur dann zur vertraglichen Haftung gem. Art. 1101 CC führen, wenn die Parteien einen *precontrato* (Vorvertrag) geschlossen haben.[477] Schadensersatz im Falle deliktischer Haftung geht auf das negative Interesse und nicht auf das positive Erfüllungsinteresse (zur Unterscheidung von deliktischer und vertraglicher Haftung s. u. Nr. 08.28). Ist es also keine Pflichtverletzung des Vorvertrags, sondern eine vorvertragliche Pflichtverletzung, die eine Partei der anderen vorwirft, so kann die geschädigte Partei nur verlangen, so gestellt zu werden, wie sie stehen würde, wenn sie sich nicht auf die Vertragsverhandlungen eingelassen hätte; sie kann aber nicht verlangen, so gestellt zu werden, wie sie stehen würde, wenn der anvisierte Vertrag zustande gekommen wäre. Insofern stimmen deutsches, französisches und spanisches Recht überein.[478]

Damit bei Abbruch der Vertragsverhandlungen eine Partei von der anderen Schadensersatz wegen *culpa in contrahendo* verlangen kann, müssen vier Bedingungen erfüllt sein:[479] (1.) Es muss ein begründetes Vertrauen auf einen möglichen Vertragsabschluss bestanden haben (*una razonable confianza en la conclusión del contrato*).[480] (2.) Der Abbruch darf nicht gerechtfertigt sein (*no ruptura justificada*). Das ist dann der Fall, wenn eine Partei ihr Recht, sich aus den Vertragsverhandlungen zurückzuziehen, entgegen der Regel von *buena fe* (Art. 7.1 und Art. 1258 CC) missbräuchlich ausübt (*ejercicio abusivo*).[481] (3.) Demjenigen, der auf die Fortsetzung der Vertragsverhandlungen vertraut hat, muss ein Schaden entstanden sein. (4.) Der Schaden muss kausal auf dem erschütterten Vertrauen beruhen. Schadensposten können z. B. die Kosten sein, die der IT-Firma durch die vorvertragliche Herstellung eines Prototyps entstanden sind, wenn die Herstellung im Einverständnis mit dem Auftraggeber im Hinblick auf den anvisierten Auftrag geschehen ist.[482] Aber auch für andere vorbereitende Maßnahmen, die von der IT-Firma in Erwartung des Vertragsabschlusses getätigt wurden, kann die IT-Firma eine angemessene Entschädigung verlangen. Das Gericht kann dann der IT-Firma Schadensersatz i. H. v. fünf Prozent des Wertes zusprechen, den das Geschäft bei Zustandekommen des Vertrages gehabt hätte.[483]

477 SAP Albacete, Sección 1ª, de 18/02/2019, FD 3°, ROJ: SAP AB 47/2019.
478 Vgl. *García Rubio*, in: Morales Moreno, Estudios de Derecho de Contratos, AEBOE, S. 367.
479 SAP Barcelona, Sección 4ª, de 15/03/2013, FD 5°, ROJ: SAP B 4463/2013.
480 STS de 11/02/2016, ROJ: STS 502/2016.
481 STS de 22/03/2007, FD 2°, ROJ: 2536/2007.
482 *Soler Matutes*, in: Soler Matutes et al., Manual de gestión y contratación informática, S. 507 f.; SAP La Rioja, Sección 1ª, de 30/05/2002, ROJ: SAP LO 397/2002.
483 SAP La Coruña, Sección 6ª, de 12/07/2007, FD 4°, ROJ: SAP C 1939/2007.

05.24 Pflichtenheft

Die Erstellung des Pflichtenhefts, das die fachlichen Anforderungen an die Software enthält, obliegt grundsätzlich dem Auftraggeber,[484] und zwar auch dann, wenn die Parteien keine entsprechende Verpflichtung vereinbart haben.[485] Die IT-Firma muss aber daran mitwirken. Sie muss von sich aus die innerbetrieblichen Bedürfnisse ermitteln, darauf drängen, dass der Auftraggeber sie in einem Pflichtenheft niederlegt, bei der Formulierung der Aufgabenstellung mitwirken, einen Organisationsvorschlag zur Problemlösung unterbreiten und für sie erkennbare Unklarheiten und Bedürfnisse aufklären.[486] Dabei gehen Unklarheiten, die für die IT-Firma nicht erkennbar waren, zu Lasten des Auftraggebers.[487] Die Parteien können auch vertraglich vereinbaren, dass die IT-Firma das Pflichtenheft auszuarbeiten hat.[488] Ein von der IT-Firma zu erstellendes Pflichtenheft soll eine allgemeine Zielbeschreibung enthalten, darüber hinaus die Beschreibung des Ist-Zustands, in die das Datenverarbeitungssystem eingebettet werden soll, den genauen Funktionsumfang, Leistungsnachweise, Leistungsumfang sowie Test- und Abnahmebedingungen.[489]

Wenn die Software ohne Pflichtenheft erstellt wurde, dann hat sie dem Stand der Technik bei einem mittleren Ausführungsstandard zu entsprechen.[490] Auch hier kommt der funktionale Mangelbegriff ins Spiel, wonach der werkvertraglich versprochene Erfolg Teil der Beschaffenheitsvereinbarung ist (s. o. Nr. 04.23 und Nr. 04.33). Mag wegen des fehlenden Pflichtenhefts keine Beschaffenheitsvereinbarung zu ermitteln sein, kann dennoch eine Abweichung von der vereinbarten Beschaffenheit i. S. v. § 633 Abs 2 S. 1 BGB vorliegen, wenn das Werk zwar vereinbarungsgemäß hergestellt wurde, aber der mit dem Vertrag verfolgte Zweck der Herstellung des Werks nicht erreicht wird und das Werk seine vereinbarte oder nach dem Vertrag vorausgesetzte Funktion nicht erfüllt.[491] Der BGH subsumiert unter dem Begriff „vereinbarte Beschaffenheit" sowohl die vereinbarte Ausführungsart als auch den werkvertraglich versprochenen Erfolg. Und wenn das Programm nicht funktionsgerecht eingesetzt werden kann, so entspricht die Leistung der IT-Firma nicht dem Stand der Technik bei einem mittleren Ausführungs-

484 *Witzel*, in: Schneider/Graf v. Westphalen, Software-Erstellungsverträge, S. 679.
485 OLG Köln, Urt. v. 7.2.1992 – 19 U 117/91, NJW-RR 1992, 761.
486 OLG Köln, Urt. v. 18.6.1993 – 19 U 215/92, NJW-RR 1993, 1528.
487 OLG Köln, Urt. v. 25.6.1993 – 19 U 216/92, NJW-RR 1993, 1529, 1530.
488 Vgl. BGH, Urt. v. 24.9.1991 – X ZR 85/90, NJW-RR 1992, 556 = CR 1992, 543.
489 OLG Düsseldorf, Urt. v. 10.6.1992 – 19 U 23/91, CR 1993, 361, 363.
490 BGH, Urt. v. 24.9.1991 – X ZR 85/90, CR 1992, 543; BGH, Urt. v. 16.12.2003 – X ZR 129/01, CR 2004, 490; OLG Düsseldorf, Urt. v. 18.7.1997 – 22 U 3/97, NJW-RR 1998, 345.
491 BGH, Urt. v. 29.9.2011 – VII ZR 87/11, NJW 2011, 3780.

standard.[492] Mit anderen Worten: Die IT-Firma kann ihrer Pflicht, ein Werk zu erstellen, das dem Stand der Technik bei einem mittleren Ausführungsstandard entspricht, nicht dadurch entgehen, dass die Parteien auf ein Pflichtenheft verzichten.

05.25 Cahier des charges

Während der Vertragsverhandlungen obliegt es dem Auftraggeber, seine Bedürfnisse, die angestrebten Ziele und die beabsichtigten Verwendungen zu benennen, indem er Art und Umfang der von ihm gewünschten Arbeiten klar definiert, um es der IT-Firma zu ermöglichen, seinen tatsächlichen Bedarf zu ermitteln und ihm die dafür geeigneten Geräte, Softwarepakete und Programme anzubieten.[493] Die Frage, ob der Auftraggeber seine Mitwirkungspflicht erfüllt hat, wirkt sich auch auf das Recht des Auftraggebers aus, vom Auftragnehmer Schadensersatz wegen Schlechtleistung zu verlangen. Stellt sich heraus, dass das gelieferte IT-Produkt nicht vertragskonform ist, und fordert der Auftraggeber deshalb Schadensersatz vom Auftragnehmer, dann wird es für die Haftung des Auftragnehmers und ggf. für die Höhe des Schadensersatzes darauf ankommen, inwiefern die *non-conformité* auch durch die unterlassene Mitwirkung des Auftraggebers verursacht wurde.

Die Erfüllung der vorvertraglichen Mitwirkungspflicht geschieht idealerweise dadurch, dass der Auftraggeber einen *cahier des charges* erstellt. Wenngleich ein *cahier des charges* nicht gesetzlich vorgeschrieben ist, so dient er doch sowohl den rechtlichen Interessen des Auftraggebers als auch denen des Auftragnehmers.[494] Ein förmlicher *cahier des charges* ist nicht erforderlich, solange der Auftraggeber seine Bedürfnisse hinreichend präzise schildert.[495] Erstellt er aber einen *cahier des charges*, der klar und verständlich ist, dann hat er damit seiner vorvertraglichen Mitwirkungspflicht Genüge getan.[496] Dies kann auch dadurch geschehen, dass der Kunde im Rahmen der Vertragsverhandlungen den IT-Anbieter schriftlich darauf hinweist, dass bei der gewünschten Software eine bestimmte Funktion unverzichtbar ist. Wenn der IT-Anbieter dann eine Software ohne diese Funktion liefert, ist der Kunde berechtigt, die Vertragsauflösung geltend zu machen. Der IT-Anbieter kann die Rückerstattung der gezahlten Vergütung nicht mit dem Einwand verweigern, dass es sich um Standardsoftware handele, weshalb es für die

492 BGH, Urt. v. 16.12.2003 – X ZR 129/01, CR 2004, 490, 491.
493 Cass.com. du 11/05/1999, n° 96-16.322; Cass.com. du 07/01/1997, n° 94-16.558.
494 *Bitan*, Droit et expertise des contrats informatiques, n° 11.
495 CA Paris, 25e ch., du 18/06/1999, obs. *Bertrand*, Expertises 2000, 154–157.
496 *Voisin*, Expertises 2004, 184, 187; CA Montpellier, 1re ch., du 24/06/2003, Expertises 2004, 196.

Erfüllung der Beratungspflicht ausreiche, wenn er den Kunden über die Vor- und Nachteile der Software informiert habe.[497]

Hat der Auftraggeber keinen *cahier des charges* erstellt und sind die Anforderungen an die Software im Vertrag nur vage definiert, kann der Auftraggeber der IT-Firma nicht vorwerfen, er vermisse die Implementierung einer bestimmten Funktion,[498] es sei denn, dass es offensichtlich ist, dass sich die Bedürfnisse des Auftraggebers genau auf diese Funktion beziehen (s. o. Nr. 04.24).[499] Hat der Auftraggeber keinen *cahier des charges* erstellt, so kann der IT-Anbieter trotzdem für Schäden haften, die dadurch entstanden sind, dass die gelieferte Software nicht den Bedürfnissen des Kunden entspricht. Das ist z. B. dann der Fall, wenn sich der IT-Anbieter mit mündlichen Informationen begnügt, ohne die bestehende Installation und die tatsächlichen Bedürfnisse des Auftraggebers zu überprüfen, der seinerseits über keine qualifizierten IT-Kenntnisse verfügt.[500] Dann haftet der IT-Anbieter für Funktionsfehler der gelieferten Software, die darauf beruhen, dass die Software nicht für das bestehende IT-System des Auftraggebers geeignet ist.

Legt der Auftraggeber dem Hersteller einen *cahier des charges* vor, so ist der Hersteller verpflichtet, die darin enthaltenen Erwartungen des Auftraggebers auf ihre Realisierbarkeit hin zu überprüfen. Bricht der Hersteller das Projekt in der Realisierungsphase ab, nachdem er feststellen muss, dass die im *cahier des charges* formulierten Erwartungen nicht umsetzbar sind, so haftet er wegen *rupture fautive* für die Schäden, die dem Auftraggeber durch die vorzeitige Vertragsbeendigung entstehen.[501] D. h. also, dass die vorvertraglichen Beratungspflichten des Herstellers auch die Pflicht umfassen, den Auftraggeber bei der Ausarbeitung des *cahier des charges* zu beraten. Der Hersteller muss dann ggf. den Auftraggeber darauf hinweisen, dass die im *cahier des charges* genannten Funktionen nicht realisierbar sind. Macht allerdings der Auftraggeber im *cahier des charges* Angaben, die sehr allgemein gehalten sind, und erstellt der Aufragnehmer aufgrund dieser Angaben fünf Produkt-Versionen, von denen aber keine den Auftraggeber zufriedenstellt, dann kann der Auftraggeber der IT-Firma nicht vorwerfen, sie habe den Vertrag nicht erfüllt.[502] Waren sich also die Parteien einig, dem Projekt einen *cahier des charges* mit unpräzisen Angaben zugrunde zu legen, so darf

497 Cass.com. du 19/02/2002, n° 99-15.722.

498 Cass.com. du 11/05/1999, n° 96-16.322; CA Paris, 5ᵉ ch., section C, du 03/12/1976, obs. *Boitard/Dubarry*, JCP G 1977 II, n° 18579; *Bitan*, op. cit., n° 11.

499 CA Paris, pôle 5, 11ᵉ ch., du 16/10/2015, RG n° 13/06759, CCÉ 2015/12, n° 98.

500 CA Limoges du 21/12/2015, RG n° 14/01136.

501 CA Paris, pôle 5, 11ᵉ ch., du 16/03/2012, Uzik/Moralotop, abrufbar bei legalis.net/jurisprudences.

502 Cass.com. du 28/09/2010, n° 09.10-486.

das Tatsachengericht die Pflicht der IT-Firma zur Lieferung des IT-Produkts als *obligation de moyens* auslegen (zur Unterscheidung zwischen *obligation de moyens* und *obligation de résultat* s. u. Nr. 07.41).

05.26 Análisis de requerimientos

Als Referenz für die vertraglichen Anforderungen kann ein *análisis de requerimientos* oder ein *modelo predeterminado*, also ein Prototyp (s. o. Nr. 04.25), in Frage kommen. Wenn der Auftraggeber seine *requerimientos* der IT-Firma unterbreitet, darf er erwarten, hierzu von der IT-Firma beraten zu werden. Begleitet durch die Beratung der IT-Firma erfolgt dann der Prozess des *análisis de requerimientos*, der idealerweise mit der Erstellung des gleichnamigen Dokuments endet.[503] Insbesondere wenn ein begrenzter Zeitraum für das IT-Projekt vorgesehen ist (z. B. 12 Monate), soll vorweg eine vollständige *definición de requerimientos* erstellt werden.[504] Dass die *requerimientos* in einem schriftlichen Dokument festgehalten werden, ist allerdings nicht zwingend erforderlich, wenn sich die Bedürfnisse des Auftraggebers auch auf andere Weise in den Vertragsklauseln widerspiegeln.[505] Zwar soll die IT-Firma den Auftraggeber beraten, wenn dieser den *análisis de requerimientos* erstellt; letztlich aber ist der Auftraggeber allein dafür verantwortlich, dass der Prozess des *análisis de requerimientos* auch durchgeführt wird. Die IT-Firma kann ihre vertraglichen Leistungspflichten nur erfüllen, wenn sie die Bedürfnisse des Auftraggebers kennt. Hat die IT-Firma nur 44,53 % der vertraglich vereinbarten Leistungen erbracht, braucht sie keinen Schadensersatz wegen Schlechterfüllung zu leisten, wenn der Auftraggeber nicht nachweisen kann, dass er seinen Beitrag zum *análisis de requerimientos* erfüllt hat.[506] Der *análisis de requerimientos* als fachliche Spezifikation bildet die Grundlage für den von der IT-Firma geschuldeten *análisis funcional*, die technische Spezifikation, auch *Documento de Especificaciones técnicas* genannt.[507]

Verweigert der Auftraggeber nach Fertigstellung des Produkts die Zahlung wegen *incumplimiento* und liegt dem Vertrag weder ein *análisis de requerimientos* noch ein *modelo predeterminado* zugrunde, dann trägt der Auftraggeber die Beweislast für den *incumplimiento*, wenn das Produkt an sich funktioniert. Die Tatsache, dass die IT-Firma nach Fertigstellung des Pro-

503 *Soler Matutes*, in: Soler Matutes et al., Manual de gestión y contratación informática, S. 453.
504 SAP Valencia, Sección 11ª, de 28/10/2002, FD 5°, ROJ: SAP V 5925/2002.
505 STS de 21/07/2003, FD 2°, ROJ: 5215/2003.
506 SAP Albacete, Sección 1ª, de 31/07/2000, FD 3°, ROJ: SAP AB 884/2000.
507 *Soler Matutes*, in: Soler Matutes et al., Manual de gestión y contratación informática, S. 458.

dukts noch Arbeiten daran durchgeführt hat, taugt nicht als Indiz für den *incumplimiento*, wenn nicht erwiesen ist, ob es sich dabei um eine von der IT-Firma geschuldete *subsanación* (Nachbesserung) oder um eine vom Auftraggeber gewünschte *modificación* (Änderung) gehandelt hat.[508] Nur wenn feststehen würde, dass es sich um eine *subsanación* gehandelt hat, wäre das ein Indiz für den *incumplimiento*. Solange der Auftraggeber keine dem Vertrag zugrunde liegenden *requerimientos* nachweisen kann, muss die IT-Firma nur den Beweis führen, dass sie ein vertragskonformes Produkt erstellt hat, um die Zahlung der vereinbarten Vergütung verlangen zu dürfen. Die Vertragskonformität wird zu bejahen sein, wenn das Produkt funktionstauglich ist.

05.27 Kein Pflichtenheft für agiles Projekt

Agile Projektmethoden sehen grundsätzlich nicht vor, dass die Parteien vorvertraglich ein Pflichtenheft zu erstellen haben. Dem *Manifesto for Agile Software Development* zufolge sollen die Vertragsverhandlungen gegenüber der Mitwirkung des Kunden während der Vertragsdurchführung nur eine untergeordnete Rolle spielen: *Customer collaboration over contract negotiation*.[509] Haben die Parteien kein Pflichtenheft erstellt, aber verbindliche Lieferfristen vereinbart, die nicht eingehalten werden können, weil während des Projekts erst mühsam ermittelt werden muss, welche Bedürfnisse der Auftraggeber hat, so kann die IT-Firma dafür haftbar gemacht werden, dass sie den Auftraggeber nicht vorvertraglich bei der Erstellung eines Pflichtenhefts unterstützt hat[510] (s. o. Nr. 04.23).

Haben die Parteien vorvertraglich einen *cahier des charges* erstellt, diesen aber formal nicht in den Projektvertrag einbezogen, so kann dieser trotzdem als Referenz für die Sollbeschaffenheit dienen; dem steht auch nicht entgegen, dass die Parteien schriftlich vereinbart haben, das Projekt im „*mode Agile*" betreiben zu wollen.[511] Die französische Rechtsprechung folgt damit einer gemeinsamen Regel der kontinentaleuropäischen Zivilrechtsordnungen. Im Civil Law können auch vorvertragliche Vereinbarungen vom Gericht herangezogen werden, um den übereinstimmenden Willen der Vertragsparteien zu ermitteln. Das Civil Law kennt nämlich keine *parol evidence rule*, wie sie im Common Law gilt, wonach keine Beweismittel zulässig sind außer den Angaben, die im Vertrag schriftlich niedergelegt wur-

508 SAP Madrid, Sección 14ª, de 17/02/2010, ROJ: SAP M 3813/2010.

509 URL: https://agilemanifesto.org/.

510 CA Grenoble, ch. com., du 04/06/2015, CIMM Franchise/E-Developpement Conseil, abrufbar bei legalis.net/jurisprudences; *Bitan*, Droit et expertise des contrats informatiques, n° 14.

511 CA Paris, pôle 5, 11ᵉ ch., du 03/07/2015, RG n° 13/06963; *Bitan*, op. cit., n° 631.

den[512] (s. o. Nr. 01.51). Gemäß der *parol evidence rule* dürfen im Common Law nur die im Vertrag dokumentierten Erklärungen herangezogen werden, um den übereinstimmenden Willen der Parteien zu ermitteln. Es ist dort üblich, sämtliche Rechtsfragen in den Vertrag aufzunehmen, weshalb diese – im Verhältnis zu den kontinentaleuropäischen Verträgen – wesentlich umfangreicher ausfallen.[513] *Le Tourneau* spricht von der angloamerikanischen Regel *rough and tough* im Gegensatz zu der kontinentaleuropäischen Regel des *good faith*[514] (zu *good faith* in Vertragsverhandlungen s. o. Nr. 05.20). Wenn das angloamerikanische Vertragsrecht keinen Raum lässt für implizite Rechte, sondern nur explizite Rechte anerkennt, so mag da ein fundamentaler Gegensatz von europäischer und angloamerikanischer Kultur zum Ausdruck kommen, dessen Bedeutung weit über das Vertragsrecht hinausgeht. Dem deutschen Philosophen *Peter Sloterdijk* zufolge besteht der Amerikanismus, indem er weltweit US-amerikanische Zivilisationsstandards setzt, im Wesentlichen darin, einen Krieg gegen das Implizite zu führen.[515]

§ 3 Vertragliche Mitwirkungspflichten

05.30 Grundsätzliches

Gründe, die zum Scheitern des IT-Projekts führen, können bereits in der vorvertraglichen Phase entstanden sein (z. B. wenn der Auftraggeber falsche Informationen zum Pflichtenheft beisteuert). Mangelnde Mitwirkung des Auftraggebers ist auch dann gegeben, wenn dieser eine ältere Version der Standardsoftware bevorzugt, wohl wissend, dass eine aktuellere Version bereits auf dem Markt ist. Kommt es deshalb zu technischen Komplikationen, sind diese der fehlerhaften Mitwirkung des Kunden zuzurechnen, selbst wenn es sich um einen technischen Laien handelt, denn es gehört zum Allgemeinwissen, dass Software in regelmäßigen Abständen auf eine aktuelle Version gebracht werden muss.[516] Auch kann mangelnde Mitwirkung während der Durchführung des Vertrages zum Scheitern des Projekts führen, z. B. wenn es keine dem Projekt ganz zugeordneten Mitarbeiter gibt, wenn es keine echten Meilensteinabnahmeprozesse im Projektverlauf gibt oder wenn eine schlechte Kommunikationskultur zwischen Projektteam, Projektleiter und Anwender besteht.[517] Wenn der Auftraggeber vorvertraglich keine

512 *M. Schmidt-Kessel*, in: Riesenhuber, Europäische Methodenlehre, S. 383.
513 *Bugg*, Contracts in English, S. 8.
514 *Le Tourneau*, Contrats du numérique, n° 12.12.
515 *Sloterdijk*, in: Schweizer Radio und Fernsehen, Sternstunde der Philosophie, Sendung vom 7.4.2019.
516 TC Paris, 8ᵉ ch., du 05/05/2004, Expertises 2004, 278, 280.
517 *Witzel*, in: Schneider/Graf v. Westphalen, Software-Erstellungsverträge, S. 657.

Unterstützung geleistet hat (z. B. weil er kein Pflichtenheft erstellt hat), sind die Anforderungen an die Mitwirkungsleistungen während des Vertrages umso höher. Die Mitwirkungspflichten des Kunden sind für IT-Projekte von zentraler Bedeutung.[518] Sie stellen leistungsbezogene Nebenpflichten dar und sind damit keine Obliegenheiten, sondern Obligationen, die selbständig einklagbar sind.[519] (Zur Unterscheidung im Civil Law von Obligation und Obliegenheit s. o. Nr. 01.51). Das betrifft auch die Abnahme (*réception, recepción*) des Werks durch den Auftraggeber (s. u. Nr. 05.34–05.36). Mit der Abnahme erklärt der Auftraggeber, dass das Werk vertragskonform ist. Die IT-Firma kann vom Auftraggeber die Abnahme verlangen, wenn das Werk der vereinbarten Sollbeschaffenheit entspricht. Aber selbst wenn der Auftraggeber die Abnahme nicht ausdrücklich erklärt, darf die IT-Firma im Einzelfall das Verhalten des Auftraggebers nach Treu und Glauben als Abnahme verstehen.

Die Mitwirkungspflicht des Auftraggebers ist als das Spiegelbild zur werkvertraglichen Erfolgspflicht der IT-Firma zu verstehen. Das bedeutet, dass sich die Mitwirkungspflicht aus der „Natur der Sache" ergibt, wenn z. B. die IT-Firma ihre Verpflichtung zur Programmierung sinnvoll nur unter Mitwirkung des Kunden erfüllen kann.[520] In komplexen Projekten kann der Anteil notwendiger Mitwirkungsleistungen des Auftraggebers den Umfang von 30–50 % des Auftragsumfangs erreichen.[521] Unabhängig vom quantitativen Anteil am Arbeitsumfang kann die Mitwirkungspflicht im Einzelfall dermaßen erheblich sein, dass sie Rückwirkung auf die Leistungspflicht der IT-Firma und deren rechtliche Einordnung hat. Das kann dann der Fall sein, wenn die von der IT-Firma versprochene Leistung in *besonderem* Maße von der Mitwirkung des Auftraggebers abhängt, sodass bei fehlender Mitwirkung des Auftraggebers die IT-Firma nur noch zu sorgfältigem Arbeiten, nicht aber zur Lieferung eines Resultats verpflichtet ist.[522] An eine solche Rückwirkung auf die Leistungspflicht der IT-Firma sind aber besonders strenge Anforderungen zu stellen. Bei der Herstellung digitaler Produkte ist die IT-Firma notwendigerweise auf die Unterstützung des Auftraggebers angewiesen, sodass die Erforderlichkeit der Mitwirkung für sich genommen nichts an der vertraglichen Erfolgspflicht der IT-Firma ändern kann. (Zur Pflicht der IT-Firma, einen Erfolg zu liefern, s. u. Nr. 07.40 ff.).

---

518 *Hoeren/Pinelli*, MMR 2022, 511, 512.

519 Vgl. *Marly*, Praxishandbuch Softwarerecht, 7. Aufl., Rdnr. 1289.

520 BGH, Urt. v. 13.7.1988 – VIII ZR 292/87, CR 1989, 102, 104.

521 *Müglich/Lapp*, CR 2004, 801, 804.

522 Cass.com. du 05/04/2011, n° 09-71.756; *Le Tourneau*, Contrats du numérique, n° 121.23.

05.31 Mitwirkungspflicht des Bestellers

Mitwirkungspflichten müssen nicht ausdrücklich vereinbart werden, wenn sie sich selbstverständlich aus der Natur der Sache ergeben. Muss z. B. die Software beim Besteller installiert werden, hat der Auftraggeber den Zugang zu seinen Arbeitsräumen und zu seinem System zu gewähren.[523] Ein Auftraggeber, der dem Unternehmer, der Mängelbeseitigungs- und Restarbeiten zur Fertigstellung seines Werks vornehmen will, aus Verärgerung über mangelhafte und schleppende Arbeitsweise Hausverbot erteilt, muss auf entsprechende Aufforderung durch den Unternehmer diesem einen Termin zur Wiederaufnahme der Arbeiten benennen; wenn der Auftraggeber untätig bleibt, kann der Unternehmer ihm eine Frist nach § 643 S. 1 BGB setzen und nach deren erfolglosem Ablauf seine Vergütung gem. § 645 Abs. 1 S. 2 BGB verlangen.[524] Da der Auftraggeber seine eigenen Systeme am besten kennt, liegt bei ihm zwangsläufig die Verantwortung, der IT-Firma korrekte und vollständige Daten zu liefern, die diese zur Leistungserbringung benötigt, z. B. Fehlerparameter, Maschinendaten oder Adressen von Schnittstellen.[525] Unterlässt der Auftraggeber notwendige Mitwirkungshandlungen, gerät er in Annahmeverzug, sodass sich die Haftung der IT-Firma auf Vorsatz und grobe Fahrlässigkeit beschränkt, §§ 293, 295, 300 Abs. 1 BGB.[526] Zu den Mitwirkungspflichten des Bestellers kann auch die Gestellung ausreichend kompetenter Mitarbeiter gehören.[527]

Sofern die IT-Firma die Datensicherung nicht gerade als Teil ihrer vertraglichen Pflichten gegenüber dem Auftraggeber übernommen hat, z. B. in einem Managed-Services-Vertrag, sollte sie diese Aufgabe unbedingt durch eine unmissverständliche Bestimmung dem Auftraggeber zuweisen, denn allzu groß ist das Risiko, im Zuge – händischer oder automatisierter – Arbeiten im Computersystem des Auftraggebers vorhandene Daten zu beschädigen.[528] Vor einem objektiv datengefährdenden Eingriff muss sich die IT-Firma danach erkundigen und ggf. darüber vergewissern, ob die vom Anwender vorgenommene Datensicherung dem aktuellen Stand entspricht. Grundsätzlich ist die IT-Firma nicht verpflichtet, noch einmal zu überprüfen, ob der Anwender die notwendige Datensicherung wirksam durchgeführt hat.[529] Zusätzliche Überprüfungspflichten bestehen nur dann, wenn ernsthafte Zweifel

---

523 *Redeker*, in: Schneider/Graf v. Westphalen, Software-Erstellungsverträge, S. 380.
524 OLG Düsseldorf, Urt. v. 23.7.1999 – 22 U 9/99, NJW-RR 2000, 466.
525 *Förster*, MMR 2024, 4, 10.
526 BGH, Urt. v. 28.6.1994 – X ZR 95/92, NJW-RR 1994, 1469, 1470.
527 BGH, Urt. v. 20.2.2001 – X ZR 9/99, NJW 2001,1718, 1720.
528 *Förster*, MMR 2024, 4, 10.
529 OLG Köln, Urt. v. 22.4.1994 – 19 U 253/93, NJW-RR 1994, 1262, 1263.

vorliegen, dass die Datensicherung nicht ordnungsgemäß erfolgt ist oder das Sicherungssystem nicht funktioniert.[530]

05.32 Obligation de collaboration

Die *obligation de collaboration* des Kunden besteht nicht nur vorvertraglich (s. o. Nr. 05.25), sondern auch während der Vertragsdurchführung, die traditionell in zwei getrennten Phasen erfolgt: zunächst die Planungsphase, die *période d'études*, und dann die Realisierungsphase, die *période de la réalisation*. Die Mitwirkungspflicht des Auftraggebers wiederum korreliert mit der Ausforschungspflicht des Auftragnehmers (*obligation de recherche de la volonté du client et de ses besoins*), die zu dessen Beratungspflicht gehört. Macht der Auftraggeber die Vertragsauflösung geltend und verlangt er vom Auftragnehmer Schadensersatz, weil dieser seine Beratungspflicht nicht erfüllt hat, so ist er dafür beweispflichtig, dass er seinerseits die ihm obliegende (vor-)vertragliche Mitwirkungspflicht erfüllt hat.[531] Mangelnde Mitwirkung wiederum wirkt sich auf die Höhe seines Schadensersatzes aus.[532] Zu den Mitwirkungspflichten des Auftraggebers in der *période d'études* gehört etwa, dass er eine vom Auftragnehmer vorgelegte *analyse fonctionnelle* prüft und validiert bzw. falsifiziert.[533]

Die Anforderungen an die Mitwirkungspflicht des Auftraggebers sind weniger streng, wenn es sich bei dem Projektvertrag um einen *contrat clé en main* handelt. Dann muss der Auftraggeber zwar auf Nachfragen des Auftragnehmers antworten, er muss aber nicht nachweisen, dass er auch Eigeninitiative ergriffen hat.[534] Abgesehen davon kann sich bei einem Projektvertrag das Maß der vom Auftraggeber zu erfüllenden Mitwirkungspflichten auch auf die Qualifizierung der Leistungspflichten des Auftragnehmers auswirken. Hängt die versprochene Leistung in besonderem Maße von der Mitwirkung des Auftraggebers ab, so kann das dazu führen, dass die Leistungspflicht des Auftragnehmers nicht als *obligation de résultat*, sondern nur als *obligation de moyens* einzustufen ist[535] (grundsätzlich zur Unterscheidung der beiden Kategorien der *obligation* s. u. Nr. 07.41).

Die Mitwirkungspflicht des Auftraggebers ergibt sich bei einem IT-Projektvertrag zwingend aus dem Vertragsverhältnis, und zwar auch dann, wenn

530 OLG Hamm, Urt. v. 1.12.2003 – 13 U 133/03, MMR 2004, 487, 488.

531 Cass.com. du 11/01/1994, n° 91-17.542.

532 CA Paris, 5e ch., du 20/01/1994, obs. *Wartel*, Expertises 1994, 117.

533 CA Paris, 5e ch., du 26/06/1998, obs. *Vivant/Le Stanc*, JCP E 2000, chron. 841 f. (n° 7); *Le Tourneau*, Contrats du numérique, n° 223.21.

534 *Le Tourneau*, Contrats du numérique, n° 121.22.

535 Cass.com. du 05/04/2011, n° 09-71.756; *Le Tourneau*, Contrats du numérique, n° 121.23.

sie nicht ausdrücklich vereinbart wurde. In dem vom Kassationshof zu entscheidenden Fall[536] hatte ein Anbieter von Sportartikeln die IT-Firma mit der Neugestaltung seiner Website einschließlich Bestell- und Bezahlfunktion beauftragt. Später weigerte sich der Auftraggeber, die vereinbarte Vergütung zu zahlen, und machte stattdessen die Vertragsauflösung wegen Nichterfüllung geltend. Das Berufungsgericht verurteilte den Auftraggeber zur Rechnungszahlung mit der Begründung, dass er seiner Mitwirkungspflicht nicht nachgekommen sei; er habe während des Projekts verschiedene Nachfragen der IT-Firma unbeantwortet gelassen, obwohl deren AGB den Kunden zur aktiven Zusammenarbeit verpflichteten.[537] Art. 5 der AGB der IT-Firma lautete wie folgt:

Collaboration et obligations du client:

> (…) Il collaborera avec le prestataire en vue d'assurer la bonne exécution du contrat, notamment en y allouant les moyens et le personnel nécessaire et en répondant promptement aux interrogations du prestataire.

Der Auftraggeber legte Kassationsbeschwerde ein mit dem Argument, dass ihn diese Mitwirkungspflicht nicht treffe, da die IT-Firma nicht habe nachweisen können, dass ihm die streitigen AGB mitgeteilt worden seien, sodass diese AGB auch nicht Bestandteil des Vertrages geworden seien. Der Kassationshof verwarf die Beschwerde. Er stellt fest, dass die Mitwirkungspflicht des Auftraggebers notwendiger Bestandteil eines Vertrages über die Konzeption oder Neugestaltung einer Website ist, sodass es für die Mitwirkungspflicht nicht mehr darauf ankommt, ob § 5 AGB Vertragsbestandteil geworden ist oder nicht.

05.33 Obligación de colaboración

Während die Bindung der Vertragsparteien an die *buena fe* in der vorvertraglichen Phase zumindest implizit aus Art. 7.1 CC (s. o. Nr. 04.20) hergeleitet werden kann, ist die Bindung an die *buena fe contractual* für die Phase der Vertragsdurchführung explizit in Art. 1258 CC geregelt. Demnach verpflichten Verträge nicht nur zur Erfüllung des ausdrücklich Vereinbarten, sondern auch zu allen Konsequenzen, die ihrer Natur nach mit dem Grundsatz von *buena fe* vereinbar sind. Die Parteien sollen dem Vertrag die erforderliche Wirksamkeit verleihen, damit der beabsichtigte Zweck erreicht wird, was ein faires, angemessenes und effektives Verhalten erfordert.[538] Die

536 Cass.com. du 05/06/2019, n° 17-26.360.

537 CA Aix-en-Provence, 2e ch., du 22/06/2017, RG n° 14/15881.

538 Bercovitz Rodríguez-Cano/*Pérez Conesa*, Comentarios al CC, Art. 1258, n° 4.

obligación de colaboración ist eine *obligación contractual*, die der Auftraggeber erfüllt haben muss, um der IT-Firma einen *incumplimiento contractual* vorwerfen zu können.[539] Die fehlende Reaktion des Kunden auf eine Anfrage der IT-Firma stellt eine Nichterfüllung der *obligacíon de colaboración* seitens des Kunden dar. Das wiederum wirkt sich auf den *cumplimiento* der IT-Firma aus. Die fehlende Reaktion des Kunden hat zur Folge, dass sich zugunsten der IT-Firma die Frist für die Fertigstellung des Projekts verlängert oder dass zugunsten der IT-Firma die Vermutung besteht, dass die von ihr eingereichten Entwürfe vertragskonform sind.[540] Ein *incumplimiento* seitens des Kunden kann also einen *incumplimiento* der IT-Firma hervorrufen, der aber nicht der IT-Firma, sondern dem Kunden zuzurechnen ist. Dann kann der Kunde weder wegen nicht termingerechter noch wegen nicht vertragsgemäßer Leistung die Auflösung des Vertrages verlangen (Art. 1124 CC). Dafür müsste es sich nämlich bei der verspäteten oder mangelhaften Leistung um einen der IT-Firma zurechenbaren *incumplimiento* handeln. Das ist aber nicht der Fall, wenn die nicht termingerechte oder die nicht vertragsgemäße Leistung auf der fehlenden Mitarbeit des Kunden beruht. Denn *deudor incumplidor* kann nur derjenige sein, dem der *incumplimiento* zuzurechnen ist.

Der Kunde kann seine Mitwirkungspflicht auch dadurch verletzen, dass er nicht ausreichend kompetentes Personal zur Implementierung des Systems bereitstellt. Die nicht vollständige Implementierung des Systems ist dann nicht der IT-Firma, sondern dem Kunden zuzurechnen. Deshalb hat eine Klage des Kunden auf Vertragsauflösung keine Aussicht auf Erfolg, wohl aber eine entsprechende Widerklage der IT-Firma auf Vertragsauflösung (Art. 1124 CC).[541] Wirft die IT-Firma dem Kunden die Verletzung der ihm obliegenden Mitwirkungspflicht vor, so entlastet es aber den Kunden, wenn zwischen den Parteien bereits seit längerem eine Geschäftsbeziehung bestand, deren Gegenstand dem aktuellen Vertrag ähnelt. Die Verpflichtung des Kunden zur Zusammenarbeit mit der IT-Firma wird gemildert, wenn die IT-Firma bereits andere IT-Arbeiten und IT-Projekte für den Kunden durchgeführt hat und ihr deshalb die Bedürfnisse und Anforderungen des Kunden längst bekannt sein mussten.[542] Wirft der Kunde der IT-Firma Schlechterfüllung vor und entgegnet die IT-Firma, dass die Fehlfunktionen der Software nicht auf einem Sachmangel, sondern auf Bedienfehlern des Kunden beruhen, so ist die IT-Firma hierfür beweispflichtig (Art. 217 LEC). Hat die IT-Firma den handwerklichen Fachbetrieb des Kunden digitalisiert, ist es

539 *Soler Matutes*, in: Soler Matutes et al., Manual de gestión y contratación informática, S. 785.

540 *Sánchez Lería/Fabra Valls*, in: Yzquierdo Tolsada, Contratos, Tomo XII, S. 617.

541 SAP Barcelona, Sección 11ª, de 04/05/2001, FD 2°, ROJ: SAP B 4924/2001.

542 SAP Zaragoza, Sección 5ª, de 14/09/2001, FD 3°, ROJ: SAP Z 2059/2001.

nicht glaubwürdig, die Fehlfunktionen der Software auf Fehlverhalten des Kunden zurückzuführen, wenn der Kunde ein Fachmann ist, der nachweislich die erforderlichen Kenntnisse für die Verwendung der für seinen Beruf benötigten Werkzeuge hat.[543] In dem zugrunde liegenden Fall ging es um die Digitalisierung eines zahntechnischen Labors.

05.34 Abnahme

Gem. §640 Abs. 1 BGB ist der Besteller verpflichtet, das vertragsmäßig hergestellte Werk abzunehmen. Abnahme liegt vor, wenn der Besteller das Werk des Auftragnehmers entgegennimmt und ihm zu erkennen gibt, dass er das Werk als im Wesentlichen vertragsgemäß billigt.[544] Referenz für die Vertragsmäßigkeit ist die fachliche Spezifikation (Pflichtenheft), während die technische Spezifikation regelmäßig zur Leistungspflicht der IT-Firma gehört (s. o. Nr. 05.20). Eine Abnahme ohne Spezifikation ist schwer möglich.[545] Die Abnahme kann ausdrücklich oder stillschweigend erklärt werden. Aber erst wenn der Auftragnehmer sein Werk abnahmefähig hergestellt hat, kann ein bestimmtes Verhalten des Bestellers als Billigung verstanden werden. Zur abnahmefähigen Herstellung gehört die Vollendung aller vertraglich geschuldeten Leistungen.[546] Der Besteller ist erst zur Zahlung verpflichtet, wenn alle vertraglich geschuldeten Leistungen vollendet sind, §641 Abs. 1 S. 1 BGB. Der Regelung des §641 Abs. 1 S. 1 BGB kommt eine Leitbildfunktion zu; sie ist Ausdruck eines formularmäßig nicht abänderbaren Gerechtigkeitsgebots.[547] Wenn der Auftraggeber während des Projekts „Freigaben" für einzelne Leistungen erklärt, dann ist nicht anzunehmen, dass er damit Teilabnahmen erklären will, die die Rechtsfolgen des §640 BGB auslösen sollen.[548]

Für die Abnahme ist die Durchführung eines Tests nicht zwingend erforderlich. Die vertragliche Vereinbarung von Funktionstests kann aber zugleich die Vereinbarung einer Abnahme darstellen, sodass das Werk mit dem erfolgreichen Test als abgenommen gilt.[549] Umgekehrt kann die IT-Firma eine Abnahmeerklärung des Kunden nicht als Abnahme im Rechtssinne verstehen, wenn er sie unmittelbar nach Entgegennahme des Werks erklärt, ohne

543 SAP Álava, 1ª Sección, de 20/01/2015, FD 4°, ROJ: SAP VI 14/2015.
544 BGH, Urt. v. 25.2.2010 – VII ZR 64/09, Rdnr. 21 f., NJW-RR 2010, 748, 749.
545 Auer-Reinsdorff/Conrad, IT- und DatenschutzR-HdB/*Conrad/Schneider*, §11 Rdnr. 74.
546 BGH, Urt. v. 20.10.2005 – VII ZR 155/04, Rdnr. 12, NJW-RR 2006, 303, 304.
547 BGH, Urt. v. 7.3.2013 – VII ZR 162/12, Rdnr. 24, NJW 2013, 1431, 1432.
548 *Dovas*, in: Marly, Praxishandbuch Softwarerecht, §11, Rdnr. 389.
549 *Witzel*, in: Schneider/Graf v. Westphalen, Software-Erstellungsverträge, S. 735.

die Gelegenheit zu einer Erprobung gehabt zu haben.[550] Gem. § 640 Abs. 2 S. 1 BGB wird die Abnahme fingiert, wenn der Unternehmer dem Besteller nach Fertigstellung des Werks eine angemessene Frist zur Abnahme gesetzt hat und der Besteller die Abnahme nicht innerhalb dieser Frist unter Angabe mindestens eines Mangels verweigert hat. Die Abnahmepflicht des Bestellers ist eine Hauptleistungspflicht, § 640 Abs. 1 BGB. Kommt der Besteller seiner Abnahmepflicht nicht nach, gerät er auch ohne Verschulden in Annahmeverzug, sodass gem. § 644 Abs. 1 BGB die Vergütungsgefahr auf den Besteller übergeht.[551]

Mit der Abnahme wird grundsätzlich gem. § 641 Abs. 1 S. 1 BGB die Vergütung fällig.

Für eine Werklohnklage muss die IT-Firma die Abnahme oder die Abnahmefähigkeit des Werks bzw. den erfolglosen Ablauf der Abnahmefrist gem. § 640 Abs. 2 S. 1 BGB vortragen. Mit der Abnahme tritt auch eine Beweislastumkehr ein. Vor Abnahme hat die IT-Firma Mangelfreiheit zu beweisen, nach der Abnahme muss der Auftraggeber das Vorliegen eines Mangels beweisen. Gem. § 640 Abs. 3 BGB verliert der Besteller mit der vorbehaltlosen Abnahme des Werks trotz Kenntnis von dessen Mangelhaftigkeit seine Mängelrechte nach § 634 Nr. 1 bis 3 BGB. Mit der Abnahme beginnt der Lauf der Verjährungsfrist für die Mängelhaftung, § 634a Abs. 2 BGB. Weder eine konkludente Abnahme noch eine Abnahmefiktion sind in der Praxis besonders hilfreich, wenn es um die Verjährung von Mängelansprüchen geht, denn beiden Vertragsparteien wird es schwer fallen, ein konkretes Datum zu nennen.[552] Deshalb empfiehlt es sich, bereits im Projektvertrag die Abnahmebedingungen festzulegen. Haben die Parteien eine förmliche Abnahme vereinbart, scheidet eine Abnahmefiktion oder eine konkludente Abnahme aus.[553]

05.35 Réception

Fall 5a

Die Parteien vereinbaren folgende Klausel:

«Les livrables seront transmis au correspondant scientifique du donneur d'ordres qui en accusera réception aussitôt. Le donneur d'ordres dispose d'un délai de quinze jours pour vérifier que les livrables sont conformes aux spécifications du présent contrat, et acter de la réception des livrables par courrier électronique. À l'issue de ce délai de quinze jours, ou plus tôt en cas de réception

550 *Redeker*, IT-Recht, Rdnr. 370.

551 *Marly*, Praxishandbuch Softwarerecht, 7. Aufl., Rdnr. 1425.

552 *Dovas*, in: Marly, Praxishandbuch Softwarerecht, § 11 Rdnr. 395.

553 OLG Hamm, Urt. v. 30.4.2019 – 24 U 14/18, BeckRS 2019, 14177.

expresse, les livrables sont réputés réceptionnés et conformes aux stipulations contractuelles.»

(Quelle: *Vergès*, Contrats sur la recherche et l'innovation, n° 132.151).

Fall 5b

Die Parteien vereinbaren folgende Klausel:

«La recette provisoire est constatée par un procès-verbal de recette signé par le client du prestataire sur la base de la conformité des développements réalisés aux hypothèses définies pour la phase de test.

La recette définitive est constatée par un procès-verbal de recette signé par le client du prestataire. La signature du procès-verbal de recette situe la reconnaissance de la conformité des prestations de développement logiciel aux spécifications contractuelles convenues entre les parties.

À défaut de réponse à la demande de recette définitive dans un délai de quinze jours suivant la demande de recette définitive émise par le prestataire, la recette sera considérée comme tacitement réalisée.»

(Quelle: *Debras*, Guide juridique des contrats en informatique, S. 153).

Der Auftraggeber ist vertraglich verpflichtet, dem Auftragnehmer das mangelfreie Werk abzunehmen. Die einseitige Abnahme durch den Auftraggeber, die *réception*, wird in der französischen IT-Branche zumeist *recette* genannt. Dabei handelt es sich um eine lautmalerische Anspielung an das englische Wort *receipt*.[554] Bei der Abnahme sind zwei Stufen zu unterscheiden: die vorläufige Abnahme, *réception provisoire*, und die endgültige Abnahme, *réception définitive*.[555] In der Geschäftswelt wird die vorläufige Abnahme üblicherweise als VSR (*vérification du service régulier*) und die endgültige Abnahme als VABF (*vérification de l'aptitude au bon fonctionnement*) bezeichnet.[556] Ein wichtiger Unterschied zwischen der vorläufigen und der endgültigen Abnahme besteht darin, dass erst mit der *réception définitive* die Frist für die *garantie contre les vices cachés* zu laufen beginnt. Beide Stufen der Abnahme können mit und ohne Vorbehalt erklärt werden (vgl. Art. 1792-6 C.civ., der für Werkverträge speziell im Bausektor gilt). Eine *réception définitive* unter Vorbehalt ist aber nur dann zulässig, wenn sich der Vorbehalt bloß auf Kleinigkeiten bezieht, die noch zu erledigen sind (*les réserves sont des points mineurs à finaliser*).[557] D. h., wenn der Auftraggeber die endgültige Abnahme erklärt hat, sei es auch nur unter Vorbehalt,

554 *Le Tourneau*, Contrats du numérique, n° 214.31 mit kritischer Anmerkung.

555 *Le Tourneau*, Contrats du numérique, n° 232.11.

556 *Bitan*, Droit et expertise des contrats informatiques, n° 211.

557 TC Marseille du 15/10/2013, Drilnet/Christian J., abrufbar bei legalis.net/jurisprudences/.

ist er nicht mehr berechtigt, umfangreiche Maßnahmen zur Verbesserung des IT-Projekts zu verlangen. Andernfalls kann er sich gegenüber dem Auftragnehmer schadensersatzpflichtig machen.

Die Abnahme kann entweder stillschweigend erfolgen oder formal durch einen *procès-verbal*.[558] Die Parteien können vertraglich die Beweismittel festlegen, die notwendig sind, damit Auftraggeber oder Auftragnehmer belegen können, dass eine Abnahme stattgefunden hat oder nicht. Eine Klausel, die zugunsten einer Partei eine unwiderlegbare Vermutung aufstellt, ist allerdings unwirksam[559] (vgl. Art. 1356 al. 2 C.civ.). Deshalb können die Parteien nicht vereinbaren, dass, falls der Auftraggeber innerhalb von 15 Tagen keinen ausdrücklichen Vorbehalt erklärt hat, eine stillschweigende Abnahme unwiderlegbar vermutet wird. Die *clauses de recette* aus Fall 5a und aus Fall 5b sind folglich nur dann als wirksam anzusehen, wenn die stillschweigende Abnahme nicht durch Ablauf der 15-Tage-Frist als unwiderlegbar vermutet werden soll. Im Interesse der IT-Firma sollte hier eine Klarstellung erfolgen.

15-Tage-Fristen sind bei Software-Entwicklungsverträgen durchaus üblich. Aber gerade bei komplexen IT-Projekten wird der Auftraggeber eher mehrere Monate benötigen, um feststellen zu können, ob das System störungsfrei läuft. Er wird deshalb geneigt sein, zunächst eine vorläufige Abnahme zu erklären, um den Zeitpunkt der endgültigen Abnahme hinauszuzögern. Bei Software-Projekten kann die Testphase bis zur *recette définitive* lediglich 6 Tage oder sogar 12 Monate betragen.[560] Bei industriellen Projekten hält *Le Tourneau* eine Frist zwischen 6 und 18 Monaten für realistisch.[561] Ab einer gewissen Nutzungsdauer kann aber auch ohne eine formale Abnahmeerklärung von einer stillschweigenden Abnahme ausgegangen werden. Sind seit Lieferung der Software mehr als zwei Jahre vergangen und wird die Software seitdem vom Personal des Auftraggebers genutzt, so darf das als stillschweigende Abnahme verstanden werden.[562] Um einen über Monate dauernden Schwebezustand abzukürzen, ist es in der Praxis nicht unüblich, dass der Hersteller dem Auftraggeber einen Preisnachlass gewährt, dessen Höhe davon abhängt, wie zügig der Auftraggeber die Abnahme erklärt.[563]

Haben die Parteien vereinbart, die Software gemäß der agilen Methode zu erstellen und soll nach Zeitaufwand abgerechnet werden, dann kann der

558 *Le Tourneau*, Contrats du numérique, n° 441.14.

559 Cass.com. du 06/12/2017, n° 16-19.615; *Klein*, RDC 2018, 205.

560 *Debras*, Guide juridique des contrats en informatique, S. 152.

561 *Le Tourneau*, L'ingénierie, les transferts de technologie et de maîtrise industrielle, n° 372.

562 CA Paris, 25e ch., du 19/03/1999, Expertises 2000, 33, 37.

563 *Le Tourneau*, L'ingénierie, les transferts de technologie et de maîtrise industrielle, n° 372.

Auftraggeber die Zahlung für eine Teilleistung nicht mit dem Argument verweigern, dass er kein vollständiges Produkt erhalten habe, und zwar selbst dann nicht, wenn die IT-Firma mit der Inrechnungstellung den vertraglich vereinbarten Kostenrahmen überschritten hat.[564] Die Zahlungsverweigerung ist allerdings dann rechtens, wenn der Auftraggeber nachweisen kann, dass die von der IT-Firma angebotene Teilleistung mangelhaft ist. Kündigt aber der Auftraggeber, ohne die mangelfreie Teilleistung abgenommen zu haben, kann er von der IT-Firma in Höhe des ausstehenden Rechnungsbetrages in Anspruch genommen werden. Obschon die Abnahme nicht verweigert werden darf, wenn der Auftragnehmer eine mangelfreie Teilleistung anbietet, so kann der Auftraggeber bei einer Überschreitung des Kostenrahmens doch ggf. eine Preisminderung einklagen. Wenn aber der Auftraggeber die Abnahme verweigert, ohne auf konkrete Fehlfunktionen hinzuweisen, darf die IT-Firma die Auflösung des Vertrages zum Nachteil des Auftraggebers erklären und die Zahlung der vereinbarten Restvergütung verlangen.[565]

05.36 Recepción

Unter der *recepción* versteht man den Vorgang, wenn der Auftraggeber das vom Auftragnehmer hergestellte Werk – vollständig oder nur teilweise, ausdrücklich oder stillschweigend – abnimmt mit der Folge, dass er nunmehr verpflichtet ist, dem Auftragnehmer die Vergütung zu zahlen. Eine stillschweigende Abnahme (*recepción tácita*) liegt vor, wenn der Auftraggeber das Werk abnimmt, ohne dass er ausdrücklich auf die mangelnde Vertragskonformität des Werks hinweist. Dann bedeutet sein Schweigen, dass er das Werk als Vertragserfüllung akzeptiert.[566] Die *aceptación* muss sich nicht auf den Abschluss des gesamten Projekts beziehen, sondern kann während des Projekts jeweils für den Abschluss eines Meilensteins erfolgen. Man spricht dann von der *aceptación parcial* im Gegensatz zur *aceptación final*.[567] Das gilt auch für Entwürfe, die vom Auftragnehmer während des Projekts dem Auftraggeber vorgelegt werden.[568] Vor der *aceptación* ergibt sich für den Auftraggeber gem. Art. 1258 CC die Obliegenheit, das vom Auftragnehmer erstellte Werk zu verifizieren: *La verificación constituye una carga del cliente*.[569] Da es sich um eine Obliegenheit (*carga*) handelt, die aus dem Grundsatz von Treu und Glauben folgt, kann sie von den Parteien nicht abbedun-

564 CA Paris, pôle 5, 5e ch., du 01/10/2015, RG n° 14/07440.
565 CA Grenoble, ch. com., du 06/07/2017, RG n° 15/00172.
566 *Lacruz Berdejo*, Elementos de Derecho Civil, Derecho de obligaciones, Vol. 2°, S. 184.
567 *Davara Rodríguez*, Manual de Derecho Informático, S. 343.
568 *Sánchez Lería/Fabra Valls*, in: Yzquierdo Tolsada, Contratos, Tomo XII, S. 616 f.
569 *Soler Matutes*, in: Soler Matutes et al., Manual de gestión y contratación informática, S. 788.

gen werden. Umgekehrt können die Parteien aber vertraglich vereinbaren, dass die Überprüfung (*verificación*) nicht bloß eine Obliegenheit, sondern gar eine Obligation sein soll. (Zu der Unterscheidung zwischen Obligation und Obliegenheit s. o. Nr. 01.51). Bei Software-Erstellungsverträgen können die Parteien für die Verifizierung z. B. eine Frist von 30 Tagen festlegen.[570]

Die *aceptación* kann auch konkludent erfolgen, z. B. wenn der Auftraggeber das Werk nicht bloß verifiziert, sondern nutzt.[571] Kommt der Auftraggeber nach der *verificación* zu dem Ergebnis, dass das Produkt nicht vertragskonform ist, darf er die *recepción* verweigern. Die Verweigerung ist nur dann rechtmäßig, wenn das Produkt Mängel hat, die von gewisser Bedeutung in Bezug auf den verfolgten Vertragszweck sind.[572] Dann kann der Auftraggeber die *recepción con reservas* erklären und die *subsanacion* (Nachbesserung) verlangen[573] mit der Folge, dass er die Zahlung hinausschieben bzw. mindern darf. In jedem Fall muss er sich aber gegenüber der IT-Firma äußern. Führt der Auftraggeber aber keine Verifizierung durch und äußert er sich auch nicht gegenüber der IT-Firma, ist das als *recepción tácita* einzuordnen mit der Folge, dass er verpflichtet ist, die vereinbarte Vergütung zu zahlen. Selbst wenn die Unterschrift des Kunden in den *actas de recepción* fehlt, kann das Gericht aufgrund der Beweiswürdigung der Gesamtumstände zu dem Ergebnis gelangen, dass eine *recepción* stattgefunden hat, sodass der Kunde zur Zahlung verpflichtet ist.[574]

05.37 Mitwirkung im agilen Projekt

Bei agilen Projekten ist eine intensive und konstruktive Zusammenarbeit der Vertragspartner erforderlich, für die die Kategorie „Mitwirkung“ auf Seiten des Auftraggebers eher zu schwach erscheint.[575] Der Auftraggeber hat sich darauf einzustellen, dass er während der Projektlaufzeit in nennenswertem Maße an dem Vorhaben mitwirken muss. Beispielsweise könnten folgende Mitwirkungsleistungen vom Auftraggeber gefordert werden: fortlaufende Beibringung der fachlichen Anforderungen samt der erforderlichen Details; fortlaufende Priorisierung der Anforderungen; Unterstützung bei der Entwicklung der Software; Erstellung von Teilen der Dokumentation; Prüfung von Projektergebnissen aus fachlicher Sicht, möglicherweise

570 Vgl. *Soler Matutes*, in: Soler Matutes et al., Manual de gestión y contratación informática, S. 789.

571 STS de 24/06/1991, ROJ: STS 16297/1991.

572 Vgl. STS de 08/06/1996, FD 2°, ROJ: STS 3487/1996.

573 *Evangelio Llorca/Borgia Sorrosal*, in: Yzquierdo Tolsada, Contratos, Tomo XII, S. 301, Fn. 111.

574 SAP Madrid de 28/09/1999, FD 4°, ROJ: SAP M 12300/1999.

575 *Schneider*, in: Schneider/Graf v. Westphalen, Software-Erstellungsverträge, S. 195.

auch aus technischer Sicht.[576] Dass die IT-Firma für die Erstellung des Produkts auf die Mitarbeit des Auftraggebers angewiesen ist, kann aber nichts daran ändern, dass der Vertrag über die Softwareerstellung als ein *contrato de resultado* einzustufen ist,[577] bei dem die IT-Firma das Risiko trägt, keinen Erfolg zu liefern und damit den Vergütungsanspruch gegen den Auftraggeber zu verlieren. Dass die IT-Firma zur Lieferung eines Resultats verpflichtet ist, muss selbst dann gelten, wenn die Parteien vereinbart haben, die Softwareentwicklung solle nach der Regel «*trial and error*» und somit nach einer agilen Vorgehensweise ohne Pflichtenheft betrieben werden[578] (s. u. Nr. 07.45).

Die erhöhten Mitwirkungspflichten des Auftraggebers bei agilen Projekten könnten ausnahmsweise dann Auswirkungen auf die Leistungspflicht der IT-Firma haben, wenn die Parteien vereinbart haben, dass für die IT-Firma feste Lieferfristen gelten sollen. Wenn die IT-Firma ein sehr hohes Risiko trägt, dass sie die verbindlichen Liefertermine wegen fehlender Mitarbeit des Kunden nicht einhalten kann, dann ist im Sinne eines gerechten Risikoausgleichs davon auszugehen, dass es sich bei der Lieferpflicht der IT-Firma um keine erfolgsbezogene Pflicht handeln kann.[579] Mangels anderweitiger Vereinbarungen ist diese Vertragsauslegung naheliegend, wenn man unterstellt, dass die Parteien i. S. d. *iustitia commutativa* (s. o. Nr. 01.51) eine gerechte Risikoverteilung gewollt haben. Allein aus der Tatsache, dass bei einem agilen Projekt erhöhte Anforderungen an die Mitarbeit des Auftraggebers zu stellen sind, kann man nicht folgern, dass die Parteien keinen Werkvertrag vereinbart haben und somit die IT-Firma auch nicht zur Lieferung eines Resultats verpflichtet sein soll. Nur wenn der Sonderfall vorliegt, dass die Parteien sowohl eine agile Vorgehensweise ohne Pflichtenheft als auch feste Liefertermine vereinbart haben, erscheint es gerechtfertigt, die Leistungspflicht der IT-Firma anders zu bewerten. Dann sollte die IT-Firma nur noch zu sorgfältigem Arbeiten, nicht aber zur Lieferung eines Ergebnisses verpflichtet sein. (Grundsätzlich zur Unterscheidung zwischen der vertraglichen Pflicht zur Lieferung eines Erfolges und der vertraglichen Pflicht zu sorgfältigem Arbeiten s. u. Nr. 07.40).

576 *Pruß/Sarre*, DSRI-Tagungsband 2013, 911, 915.

577 Vgl. SAP Castellón, 1ª Sección, de 06/07/2002, FD 2°, ROJ: SAP CS 822/2002.

578 Vgl. SAP Barcelona, 16ª Sección, de 14/01/2002, FD 2°, ROJ: SAP B 351/2002.

579 Vgl. Cass.com. du 05/04/2011, n° 09-71.756; *Le Tourneau*, Contrats du numérique, n° 121.23.

05.38 Gemischtes Entwicklungsteam

Fall 5c

Die Softwarefirma S wird von der Anwenderfirma A mit der Entwicklung einer Unternehmenssoftware beauftragt, die den betrieblichen Bedürfnissen der A dienen soll. Es wird eine Entwicklungszeit von 6 Monaten veranschlagt. Zu diesem Zweck schickt die S ihre angestellten Ingenieure U, V und W zum Firmensitz der A, damit sie dort gemeinsam mit den bei A angestellten Ingenieuren X, Y und Z ein Entwicklungsteam bilden. Die werktägliche Arbeitszeit beträgt 8 Stunden. Für die Angestellten der A gilt laut Tarifvertrag ein höherer Lohn, als ihn der Tarifvertrag vorsieht, der für die Angestellten der S gilt.

Agile Projektmethoden sehen vor, dass Auftraggeber und Auftragnehmer in dem Projekt intensiv zusammenarbeiten. Das kann so weit gehen, dass Mitarbeitende des Auftraggebers und Mitarbeitende des Auftragnehmers zusammen ein unabhängig agierendes Team bilden, z. B. ein Scrum-Team.[580] Unter Effizienzgesichtspunkten ist es sicherlich empfehlenswert, wenn beide Vertragsparteien in einem gemischten Entwicklungsteam an einem Strang ziehen. Sofern aber abhängig Beschäftigte aus beiden Unternehmen das Team bilden, kommen arbeitsrechtliche Aspekte ins Spiel, die unbedingt zu beachten sind, wenn die Vertragsparteien rechtliche Nachteile oder gar Sanktionen vermeiden wollen. Arbeitgeber müssen die nationalen Regelungen zum Schutz der Arbeitnehmer berücksichtigen, die durch europäische Richtlinien eine weitgehende Harmonisierung erfahren haben. Arbeitnehmer im europarechtlichen Sinne ist jemand, der während einer bestimmten Zeit für einen anderen nach dessen Weisung Leistungen erbringt, für die er als Gegenleistung eine Vergütung erhält.[581] Soweit europäisches Recht gilt, ist also Arbeitnehmer, *salarié*, *trabajador* derjenige, der gegenüber seinem Arbeitgeber weisungsgebunden ist. Das Weisungsrecht des Arbeitgebers bezieht sich auch auf die täglichen Arbeitszeiten und den Arbeitsort des Arbeitnehmers. Das unterscheidet den Arbeitnehmer von einem werkvertraglichen Auftragnehmer, der zwar auch die Weisungen des Auftraggebers zu befolgen hat, wenn es darum geht, ein vertragskonformes Werk herzustellen. Der Auftragnehmer hat aber das Recht, im Rahmen der faktischen Möglichkeiten selbst über die tägliche Arbeitszeit und den Ort der Werkerstellung zu entscheiden. Außerdem müssen sich die Arbeitnehmer des Auftragnehmers

580 *Schwaber/Sutherland*, Der Scrum Guide, November 2020, S. 5 ff.; Le Guide Scrum, Novembre 2020, S. 6 ff.; La Guía Scrum, Noviembre 2020, S. 5 ff.

581 EuGH, Urt. v. 24.10.2024 – C-441/23, Rdnr. 55, ECLI:EU:C:2024:916, NZA 2024, 1559, 1562.

nur an dessen Weisungen halten, nicht an die Weisungen des Auftraggebers. Bei gemischten Entwicklungsteams kommt es zu arbeitsrechtlichen Problemen, wenn beide Arbeitgeber gegenüber allen Mitgliedern des Entwicklungsteams weisungsbefugt sind.

Wenn in Fall 5c das Projekt so organisiert wird, dass die Mitarbeitenden der S den Weisungen der A Folge leisten müssen, dann verhalten sich die Mitarbeitenden der S, als wären sie Arbeitnehmer der A. Denn Arbeitnehmer ist, wer dem Weisungsrecht seines Arbeitgebers unterworfen ist. Als Indiz für ein Weisungsrecht des Auftraggebers kann z. B. angesehen werden, dass der Auftraggeber ein Mitspracherecht bei der Auswahl des Fremdpersonals hat.[582] Es kommt darauf an, inwiefern der Arbeitgeber das Weisungsrecht ausübt.[583] Im Fall 5c müsste also A mitentschieden haben, dass U, V und W in das Scrum-Team aufgenommen werden. Die Tätigkeiten, die U, V und W verrichten, würden dann aufgrund einer Arbeitnehmerüberlassung erfolgen.

Für eine rechtmäßige Arbeitnehmerüberlassung stellt die Richtlinie 2008/104/EG vom 19.11.2008 (Leiharbeitsrichtlinie)[584] einheitliche europäische Standards auf. Nach Art. 5 Abs. 1 Leiharbeitsrichtlinie müssen die Arbeits- und Beschäftigungsbedingungen der Leiharbeitnehmer im Wesentlichen denjenigen entsprechen, die gelten würden, wenn sie keine Leiharbeitnehmer wären, sondern als Arbeitnehmer von dem entleihenden Unternehmen unmittelbar eingestellt worden wären. Arbeitnehmerüberlassung darf nicht dazu führen, dass Arbeitgeber zu Lasten der Arbeitnehmer den Grundsatz der Gleichbehandlung (*principe d'égalité de traitement*, *principio de igualdad de trato*) missachten. Es soll insbesondere Lohndumping verhindert werden. Deshalb werden die EU-Mitgliedstaaten gem. Art. 10 Abs. 2 Leiharbeitsrichtlinie ermächtigt, Sanktionen festzulegen, die bei Verstößen gegen die nationalen Vorschriften Anwendung finden, die der Umsetzung der Richtlinie in nationales Recht dienen. Die Sanktionen müssen wirksam, angemessen und abschreckend sein.

Die nationalen Vorschriften zur Umsetzung der Leiharbeitsrichtlinie finden sich in dem deutschen Arbeitnehmerüberlassungsgesetz (AÜG), dem französischen *Code du travail* (C.trav.) und dem spanischen *Estatuto de los Trabajadores* (ET). Gem. § 1 Abs. 1 S. 1 AÜG bedarf der Verleiher einer Erlaubnis. Die Arbeitnehmerüberlassung im Rahmen einer wirtschaftlichen Tätigkeit ist damit grundsätzlich verboten, wenn keine Erlaubnis erteilt wurde, wobei der Verleiher der Aufsicht der Bundesagentur für Arbeit unterstellt

582 *Zurheide*, Herausforderungen bei einer Softwareentwicklung im Scrum-Verfahren, S. 237.

583 BAG, Urt. v. 25.9.2013 – 10 AZR 282/12, NZA 2013, 1348.

584 ABl. L 327 v. 5.12.2008, S. 9–14.

ist.[585] Auch nach spanischem Recht darf die Arbeitnehmerüberlassung nur durch behördlich zugelassene Zeitarbeitsfirmen (*empresas de trabajo temporal*) erfolgen, Art. 43.1 ET. Im französischen Recht ist jede gewinnorientierte Tätigkeit grundsätzlich verboten, wenn ihr ausschließlicher Zweck die Vermittlung von Arbeitskräften ist, Art. L8241-1 C.trav., wobei Ausnahmen gelten für Zeitarbeitsfirmen, Modelagenturen, Gewerkschaften, Arbeitgeberverbände und Sportvereine. Eine Gewinnorientierung (*but lucratif*) der Arbeitnehmerüberlassung liegt nicht vor, wenn das überlassende Unternehmen dem entleihenden Unternehmen während der Überlassung nur die an den Arbeitnehmer gezahlten Löhne, die damit verbundenen Sozialabgaben und die dem Betroffenen im Rahmen der Überlassung erstatteten beruflichen Aufwendungen in Rechnung stellt (Art. L8241-1 al. 6 C.trav.). Der Arbeitsvertrag, der den Arbeitnehmer an sein Ursprungsunternehmen bindet und der weder beendet noch ausgesetzt wurde, wird fortgeführt. Folgerichtig fällt der Arbeitnehmer weiterhin unter den Tarifvertrag, dem sein ursprünglicher Arbeitgeber unterworfen ist.[586] Wenn in Fall 5c eine Arbeitnehmerüberlassung vorliegen sollte, dann wäre sie insofern gewinnorientiert, als U, V und W für ihre Tätigkeit unter Tarif bezahlt würden.

Der Handel mit Arbeitskräften ist verboten, wenn es sich um eine gewinnorientierte Tätigkeit zur Bereitstellung von Arbeitskräften handelt, die zu einer Benachteiligung des betroffenen Arbeitnehmers führt oder die Anwendung gesetzlicher Bestimmungen oder Bestimmungen eines Tarifvertrags oder einer Kollektivvereinbarung umgeht (Art. L8231-1 C.trav.). Ein Verstoß hiergegen stellt ein *délit de marchandage* dar. Das löst nicht nur Entschädigungsansprüche des Arbeitnehmers aus, sondern hat auch strafrechtliche Konsequenzen. Illegale Arbeitnehmerüberlassung ist auch nach spanischem Recht eine Straftat. Mit Freiheitsstrafen von zwei bis fünf Jahren und Geldstrafen von sechs bis zwölf Monaten werden diejenigen bestraft, die illegal mit Arbeitskräften handeln, Art. 312.1 Código Penal. Nach deutschem Recht drohen Geldbußen bis zu 30.000 EUR sowohl für den Entleiher als auch für den Verleiher, wenn die Arbeitnehmerüberlassung ohne Erlaubnis erfolgt, § 16 Abs. 1 Nr. 1, Nr. 1b, Abs. 2 S. 1 AÜG.

Die Sanktionen lassen sich in Fall 5c vermeiden, wenn der Entleiher gegenüber dem entliehenen Arbeitnehmer keinerlei Weisungen erteilt, sodass zwischen beiden auch kein Arbeitgeber-Arbeitnehmer-Verhältnis entstehen kann. Wenn sich die Parteien an die Regeln des Scrum Guide halten und dafür Sorge tragen, dass die Mitarbeitenden der beiden Unternehmen ein «selbstmanagendes Scrum Team», «*une Scrum Team autogérée*», «*un equipo autogestionado de Scrum*» bilden, das weisungsunabhängig arbeitet,

585 BeckOK ArbR/*Kock* AÜG, § 1 Rdnr. 3.
586 *Kammerer/Roß-Kirsch*, Arbeitsrecht in Frankreich, S. 160.

dann ist es auch möglich, das Scrum-Projekt in Übereinstimmung mit dem Arbeitsrecht durchzuführen. Agile Prozessmethoden können so organisiert werden, dass weder vom Auftraggeber noch vom Auftragnehmer unzulässige Weisungen gegenüber dem Entwicklungsteam erteilt werden, sodass eine verdeckte Arbeitnehmerüberlassung bei einem ordnungsgemäß durchgeführten Scrum-Rahmenwerk ausgeschlossen werden kann.[587]

§ 4 Lösung des praktischen Falls 5

P schlägt vor, die Auftraggeberin K nicht sofort, sondern erst nach Fertigstellung des Pflichtenhefts oder gar nach Vertragsschluss über die Erkenntnisse zu möglichen technischen Kompatibilitätsproblemen zu informieren. Diese Vorgehensweise wäre dann nicht im Interesse der S, wenn die hinausgezögerte Aufklärung zugleich das Haftungsrisiko der S erhöhen würde. Mögliche Haftungsrisiken können von vornherein ausgeschlossen werden, wenn es der S gelingen sollte, die K davon zu überzeugen, sämtliche Küchengeräte von S zu erwerben. Dann kann es auch keine technischen Kompatibilitätsprobleme geben. Es ist aber nicht ausgemacht, dass es der S gelingt, die K hiervon zu überzeugen. Der Ernstfall tritt ein, wenn K, nachdem sie über die technischen Kompatibilitätsprobleme aufgeklärt wurde, das Projekt abbricht, weil sie weder in neue Geräte investieren möchte noch bereit ist, sich mit einer nur teilweisen Vernetzung zufrieden zu geben. Mit anderen Worten: Der Ernstfall tritt ein, wenn K auf dem ursprünglichen Plan beharrt und sich deshalb von S trennt, weil diese die funktionsfehlerfreie Umsetzung des Plans für unmöglich erachtet. Welche Rechte der K bei Beendigung des Projekts zustehen, hängt davon ab, zu welchem Zeitpunkt sie über die Umstände Kenntnis erlangt, die den Grund für ihren Abbruch darstellen. Für das Haftungsrisiko der S kommt es somit entscheidend darauf an, zu welchem Zeitpunkt S die K über die Kompatibilitätsprobleme aufklärt.

➔ (A.) Variante: K wird umgehend aufgeklärt

Übereinstimmend nach deutschem, französischem und spanischem Recht sind die Parteien während der Vertragsverhandlungen an den Grundsatz von Treu und Glauben, *bonne foi*, *buena fe* gebunden (s. o. Nr. 05.20). Die K hat in den Vertragsverhandlungen von Anfang an ihren Wunsch deutlich gemacht, dass die vorhandenen Geräte der Firma Z mit den von S angebotenen Geräten vernetzt werden sollen. S war aus Treu und Glauben verpflichtet, die K von den Ergebnissen der von S durchgeführten Untersuchungen in Kenntnis zu setzen. Demzufolge würde eine Vernetzung der beiden Systeme sehr wahrscheinlich zu Fehlfunktionen

587 *Litschen/Yacoubi*, NZA 2017, 484, 489.

führen. Wenn S die K unverzüglich über das Untersuchungsergebnis aufklärt, steht es der K frei, die Vertragsverhandlungen abzubrechen. Sie kann dann von S keinen Schadensersatz wegen der unnützen Vertragsverhandlungen verlangen. Dafür müsste S gegen den Grundsatz von Treu und Glauben verstoßen haben, was aber nicht der Fall ist, wenn S die K unverzüglich von den zu erwartenden Kompatibilitätsproblemen in Kenntnis setzt.

➔ (B.) Variante: K wird nach Erstellung des Pflichtenhefts aufgeklärt

P schlägt vor, eine Information absichtlich zurückzuhalten, von der die S annehmen muss, dass sie für die K entscheidungserheblich ist. S handelt treuwidrig, wenn sie die ihr hinlänglich bekannten Informationen zu den Kompatibilitätsproblemen erst dann der K mitteilt, nachdem K das Pflichtenheft fertiggestellt hat. Die absichtliche Zurückhaltung einer für K wesentlichen Information stellt einen schuldhaften Verstoß gegen den Grundsatz von Treu und Glauben, *bonne foi*, *buena fe* dar, der schon während der Vertragsverhandlungen gilt. Wäre K von vornherein darüber informiert gewesen, dass die S eine funktionsfehlerfreie Vernetzung der bestehenden Geräte mit den von ihr angebotenen Geräten für nicht machbar hält, dann hätte K die Vertragsverhandlungen mit S nicht führen müssen, sondern sich nach einem alternativen Anbieter umschauen können. Indem S wider besseres Wissen die K in dem Glauben ließ, das Projekt könne wunschgemäß realisiert werden, hat sie die Willensbildung der K manipuliert. Übereinstimmend nach deutschem, französischem und spanischem Recht ist die Partei, die während der Vertragsverhandlungen schuldhaft ihre Informationspflicht verletzt, der anderen Partei zum Ersatz des Schadens verpflichtet, der durch das treuwidrige Verhalten entstanden ist. Der Schaden entsteht, sobald K von den prognostizierten Kompatibilitätsproblemen erfährt und infolgedessen die Vertragsverhandlungen abbricht. Der Schaden besteht nicht nur in den nutzlosen Aufwendungen, die K während den Vertragsverhandlungen getätigt hat, sondern ggf. auch in einem aufgrund der Vertragsverhandlungen entgangenen Gewinn. Der Umfang des Schadensersatzes bemisst sich nach dem negativen Interesse des Gläubigers. K kann also verlangen, so gestellt zu werden, wie sie stehen würde, wenn sie sich nicht auf die Vertragsverhandlungen mit S eingelassen hätte. Der Schadensersatzanspruch geht nicht auf das positive Interesse. D. h., K kann nicht verlangen, so gestellt zu werden, wie sie stehen würde, wenn der Vertrag ordnungsgemäß erfüllt worden wäre. Deshalb kann sie den entgangenen Gewinn nur für ein Geschäft verlangen, das sie in der Erwartung, dass der Vertrag mit S zustande kommen wird, ausgeschlagen hat. Sie kann aber nicht den Gewinn verlangen, den sie gemacht hätte, wenn das Geschäft mit S erfüllt worden wäre. Denn das wäre das positive Interesse. (Zur Unterscheidung von positivem und negativem Interesse bei der Berechnung des Schadensersatzes s. u. Nr. 08.23).

➔ (B. I.) Deutsches Recht

Anspruch der K gegen S auf Schadensersatz aus *culpa in contrahendo* gem. §§280 I, 311 Abs. 2, 241 Abs. 2 BGB.

➔ (B.II.) Französisches Recht

Anspruch der K gegen S auf Schadensersatz gem. Art. 1112 al. 2 C.civ.

➔ (B.III.) Spanisches Recht

Anspruch der K gegen S auf Schadensersatz aus *culpa in contrahendo* gem. Art. 1902 CC.

➔ (C.) Variante: K wird nach Vertragsschluss aufgeklärt

Wenn K erst nach Vertragsschluss erfährt, dass S nicht in der Lage ist, eine funktionsfehlerfreie Vernetzung der bestehenden Geräte mit den neuen Geräten zu schaffen, dann handelt es sich seitens der S um eine nicht vertragskonforme Leistung. K hatte von Anfang an deutlich gemacht, dass es ihr gerade auf diese Vernetzung ankommt. Wenn diese Vernetzung ein offensichtliches Bedürfnis der K war, ist es unerheblich, ob sie auch im Pflichtenheft erwähnt wird. Die K kann nicht nur Rückgängigmachung des Vertrages, sondern auch noch Schadensersatz geltend machen (ausführlich zu Rückabwicklung verbunden mit Schadensersatz s. u. Nr. 08.30 ff.). Der Schadensersatz geht dann nicht – wie bei der Variante (B.) – auf das negative Interesse der K, sondern auf ihr positives Interesse, da inzwischen ein Vertrag vorliegt. In beiden Varianten ist die vorvertragliche Schlechtberatung ursächlich für den Schaden. Aber die Berechnung des Schadens ist eine andere. Der Anspruch auf Ersatz des Nichterfüllungsschadens, der dem Kunden nach Vertragsschluss zusteht, bedeutet, dass der Kunde verlangen kann, so gestellt zu werden, wie wenn der Vertrag ordnungsgemäß erfüllt worden wäre. Dieser auf das positive Interesse gehende Schadensersatz wird erfahrungsgemäß um ein Vielfaches höher sein als der auf das negative Interesse gehende Schadensersatz, den der Kunde vor Vertragsschluss geltend machen kann. Aus praktischer Sicht lässt sich sagen, dass das Risiko der IT-Firma im Hinblick auf die Höhe einer möglichen Schadensersatzpflicht in dem Maße steigt, in dem es die IT-Firma hinauszögert, den Kunden darauf hinzuweisen, dass sie seine Erwartungen nicht erfüllen kann.

Wenn K nach Fertigstellung des Projekts von der Kompatibilitätsproblematik erfährt, stehen ihr folgende Rechte zu, die auf Rückgängigmachung des Vertrages und den Ersatz des positiven Interesses gehen (s. u. Nr. 08.30):

➔ (C. I.) Deutsches Recht

(s. u. Nr. 08.32)

Rücktritt (§§634 Nr. 3, 323 BGB) & Anspruch auf Schadensersatz statt der Leistung (§§634 Nr. 4, 280 I, III, 281 I BGB) oder

Schadensersatz statt der ganzen Leistung (§§ 634 Nr. 4, 280 I, III, 281 I 3 BGB).

➔ (C.II.) Französisches Recht

(s. u. Nr. 08.33)

Résolution, Art. 1228 C.civ. & action en réparation, Art. 1231-1 C.civ.

➔ (C.III.) Spanisches Recht

(s. u. Nr. 08.34)

Resolución, Art. 1124 CC & acción indemnizatoria, Art. 1101 CC.

Dem Vorschlag von P, dass die K nicht sofort über die Kompatibilitätsprobleme zu informieren sei, ist nicht zu folgen. Die S trägt keinerlei Haftungsrisiko, wenn sie die K umgehend von den prognostizierten Kompatibilitätsproblemen in Kenntnis setzt. Je weiter die Aufklärung der K hinauszögert wird, umso höher kann die Schadenssumme ausfallen, die S zu leisten hat, wenn K wegen der Kompatibilitätsprobleme das Projekt abbricht.

06. Nutzungsrechte für den Auftraggeber

§ 1 Praktischer Fall 6

Die Softwarefirma S hat das Patienten-Management-System XY entwickelt und bietet es europaweit Kliniken (K) als *Customized Software* für deren speziellen Bedürfnisse an. Außerdem bietet S gegen monatliche Gebühr den Abschluss eines unbefristeten Pflegevertrages mit 24-Stunden-Fernwartung an. Die K soll ein dauerhaftes, nicht ausschließliches und nicht übertragbares Vervielfältigungsrecht an XY erhalten, und zwar als *Floating License* für einen zahlenmäßig begrenzten Kreis von Nutzern. Für den Fall, dass S in Insolvenz geht, soll die K den Quellcode erhalten, damit die Pflege von XY über die Insolvenz hinaus gewährleistet ist. Die Allgemeinen Geschäftsbedingungen der S sehen für den Lizenzvertrag u. a. folgende Klauseln vor:

Terms and Conditions:

Art. 6 (Rights of use for XY)

The Licensee receives a non-exclusive, non-assignable right to reproduce the XY software for an unlimited period of time. It is considered a floating license for ___ users.

Art. 7 (Entitlement to the source codes)

The Licensor shall hand over the source codes to the Licensee in the event of insolvency proceedings against the Licensor that do not result in the continuation of business activities.

Entsprechen die Allgemeinen Geschäftsbedingungen den berechtigten Interessen von S und K?

§ 2 Berechtigung des Auftragnehmers

06.20 Grundsätzliches

Wie bereits oben Nr. 02.23 angesprochen wurde, ist Software ihrem Wesen nach von einer doppelten Natur. Software ist sowohl eine Sache, die unter elektrischem Strom kybernetische Funktionen ausführt, als auch ein Immaterialgut, das auf einer geistigen Schöpfung beruht. Als eine funktionsbereite Sache ist Software Gegenstand obligationenrechtlicher Verträge wie z. B. des Werkvertrags (s. u. Kap. 07), des Kaufvertrags (s. o. Nr. 02.30 ff.) oder des Pflegevertrags (s. o. Nr. 02.40 ff.). Als Immaterialgut ist sie Gegenstand eines urheberrechtlichen Lizenzvertrages. Anders als bei den obligationenrechtlichen Verträgen gibt es bei den urheberrechtlichen Lizenzverträgen – abgesehen von den strengen Formvorschriften im französischen Urheberrecht (s. u. Nr. 06.32) – keine gravierenden Unterschiede zwischen deutschem und französischem Recht.[588]

Software kann auch Teil eines digitalen Produkts sein. Gegenstand von Verträgen über digitale Produkte ist nicht nur die Bereitstellung von Softwarefunktionen, sondern auch die Bereitstellung von Daten (s. o. Nr. 01.22). Aber nur die Software stellt ein durch das Urheberrecht geschütztes Immaterialgut dar. Daten hingegen sind keine Immaterialgüter (s. o. Nr. 02.51). Die Immaterialgüterrechte beruhen auf der Idee des geistigen Eigentums. Dieser Idee zufolge besteht eine Analogie zwischen dem Eigentum an Sachen und dem Eigentum an geistigen Werken. Eigentum in diesem Sinne bedeutet, dass jedem gegenüber ein Einwirkungsverbot besteht, bloß nicht dem Eigentümer gegenüber.[589] Daten hingegen, zumindest im *Internet of Things*, sollen zum Nutzen der Gesellschaft möglichst niemandem gehören (vgl. ErwG 2 S. 1, 2 DA); sie sind also gerade einer eigentumsartigen Verwendung entzogen.[590] Von «Lizenzen» sollte nur bei Verträgen über Immaterialgüterrechte gesprochen werden, nicht aber bei Verträgen über Datennutzungsrechte.

Von der Idee des geistigen Eigentums ausgehend, ist es dann auch folgerichtig, dass grundsätzlich niemand das urheberrechtlich geschützte Werk nutzen darf, wenn er sich nicht auf eine Erlaubnis berufen kann, die derjenige erteilt hat, der über die urheberrechtlichen Vermögensrechte verfügt. In der Regel ist das der Urheber. Der Urheber bzw. der Inhaber der urheberrechtlichen Vermögensrechte kann einer natürlichen oder juristischen Person Nutzungsrechte einräumen und sie damit zum Rechteinhaber machen. Die Einräumung von Nutzungsrechten erfolgt mittels eines urheberrechtlichen Lizenzvertrages. Der Lizenzvertrag kann vorsehen, dass der Lizenznehmer weiteren Personen Nutzungsrechte einräumen darf. Die nationalen Urheberrechtskodifikationen in Deutschland, Frankreich und Spanien, das Urheberrechtsgesetz (UrhG), der *Code de la propriété intelectuelle* (CPI), die *Ley de propiedad intelectual* (LPI) verwenden für die Einräumung von urheberrechtlichen Nutzungsrechten zwar nicht den Begriff des Lizenzvertrages. Aber der Europäische Gerichtshof, der über die Anwendung der Richtlinie 2009/24/EG (Computerprogramm-Richtlinie) und damit über die urheberrechtliche Qualifizierung von Softwareverträgen zu urteilen hat, geht selbstverständlich von der Existenz eines Lizenzvertrages (*contrat de*

588 *Dujardin/Lejeune*, ITRB 2011, 136, 140.
589 *Kraßer*, GRUR Int. 1973, 230.
590 *Becker*, RDi 2024, 615, 627.

licence, contrato de licencia) aus[591] und behandelt sämtliche Formen von Softwarebereitstellungen als Lizenzvertrag.[592] Art. 4 RL 2009/24/EG benennt die urheberrechtlich relevanten Handlungen, für die es einer Erlaubnis des Rechteinhabers bedarf: das Vervielfältigen, das Bearbeiten, das Verbreiten und das Vermieten des Computerprogramms. Das urheberrechtliche Vermietrecht war bereits oben Nr. 03.34 behandelt worden.

Im Rahmen des IT-Projekts stellt sich nun die Frage, ob die IT-Firma als Auftragnehmerin auch berechtigt ist, dem Auftraggeber die Erlaubnis für die oben genannten urheberrechtlich relevanten Handlungen zu erteilen. Das setzt voraus, dass die IT-Firma ihrerseits Rechteinhaberin ist. Wenn die Entwicklung der Software ausschließlich durch die Auftragnehmerin erfolgt, ohne dass andere IT-Firmen oder freiberufliche Programmierer bei der Entwicklung mitwirken, dann erscheinen grundsätzlich drei Wege denkbar, wie die IT-Firma die Rechteinhaberschaft erlangt: durch die schöpferische Leistung ihrer Angestellten (s. u. Nr. 06.21), durch Leistung und Einräumung der entsprechenden Rechte seitens eines Zulieferers (s. u. Nr. 06.22 f.) oder im Falle von Open Source Software dadurch, dass die IT-Firma die Open-Source-Lizenzbedingungen erfüllt (s. u. Nr. 06.24).

06.21 Leistung von Angestellten

Wird ein Computerprogramm von einem Arbeitnehmer in Wahrnehmung seiner Aufgaben oder nach den Anweisungen seines Arbeitgebers geschaffen, so ist ausschließlich der Arbeitgeber zur Ausübung aller wirtschaftlichen Rechte an dem so geschaffenen Programm berechtigt, sofern keine andere vertragliche Vereinbarung getroffen wird, Art. 2 Abs. 3 RL 2009/24/EG. Dem entspricht im französischen Recht Art. L 113-9 al. 1 CPI, im spanischen Recht Art. 97.4 LPI und im deutschen Recht § 69b UrhG. Hat der Arbeitnehmer aus eigener Initiative und nicht aufgrund seiner Aufgabe (*su tarea o cometido propio*) oder aufgrund ausdrücklicher Anweisungen oder konkreter Hinweise des Arbeitgebers das Computerprogramm geschrieben, liegen die Voraussetzungen von Art. 2 Abs. 3 RL 2009/24/EG nicht vor.[593] Wenn aber der Arbeitnehmer unter den Voraussetzungen von Art. 2 Abs. 3 RL 2009/24/EG ein Computerprogramm geschaffen hat, fallen dem Arbeitgeber die Verwertungsrechte an dem Computerprogramm *ex lege* und automatisch zu.[594] Der Arbeitgeber erwirbt die Rechte nicht aufgrund einer *ces-*

591 *Hilty*, CR 2012, 625, 628 unter Berufung auf EuGH, Urt. v. 3.7.2012 – C-128/11, UsedSoft GmbH vs. Oracle International Corp., CR 2012, 498 ff., Rdnr. 21, 23, 28, 43 ff., 47 ff., 84.

592 *Pollaud-Dulian*, Le Droit d'auteur, n° 990 mit kritischer Stellungnahme.

593 STS de 21/06/2007, FD 4°, ROJ: STS 4802/2007.

594 Bercovitz Rodríguez-Cano/*Aparicio Vaquero*, Comentarios a la LPI, Art. 97 n° IV.4.A.

sion contractuelle seitens des Arbeitnehmers, sondern unmittelbar im Wege der *dévolution*.[595] Man kann dann von einer gesetzlichen Lizenz des Arbeitgebers sprechen.[596] Urheber bleibt aber der Arbeitnehmer.

Der Arbeitgeber erwirbt zwar die vermögensrechtlichen Befugnisse, aber die urheberpersönlichkeitsrechtlichen Befugnisse verbleiben beim Arbeitnehmer.[597] Dazu zählt insbesondere das Recht des Urhebers auf Anerkennung seiner Urheberschaft und damit auf Namensnennung (§ 13 UrhG).[598] Dem entspricht gem. Art. 14-1° LPI *el derecho de paternidad*[599] und gem. Art. L 121-2 CPI *le droit de paternité*.[600] Zwar kann der Urheber auf sein Recht, in der Software als Urheber benannt zu werden, freiwillig verzichten. Hingegen dürfte ein unfreiwilliger Verlust des Benennungsrechts nur dann gerechtfertigt sein, wenn durch die Benennung des Arbeitnehmers als Programmurheber die dem Arbeitgeber zustehende wirtschaftliche Verwertung des Computerprogramms beeinträchtigt würde, was zumindest dann nicht der Fall sein dürfte, wenn der Name des Arbeitnehmers unter einem eigenen Menüpunkt angegeben werden kann.[601]

Wann aber liegt ein Computerprogramm vor? Ein Computerprogramm ist als eine Folge von Befehlen zu verstehen, die dazu dient, einen Computer zur Ausführung bestimmter Funktionen zu veranlassen.[602] Auch das Entwurfsmaterial gehört zum Computerprogramm, Art. 1 S. 2 RL 2009/24/EG. Entscheidend für das Vorliegen eines Computerprogramms ist seine maschinensteuernde Funktion.[603] Dementsprechend ist die Benutzeroberfläche kein Computerprogramm, denn ihr fehlt insofern eine steuernde Funktion, als sie es nicht vermag, den Computer zu einer Vervielfältigung zu veranlassen.[604] Ein Computerprogramm wäre dazu imstande. Dem Arbeitsvertrag kann aber auch in Bezug auf andere schöpferische Leistungen des Arbeitnehmers, die nicht unter den Schutz der Computerprogramme fallen, implizit zu entneh-

595 *Raimond*, La qualification des contrats d'auteur, S. 100.

596 BGH, Urt. v. 23.10.2001 – X ZR 72/98, ZUM 2002, 137, 139.

597 *Klass*, GRUR 2019, 1103, 1111.

598 *Dreier*, in: Dreier/Schulze, UrhG, § 69b Rdnr. 3.

599 Vgl. Bercovitz Rodríguez-Cano/*Martínez Espín*, Comentarios a la LPI, Art. 14 n° III.2.A. a.

600 Vgl. *Mattatia*, Droit d'auteur & propriété intellectuelle dans le numérique, S. 11.

601 MHdB ArbR/*Bayreuther*, § 99 Rdnr. 48; Wandtke/Bullinger/*Wandtke*, UrhG, § 43 Rdnr. 94 unter Verweis auf OLG Hamm, Urt. v. 7.8.2007 – 4 U 14/07, Copyrightvermerk, GRUR 2008, 154, 155.

602 Vgl. Vorschlag für eine Richtlinie des Rates über den Schutz von Computerprogrammen (89/C91/05), ABl. EG Nr. C 91 v. 12.4.1989, S. 5.

603 *Marly*, Praxishandbuch Softwarerecht, 7. Aufl., Rdnr. 74 unter Bezugnahme auf 17 U.S.C. § 101.

604 EuGH, Urt. v. 22.12.2010 – C-393/09, Rdnr. 41, ZUM 2011, 230, 233.

men sein, dass einzig dem Arbeitgeber die vermögensrechtlichen Urheberrechte an den vom Arbeitnehmer geschaffenen Werken zustehen sollen.[605]

06.22 Leistung von Zulieferer

Die IT-Firma kann als Auftragnehmerin im Rahmen des IT-Projekts Softwarelizenzen von kommerziellen Zulieferern erwerben, um die proprietäre Fremdsoftware in der von ihr herzustellenden Auftragssoftware zu integrieren, wozu auch eine Bearbeitung der Fremdsoftware erforderlich sein kann. In diesem Fall würde die IT-Firma zumindest drei urheberrechtsrelevante Handlungen begehen, nämlich die Vervielfältigung, die Bearbeitung und die Verbreitung der Fremdsoftware, für die sie jeweils eine Lizenz vom Rechteinhaber erhalten müsste. Dafür muss der Zulieferer als Lizenzgeber die Befugnis haben, einem Dritten das Vervielfältigungsrecht, das Bearbeitungsrecht und das Verbreitungsrecht einzuräumen. Das ist dann unproblematisch, wenn der Zulieferer selbst der alleinige Urheber ist. In allen anderen Fällen aber muss der Zulieferer zuvor von einem Rechteinhaber die Nutzungsrechte erhalten haben. Wenn dem Zulieferer die Befugnis zur Einräumung von Nutzungsrechten nicht wirksam erteilt wurde, dann begeht die IT-Firma eine Urheberrechtsverletzung, indem sie die vom Zulieferer gelieferte Software in urheberrechtlich relevanter Weise nutzt. In Übereinstimmung mit Art. 44, 46 TRIPS-Agreement[606] gilt für alle WTO-Mitgliedstaaten, dass bei Urheberrechtsverletzungen die Justizbehörden befugt sind, dem Verletzer aufzugeben, dass er die Nutzung der urheberrechtlich geschützten Gegenstände zu unterlassen und sie zu vernichten hat, auch wenn ihn kein Verschulden an der Urheberrechtsverletzung trifft. D. h., wenn die IT-Firma die Nutzungsrechte an der vom Zulieferer bereitgestellten Software nicht erworben hat, darf sie die Software nicht nutzen und muss die überlassene Programmkopie vernichten, sobald sie von der fehlenden Berechtigung Kenntnis erlangt. Wenn sie aber in Unkenntnis ihrer fehlenden Berechtigung die vom Zulieferer bereitgestellte Software in ihr Produkt integriert und dieses dem Auftraggeber abliefert, verletzt sie gegenüber dem Auftraggeber ihre vertragliche Erfüllungspflicht. Für eine solche Vertragsverletzung würde bereits ausreichen, dass ein Teil der Software das Immaterialgüterrecht eines Dritten verletzt, etwa weil ein von diesem geschaffenes Programmmodul ohne Zustimmung integriert wurde, denn auch hier können Rechte gegenüber dem Anwender geltend gemacht werden.[607] In der Vertragsbeziehung zwischen

---

605 Vgl. für frz. Recht: Cass.civ. 1re du 24/03/1993, n° 91-16.543; für dt. Recht: LG Düsseldorf, Urt. v. 19.3.2008 – 12 O 416/06, ZUM-RD 2008, 556; für span. Recht: Art. 51.2 LPI.

606 Agreement on Trade-Related Aspects of Intellectual Property Rights.

607 Vgl. *Pommerening/Schreiber*, in: Marly, Praxishandbuch Softwarerecht, § 6 Rdnr. 198.

IT-Firma und Zulieferer stellt sich nun die Frage, ob die IT-Firma deshalb den Zulieferer in Haftung nehmen kann oder ob sich der Zulieferer durch vertragliche Vereinbarung von einer solchen Haftung freizeichnen kann.

Ist der Anbieter zur Bereitstellung von Software verpflichtet, so stellt nach deutschem Recht die Bereitstellung von nicht lizenzierter Software einen Rechtsmangel dar. Das gilt unabhängig davon, ob der Anbieter Verkäufer (§§ 433 Abs. 1, S. 2, 435 S. 1 BGB), Werkunternehmer (§ 633 Abs. 1, Abs. 3 BGB) oder Vermieter ist (§ 536 Abs. 1–3 BGB). Demgemäß ist die Kaufsache (das Werk) frei von Rechtsmängeln, wenn Dritte in Bezug auf die Kaufsache (das Werk) keine oder nur die im Vertrag übernommenen Rechte gegen den Käufer (Besteller) geltend machen können. Die mangelnde Lizenzierung muss aber tatsächlich geltend gemacht werden können, da das bloße Leugnen eines Rechts noch nicht ausreichend für die Annahme eines Rechtsmangels ist.[608] Bevor der Käufer (Besteller) vom Vertrag zurücktreten kann, muss er aber i. d. R. dem Lizenzgeber die Chance zur Nacherfüllung geben, die der Lizenzgeber durch nachträgliche Zahlung einer Lizenzgebühr an den Schutzrechtsinhaber oder dessen Lizenznehmer nutzen kann[609] (zum Recht des Verkäufers/Werkunternehmers auf Nacherfüllung s. u. Nr. 08.27). Ein vollständiger Haftungsausschluss für Rechtsmängel in AGB ist auch im Unternehmensverkehr unwirksam, § 309 Nr. 8 b) aa) BGB (zur Anwendbarkeit von § 309 BGB auf B2B-Verträge s. o. Nr. 01.56 und Nr. 02.41). Umgekehrt gibt es aber auch keinen Anlass für eine ausdrückliche Garantie-Klausel im Lizenzvertrag, wonach der Käufer freigestellt werden soll von jeglichen Ansprüchen, die Dritte aufgrund einer bestehenden oder vermeintlichen Urheberrechtsposition geltend machen, denn diese Rechte stehen dem Käufer schon aufgrund des kaufvertraglichen Gewährleistungsrechts zu.[610]

Unabhängig davon, ob der Lizenzgeber der IT-Firma eine dauerhafte oder eine befristete Lizenz einräumt, muss er nach französischem Recht gewährleisten, dass er zur Einräumung der Nutzungsrechte befugt ist.[611] Diese *garantie contre l'éviction* ist gesetzlich geregelt für den Kaufvertrag (Artt. 1626ss. C.civ.) und für den Mietvertrag (Artt. 1725ss. C.civ.). Die Rechtslehre wendet die *garantie contre l'éviction* auch auf den *contrat d'entreprise* an.[612] Nach der Rechtsprechung ist die Gewährleistung von jedem Veräußerer eines materiellen oder immateriellen Eigentumsrechts zu leisten, es sei denn, er kann nachweisen, dass der Erwerber in die Urheber-

608 OLG Hamm, Urt. v. 28.11.2012 – 12 U 115/12, CR 2013, 214, 217; Grüneberg/*Weidenkaff*, § 435 BGB Rdnr. 18.
609 Vgl. *Laub/Laub*, GRUR 2003, 654.
610 BeckFormB IT-R/*Imhof*, Form. C. 1., Anm. 20.
611 *Le Tourneau*, Contrats du numérique, n° 231.61.
612 *Bitan*, Droit et expertise des contrats informatiques, n° 296.

rechtsverletzung eingeweiht war.[613] Es ist zwischen der *garantie d'éviction du fait personnel* und der *garantie d'éviction du fait des tiers* zu unterscheiden. Erstere bedeutet, dass dem Lizenznehmer, der eine ausschließliche Lizenz erhält, vom Lizenzgeber garantiert wird, dass er an Dritte keine Lizenzen geben wird. Dabei handelt es sich um zwingendes Recht (*ordre public*).[614] Letztere bedeutet das implizite Versprechen des Anbieters, dass mögliche Klagen Dritter wegen Urheberrechtsverletzungen keine Aussicht auf Erfolg haben.[615] Diese Gewährleistungspflicht des Verkäufers können die Parteien gem. Art. 1627 C.civ. durch vertragliche Vereinbarung ergänzen, einschränken oder ausschließen: «*La cession au titre du présent contrat se fait sans aucune garantie d'éviction*».[616] Der Ausschluss der Gewährleistung ist grundsätzlich wirksam, solange der Verkäufer nicht *de mauvaise foi* ist. Die Bösgläubigkeit liegt vor, wenn dem Verkäufer nachzuweisen ist, dass er um das Risiko einer Urheberrechtsverletzung wusste, womit die Voraussetzungen für eine Klage auf *garantie d'éviction* strenger sind als für eine Klage auf *garantie des vices cachés*, bei der beim gewerblichen Verkäufer von vornherein Bösgläubigkeit unterstellt wird[617] (s. o. Nr. 02.32). Hat die IT-Firma im Rahmen eines Liefervertrages beim Kunden Software installiert, für die sie keine Lizenzrechte hat, kann der Kunde von der IT-Firma Ersatz des Schadens verlangen, der ihm dadurch entstanden ist, dass er die Klage des Rechteinhabers wegen Urheberrechtsverletzung abwenden konnte.[618]

Nach spanischem Recht gilt: Hat der Verkäufer zwar seine Verpflichtung zur Lieferung der Software als einem funktionierenden Objekt erfüllt, nicht aber seine Verpflichtung, dem Käufer eine *posesión legal y pacífica de la cosa vendida* zu verschaffen, steht dem Käufer der *saneamiento por evicción* zu (Art. 1474.1 CC). Die spanische Rechtslehre wendet dieses Rechtsmittel auch auf urheberrechtliche Lizenzverträge an.[619] Nach Artt. 1478, 1475.1 CC kann der Käufer vom Verkäufer die Rückerstattung des Kaufpreises und Entschädigung verlangen, wenn ihm aufgrund eines rechtskräftigen Urteils der Besitz an der Kaufsache entzogen wurde. Aus Sicht des Käufers erscheint dieses Rechtsmittel nicht besonders schlagkräftig, da er es erst geltend machen kann, nachdem der Dritte ein rechtskräftiges Urteil gegen ihn erlangt hat, und nicht schon zu dem Zeitpunkt, da der Dritte Ansprüche

---

613 Cass.civ. 1re du 13/03/2008, n° 06-20.152, n° 06-20.443.

614 *Vergès*, Contrats sur la recherche et l'innovation, n° 144.121.

615 *Le Tourneau*, Contrats du numérique, n° 231.62.

616 *Vergès*, op. cit., n° 231.107.

617 *Bitan*, op. cit., n° 297.

618 CA Paris, pôle 5, 11e Ch., du 28/09/2018, RG n° 17/03111.

619 *Aparicio Vaquero*, Licencias de uso no personalizadas de programas de ordenador, S. 394.

erhebt. Außerdem können die Parteien den *saneamiento por evicción* vertraglich ausschließen, Art. 1475.3 CC. Der vertragliche Ausschluss ist aber unwirksam, wenn der Verkäufer *de mala fe* ist, Art. 1476 CC. Die Bösgläubigkeit des Verkäufers ist zu bejahen, wenn er wusste, dass eine oder mehrere Ursachen existieren oder womöglich existieren könnten, die zu einer *evicción* führen könnten.[620] Die Parteien können aber auch eine Haftungsklausel vereinbaren, bei der die Entschädigungszahlung nicht an den Erlass eines rechtskräftigen Urteils, sondern an die Rechtsverfolgung gebunden ist.[621] Es sind auch umfassende Garantien zugunsten des Käufers denkbar. Dann verpflichtet sich der Anbieter, sämtliche Kosten zu übernehmen, die dem Käufer durch Ansprüche Dritter entstehen könnten.[622] Anders als in der deutschen Rechtspraxis wird in der spanischen Doktrin eine solche Klausel nicht als überflüssig angesehen. Ansonsten kommt aus Sicht des Käufers die *resolución* in Frage, Art. 1124 CC (zu deren Voraussetzungen s. o. Nr. 04.32). Für den Fall, dass der Verkäufer dem Käufer nicht die versprochenen Eigentumsrechte verschafft hat, soll aber die *resolución* seitens des Käufers nur dann ohne weiteres zulässig sein, wenn dem Verkäufer *mala fe* vorzuwerfen ist.[623] Diese Einschränkung der Vertragsauflösung beruht offenbar auf derselben Wertung wie die Einschränkung des vertraglichen Ausschlusses zum *saneamiento por evicción* gem. Art. 1476 CC. Sowohl im Interesse des Käufers als auch des Verkäufers sollte deshalb eine Auflösungsklausel vereinbart werden, die die Voraussetzungen für die *resolución* ausdrücklich benennt.

06.23 Gutgläubiger Erwerb

Fall 6a

Die IT-Firma S hat für die Anwenderfirma A die Unternehmenssoftware X entwickelt. In ein Modul von X hat S das von ihr bearbeitete Unterprogramm Y eingefügt. Die S hatte das auf einem Datenträger befindliche Programm Y samt Quellcode von der IT-Firma Z gekauft. Der Z fehlt das Recht zur Verbreitung von Y, was die S aber bei Entgegennahme des Datenträgers nicht wusste. Kann S das Recht, das Programm Y zu bearbeiten und zu verbreiten, von der Nichtberechtigten Z gutgläubig erworben haben?

620 Bercovitz Rodríguez-Cano/*Peña López*, Comentarios al CC, Art. 1476, n° 1.
621 *Soler Matutes*, in: Soler Matutes et al., Manual de gestión y contratación informática, S. 760.
622 *Davara Rodríguez*, Manual de Derecho Informático, S. 340.
623 *Lacruz Berdejo*, Elementos de Derecho Civil II, Derecho de Obligaciones, Vol. 2°, S. 45.

Nach römischem Recht war der gutgläubige Erwerb vom Nichtberechtigten ausgeschlossen, weil niemand einem anderen mehr Rechte übertragen kann, als er selbst innehat: *nemo plus iuris ad alium transferre potest, quam ipse haberet.*[624] Diese Regel, die ihren Niederschlag z. B. fürs französische Kaufrecht in Art. 1599 C.civ. und fürs englische Kaufrecht in Section 21 (1) Sale of Goods Act 1979 gefunden hat, gilt allerdings nicht absolut, wie der *Tribunal Supremo* betont.[625] Als Ausnahme zu dieser Regel sehen die kontinentalen Zivilrechtskodifikationen die wirksame Übertragung des Eigentums durch den Nichtberechtigten an einen gutgläubigen Erwerber dann vor, wenn der Erwerber den Besitz an der beweglichen Sache vom Veräußerer erlangt, ohne dass dem Erwerber bewusst ist, dass der Veräußerer gar nicht der Eigentümer ist (§ 932 BGB, Art. 2276 C.civ., Art. 464.1 CC).[626] Anknüpfungspunkt für den gutgläubigen Erwerb des Eigentums ist also, dass der gutgläubige Erwerber den Besitz durch den vermeintlich Berechtigten erlangt. Zwar gilt eine entsprechende Ausnahme auch nach englischem Kaufrecht, wenn der Erwerber *in good faith* ist, Section 23 Sale of Goods Act 1979. Es gibt jedoch einen wesentlichen Unterschied zwischen den kontinentalen Zivilrechtskodifikationen und dem englischen Kaufrecht. Während nämlich gem. Section 25 (1) Sale of Goods Act 1979 der Erwerber seine Gutgläubigkeit nachweisen muss,[627] wird nach französischem (Art. 2274 C.civ.), spanischem (Art. 434 CC) und deutschem Recht (§ 932 Abs. 1 BGB) zugunsten des Erwerbers vermutet, dass dieser gutgläubig, *de bonne foi*, *de buena fe* sei. Derjenige, der behauptet, wahrer Eigentümer zu sein, muss also vor Gericht beweisen, dass der auf Herausgabe verklagte Besitzer beim Erwerb des Besitzes bösgläubig war.

Das deutsche, das französische und das spanische Recht können sich dabei auf die gemeinrechtliche Regel berufen, wonach zugunsten des Beklagten dessen guter Glaube vermutet wird: *quivis praesumitur bonus*. Die Beweislastregel geht auf die Glossatoren zurück, die, beeinflusst durch das kanonische Recht, meinten, diese Regel als Abstraktion aus den in den Digesten genannten Fällen gewonnen zu haben, wobei sie sich auf das christliche Menschenbild berufen konnten.[628] Die Bonitätsvermutung als „goldene Ju-

---

624 *Ulpianus*, Digesta 50, 17, 54.

625 STS de 20/02/2012, FD 4°, ROJ: STS 1316/2012.

626 Die spanische Rechtsprechung schwankt zwischen der germanistischen Tradition, wonach die gutgläubige Besitzerlangung dem Eigentumserwerb entspricht, und der romanistischen Tradition, wonach sie der Ersitzung (*usucapción*) entspricht, Bercovitz Rodríguez-Cano/*Ureña Martínez*, Comentarios al CC, Art. 464 n° 1; rechtsvergleichende Darstellung bei *Kadner Graziano*, Europäisches Vertragsrecht, S. 353.

627 Vgl. *McKendrick*, Contract Law, S. 63.

628 *Stuckenberg*, Untersuchungen zur Unschuldsvermutung, S. 14 ff. (Fn. 35) mit Hinweis auf 1. Mose 1, 31.

ristenregel" des Zivilrechts[629] bedeutet, dass das Gericht davon ausgehen kann und darf, dass sich der Beklagte rechtstreu verhalten hat, solange der Kläger nicht das Gegenteil beweist. Dem Common Law hingegen ist diese Bonitätsvermutung fremd. Hier zeigt sich abermals (s. o. Nr. 01.50) ein fundamentaler Unterschied zwischen dem kontinentaleuropäischem Civil Law und dem angloamerikanischen Common Law, der nur verständlich wird, wenn man sich vor Augen führt, dass das historische Common Law eine Rezeption des römischen Rechts nicht gekannt hat und deshalb auch nicht den Rechtsgedanken der *bona fides* (= Treu und Glauben, *bonne foi, buena fe*) aufgenommen hat.[630] Der Gutgläubige kann zwar ausnahmsweise das Eigentum an einer beweglichen Sache erwerben, obwohl der Veräußerer gar nicht der Eigentümer ist, er kann aber nicht Inhaber einer Forderung werden, wenn derjenige, der ihm die Forderung abtritt, gar nicht Inhaber der Forderung ist. Dann gilt wieder der bereits oben genannte römische Rechtssatz *nemo plus iuris ad alium transferre potest, quam ipse haberet.*[631] Bei der Abtretung (*cession, cesión*) eines Rechts fehlt es naturgemäß an dem für einen gutgläubigen Erwerb erforderlichen Anknüpfungspunkt, nämlich der körperlichen Besitzerlangung. Nur bei Sachen, nicht aber bei Forderungen kann man physischen Besitz erlangen.

Sollte S im Fall 6a meinen, dass sie Eigentum am Datenträger samt Quellcode erlangt haben müsse, da ihr Z den für den gutgläubigen Eigentumserwerb erforderlichen Besitz verschafft habe, so würde diese Argumentation insofern ins Leere gehen, als es der S um das Verbreitungsrecht an Y geht. Ein urheberrechtliches Nutzungsrecht kann nicht gutgläubig erworben werden, da es für dessen Übertragung nicht darauf ankommt, dass der Erwerber physischen Besitz erlangt hat. Dieser rechtlichen Bewertung kann auch nicht entgegenstehen, dass sich auf dem Datenträger der Quellcode befand. Allein aus der Tatsache, dass S von Z den Quellcode erhalten hat, kann nicht einmal gefolgert werden, dass Z der S das Bearbeitungsrecht einräumen wollte,[632] ganz zu schweigen vom Verbreitungsrecht.

629 *Schmitt*, Der Begriff des Politischen, S. 63 zu dem konträren Menschenbild, das jeweils dem zivilrechtlichen und dem politischen Denken zugrunde liegt.

630 Vgl. *Ranieri*, Europäisches Obligationenrecht, S. 1875.

631 STS de 19/06/2008, FD 5°, ROJ: STS 4141/2008.

632 Vgl. *Le Tourneau*, Contrats du numérique, n° 223.12; s. u. Nr. 07.52.

06.24 Open Source Software

Fall 6b

Die IT-Firma S hat für die Anwenderfirma A die Unternehmenssoftware X entwickelt. Zu diesem Zweck hat S die Open Source Software Y erworben, die unter einer GPL-2.0 steht. S bearbeitet Y und fügt das bearbeitete Programm (Y.1) als Unterprogramm in ein Modul von X ein. Welche Pflichten hat S jetzt zu erfüllen, um der A das Recht auf Nutzung von Y.1 einräumen zu dürfen?

Oben Nr. 06.22 ging es darum, dass die IT-Firma proprietäre Fremdsoftware mit ihrer eigenen proprietären Software verbunden hat. Statt proprietärer Fremdsoftware kann sie aber auch bereits vorhandene Open Source Software (OSS) mit ihrer eigenen proprietären Software verbinden. Dann ergeben sich ggf. aus dem OSS-Lizenzvertrag Pflichten für die IT-Firma, die sie erfüllen muss, wenn sie nicht das Verbreitungsrecht an der bearbeiteten Open Source Software verlieren will. Wenn, wie im Fall 6b, die IT-Firma die Open Source Software Y verwendet, die unter einer GPL-2.0 (GNU General Public License)[633] steht, dann ist das Verbreitungsrecht an Y.1 mit der Erwartung der Open Source Community verknüpft, dass S den Quellcode von Y.1 der Anwenderfirma A zugänglich macht. Im Rahmen einer kommerziellen Verbreitung hat S zwei Optionen: (1.) Gem. Ziff. 3 lit. a GPL-2.0 fügt S der Unternehmenssoftware X den vollständigen maschinenlesbaren Quellcode von Y.1 bei, und zwar auf einem für den Softwareaustausch üblichen Medium, z.B. einem USB-Stick. (2.) Gem. Ziff. 3 lit. b GPL-2.0 fügt S der X ein schriftliches Angebot bei, das mindestens drei Jahre lang gültig ist und in dem S sich verpflichtet, Dritten gegen eine Gebühr, die ihre Kosten für die physische Verteilung des Quellcodes nicht übersteigt, eine vollständige maschinenlesbare Kopie des entsprechenden Quellcodes von Y.1 zur Verfügung zu stellen, und zwar auf einem für den Softwareaustausch üblichen Medium, z.B. einem USB-Stick. Der entscheidende Unterschied zwischen beiden Optionen besteht darin, dass S bei der ersten Variante ihre Pflicht unmittelbar erfüllt und damit keinem Dritten gegenüber mehr zur Herausgabe des Source Codes verpflichtet ist, während in der zweiten Variante jeder beliebige Dritte die Herausgabe des Source Codes von S verlangen kann, sodass ein echter Vertrag zugunsten Dritter vorliegt[634] (zum Vertrag zugunsten Dritter s.o. Nr. 03.20 und Nr. 03.30). Wenn S sich weigert, den Quellcode nach Variante (1.) oder nach Variante (2.) zugänglich zu machen, verliert sie die Nutzungsrechte an Y gem. Ziff. 4 GPL-2.0. Das Bearbeitungsrecht

633 URL: https://www.gnu.org/licenses/old-licenses/gpl-2.0.

634 *Jaeger/Metzger*, Open Source Software, Rdnr. 42.

und das Verbreitungsrecht an Y war der S nämlich unter der auflösenden Bedingung erteilt worden, dass S den Quellcode von Y und Y.1 weder nach Variante (1.) noch nach Variante (2.) zugänglich macht. Die Einräumung eines Nutzungsrechts unter einer auflösenden Bedingung ist auch mit den gesetzlichen Regelungen des Urhebervertragsrechts zu vereinbaren.[635]

06.25 Gemischtes Entwicklungsteam

Wenn im Rahmen des IT-Projekts die Angestellten des Auftragnehmers zusammen mit den Angestellten des Auftraggebers ein gemischtes Development-Team bilden, um ein Computerprogramm für die Bedürfnisse des Auftraggebers zu entwickeln, hat das nicht nur arbeitsrechtliche Implikationen (s. o. Nr. 05.38). Es stellen sich dann auch urheberrechtliche Fragen. Wird ein Computerprogramm von einem Arbeitnehmer in Wahrnehmung seiner Aufgaben oder nach den Anweisungen seines Arbeitgebers geschaffen, so ist ausschließlich der Arbeitgeber zur Ausübung aller wirtschaftlichen Rechte an dem so geschaffenen Programm berechtigt, sofern keine andere vertragliche Vereinbarung getroffen wird, Art. 2 Abs. 3 RL 2009/24/EG. Dem entspricht im französischen Recht Art. L 113-9 al. 1 CPI, im spanischen Recht Art. 97.4 LPI und im deutschen Recht § 69b UrhG (s. o. Nr. 06.21). Wenn aber die Arbeitnehmer des Auftraggebers und diejenigen des Auftragnehmers zusammen an der Entwicklung des Computerprogramms gearbeitet haben, stellt sich die Frage: Welcher Arbeitgeber hat die gesetzliche Lizenz an dem Computerprogramm erworben, der Auftragnehmer oder der Auftraggeber? Haben mehrere ein Werk gemeinsam geschaffen, ohne dass sich ihre Anteile gesondert verwerten lassen, so sind sie Miturheber des Werkes, § 8 UrhG. Die Miturheber müssen technisch nicht-triviale und umfangmäßig nicht unerhebliche Beiträge zur Entwicklung des Computerprogramms geliefert haben.[636]

Die Miturheberschaft setzt auch bei einem Computerprogramm ein gemeinsames Schaffen der Beteiligten voraus, bei dem jeder einen schöpferischen Beitrag zum einheitlichen Schöpfungsprozess der Werkvollendung leistet.[637] Im französischen Recht spricht man von einer *oeuvre de collaboration*, wenn mehrere natürliche Personen an ihrer Erschaffung mitgewirkt haben, Art. L 113-2 al. 1 CPI. Im spanischen Urheberrecht ist das eine *obra en colaboración*, Art. 7 LPI. Die urheberrechtlichen Vermögensbefugnisse stehen

---

635 LG München I, Urt. v. 19.5.2004 – 21 O 6123/04, ZUM 2004, 861, 863; vgl. auch OLG Karlsruhe, Urt. v. 27.1.2021 – 6 U 60/20, CR 2021, 444 ff. m. Anm. *Schweinoch/ Meßmer*.

636 OLG Düsseldorf, Urt. v. 25.11.2008 – I-20 U 72/06, CR 2009, 214.

637 BGH, Urt. v. 14.7.1993 – I ZR 47/91, Buchhaltungsprogramm, NJW 1993, 3136.

allen Miturhebern gemeinschaftlich zu, § 8 Abs. 2 UrhG, Art. L 113-2 CPI, Art. 7.4 LPI.

Für die Frage, ob Miturheberschaft an dem Computerprogramm entstanden ist, kommt es darauf an, wie sich die schöpferischen Beiträge der Arbeitnehmer zueinander verhalten. Wenn sich die einzelnen Beiträge individualisieren lassen, dann kann es sich bei dem Werk um keine *oeuvre de collaboration*, wohl aber um eine *oeuvre collective* i. S. v. Art. L 113-2 al. 3 CPI handeln.[638] Bei letzterer stehen die Urheberrechte derjenigen natürlichen oder juristischen Person zu, unter deren Namen das Werk veröffentlicht wird, Art. L 113-5 CPI. Das gilt entsprechend auch für die spanische *obra colectiva* gem. Art. 8 LPI. Die Möglichkeit, dass es sich bei der von Arbeitnehmern entwickelten Software ggf. um eine *obra colectiva* handeln kann, ist in Art. 97.2 LPI ausdrücklich vorgesehen.[639] Bei der Rechtsfigur der *oeuvre collective* bzw. der *obra colectiva*, die dem deutschen Urheberrecht fremd ist, handelt es sich um eine Ausnahme zur sog. *creator doctrine*,[640] also dem im Civil Law geltenden Prinzip, wonach Urheber nur natürliche Personen sein können.

Bei Software ist es normalerweise so, dass sie sich nicht in einzelne, gesondert verwertbare Teile zerlegen lässt, die den einzelnen beteiligten Personen jeweils als Werk zugewiesen werden könnten, sodass in aller Regel Miturheberschaft gegeben ist.[641] Eine *oeuvre collective* bzw. eine *obra colectiva* kann in den allermeisten Fällen ausgeschlossen werden. Wohl aber ist gerade die agile Softwareentwicklung nach der Scrum-Methode dadurch gekennzeichnet, dass sie in Sprints vollzogen wird, die jeweils nicht länger als einen Monat dauern. Alle Arbeiten, die notwendig sind, um das Produkt-Ziel zu erreichen, einschließlich Sprint Planning, Daily Scrums, Sprint Review und Sprint Retrospective, finden innerhalb der Sprints statt.[642] Dass sich die Entwicklung der Software in Etappen vollzieht, steht einer Miturheberschaft aber nicht entgegen. Bei einer zeitlichen Staffelung der Beiträge ist Miturheberschaft möglich, wenn jeder Beteiligte seinen (schöpferischen) Beitrag in Unterordnung unter die gemeinsame Gesamtidee erbracht hat.[643] Haben die Arbeitnehmer des Auftraggebers entsprechende Mitwirkungsleistungen im Rahmen des Entwicklungsteams erbracht, können zugunsten des Auftragge-

638 CA Versailles du 22/03/2004, *François X/Société Log-Acces*, RG n° 2003-00782.

639 Kritisch hierzu: Bercovitz Rodríguez-Cano/*Rodríguez Tapia*, Comentarios a la LPI, Art. 8, n° III. e.

640 *Guibault/Hugenholtz*, Study on the conditions applicable to contracts relating to intellectual property in the European Union, S. 63, 75, 103.

641 *Redeker*, IT-Recht, Rdnr. 19.

642 *Schwaber/Sutherland*, Der Scrum Guide, November 2020, S. 8.

643 BGH, Urt. v. 3.3.2005 – I ZR 111/02, Flash 2000, MMR 2005, 845.

bers urheberrechtliche Verwertungsrechte begründet werden.[644] Sofern der Lizenzvertrag keine Regelungen enthält, ist es im Ergebnis denkbar, dass der Auftraggeber und der Auftragnehmer die gesetzliche Lizenz an dem von ihren Arbeitnehmern entwickelten Computerprogramm gemeinschaftlich erwerben.

Wenn Gegenstand des Projektvertrages die kundenspezifische Anpassung einer von der IT-Firma entwickelten Standardsoftware ist und die Anpassungen vom Kunden selbst oder auf seine Anordnungen hin vorgenommen werden, können die Parteien auch vereinbaren, dass die urheberrechtlichen Befugnisse an den Änderungen allein dem Kunden zustehen sollen. In einem von der CA Paris zu entscheidenden Fall enthielt der Lizenzvertrag folgende Klausel: *Les modifications, améliorations, adjonctions effectuées par le client, ou par le fournisseur sur demande du client, sont la propriété du client.* Die *Cour d'appel* gab dem Antrag des Kunden statt, der IT-Firma die Nutzung derjenigen Programme zu untersagen, die Versionen enthalten, die von dem Kunden selbst oder auf seine Anordnung hin geändert, verbessert oder ergänzt wurden.[645] Für die IT-Firma bringt eine solche vertragliche Gestaltung zumindest dann erhebliche Nachteile, wenn die modifizierte und die ursprüngliche Version nicht klar getrennt werden können, was aber praktisch die Regel sein dürfte.

§ 3 Einräumung von Nutzungsrechten

06.30 Grundsätzliches

Wenn der Rechteinhaber jemandem die Erlaubnis erteilt, eine urheberrechtsrelevante Handlung einmal oder mehrmals vornehmen zu dürfen, dann nennt man dies eine Lizenz.[646] Wenn die RL 2009/24/EG (Computerprogramm-Richtlinie) in Art. 4 Abs. 1 S. 1 im Hinblick auf die urheberrechtsrelevanten Handlungen von «gestatten», «*autoriser*», «*autorizar*» spricht, dann handelt es sich bei der *autorisation* dem Sprachverständnis nach um eine Lizenz.[647] Überträgt man den Begriff der Lizenzerteilung auf die Diktion des kontinentaleuropäischen Urhebervertragsrechts, dann geht es um die Einräumung der Nutzungsrechte, um die «*concession de droits d'usage*»,[648]

644 *Hoeren/Pinelli*, MMR 2019, 779, 782.
645 CA Paris, 25^{e} ch., du 19/03/1999, obs. *Nappey*, Expertises 2000, 33–38.
646 *Hilty*, CR 2012, 625, 629.
647 Vgl. *Lesinska-Adamson*, Nutzungsrechtseinräumung und cession unter dem Blickwinkel ihrer Drittwirkungen, S. 92.
648 Vgl. *Montels*, in: Hilty/Geiger, Impulse für eine europäische Harmonisierung des Urheberrechts, S. 509.

um die «*concesión de derechos de uso*»,[649] also um «*granting of rights of use*». Bei Urheberrechtsverträgen, die auch jenseits von Software-Lizenzverträgen geschlossen werden, sprechen der französische CPI und die spanische LPI nicht von der Einräumung von Rechten (wie das deutsche Urheberrechtsgesetz, § 31 UrhG), sondern von der Abtretung von Rechten (*cession*, Art. L 131-4 CPI; *cesión*, Art. 43.1 LPI).

Dass im deutschen Urheberrecht von Einräumung und im französischen Urheberrecht von Abtretung (*cession*) die Rede ist, macht jedoch für die Praxis nahezu keinen Unterschied.[650] Auf Software-Lizenzverträge können jedoch die Regelungen über die Abtretung (*cesión*, Art. 43ss. LPI) nicht sinnvoll angewendet werden,[651] wenn man die Abtretung (*cesión*) nicht auch im Sinne von Einräumung (*concesión*) versteht.[652] Wird im Lizenzvertrag die Formulierung *concession* oder *licence* verwendet, muss das inhaltlich nichts anderes bedeuten als das, was im CPI unter einer *cession* verstanden wird.[653] Allerdings sollte bei der Gestaltung des Vertrages darauf geachtet werden, den Begriff der *cession* zu vermeiden, da diese Qualifikation ihrem natürlichen Wortsinn nach nur sehr selten den wirklichen Umfang der eingeräumten Rechte widerspiegelt.[654] Anders als es der Begriff Abtretung suggeriert, können Lizenzen auch vergeben werden, ohne dass die gewonnene Rechtsposition des Lizenznehmers einem aufgegebenen Recht des Lizenzgebers entsprechen muss. Bei dieser sog. konstitutiven Rechtsübertragung spaltet der Rechteinhaber nur eine Befugnis von seinem Recht ab. Im Gegensatz dazu gibt der Rechteinhaber bei der sog. translativen Rechtsübertragung eine eigene Rechtsposition an den Erwerber ab.

Der Rechteinhaber kann sich bei der Lizenzvergabe auf bestimmte Nutzungsrechte beschränken und diese wiederum inhaltlich, räumlich und zeitlich einschränken. Die Beschränkung kann dadurch erfolgen, dass der Rechteinhaber dem Lizenznehmer nur bestimmte Nutzungsrechte einräumt. Er kann z. B. bestimmen, dass der Lizenznehmer zwar das Vervielfältigungsrecht und das Bearbeitungsrecht, nicht aber das Verbreitungsrecht erhalten soll. Innerhalb der Nutzungsrechte kann der Lizenzgeber auch nur spezifisch

---

649 *Gómez Perals*, La cesión de uso de los programas de ordenador, S. 450.

650 *Geiger; Engelhardt; Hansen; Markowski*, GRUR Int. 2006, 475, 490 f., die sich auf das Referat von *André Lucas* zum deutsch-französischen Urheberrecht am 13.1.2006 im EPA München beziehen.

651 Bercovitz Rodríguez-Cano/*Aparicio Vaquero*, Comentarios a la LPI, Art. 95, n° III. d.

652 In diesem Sinne Bercovitz Rodríguez-Cano/*Gete-Alonso Calera*, Comentarios a la LPI, Art. 43, n° I.

653 *Vergès*, Contrats sur la recherche et l'innovation, n° 144.24.

654 *Montels*, in: Hilty/Geiger, Impulse für eine europäische Harmonisierung des Urheberrechts, S. 495.

benannte Nutzungsarten gestatten (z. B. die Vervielfältigung in Firmware)[655] und/oder das Recht auf einen spezifischen Personenkreis beschränken (z. B. die Vervielfältigung durch Mitarbeitende einer bestimmten Betriebsabteilung des Auftraggebers).[656] Er kann aber auch festlegen, dass der Lizenznehmer am Vervielfältigungsrecht nur eine einfache Lizenz erhalten soll. Dann ist der Lizenzgeber nicht gehindert, auch noch Dritten ein Vervielfältigungsrecht einzuräumen. Außerdem kann der Lizenzgeber dem Lizenznehmer eine ausschließliche Lizenz einräumen, wobei der Lizenznehmer ggf. auch das Recht zur Unterlizenzierung erhalten kann. Der Lizenzgeber kann ihm aber auch ausdrücklich untersagen, Dritten eine Unterlizenz einzuräumen. Oder er legt fest, dass den Dritten lediglich nicht übertragbare Rechte eingeräumt werden können. Was das Verhältnis von einfachen und ausschließlichen Nutzungsrechten angeht, sind für den Lizenznehmer vier Varianten denkbar: Er erhält (1.) eine nicht-ausschließliche, nicht-übertragbare Lizenz (= einfache Lizenz); (2.) eine ausschließliche, nicht-übertragbare Lizenz; (3.) eine ausschließliche, übertragbare Lizenz, wobei der Dritte nur eine nicht-ausschließliche, nicht-übertragbare Lizenz erhalten darf; (4.) eine ausschließliche, uneingeschränkt übertragbare Lizenz.

Der Begriff der (Nicht-)Übertragbarkeit darf aber nicht zu Missverständnissen führen. Wenn der Lizenznehmer ein dauerhaftes Nutzungsrecht erhalten hat, das nicht übertragbar sein soll, dann kann das nur bedeuten, dass er Dritten keine Unterlizenzen einräumen darf. Es kann aber nicht bedeuten, dass ihm der Lizenzgeber vertraglich verbieten darf, einen Parteiwechsel vorzunehmen, also seine eigene Rechtsposition aufzugeben und an einen neuen Lizenznehmer abzugeben. Denn aus der Rechtsprechung des EuGH ist die sehr wichtige allgemeine Regel herzuleiten, dass der Lizenzgeber einen Parteiwechsel auf der Seite des Lizenznehmers nicht verhindern kann, wenn er durch den ersten Vertrag zur Nutzungsrechtseinräumung bereits für die ganze zu erwartende Laufzeit angemessen vergütet worden ist.[657] Bei der Einräumung von dauerhaften Lizenzen darf das unterstellt werden.

06.31 Welche Nutzungsrechte?

Wurde ihr aufgrund des Lizenzvertrages ausdrücklich nur ein Nutzungsrecht «*à titre personnel*» eingeräumt, kann die Anwenderfirma nicht geltend machen, dass es der IT-Firma hätte bewusst sein müssen, dass sie für ihre geschäftlichen Zwecke auf ein *droit de distribution* angewiesen sei,

655 BeckFormB IT-R/*Imhof*, Form. C.3, Anm. 30.
656 *Le Tourneau*, Contrats du numérique, n° 232.31.
657 *Hilty*, CR 2012, 625, 632 unter Berufung auf EuGH, Urt. v. 3.7.2012 – C-128/11, CR 2012, 498 ff.

sodass ihr die IT-Firma stillschweigend auch das Verbreitungsrecht eingeräumt habe.[658] Nach Art. L 131-3 CPI ist die Übertragung der Rechte des Urhebers nur wirksam, wenn jedes der übertragenen Rechte in der Übertragungsurkunde gesondert aufgeführt ist und wenn der Umfang und der Zweck der Nutzung der übertragenen Rechte sowie deren geographisches Verwertungsgebiet und deren Übertragungsdauer ausdrücklich benannt sind. Sollte eine der vorgenannten Angaben fehlen, droht als Sanktion die *nullité du contrat.*[659] Anders ist das im deutschen und im spanischen Recht. Im Falle fehlender Angaben zu den Verwertungsrechten beschränkt sich die *cesión* nach Art. 43.2 S. 2 LPI auf das, was sich zwangsläufig aus dem Vertrag selbst ergibt und für die Erfüllung des Vertragszwecks unerlässlich ist. Die Auslegungsregel des spanischen Urhebervertragsrechts wurde von der deutschen Zweckübertragungslehre (§ 31 Abs. 5 UrhG) beeinflusst.[660] Nach dem Zweckübertragungsgedanken räumt der Urheber Nutzungsrechte im Zweifel nur in dem Umfang ein, den der Vertragszweck unbedingt erfordert. Gemäß der ständigen Rechtsprechung des BGH kommt in dieser Auslegungsregel zum Ausdruck, dass die urheberrechtlichen Befugnisse die Tendenz haben, soweit wie möglich beim Urheber zu verbleiben, damit dieser an den Erträgnissen seines Werks in angemessener Weise beteiligt wird, was bedeutet, dass im Allgemeinen nur diejenigen Nutzungsrechte stillschweigend eingeräumt sind, die für das Erreichen des Vertragszwecks unerlässlich sind.[661]

Die Zweckübertragungslehre ist funktional vergleichbar mit dem aus Art. L 122-7 al. 2–4 CPI abgeleiteten Grundsatz «*in favorem auctoris*», wonach die Auslegung des Vertrages zugunsten des Urhebers erfolgt.[662] Zu seinem Schutz wird vermutet, dass er die Rechte, die er nicht ausdrücklich übertragen hat, behalten möchte (*tout ce que l'auteur n'a pas expressément cédé, on doit considérer qu'il l'a conservé*).[663] Das gilt auch fürs spanische Urhebervertragsrecht. Bei der Auslegungsregel des Art. 43.2 S. 2 LPI handelt es sich um eine Schutzvorschrift zugunsten des Urhebers[664] (s. o. Nr. 03.34). Die Annullierung des Vertrages wegen fehlender Angaben zu den eingeräumten Nutzungsrechten droht also nur nach französischem, nicht aber nach deutschem und spanischem Recht. Da aber Art. L 131-3 CPI keine ausdrückliche Sanktion nennt, sollten französische Richter die Auslegungs-

658 CA Versailles, 13ᵉ ch., du 26/10/1994, obs. *Laroche Vidal*, Expertises 1995, 31, 42–44.

659 *Montels*, in: Hilty/Geiger, Impulse für eine europäische Harmonisierung des Urheberrechts, S. 495, 509.

660 *Dietz*, Das Urheberrecht in Spanien und Portugal, S. 183.

661 BGH, Urt. v. 22.4.2004 – I ZR 174/01, GRUR 2004, 938.

662 *Montels*, in: Hilty/Geiger, Impulse für eine europäische Harmonisierung des Urheberrechts, S. 496, 510.

663 *Pollaud-Dulian*, Le droit d'auteur, n° 986.

664 *Serrano Gómez/Placer Sánchez*, in: Yzquierdo Tolsada, Contratos, Tomo XII, S. 98.

regel «*in favorem auctoris*» gegenüber der *nullité* vorziehen, denn bezogen auf den grundsätzlichen Schutz des Urhebers würde die Unwirksamkeit des Lizenzvertrages als nicht angemessen erscheinen.[665] Außerdem würde sich das Problem stellen, dass bei angenommener Unwirksamkeit des Lizenzvertrages wegen der *interdépendance contractuelle* auch die Wirksamkeit des obligationenrechtlichen Werkvertrags betroffen wäre. Von einer zwingenden Annullierung des Werkvertrages auszugehen, widerspräche aber dem rechtmäßigen Interesse des Auftraggebers.[666] Zumindest wenn Auftraggeber und Auftragnehmer überhaupt keinen schriftlichen Lizenzvertrag geschlossen haben, erscheint es auch nach französischem Recht angemessen, dass das Gericht anhand vertraglicher und vorvertraglicher Unterlagen (z. B. des *cahier des charges*) ermittelt, welche Rechte nach dem übereinstimmenden Willen der Parteien dem Auftraggeber eingeräumt werden sollten.[667]

06.32 Unbefristete Lizenz?

Um die Verwertung des digitalen Produkts besser kontrollieren zu können, mag der Auftragnehmer über die Erteilung einer zeitlich befristeten Lizenz nachdenken. Wenn der obligationenrechtliche Softwareüberlassungsvertrag als Kaufvertrag einzuordnen ist, kann im Lizenzvertrag eine *durée déterminée* nicht wirksam vereinbart werden.[668] Anders ist es, wenn sich aus dem Softwareüberlassungsvertrag keine Hinweise auf seine vertragstypologische Einordnung ergeben. Dann wirkt die befristete Lizenz auf die vertragstypologische Einordnung des obligationenrechtlichen Vertrages zurück. Wenn die Lizenz befristet sein soll, erfolgt die Bereitstellung der Software aufgrund eines Mietvertrages. Das wiederum hat Auswirkungen auf den Pflegevertrag (s. o. Nr. 02.40 ff.). Da der Vermieter gegenüber dem Mieter die Pflicht hat, die Mietsache während der Mietdauer zu erhalten, wäre ein für den Mieter kostenpflichtiger Pflegevertrag mit der Erhaltungspflicht des Vermieters nicht zu vereinbaren. Der Erhaltungsaufwand des Vermieters ist nämlich bereits durch die Mietzahlungen des Anwenders abgegolten. Wenn der Rechteinhaber diesem Problem entgehen will und deshalb dem Lizenznehmer eine dauerhafte Lizenz einräumen möchte, dann ist nach spanischem Recht noch die Auslegungsregel des Art. 43.2 S. 1 LPI zu beachten, wonach bei fehlenden Angaben zur Übertragungsdauer die *cesión* fünf Jahre dauert.

665 *Montels*, in: Hilty/Geiger, Impulse für eine europäische Harmonisierung des Urheberrechts, S. 496, 510 unter Berufung auf CA Paris, 4e ch., section A, du 16/02/2005, D. 2005, 2523 f., 2525 obs. *Allaeys*.

666 *Raimond*, La qualification des contrats d'auteur, S. 115.

667 *Fievée*, Expertises 2010, 140 f. unter Bezugnahme auf Cass.civ. 1re, du 08/12/2009, n° 08-18.360.

668 *Le Tourneau*, Contrats du numérique, n° 232.31.

Haben sich die Parteien auf die Einräumung eines exklusiven und unbefristeten Nutzungsrechts geeinigt, muss das ausdrücklich im Vertrag erwähnt werden, wenn ein Rückfall des Nutzungsrechts nach fünf Jahren Laufzeit verhindert werden soll. Es empfiehlt sich folgende Klausel für den Lizenzvertrag: *Estos derechos se entenderá que corresponden a Empresa Cliente de forma indefinida, en exclusiva, para un ámbito territorial mundial.*[669]

06.33 Ausschließliche Lizenz?

Der Auftraggeber erlangt nicht automatisch ein ausschließliches Nutzungsrecht an der von ihm in Auftrag gegebenen Software. Wurde es nicht ausdrücklich vereinbart, erhält er vom Auftragnehmer nur ein einfaches Nutzungsrecht, das weder übertragbar noch ausschließlich ist.[670] Wenngleich der Auftraggeber regelmäßig eine ausschließliche Lizenz erhalten möchte, so ist aus Sicht des Auftragnehmers zu berücksichtigen, dass die Einräumung einer ausschließlichen Lizenz für ihn nicht nur Einbußen an wirtschaftlicher Verfügungsmacht bedeutet, sondern auch gegenüber einer einfachen Lizenz zusätzliche rechtliche Risiken birgt. Wenn, wie im Fall 6b (s. o. Nr. 06.24), das Unterprogramm unter einer Open-Source-Lizenz GNU GPL-2.0 steht, ist die Erteilung einer ausschließlichen Lizenz zumindest für das Unterprogramm Y.1 nicht mit den GNU-Lizenzbedingungen zu vereinbaren.[671] Sofern sich infolge des sog. Copyleft-Effekts gem. Ziff. 2 lit. a GPL-2.0 die GNU-Lizenzbedingungen auf das gesamte Programm X ausdehnen sollten, würde die Erteilung einer ausschließlichen Lizenz für das Programm X bedeuten, dass S gegen die GNU-Lizenzbedingungen verstößt. Abgesehen von dem Fall, dass der Auftragnehmer Open Source Software verwendet, kann die Erteilung einer ausschließlichen Lizenz auch unter kartellrechtlichen Gesichtspunkten bedenklich sein. Verträge über Individualsoftware, die es dem Lizenznehmer erlauben, entweder das Softwareprodukt so abzuändern, dass neue Software entsteht, oder es für den maschinellen Produktionsprozess zur Herstellung von körperlichen Gütern zu verwenden, unterliegen der Gruppenfreistellungsverordnung für Technologietransfer (TT-GVO),[672] also der Verordnung (EU) Nr. 316/2004 der Kommission vom 21.3.2014.[673] Anhand der TT-GVO ist zu prüfen, ob die Voraussetzungen für eine Freistellung vom Kartellverbot vorliegen. Das Kartellverbot besagt, dass Vereinbarungen zwischen Unternehmen nichtig sind, welche eine Verhinderung, Einschränkung oder Verfälschung des Wettbewerbs innerhalb

---

669 Vgl. *Marzo Portera* et al., Los contratos informáticos y electrónicos, S. 26, 77.
670 *Bitan*, Droit et expertise des contrats informatiques, n° 624.
671 Vgl. *Lejeune*, in: Schneider/Graf v. Westphalen, Software-Erstellungsverträge, S. 577.
672 MK-Wettbewerbsrecht/*Nagel* TT-GVO, Art. 1 Rdnr. 36.
673 ABl. L 93 v. 28.3.2014, S. 17–23.

des Binnenmarkts bezwecken oder bewirken, Art. 101 Abs. 1, Abs. 2 AEUV. IT-Verträge unterliegen generell der kartellrechtlichen Kontrolle nach den Maßstäben der Art. 101, 102 AEUV,[674] insbesondere aber, wenn sie Regelungen zur Erteilung ausschließlicher Lizenzen enthalten.[675]

Will die IT-Firma dem Auftraggeber ausschließliche Nutzungsrechte einräumen, ist unter Anwendung spanischen Rechts noch folgendes zu beachten: Falls die Parteien nichts anderes vereinbart haben, ist mit einem ausschließlichen Nutzungsrecht nur die Befugnis des Lizenznehmers verbunden, dem Dritten ein nicht ausschließliches Nutzungsrecht einzuräumen, Art. 48.1 LPI. Diese dispositive Regelung ist auch auf die Einräumung von Softwarelizenzen anwendbar.[676] Nach deutschem Recht gilt: Der Inhaber des ausschließlichen Nutzungsrechts kann seine Rechtsposition insgesamt (translativ) übertragen (§ 34 Abs. 1 S. 1 UrhG) oder einfache bzw. ausschließliche Nutzungsrechte (konstitutiv) einräumen, wobei er in beiden Fällen der Zustimmung des Urhebers bedarf.[677] Der Urheber darf die Zustimmung nicht wider Treu und Glauben verweigern, § 34 Abs. 1 S. 2 UrhG. Diese Vorschrift gilt über § 69a Abs. 4 UrhG auch für Computerprogramme.[678] Die Zustimmung kann bereits gemeinsam mit der Einräumung des Nutzungsrechts allgemein erteilt werden; in diesem Fall ist keine gesonderte Zustimmung zur Übertragung im jeweiligen Einzelfall erforderlich.[679]

Ausschließliche und einfache Nutzungsrechte bleiben gegenüber später eingeräumten Nutzungsrechten wirksam, § 33 S. 1 UrhG (Sukzessionsschutz). Dem liegt der Gedanke zugrunde, dass der Urheber nur die Rechte übertragen kann, die er selbst noch innehat[680] (s. o. Nr. 06.23). Auch ohne eine ausdrückliche Regelung zum Sukzessionsschutz kommt das französische Urheberrecht aufgrund allgemeiner zivilrechtlicher Grundsätze zu einem vergleichbaren Ergebnis: Der Erwerber eines Nutzungsrechts, welches mit einem zuvor eingeräumten Nutzungsrecht kollidiert, muss dieses Recht unabhängig davon dulden, ob es sich um eine *cession* im Sinne einer Rechtsübertragung oder lediglich im Sinne der Erteilung eines obligationenrechtlichen Nutzungsrechts handelt.[681] Denn auch die durch einfache Lizenzen

674 Auer-Reinsdorff/Conrad, IT- und DatenschutzR-HdB/*Conrad/Licht*, § 39 Rdnr. 354–356; Wandtke/Bullinger/*Grützmacher*, UrhG, § 69d Rdnr. 57–64.

675 Vgl. *Rosenberger*, GRUR Int. 2012, 721, 727.

676 Bercovitz Rodríguez-Cano/*Cavanillas Múgica*, Comentarios a la LPI, Art. 48, n° I.2.B.

677 *Mantz*, in: Dreier/Schulze, UrhG, § 31, Rdnr. 62.

678 OLG Karlsruhe, Urt. v. 27.7.2011 – 6 U 18/10, MMR 2011, 727, 729.

679 Schricker/Loewenheim/*Ohly*, UrhG, § 34 Rdnr. 25.

680 BGH, Urt. v. 25.6.1985 – KZR 31/84, GRUR 1996, 91, 93.

681 *Lesinska-Adamson*, Nutzungsrechtseinräumung und cession unter dem Blickwinkel ihrer Drittwirkungen, S. 109 f., 151 f.

eingeräumten Rechtspositionen können Dritten gegenüber nach den allgemeinen Regeln des Zivilrechts entgegengehalten werden.[682] Andernfalls würde die *garantie d'éviction* im französischen Recht und der *saneamiento por evicción* im spanischen Recht (s. o. Nr. 06.22) keinen Sinn ergeben. Denn da verspricht ja gerade der Lizenzgeber dem Lizenznehmer, ihm bei der Verteidigung seiner Rechtsposition Beistand zu leisten. Entscheidend ist die chronologische Reihenfolge. Der Inhaber eines einfachen Nutzungsrechts kann sich auch gegenüber dem Inhaber eines ausschließlichen Nutzungsrechts auf sein einfaches Nutzungsrecht berufen, wenn er das einfache Nutzungsrecht chronologisch vor dem Inhaber des ausschließlichen Nutzungsrechts erlangt hat.

§ 4 Vereinbarungen zum Quellcode

06.40 Grundsätzliches

Kommt bei einem IT-Projekt die Frage auf, wem die Rechte am Quellcode zustehen sollen, haben Auftraggeber und Auftragnehmer zumeist gegenläufige Interessen. Der Auftragnehmer wird den Quellcode nicht aus der Hand geben wollen, weil andernfalls der Auftraggeber auch Dritte mit der Softwarepflege betrauen könnte, sodass dem Auftragnehmer eine stabile Einnahmequelle wegbrechen würde. Dem Auftraggeber wiederum wird es regelmäßig egal sein, wer die Software pflegt. Ihm kommt es nur darauf an, dass die Software überhaupt gepflegt werden kann. Wer auch immer die Pflege übernimmt, benötigt aber den Quellcode. Die Abhängigkeit des Auftraggebers vom Auftragnehmer wird spätestens dann zum Risikofall, wenn der Auftragnehmer die Pflege nicht mehr leisten kann, sei es, weil er Insolvenz anmelden muss oder weil er organisatorischen Hindernissen ausgesetzt ist. Deshalb ist es wichtig, dass die Parteien eine Vereinbarung treffen, die beide Interessen angemessen berücksichtigt. Ob in Ermangelung einer solchen vertraglichen Vereinbarung dem Lizenznehmer ein obligationenrechtlicher Anspruch auf Überlassung des Quellcodes zusteht, wird uns unten unter Nr. 07.50 ff. beschäftigen. Hier aber soll es erst einmal darum gehen, ob die Parteien eine Vereinbarung treffen können, die für den beschriebenen Risikofall dem Auftraggeber einen effektiven Anspruch auf Überlassung des Quellcodes verschafft.

Nur der Quellcode ist änderbar und nur der Objektcode ist ausführbar. Der Quellcode kann nur von Menschen, nicht aber von Computern gelesen werden. Der Objektcode wiederum kann nur von Computern, nicht aber von Menschen gelesen werden. Computerprogramme sind sowohl im Hinblick

682 Cass.civ. 1re du 22/01/2009, n° 07-21.498, obs. *Pollaud-Dulian*, RTD com. 2009, chron., 307 (n° 7).

auf den Objektcode als auch im Hinblick auf den Quellcode urheberrechtlich geschützt. Der entscheidende Unterschied ist, dass nur das Lesen des Objektcodes durch den Computer eine urheberrechtlich relevante Handlung ist, weil dann eine Vervielfältigung im Arbeitsspeicher stattfindet. Dahingegen ist das Lesen des Quellcodes genauso wie das Lesen eines Buches keine urheberrechtlich relevante Handlung (s. o. Nr. 02.23). Wer also den Quellcode lesen will, benötigt dafür kein urheberrechtliches Nutzungsrecht. Er benötigt aber ein entsprechendes Nutzungsrecht, wenn er mit Hilfe des Quellcodes eine Bearbeitung des Programms vornehmen möchte.

Aufschlussreich hierzu ist ein Fall, über den der französische Kassationshof im Jahr 2009 zu urteilen hatte:[683] Die Softwarefirma T schließt mit der Anwenderfirma D einen Vertrag über die Lieferung und Installation eines *progiciel de gestion*. Für den Fall, dass über T die Insolvenz ausgesprochen werden sollte, erhält die D einen Anspruch auf Überlassung einer Kopie des Quellcodes. Nachdem das Insolvenzverfahren tatsächlich eröffnet wird und D feststellen muss, dass die von T installierte Standardsoftware nicht wie vereinbart funktioniert, verlangt sie von der T die Lieferung einer Kopie des Quellcodes. Die D erhofft sich davon, die Funktionsfehler der Software durch Änderungen des Codes zu beseitigen. Das Berufungsgericht gibt der Klage auf Überlassung des Quellcodes nicht statt, da der Insolvenzverwalter nicht im Besitz des Quellcodes ist. Vor Eröffnung des Insolvenzverfahrens hatte nämlich der ehemalige Geschäftsführer der T, der ursprünglich auch der Programmentwickler war, seine Urheberrechte der Firma N übertragen und dieser auch den Quellcode übereignet. Das Berufungsgericht spricht der D lediglich einen Anspruch auf Schadensersatz wegen Nichterfüllung zu. Der Schaden besteht in dem Verlust der Chance (*perte d'une chance*), die Funktionsfähigkeit der Software zu erlangen. Die hiergegen von D eingelegte Revision hat der Kassationshof verworfen.

Das Urteil des Kassationshofs zeigt deutlich, dass den Interessen der Anwenderfirma nicht Genüge getan ist, wenn die Parteien vereinbaren, dass es der Lizenzgeber sein soll, der den Quellcode für den Lizenznehmer aufbewahrt. Es ist vielmehr erforderlich, die Aufbewahrung des Quellcodes einer treuhänderischen Hinterlegungsstelle («*Escrow Agent*») anzuvertrauen. Im Idealfall sollten die Parteien nicht bloß einen zweiseitigen Projektvertrag, sondern zusätzlich einen dreiseitigen Escrow-Vertrag abschließen, den sowohl die Softwarefirma, die Hinterlegungsstelle als auch die Anwenderfirma unterzeichnen. Zumindest aber sollte im Projektvertag eine Hinterlegungsklausel mit der Bezeichnung des *Escrow Agent* aufgenommen werden. Für ein angemessenes Risikomanagement und zur Erfüllung der unter-

683 Cass.civ. 2^{e}, du 08/01/2009, n° 07-20.693; *Bitan*, Droit et expertise des contrats informatiques, n° 323.

nehmerischen Compliance-Anforderungen dürfte aber die Anwenderfirma auf dem Abschluss eines dreiseitigen Escrow-Vertrages bestehen.[684] Der Escrow-Vertrag bzw. die Escrow-Vertragsklausel im Lizenzvertrag regelt neben den möglichen Herausgabegründen, also dem faktischen Zugriff auf den Quellcode, auch noch die erforderlichen Nutzungsrechte zur Vervielfältigung und zur weiteren Bearbeitung der Software.[685] Denn die faktische Überlassung des Quellcodes ist noch nicht als Einräumung eines Bearbeitungsrechts zu verstehen.[686] Es empfiehlt sich folgende Klausel: *Mit Übergabe erhält der Kunde am Hinterlegungsgegenstand unwiderruflich ein dauerhaftes, nicht-ausschließliches und nicht übertragbares Recht, den Hinterlegungsgegenstand zu vervielfältigen, zu bearbeiten, in veränderter oder unveränderter Form zu kompilieren und den so generierten Objektcode im Rahmen der ihm an der Vertragssoftware zustehenden Rechte zu verwerten* (…) *Der Kunde sichert zu, die ihm eingeräumten Rechte am Hinterlegungsgegenstand erst und nur in den nachfolgend abschließend benannten Fällen auszuüben* (…).[687] Dann müssen die Parteien eindeutig festlegen, für welche Fälle der *Escrow Agent* verpflichtet sein soll, der Anwenderfirma eine Kopie des Quellcodes auszuhändigen. Der praktisch wichtigste Fall dürfte die Insolvenz des Lizenzgebers sein. Während international zumeist unbestritten ist, dass für den Insolvenzfall eine Pflicht des *Escrow Agent* zur Überlassung des Quellcodes wirksam vereinbart werden kann, wird in der deutschen Rechtsliteratur seit Inkrafttreten der Insolvenzordnung (InsO) diskutiert, ob das auch für deutsches Recht gelten kann.[688]

06.41 Clauses contractuelles

Als treuhänderischer Verwahrer bietet die *Agence pour la protection des programmes* (APP) den Abschluss eines *Escrow-Agreement* an, das sie «*entiercement*» nennt.[689] Die Hinterlegungsstelle lässt sich auch als *dépôt* bezeichnen, hingegen wäre die wörtliche Übersetzung für *escrow* – nämlich *séquestre* – missverständlich, da *séquestre* und *dépôt* zwei verschiedene Rechtsfiguren sind.[690] Ansonsten ist auch die Bezeichnung *contrat de sauvegarde* geläufig.[691] Es handelt sich dabei um einen dreiseitigen Vertrag (*tripartite*) zwischen IT-Firma, Kunde und Hinterlegungsstelle, wobei letztere

684 Vgl. *Aßhoff*, CR 2023, 269, 270.
685 Remmertz/Kast Digital Escrow/*Peters*, Kap. 1 Rdnr. 21.
686 Vgl. *Le Tourneau*, Contrats du numérique, n° 223.12; s. o. Nr. 06.24; s. u. Nr. 07.52.
687 BeckOF IT/*Meßmer*, Form. 1.8 § 4 Abs. 1 S. 1, Abs. 3.
688 *Peters/Kast*, DSRI-Tagungsband 2010, 813, 814.
689 URL: https://www.app.asso.fr/nos-solutions/escrow-agreement.
690 *Le Tourneau*, Droit de la responsabilité, n° 3391.17 f.
691 *Le Tourneau*, Contrats du numérique, n° 334.11.

ein spezialisiertes Unternehmen sein sollte, das über die technische Kompetenz verfügt, die Echtheit des hinterlegten und später laufend aktualisierten Quellcodes zu überprüfen.[692]

Als Hinterlegungsklausel käme folgende Musterformulierung in Betracht:[693]

> Le Concédant garantit avoir déposé les codes sources du Logiciel auprès de … (Hinterlegungsstelle). Le Concédant garantit au Licencié l'accès aux sources du Logiciel en cas de défaillance du Concédant. Pour les besoins du présent article, la défaillance du Concédant s'entend des cas suivants;
>
> ➔ en cas de manquement de la part du Concédant à l'une de ses obligations, empêchant l'utilisation du Logiciel et non réparé dans un délai de … (Zeitraum);
>
> ➔ après mise en demeure par le Licencié en lettre recommandée avec accusé de réception;
>
> ➔ en cas de procédure de liquidation judiciaire à l'encontre du Concédant, ne donnant pas lieu à poursuite d'activité;
>
> ➔ en cas de cessation d'activité du Concédant, notamment la maintenance, sans que l'activité soit reprise.
>
> Il est entendu entre les parties que les codes sources comprennent outre les programmes du Logiciel annotés pouvant être lus et interprétés par toute personne connaissant le langage dans lequel ils sont écrits, ainsi qu'une documentation de conception détaillée.
>
> En outre, en cas d'accès aux codes sources, le Licencié ou tout autres tiers désigné par ce dernier est autorisé à reproduire et adapter les codes sources du Logiciel aux fins exclusives d'assurer ou de faire assurer la maintenance du Logiciel pour les besoins propres du Licencié et ce, tant que le Licencié utilise le Logiciel.

06.42 Cláusulas contractuales

Drei Parteien – die *empresa informática licenciante*, die *empresa cliente* und die *empresa depositaria* (*Escrow Agent*) – schließen gemeinsam einen *contrato de depósito de código fuente*.[694] Der Vertrag muss von allen drei Parteien unterzeichnet werden.[695] Dass die Parteien einen *déposito de código fuente* vertraglich vereinbaren können, ist von der Rechtsprechung anerkannt.[696] Dieser Vertrag regelt die Pflichten der drei Parteien, u.a. die

692 *Van Eeckhout*, RDC 2007, 1335, 1342 f.

693 *Dujardin/Lejeune*, ITRB 2011, 136, 139 f. m. w. N.

694 *Soler Matutes*, in: Soler Matutes et al., Manual de gestión y contratación informática, S. 983–994.

695 *Marzo Portera* et al., Los contratos informáticos y electrónicos, S. 27.

696 AAP Barcelona, Sección 15ª, de 23/02/2010, FD 3°, ROJ: AAP B 1614/2010.

Pflicht der *empresa informática*, den Quellcode mitsamt Dokumentation zu hinterlegen und regelmäßige Aktualisierungen zu liefern, die Vergütungspflicht der *empresa cliente* gegenüber dem *depositario* und dessen Aufbewahrungs-, Prüfungs- und Herausgabepflichten.

Hier noch eine Musterklausel für die Herausgabepflichten des *depositario*:[697]

> **6.1.** El depositario se obliga a hacer entrega del material depositado a la persona designada conjuntamente por la empresa informática y por el cliente. La solicitud de entrega deberá hacerse por escrito y estar firmada por los representantes legítimos de las dos partes.
>
> **6.2.** El depositario hará entrega al cliente del material depositado, de acuerdo con los apartados 6.4 a 6.7, siempre y cuando este último efectúe un requerimiento por escrito en el que acredite debida y suficientemente alguno de los siguientes extremos:
>
> **6.2.1.** Situación de concurso o de disolución y/o liquidación de la empresa informática.
>
> **6.2.2.** Cese de la actividad o extinción de la personalidad jurídica de la empresa informática, sin que una empresa sucesora se haga cargo de los derechos y obligaciones de la misma.
>
> **6.2.3.** No realización por parte de la empresa informática de las tareas de mantenimiento informático pactadas con el cliente, después de haber transcurrido 30 días naturales desde que fue requerida para ello.
>
> **6.3.** En los supuestos descritos en los números 6.2.1 y 6.2.2., el depositario deberá entregar inmediatamente el material, después de haber comprobado la realidad de los hechos alegados por el cliente.
>
> **6.4.** En el caso del número 6.2.3., el depositario remitirá, dentro de los 7 días naturales siguientes a la recepción de la solicitud de entrega del cliente, una copia de dicha solicitud a la empresa informática. Esta última dispondrá de 7 días naturales para oponerse o no a la entrega del material. Transcurrido dicho plazo, se considerará que acepta la entrega y se hará efectiva la misma. En el supuesto de que la empresa informática se opusiera a ello, se informará al cliente. (…)

06.43 Vertragsklauseln

Die Problematik im deutschen Recht, ob eine Herausgabepflicht des Escrow Agent auch wirksam für den Fall vereinbart werden kann, dass der Lizenzgeber in Insolvenz gerät, entspinnt sich an § 103 InsO.[698] Demnach hat der In-

697 *Soler Matutes*, in: Soler Matutes et al., Manual de gestión y contratación informática, S. 993 f.

698 *Vossius-Köbel*, DSRI-Tagungsband 2019, 609, 614 ff.

solvenzverwalter bei einem gegenseitigen Vertrag, der noch nicht vollständig erfüllt wurde, das Wahlrecht, ob er Zug um Zug erfüllt und den Gläubiger aus der Insolvenzmasse befriedigt oder ob er die Erfüllung verweigert. Lizenzverträge unterfallen grundsätzlich dem Wahlrecht des § 103 InsO, denn die in § 108 Abs. 1 S. 1 InsO vorgesehene Ausnahme kann auf Immaterialgüterrechte nicht angewendet werden.[699] Jede vertragliche Gestaltung, die versucht, das Wahlrecht des Insolvenzverwalters aus § 103 InsO zu beschränken oder auszuschließen, muss sich an der Regelung des § 119 InsO messen lassen.[700] Danach sind Vereinbarungen, durch die im Voraus die Anwendung von § 103 InsO ausgeschlossen oder beschränkt wird, unwirksam. Die Softwarefirma kann dem Lizenznehmer ein aufschiebend bedingtes Nutzungsrecht am Quellcode einräumen. Nach der Rechtsprechung des BGH werden bedingt begründete Rechte im Insolvenzfall als bereits bestehend behandelt, sodass sie nicht zur Insolvenzmasse gehören.[701] Wenn die Bedingung nicht an die Insolvenzeröffnung anknüpft, sondern an Tatsachen, aufgrund derer die Fortsetzung des Vertrages unzumutbar wäre, kann die aufschiebend bedingte Übertragung von Nutzungsrechten insolvenzfest vereinbart werden.[702] Eine insolvenzabhängige Lösungsklausel in einem Werkvertrag, die dem Besteller aus Anlass eines Insolvenzantrags oder der Insolvenzeröffnung eine Kündigung aus wichtigem Grund ermöglicht, ist nach § 119 InsO unwirksam, wenn bei objektiver Betrachtung eine Umgehung der zwingenden Regelung des § 103 InsO vorliegt. Dies ist der Fall, wenn der insolvenzabhängige Umstand für sich allein die Lösung vom Vertrag ermöglicht und die Lösungsklausel in Voraussetzungen oder Rechtsfolgen von gesetzlichen Lösungsmöglichkeiten abweicht, ohne dass für diese Abweichungen bei objektiver Betrachtung ex ante zum Zeitpunkt des Vertragsabschlusses auf der Grundlage der wechselseitigen Interessen der Parteien berechtigte Gründe bestehen.[703] Vor dem Hintergrund der Rechtsprechung des BGH wird von der Rechtspraxis folgende Klausel für die Überlassung des Quellcodes vorgeschlagen:[704]

> **[§ 4 Aufgaben des Treuhänders]**
> (…)
> **(2)** Der Treuhänder hat den Schlüssel in den nachfolgenden Fällen an den Auftraggeber zu übergeben:
> **a)** Seit Abschluss des Pflegevertrages sind 10 Jahre vergangen,

---

699 MK-InsO/*Huber/J. F. Hoffmann*, § 103 InsO Rdnr. 75.
700 Remmertz/Kast Digital Escrow/*Schmid*, Kap. 6 Rdnr. 42.
701 BGH, Urt. v. 27. 5. 2003 – IX ZR 51/02, NJW 2003, 2744.
702 BGH, Urt. v. 17.11.2005 – IX ZR 162/04, NJW 2006, 915, 917, Rdnr. 26.
703 BGH, Urt. v. 27.10.2022 – IX ZR 213/21, NJW 2023, 603, 606, Rdnr. 31.
704 BeckFormB IT-R/*Imhof*, Form. C.8. § 4 Abs. 2.

b) der Auftragnehmer hat den Pflegevertrag ordentlich gekündigt oder der Insolvenzverwalter hat nach Eröffnung des Insolvenzverfahrens über das Vermögen des Auftragnehmers die Erfüllung des Pflegevertrages abgelehnt,

c) der Auftraggeber hat den Pflegevertrag aus wichtigem Grund gekündigt,

d) die Gesellschaft des Auftragnehmers wird liquidiert. Maßgebend ist der Liquidationsbeschluss,

e) der Auftragnehmer hat dem Herausgabeverlangen des Auftraggebers schriftlich zugestimmt.

§ 5 Lösung des praktischen Falls 6

Es ist zu prüfen, ob die Allgemeinen Geschäftsbedingungen (Art. 6 und Art. 7 AGB) den Interessen von S und K gerecht werden. Das übergeordnete Ziel muss sein, dass S bis zu einer möglichen Insolvenz die Monopolstellung am Quellcode behält und dass K im Insolvenzfall in den Besitz des Quellcodes gelangt, um die Softwarepflege von XY rechtmäßig fortzuführen. Dabei ist darauf zu achten, dass den Parteien durch die Vertragsklauseln keine zusätzlichen Risiken erwachsen, die über das gewöhnliche Maß allgemeiner Gefahrenquellen hinausgehen.

➔ (A.) Obligationenrechtlicher Anspruch auf Herausgabe oder Nutzungsrecht?

Die K hat gem. Art. 7 AGB einen Anspruch auf Herausgabe des Quellcodes, falls S in Insolvenz geht. Es fragt sich, ob ein obligationenrechtlicher Anspruch auf Herausgabe des Quellcodes den berechtigten Interessen der K an einer fortlaufenden Pflege genügt.

Um den Quellcode für die Pflege von XY benutzen zu dürfen, benötigt die K urheberrechtliche Nutzungsrechte. Zwar hat K gem. Art. 6 AGB ein Vervielfältigungsrecht eingeräumt bekommen, aber das genügt nicht, wenn sie mit Hilfe des Quellcodes Änderungen an XY vornehmen will. Dann benötigt sie auch noch ein Bearbeitungsrecht (vgl. den Formulierungsvorschlag oben unter Nr. 06.40). Um das berechtigte Interesse der S an der Geheimhaltung des Quellcodes zu wahren, sollte der K ein auf den Insolvenzfall aufschiebend bedingtes Bearbeitungsrecht eingeräumt werden. Denn S will ja, solange der Geschäftsbetrieb läuft, ihre Monopolstellung im Hinblick auf den Quellcode behalten.

Ergebnis: Der K einen obligationenrechtlichen Anspruch auf Herausgabe des Quellcodes zu gewähren, ist eine notwendige, aber nicht hinreichende Maßnahme. Die K benötigt auch die Einräumung eines Bearbeitungsrechts.

➔ (B.) Herausgabeanspruch gegen S oder gegen Treuhänder?

Art. 7 AGB sieht einen Herausgabeanspruch gegen S vor. Demnach soll der Quellcode im Gewahrsam von S bleiben. Es fragt sich, ob diese Vorgehensweise mit einem angemessenen Risikomanagement vereinbar ist.

Wie bereits festgestellt, benötigt die K ein aufschiebend bedingtes Bearbeitungsrecht, um eine sichere Rechtsposition zu erlangen. Auch ein einfaches Nutzungsrecht genießt Bestandsschutz gegenüber späteren Verfügungen über das Immaterialgut (vgl. oben Nr. 06.33). D. h., selbst wenn S einem Dritten ein ausschließliches Nutzungsrecht am Quellcode einräumen würde, behielte die K ihr aufschiebend bedingtes Bearbeitungsrecht. Aber das Bearbeitungsrecht nützt der K nichts, wenn sie zum Quellcode, egal ob im Original oder in Kopie, keinen Zugang erhält. Deshalb ist es unbedingt erforderlich, dass der Quellcode oder eine Kopie bei einem Treuhänder hinterlegt wird. Eine Aufbewahrung bei S würde das Risiko in sich tragen, dass der Quellcode im Herausgabefall faktisch nicht mehr zugänglich ist.

Ergebnis: Es ist ein dreiseitiges *Escrow-Agreement* zwischen S, K und einem *Escrow Agent* abzuschließen, aufgrund dessen die K einen Herausgabeanspruch gegen letzteren für den Fall erhält, dass über S ein Insolvenzverfahren eröffnet wird. Nach französischem und nach spanischem Recht erscheint die Wirksamkeit einer solchen Vereinbarung unproblematisch. Nach deutschem Recht hingegen bestehen Zweifel, inwieweit eine solche Vereinbarung rechtswirksam getroffen werden kann (s. o. Nr. 06.43).

07. Erfolgspflichten des Auftragnehmers

§ 1 Praktischer Fall 7

> Die Softwarefirma S hat mit dem freiberuflich tätigen Programmierer P einen Vertrag über die Entwicklung eines Computerprogramms (Arbeitstitel: XY) geschlossen, das S im Rahmen eines IT-Projekts als Unterprogramm benötigt. Es wurde eine einmalige Lizenzgebühr von 10.000,– EUR vereinbart, die S bei Lieferung von XY zahlen sollte. Ein entsprechender Lizenzvertrag, durch den P der S die ausschließlichen Rechte zur Vervielfältigung, Bearbeitung und Verbreitung von XY einräumt, wurde von beiden Parteien unterzeichnet. Nachdem P das Programm fertiggestellt hat, weigert er sich, XY der S auszuliefern. Er bietet das Programm der Softwarefirma Z an, die hierfür 30.000,– EUR zahlen möchte. P ist allerdings bereit, die S zu entschädigen, und zwar sowohl für die Vertragskosten, die ihr durch die nunmehr unnützen Vertragsverhandlungen entstanden sind, als auch für den entgangenen Gewinn, den S durch die Nichtlieferung von XY erlitten hat. Ein Sachverständigengutachten stellt fest, dass sich die Vertragskosten und der entgangene Gewinn der S auf insgesamt 9.800,– EUR belaufen. Kann S auf Herausgabe von XY Zug um Zug gegen Zahlung von 10.000,– EUR bestehen? Oder hat sie lediglich Anspruch auf Schadensersatz i. H. v. 9.800,– EUR?

§ 2 Pflicht zur Naturalerfüllung

07.20 Ausgangsfrage

Nehmen wir an, die IT-Firma schließt mit dem Auftraggeber einen Vertrag, in dem sie sich verpflichtet, dem Auftraggeber ein auf dessen Bedürfnisse angepasstes digitales Produkt wie etwa individuell erstellte bzw. angepasste Software oder kundenspezifische Hardware mit eingebettetem System dauerhaft zu überlassen. D. h., die Naturalerfüllung des Vertrages erfolgt durch die dauerhafte Bereitstellung des digitalen Produkts. Wenn jedoch die IT-Firma ihrer vertraglichen Verpflichtung zur Bereitstellung nicht nachkommt, dann stellt sich die Frage, was der in seiner Erwartung enttäuschte Auftraggeber verlangen kann. In allen modernen Rechtsordnungen anerkannt ist lediglich eines: dass nämlich der Auftraggeber nicht einfach zur Selbsthilfe schreiten und dem Auftragnehmer die versprochene Sache gegen dessen Willen wegnehmen oder den Auftragnehmer durch sonstige Maßnahmen privater Gewalt zur Vertragserfüllung anhalten darf.[705] Es fragt sich

705 *Zweigert/Kötz*, Einführung in die Rechtsvergleichung, S. 468.

dann, ob der Auftraggeber vor Gericht beantragen kann, dass die Justizbehörden ggf. unter Zuhilfenahme der Polizei Gewalt gegen den Auftragnehmer ausüben, damit dieser seiner Pflicht zur Naturalerfüllung nachkommt. Dabei dürften die modernen Rechtsordnungen zumindest darin übereinstimmen, dass personenbezogene Zwangsmaßnahmen zur Vollstreckung des Anspruchs auf Naturalerfüllung dann ausgeschlossen sind, wenn es sich um die Verpflichtung zur Erbringung von Dienst- oder Werkleistungen höchstpersönlichen Charakters handelt.[706]

Wenn sich also der Auftragnehmer dem Auftraggeber gegenüber verpflichtet hat, für diesen ein Computerprogramm zu schreiben, seiner Verpflichtung aber nicht nachkommt, dann kann der Auftraggeber keinesfalls vor Gericht physisch wirkende Zwangsmaßnahmen gegen den Auftragnehmer beantragen, damit dieser doch noch das Programm schreibt. Das folgt aus dem gemeinrechtlichen Grundsatz *nemo praecise potest cogi ad factum*,[707] aus dem sich wiederum die gemeinrechtliche Regel ableitet, dass ein einklagbarer Anspruch auf Naturalerfüllung nur bei einer Herausgabepflicht (*obligatio dandi*) bestehen kann, sofern sich diese auf eine bestimmte Sache (*res certa*) bezieht.[708] Darüber hinaus entspricht dem Rechtsgedanken des *nemo praecise potest cogi ad factum* auch die Vorschrift des § 888 ZPO, wonach es unzulässig ist, auf den Willen des Schuldners durch die Androhung von Geld- oder Haftstrafe beugend einzuwirken, wenn die geschuldete Handlung ausschließlich vom Willen des Schuldners abhängt. Dabei handelt es sich um Handlungen höchstpersönlichen Charakters. Anders sieht es aber aus, wenn der Auftragnehmer sich weigert, das von ihm fertiggestellte Programm (also eine bestimmte Sache) dem Auftraggeber auszuhändigen, denn die Aushändigung einer Programmkopie kann – anders als das Schreiben eines Programms – keine Leistung höchstpersönlichen Charakters darstellen, sondern muss vielmehr als die Erfüllung einer *obligatio dandi certam rem* verstanden werden.

Schließlich sind drei Fragen zu unterscheiden: Gibt die Rechtsordnung dem Auftraggeber einen einklagbaren Anspruch auf Naturalerfüllung oder nur einen entsprechenden Anspruch auf Geldersatz im Falle der Nichterfüllung? Und wenn sie ihm einen Anspruch auf Naturalerfüllung gibt, welchen Umfang hat dann dieser Anspruch (dazu unten § 4)? Und welche Zwangsmaßnahmen kann der Auftraggeber bei Gericht beantragen, damit der Auftragnehmer seiner Verpflichtung zur Naturalerfüllung nachkommt (dazu unten § 3)?

---

706 Vgl. *Kadner Graziano*, Europäisches Vertragsrecht, S. 217 f.

707 Dt.: Niemand kann zu einer bestimmten Handlung gezwungen werden.

708 *Ranieri*, Europäisches Obligationenrecht, S. 635.

Allein die Tatsache, dass wir uns die letztgenannte Frage stellen, macht noch einmal deutlich, dass Rechtspflichten und moralische Pflichten von unterschiedlicher Natur sind. Verhält sich jemand uns gegenüber unmoralisch, ohne zugleich eine Rechtspflicht zu verletzen, so brauchen wir nicht weiter darüber nachzudenken, ob wir das Gericht anrufen sollten, damit dieses den Betreffenden zu moralischem Handeln zwingt. Moralisches Handeln kann weder vor Gericht eingeklagt noch von den Justizbehörden vollstreckt werden. Anders ist es aber mit den Rechtspflichten. Diese können, wenn die gesetzlichen Voraussetzungen gegeben sind, mit Unterstützung von Justiz und Polizei gegen den Willen des Schuldners durchgesetzt werden.

Dass sich Recht und Moral nach dem Kriterium des Zwangs unterscheiden, entspricht seit der Aufklärung dem modernen Rechtsverständnis, wie es zunächst von *Christian Thomasius* (1655–1728) und später von *Immanuel Kant* (1724–1804) begründet wurde.[709] Das Recht ist zwar nicht identisch mit der Moral, aber vergessen wir nicht die vier wissenschaftlichen Haltungen nach *Gustav Radbruch* (s.o. Nr. 01.41): Das Recht bezieht sich auf moralische Werte. Diese Vorstellung geht auf *Kant* zurück, der die Frage, was rechtens sei (*quid sit iuris*), von der Frage trennt, ob dies auch recht sei, d.h., ob es sich um Recht (*iustum*) oder um Unrecht (*iniustum*) handelt.[710] Demnach beruht die Geltung des positiven Rechts darauf, dass es mit den Grundsätzen der Ethik übereinstimmt, woraus sich die praktische Konsequenz ergibt, dass dem positiven Recht die Geltung abgesprochen werden muss, wenn es diesen Grundsätzen widerspricht.[711] Deshalb kann *Radbruch* sagen, dass eine Norm, die der Gerechtigkeit in unerträglichem Maße widerspricht, „gesetzliches Unrecht“ ist, und dass eine Norm, die überhaupt nicht den Zweck hat, der Gerechtigkeit zu dienen, „Nicht-Recht“ ist.[712]

07.21 Civil Law

Wenden wir uns zunächst der oben genannten Frage zu: Gibt die Rechtsordnung dem Auftraggeber einen einklagbaren Anspruch auf Naturalerfüllung oder nur einen entsprechenden Anspruch auf Geldersatz im Falle der Nichterfüllung? Bei der Beantwortung dieser Frage wird sich zeigen, dass es hierzu grundsätzlich unterschiedliche Vorstellungen im kontinentaleuropäischen Civil Law und im angloamerikanischen Common Law gibt. Dass diese Frage in den kontinentalen Vertragsrechtsordnungen anders beantwortet wird als im Common Law, wird nur dann verständlich, wenn man sich vor

709 *Hofmann*, Einführung in die Rechts- und Staatsphilosophie, S. 6–9.
710 *Kant*, Die Metaphysik der Sitten, Kant’s gesammelte Schriften, Bd. VI, S. 229.
711 *Hofmann*, Einführung in die Rechts- und Staatsphilosophie, S. 46.
712 *Radbruch*, SJZ 1946, 105 ff.

Augen führt, dass das Civil Law – im Gegensatz zum Common Law – auf der Rezeption des römischen Rechts beruht. Die Rezeption wiederum bewirkte, dass das kanonische Recht, also das Kirchenrecht der römisch-katholischen Kirche, einen starken Einfluss auf das Civil Law ausübte. In Fortsetzung dieser Rezeption entwickelten die Autoren des Vernunftrechts des 17./18. Jahrhunderts, entgegen dem System der römischen Quellen – die nur die Verurteilung des Schuldners auf Geldersatz (*condemnatio pecuniaria*) kannten –, den Rechtsgedanken eines allgemeinen Anspruchs auf Naturalerfüllung bei einer *obligatio dandi* und gewährten dem Gläubiger insoweit ein Wahlrecht zwischen Naturalerfüllung und Geldersatz, wobei diese Entwicklung anders verlief als im englischen Common Law, das eine Klage auf *specific performance* (Naturalerfüllung) bis heute nur ausnahmsweise zulässt.[713]

In den Vertragsrechtsordnungen des Civil Law hat also der Gläubiger grundsätzlich Anspruch auf Naturalerfüllung. Der Anspruch des Gläubigers auf die *exécution forcée en nature* (Naturalerfüllung), den die französische Rechtsprechung bereits anerkannt hatte, obschon er dem Wortlaut des vor der Vertragsrechtsreform von 2016[714] geltenden Art. 1142 C.civ. a. F. widersprach,[715] ist jetzt ausdrücklich in Art. 1221 C.civ. geregelt. Im deutschen Recht ergibt sich der Anspruch des Gläubigers auf Naturalerfüllung aus § 241 Abs. 1 BGB. Wenn der Gläubiger demnach berechtigt ist, die Leistung zu fordern, dann ist hiermit die Leistung selbst gemeint.[716] Verpflichtung zur Leistung bedeutet gemäß dem BGB die Verpflichtung zur Leistung „in Natur".[717] Und im spanischen Recht ergibt sich der Anspruch auf den *cumplimiento forzoso «in natura»* aus Art. 1096.1 CC.[718]

Gemeinsame Grundlage für die Legitimation des Naturalerfüllungsgrundsatzes ist das Prinzip der Vertragstreue: *pacta sunt servanda*.[719] Dieser für das kontinentale Vertragsrecht so wichtige Rechtssatz entstammt dem Vernunftrecht und geht in seiner heutigen Ausprägung auf *Samuel von Pufendorf* (1632–1694) zurück, der sich wiederum auf den Kirchenvater *Augustin* (354–430) beruft, demzufolge der Vertragsbruch einem Betrug gleichkom-

713 *Ranieri*, Europäisches Obligationenrecht, S. 566 f. m. w. N.; *Zimmermann*, The Law of Obligations, S. 774–776.

714 Ord. n° 2016-131 du 10 févr. 2016, JO n° 0035 du 11/02/2016.

715 *Babusiaux/Witz*, JZ 2017, 496, 505; *Boucard*, Responsabilité contractuelle, n° 122.

716 *Larenz*, Schuldrecht, Bd. 1 AT, S. 19.

717 MK-BGB/*Ernst*, § 275 BGB Rdnr. 1.

718 Bercovitz Rodríguez-Cano/*Sánchez Aristi*, Comentarios al CC, Art. 1096 CC, n° 1.1.

719 Schlechtriem/Schwenzer/Schroeter/*Müller-Chen/Atamer*, CISG Art. 28 Rdnr. 1; *Mekki*, Gaz.Pal. 2016, n° 25, S. 2102; *Weller*, Die Vertragstreue, S. 43 ff.

men soll.[720] Zugleich sieht *Pufendorf* in der moralischen Verpflichtung, Wort zu halten, eine gesellschaftliche Notwendigkeit, die, indem sie zur Rechtsnorm erhoben werde, als einziges Bollwerk vor Krieg und sozialem Zerfall schütze.[721] Vereinfacht gesagt hat die Rechtsnorm „*pacta sunt servanda*" ihre Wurzeln sowohl im Vernunftrecht als auch in der christlichen Tugendlehre. Demzufolge wird die Wirksamkeit des Vertrages begründet mit dem berechtigten Vertrauen des Versprechensempfängers in die Redlichkeit des Versprechenden. Dass nach kontinentaleuropäischem Verständnis die Wirksamkeit des Vertrages auf diesem Vertrauen und nicht etwa auf einem formalen Akt oder einer formalen Urkunde beruht, ist global gesehen für die Definition dessen, was einen Vertrag ausmacht, keinesfalls selbstverständlich.[722] Mag der Idee des Vertrages in seiner kontinentaleuropäischen Ausprägung auch kein universeller Geltungsanspruch zukommen, so sollten wir doch diese Idee als einen wesentlichen Bestandteil europäischer Identität ernst nehmen und bewahren.

07.22 Common Law

Umgekehrt zum Civil Law ist das Regel-Ausnahme-Verhältnis im Common Law. Dort ist Voraussetzung für eine Verurteilung zu *specific performance „in equity"*, dass ausnahmsweise die Gewährung von Schadensersatz in Geld für den Gläubiger nur einen unzureichenden Ausgleich darstellt, wenn dessen Interesse auf Erfüllung des vertraglichen Versprechens sich inadäquat oder schwierig in eine Geldsumme umwandeln lässt.[723] Es handelt sich also bei *specific performance* um ein *equitable remedy* im Gegensatz zu einem *common law remedy*. D. h., *specific performance* wird nicht als Rechtsfolge, sondern als reiner Ermessensrechtsbehelf gewährt.[724] Die Voraussetzungen für *specific performance* sind heute in Section 52 (1) des englischen *Sale of Goods Act 1979* zusammengefasst. Im *Uniform Commercial Code* (UCC) der Vereinigten Staaten findet sich eine ähnliche Regelung, Art. § 2-716 (1) UCC. Missachtet der Schuldner ein Urteil, das auf *specific performance* lautet, so kann das Gericht zur Vollstreckung des Urteils auch Zwangsmaß-

720 *Hyland*, Pacta Sunt Servanda: A Meditation, 34 VJIL 1994, S. 405, 426 unter Bezugnahme auf: *Pufendorf*, De jure naturae et gentium libri octo 3.4.2.

721 *Hyland*, Pacta Sunt Servanda: A Meditation, 34 VJIL 1994, S. 405, 429.

722 *Fikentscher/Heinemann*, Schuldrecht, Rdnr. 1757 f. m. w. N.

723 Vgl. *Ranieri*, Europäisches Obligationenrecht, S. 748; *Vargas Brand*, Interés en el cumplimiento del contrato y operación de reemplazo, S. 42 ff.; *Zimmermann*, The Law of Obligations, S. 776–781.

724 *Kappus*, Jura 1990, 126, 130.

nahmen (d.h. Haft- oder Geldstrafen) gegen den Schuldner im Wege eines *contempt of court* anordnen.[725]

Fälle, in denen es inadäquat wäre, den Gläubiger auf Geldersatz (*action for damages*) zu verweisen, sind insbesondere Verträge über *unique goods*, vgl. § 2-716 (1) UCC. Wenngleich *unique goods* nicht nur einzigartige Kunstwerke oder einmalige Erbstücke, sondern auch kommerzielle Gegenstände wie z.B. Maschinen sein können, für die dem Kläger kein zufriedenstellender Ersatz zur Verfügung steht, so kann dennoch das Gericht den Antrag auf *specific performance* ablehnen, wenn der Beklagte längerfristige Verpflichtungen übernommen hat, deren Erfüllung vom Gericht überwacht werden müsste (*no constant supervision of the court*).[726] Wenn also ein Vertrag über die einmalige Überlassung des Vertragsgegenstandes hinausgehende Pflichten vorsieht (wie z.B. die Aktualisierungspflicht bei der Überlassung von Software), könnte eine Klage auf *specific performance in equity* abgewiesen werden. Außerdem ist noch zu bedenken, dass nach dem Common Law die Vereinbarung von *specific performance* nicht der Parteiautonomie unterliegt, sodass trotz einer entsprechenden Vertragsklausel das Gericht des *Common Law* dieser keine Geltung verschaffen muss.[727]

Die *U.S. Constitution* sieht im siebten Verfassungszusatz vor: „*In Suits at common law, where the value in controversy shall exceed twenty dollars, the right of trial by jury shall be preserved, (...)*“. *Suits at common law* beruhen nicht auf den Prinzipien von *equity* wie die *specific performance*, woraus zu folgern ist, dass die klageweise Geltendmachung von *specific performance* nicht durch die US-Verfassung gewährleistet ist.[728] Was das Regel-Ausnahme-Verhältnis von Anspruch auf Naturalerfüllung und Anspruch auf Geldersatz betrifft, besteht also – zumindest in dogmatischer Hinsicht – zwischen dem kontinentaleuropäischen Civil Law und dem anglo-amerikanischen Common Law ein markanter Gegensatz.[729]

Vonseiten der US-amerikanischen Rechtslehre wird eingewandt, dass der Grundsatz der Naturalerfüllung im Civil Law, insbesondere seine Herlei-

---

725 *Treitel*, Remedies for Breach of Contract, Rdnr. 40.

726 *Treitel*, An Outline of the Law of Contract, S. 408–416; *Major/Taylor*, Law of Contract, S. 288 f.

727 Kröll/Mistelis/Perales Viscasillas CISG/*Björklund*, Art. 28 CISG Rdnr. 11.

728 *Byrd/Laby/Lehmann*, Einführung in die angloamerikanische Rechtssprache, S. 31.

729 *Zweigert/Kötz*, op. cit., S. 482; *Ranieri*, Europäisches Obligationenrecht, S. 747; *Zimmermann*, The Law of Obligations, S. 781; *Fauvarque-Cosson*, RDC 2006, 529 ff.; a.A. mit Blick auf die Rechtspraxis: *Gordley*, ZEuP 1993, 498, 502, der annimmt, dass Common-Law-Richter ebenso wie ihre deutschen Kollegen immer *specific performance* anordnen, wenn der Vertragsgegenstand nicht auf dem Markt verfügbar ist, sodass in der Praxis der Unterschied zwischen Civil Law und Common Law keine Rolle spiele.

tung aus der Vertragstreue (*pacta sunt servanda*), rein moralisch begründet sei, wohingegen das US-Recht insofern pragmatisch sei, als das Funktionieren des freien Marktes und die Aktivität der unsichtbaren Hand des allwissenden Marktes im Vordergrund stehe.[730] Man mag sich fragen, ob es sich dabei überhaupt um ein rechtliches oder eher um ein ökonomisches Argument handelt, wenn wir doch von einem Verständnis des Rechts ausgehen, wonach sich das Recht auf einen moralischen Wert beziehen muss, s. o. Nr. 07.20. (Es würde sich vielmehr anbieten, die Gesetze des freien Marktes ebenso wie die Naturgesetze im Sinne *Radbruchs* als wertblind anzusehen, s. o. Nr. 01.41). Die soeben wiedergegebene US-amerikanische Kritik am Prinzip der Vertragstreue erinnert an den Wertbegriff, wie er von *Thomas Hobbes* (1588–1679) vertreten wurde: *„The value, or WORTH of a man, is as of all other things, his Price. (...) And as in other things, so in men, not the seller, but the buyer determines the Price“*.[731] Wenn *Radbruch* sagt, das Recht müsse sich auf einen Wert beziehen, dann meint er damit selbstverständlich keinen merkantilen, sondern einen moralischen Wert. Es bleibt somit festzustellen, dass es bei den unterschiedlichen Regeln zu *specific performance* und Naturalerfüllungsanspruch im US-Recht und im Civil Law im Grunde genommen um unterschiedliche Wertvorstellungen geht. Dort geht es um die Effizienz des freien Marktes, und hier geht es darum, das Vertrauen des Anspruchsberechtigten in die Redlichkeit seines Vertragspartners zu schützen. Dort mag man sich auf die nachfrageorientierte Werttheorie von *Hobbes* stützen, hier aber auf die Lehre der distributiven Gerechtigkeit von *Aristoteles* (384 v. Chr.–322 v. Chr.), wonach das Gerechte in der Proportionalität liegt.[732] Daraus ergibt sich das oberste Prinzip der Gerechtigkeit: Jedem ist das Seine zu gewähren (*suum cuique tribuere*).[733]

Die unterschiedlichen Vorstellungen zur Naturalerfüllung im Civil Law und im Common Law haben auch Auswirkungen auf die internationalen Regelwerke. Dementsprechend ist Art. 28 CISG als Kompromisslösung für internationale Warenkäufe zu verstehen. Die Regelung des Art. 28 CISG war wohl erforderlich, damit die Regel des Common Law (Geldersatz geht vor Naturalerfüllung) im internationalen Warenkauf angewendet werden kann, denn die Vorschrift des Art. 46 (1) CISG, wonach der Käufer vom Verkäufer grundsätzlich *performance* verlangen kann, hätte als Anspruch auf Naturalerfüllung im Sinne des Civil Law verstanden werden können.

Entsprechend dem Regel-Ausnahme-Verhältnis von Geldersatz und Naturalerfüllung im Common Law wird auch in den UNIDROIT-Grundregeln

730 *Herman*, ZfRV 2005, 94, 105.
731 *Hobbes*, Leviathan, Part I, Chapter X.
732 *Aristoteles*, Die Nikomachische Ethik 1131a – 1131b.
733 Vgl. *Kaufmann*, Rechtsphilosophie, S. 157 f.

für internationale Handelsverträge (*Principles for international commercial contracts*; PICC) das Recht des Gläubigers auf Naturalerfüllung als nachrangig angesehen. Gem. Art. 7.2.2 (c) PICC kann der Gläubiger vom Schuldner keine Naturalerfüllung (*performance*), sondern nur Geldersatz verlangen, wenn die Leistung auch von einem Dritten erbracht werden kann.

§ 3 Zwangsmaßnahmen zur Naturalerfüllung

07.30 Wirksamer Rechtsbehelf

Dass der Gläubiger aufgrund des BGB, des Code civil oder des Código Civil ein gerichtliches Urteil auf Naturalerfüllung erwirken kann, nützt dem Gläubiger zunächst nichts, wenn der Schuldner das Urteil ignoriert. Gem. Art. 6 Abs. 1 S. 1 EMRK[734] hat jede Person ein Recht darauf, dass über Streitigkeiten in Bezug auf ihre zivilrechtlichen Ansprüche und Verpflichtungen oder über eine gegen sie erhobene strafrechtliche Anklage von einem unabhängigen und unparteiischen, auf Gesetz beruhenden Gericht in einem fairen Verfahren verhandelt wird. Als integraler Bestandteil des „Verfahrens" i. S. v. Art. 6 EMRK muss auch die Vollstreckung des Urteils verstanden werden.[735] Nach der Rechtsprechung des EuGH verletzen nationale Rechtsvorschriften, die zu einer Situation führen, in der das Urteil eines Gerichts wirkungslos bleibt, ohne dass es über Mittel verfügt, um ihm Geltung zu verschaffen, den Wesensgehalt des in Art. 47 GrCh verankerten Rechts auf einen wirksamen Rechtsbehelf.[736] Dieses Recht wäre illusorisch, wenn die Rechtsordnung eines Mitgliedstaats es zuließe, dass eine endgültige und bindende gerichtliche Entscheidung zulasten einer Partei wirkungslos bleibt.[737] Deshalb sehen das deutsche, das französische und das spanische Recht verschiedene Zwangsmaßnahmen gegen den Schuldner vor, die das Gericht auf Antrag des Gläubigers anordnen kann.

07.31 Deutsches Recht

In Deutschland findet die Zwangsvollstreckung aus Endurteilen statt, die rechtskräftig oder für vorläufig vollstreckbar erklärt sind, § 704 ZPO. Handelt es sich um ein Endurteil auf Erfüllung, so kommt es darauf an, welchen Anspruch das Erfüllungsurteil dem Kläger zuerkennt. Wenn sich der

734 Europäische Konvention zum Schutz der Menschenrechte und Grundfreiheiten vom 4.11.1950.

735 *Karasek-Wojciechowicz*, Osteuropa-Recht 2014, 131, 133.

736 EuGH (Große Kammer), Urt. v. 19.12.2019 – C-752/18, ECLI:EU:C:2019:1114.

737 EuGH (2. Kammer), Urt. v. 30.6.2016 – C-205/15, ECLI:ECLI:EU:C:2016:498.

Anspruch auf Herausgabe von Sachen richtet (§§ 883–886 ZPO), so erfolgt diese dadurch, dass der Gerichtsvollzieher ggf. mit Hilfe der Polizei dem Schuldner die bewegliche Sache wegnimmt und sie dem Gläubiger Zug um Zug gegen Zahlung der Vergütung anbietet. Der Herausgabeanspruch müsste sich im praktischen Fall 7 auf einen konkretisierten Datenträger (CD, DVD, USB-Stick etc.) beziehen. Noch nicht auf einem geeigneten Datenträger verkörperte Daten können nicht Gegenstand einer Herausgabevollstreckung nach § 883 I ZPO sein.[738] Wenn im Klageantrag nur die herauszugebende Software beschrieben wird, nicht jedoch die äußeren Merkmale des Datenträgers, auf dem sich die Software befindet (etwa durch Angaben zur Aufschrift auf dem Datenträger), dann fehlt dem Klageantrag die Vollstreckungsfähigkeit, denn der mit der Vollstreckung des titulierten Anspruchs nach §§ 883, 884 ZPO beauftragte Gerichtsvollzieher muss die herauszugebende Software anhand von äußeren Merkmalen erkennen können.[739]

Im praktischen Fall 7 kann P die zwangsweise Herausgabe nicht mit dem Hinweis auf sein Urheberpersönlichkeitsrecht verhindern, demzufolge sein Werk nicht gegen seinen Willen genutzt werden darf. Er hat ja einen Lizenzvertrag mit der S geschlossen, in dem er der S die erforderlichen Nutzungsrechte einräumt. Auch kann sich P nicht auf § 113 UrhG berufen, wonach die Zwangsvollstreckung wegen Geldforderungen in das Urheberrecht nur mit Einwilligung des Urhebers zulässig ist. Im Fall 7 geht es nicht um das Geldinteresse eines Gläubigers, sondern um das Erfüllungsinteresse der S, sodass die § 113 UrhG zugrunde liegende Rangordnung der Werte (Geldinteresse des Gläubigers steht hinter dem Werksinteresse des Urhebers) keine Anwendung findet.[740] In Fall 7 ist also nicht das Geldinteresse der S betroffen, zumindest nicht nach kontinentaleuropäischem Rechtsverständnis, sondern ihr Erfüllungsinteresse. Anders aber als das Geldinteresse steht das Erfüllungsinteresse des Gläubigers nicht hinter dem Werksinteresse des Urhebers zurück.

Wenn sich im Fall 7 das von P geschriebene Programm auf dessen Server bzw. in der Cloud und somit auf einem nicht zur Herausgabe geeigneten Datenträger befindet, dann wäre es im Interesse der S ratsam, den Klageantrag nicht nur auf Herausgabe des Programms zu richten, sondern hilfsweise darauf, dass der Schuldner eine noch zu ziehende Kopie des Programms herauszugeben hat. Bei der Erstellung der Kopie handelt es sich um eine vertretbare Handlung,[741] die nach § 887 ZPO vollstreckt wird. Die Vollstreckung erfolgt in der Weise, dass der Gläubiger auf seinen Antrag vom

738 BGH, Beschl. v. 21.9.2017 – I ZB 8/17, GRUR 2018, 222.
739 OLG Düsseldorf, Urt. v. 16.3.1994 – 5 O 4/94, CR 1995, 220 f.
740 *Paulus*, ZIP 1996, 2 f.
741 *Redeker*, IT-Recht, Rdnr. 276.

Gericht ermächtigt wird, die Handlung (also die Erstellung der Kopie) auf Kosten des Schuldners von einem Dritten, z. B. einem IT-Sachverständigen, vornehmen zu lassen (Ersatzvornahme gem. § 887 ZPO).

Wenn der Schuldner dem IT-Sachverständigen den Zugang zu den Betriebsräumen und den Rechnern verwehrt, ist der Gerichtsvollzieher gem. §§ 892, 758 Abs. 3 ZPO ermächtigt, den Widerstand des Schuldners mit Gewalt zu brechen.[742] Gem. § 758a Abs. 1 ZPO darf zwar die Wohnung des Schuldners nur aufgrund einer richterlichen Anordnung durchsucht werden, wobei der Begriff der geschützten „Wohnung" i. S. v. Art. 13 GG weit auszulegen ist und deshalb auch Betriebsräume umfassen kann;[743] wenn sich aber aus dem Titel des zu vollstreckenden Erfüllungsurteils bereits ergibt, dass der Schuldner verpflichtet ist, die Ersatzvornahme (hier also die Erstellung der Kopie) in den eigenen Räumen zu dulden, so bedarf es keiner zusätzlichen Durchsuchungsanordnung.[744] Der Gerichtsvollzieher ist auch gem. § 758 Abs. 2 ZPO ermächtigt, verschlossene Behältnisse öffnen zu lassen. Ist der Zugang zu der herauszugebenden Software passwortgeschützt, so darf der Gerichtsvollzieher den IT-Spezialisten mit der Entsperrung beauftragen.[745]

07.32 Französisches Recht

Rechtsdogmatisch kann man die Ersatzvornahme (§ 887 ZPO) als vergleichbar mit der *faculté de remplacement* (Art. 1222 C.civ.) ansehen, denn beide Rechtsbehelfe regeln die Naturalerfüllung (*exécution forcée en nature*) durch den Gläubiger.[746] Gem. Art. 1222 C.civ. ist der Gläubiger befugt, die Naturalerfüllung selbst herbeizuführen. Er kann entweder vor Beginn der Naturalerfüllung bei Gericht beantragen, dass der Schuldner die Kosten der Naturalerfüllung vorstreckt, oder er beantragt nach Abschluss der Naturalerfüllung, dass der Schuldner die Kosten erstattet. Wenn auch unter dem Gesichtspunkt der Naturalerfüllung die *faculté de remplacement* und die Ersatzvornahme vergleichbar sind, so besteht der entscheidende Unterschied zwischen beiden Rechtsbehelfen darin, dass erstere dem allgemeinen Vertragsrecht und letztere dem Zwangsvollstreckungsrecht unterfällt und deshalb beispielsweise mit einer Durchsuchung der Betriebsräume (§ 758 ZPO) verknüpft werden kann. Im Gegensatz zur Ersatzvornahme nach deut-

742 MK-ZPO/*Gruber*, § 892 ZPO Rdnr. 2–4.

743 MK-ZPO/*Heßler*, § 758a ZPO Rdnr. 4.

744 LG Berlin, Beschl. v. 17.5.1991 – 81 T 97/91, DGVZ 1991, 155; LG Braunschweig, Beschl. v. 4.5.1988 – 8 T 183/88, DGVZ 1988, 140; MK-ZPO/*Gruber*, § 892 ZPO Rdnr. 4.

745 *Koch/Sander*, DGVZ 2022, 97, 106.

746 So zur *faculté de remplacement* gem. Art. 1144 C.civ. a. F.: *Signat*, ZEuP 2009, 716, 732.

schem Recht folgt nämlich aus der gerichtlichen Anordnung der *exécution forcée* nicht, dass gegen den Schuldner physische Gewalt angewendet werden darf.[747] Anders ist es aber, wenn der Schuldner die Herausgabe einer konkreten beweglichen Sache schuldet. (Da gem. Art. 1196 al. 1 C.civ. die Übertragung des Eigentums mit Abschluss des Schuldvertrages *solo consensu* erfolgt, ist der widerspenstige Schuldner nach Vertragsschluss nur noch zur Herausgabe, nicht mehr zur Eigentumsübertragung verpflichtet.) Dann kann der Gläubiger aufgrund des Erfüllungsurteils einen Gerichtsvollzieher (einen *huissier*, seit 1.7.2022 *commissaire de justice*)[748] beauftragen und seinen Anspruch auf Eigentumsherausgabe im Wege der *saisie-revendication* (Art. R222-17ss. CPrCEx) geltend machen. Wenn nun der Schuldner dem *commissaire de justice* den Zugang zu seinen Betriebsräumen verweigert, kann dieser die Polizei einschalten, um den Widerstand des Schuldners durch den *concours de la force publique* (Art. R153-1 CPrCEx) zu brechen. Das Problem ist allerdings, dass der örtlich zuständige Präfekt den beantragten *concours* ablehnen kann, wobei es bereits als Ablehnung gilt, wenn der Präfekt nicht innerhalb von zwei Monaten nach Antragstellung reagiert, Art. R153-1 CPrCEx.

Um die Vollstreckung des Urteils zu sichern, kann das Gericht aber auch ein Zwangsgeld im Wege der *astreinte* (Art. L131-1ss. CPrCEx) anordnen, wobei zunächst die *astreinte provisoire* anzuordnen ist. In dieser legt das Gericht die Höhe des Zwangsgeldes fest, das der Schuldner innerhalb der vom Gericht bestimmten Frist täglich an den Gläubiger zu leisten hat. Und dieses Zwangsgeld hat der Schuldner zu zahlen, solange er sich mit seiner Pflicht zur Naturalerfüllung im Verzug befindet. Ist der Schuldner nach Fristablauf der *astreinte provisoire* immer noch säumig, so kann das Gericht erneut eine *astreinte provisoire* ggf. mit einem höheren Tagessatz oder eine *astreinte définitive* anordnen, deren Tagessatz dann nicht mehr geändert werden kann. Die Anordnung der *astreinte* ist unabhängig von dem Recht des Gläubigers, vom Schuldner Schadensersatz zu verlangen, Art. L131-2 CPrCEx. Daraus folgt zum einen, dass keine Verrechnung zwischen der *astreinte* und dem Schadensersatz stattfindet. Außerdem ist die Höhe der *astreinte* nicht etwa auf der Grundlage des Schadens zu berechnen, der dem Gläubiger durch die Nichterfüllung entstanden ist, sondern die Berechnung erfolgt vielmehr unter Berücksichtigung der Schwere des Fehlverhaltens des widerspenstigen Schuldners und dessen Leistungsfähigkeit.[749]

---

747 *Sonnenberger*, ZEuP 2017, 6, 56.

748 *Le Tourneau*, Droit de la responsabilité, n° 3324.21; s.a. Art. 69 Décret n° 2022-729 du 28 avril 2022 relatif à l'organisation de la profession de commissaires de justice, JO 29/04/2022, texte n° 38.

749 Cass.civ. 1re du 20/10/1959, n° 57-10.110, D. 1959, 537, obs. *G. Holleaux*.

Die *astreinte* hat insofern schadensersatzrechtliche Wurzeln, als der Begünstigte des Zwangsgelds der Gläubiger und nicht die Staatskasse ist, weshalb die *astreinte* einer gerichtlich angeordneten Privatstrafe ähnelt.[750] Die Androhung einer *astreinte* kommt nicht nur in solchen Fällen in Betracht, in denen die gesetzlich vorgesehenen Vollstreckungsmaßnahmen nicht anwendbar sind oder keinen Erfolg versprechen, sondern auch dann, wenn eine direkte Vollstreckung durch unmittelbaren Zugriff des Gerichtsvollziehers möglich gewesen wäre.[751] Da durch die Anordnung der *astreinte* kein physischer Zwang auf den Schuldner ausgeübt wird, ist diese auch mit dem gemeinrechtlichen Grundsatz „*nemo praecise potest cogi ad factum*" vereinbar[752] (s. o. Nr. 07.20). Die gemeinrechtliche Unterscheidung zwischen der vollstreckbaren *obligatio dandi* (*obligation de donner*) und der nicht vollstreckbaren *obligatio faciendi* (*obligation de faire*), die – im Gegensatz zum BGB – in den Code civil Einzug gefunden hatte,[753] ist indes gegenstandslos und durch die Vertragsrechtsreform von 2016[754] schließlich aufgegeben worden.[755] Nunmehr ist die Vollstreckung in Natur dann ausgeschlossen, wenn diese unmöglich ist oder ein offensichtliches Missverhältnis zwischen den vom Schuldner zu tragenden Kosten und dem Interesse des Gläubigers an der Vollstreckung besteht (Art. 1221 Code civil). Unmöglichkeit ist insbesondere dann anzunehmen, wenn es um die Vollstreckung von höchstpersönlichen Leistungen geht.[756]

07.33 Spanisches Recht

Wenn der Auftraggeber vor dem spanischen Gericht die Herausgabe eines bestimmten Gegenstandes erwirkt hat, wird der für die Vollstreckung zuständige Justizbeamte den Vollstreckungsgläubiger in den Besitz der geschuldeten Sache setzen und dabei die ihm notwendig erscheinenden Zwangsmaßnahmen anwenden. Ist es erforderlich, geschlossene Räume zu betreten, so holt er die Genehmigung des Gerichts ein, das die Vollstreckung angeordnet hat, und kann sich dabei ggf. der Hilfe der Polizei bedienen, Art. 701.1 LEC. Wenn der Auftraggeber vor dem spanischen Gericht einen vollstreckbaren Titel erwirkt hat, durch den der Auftragnehmer zur Vornah-

750 *Bruns*, ZZP 2005, 3, 12.

751 *Zweigert/Kötz*, Einführung in die Rechtsvergleichung, S. 474.

752 Cass.civ. 1re du 20/10/1959, n° 57-10.110, D. 1959, 537, obs. *G. Holleaux*.

753 Vgl. Art. 1142 Code civil a. F.: Toute obligation de faire ou de ne pas faire se résout en dommages et intérêts en cas d'inexécution de la part du débiteur.

754 Ord. n° 2016-131 du 10 févr. 2016, JO n° 0035 du 11/02/2016.

755 *Sonnenberger*, ZEuP 2017, 6, 60 f.; kritisch: *Boucard*, Responsabilité contractuelle, S. 127 (n° 226).

756 *Babusiaux/Witz*, JZ 2017, 496, 505.

me einer Handlung (also z. B. zur Anfertigung einer Kopie des von ihm erstellten Computerprogramms) verurteilt wird, so kommt es darauf an, ob es bei der geschuldeten Handlung um *hacer personalísimo* (Art. 709 LEC) oder um *hacer no personalísimo* (Art. 706 LEC) geht. Bei einer vertretbaren Handlung (*hacer no personalísimo*) hat der Gläubiger das Wahlrecht, auf Kosten des Schuldners einen Dritten mit der Durchführung zu beauftragen (Ersatzvornahme) oder Schadensersatz (*resarcimiento de daños y perjuicios*) vom Schuldner zu verlangen. Beantragt der Gläubiger die Ersatzvornahme vor Gericht, so benennt das Gericht einen Sachverständigen, der die zu erwartenden Kosten für die Beauftragung des Dritten schätzt, wobei der Gläubiger den festgestellten Betrag dadurch vorgestreckt bekommen kann, dass eine Pfändung (*embargo*) in das Vermögen des Schuldners stattfindet, Art. 706.2 LEC. Stellt sich später heraus, dass die Kosten höher ausgefallen sind, als vom Sachverständigen geschätzt, so kann der Gläubiger die Fortsetzung der Vollstreckung beantragen, sodass erneut beim Schuldner gepfändet werden kann, und im umgekehrten Fall muss der Gläubiger das zu viel Erlangte zurückgeben.[757]

Wenn es um eine nicht vertretbare Handlung (*hacer personalísimo*) geht, kann der Gläubiger Geldersatz (*equivalente pecuniario*) verlangen, Art. 709.1 LEC, wobei dieser Geldersatz im Gegensatz zum Schadensersatz (Art. 706 LEC) zusätzlich mit einem einmaligen Zwangsgeld (*multa coercitiva*) verknüpft werden kann, das bis zu 50 % des vom Gericht festgestellten Gegenstandswerts beträgt, Artt. 709.2, 711 LEC. Der Gläubiger kann aber auch anstelle von Geldersatz weiterhin Naturalerfüllung verlangen und zur Vollstreckung seines Anspruchs beantragen, dass das Gericht dem widerspenstigen Schuldner die Zahlung von monatlichem Zwangsgeld auferlegt. Die monatliche *multa coercitiva* ist also als Zwangsmaßnahme zur Naturalerfüllung zu verstehen.[758] Das vom Gericht gegen den säumigen Schuldner verhängte monatliche Zwangsgeld, das vierteljährlich zu erneuern ist, kann jeweils bis zu 20 % des Gegenstandswerts betragen, Artt. 709.3, 711 LEC. Die *multas coercitivas* kommen dem Gläubiger zugute, es sei denn, es geht um eine Unterlassungsklage im Rahmen des kollektiven Verbraucherschutzes; dann stehen die Zwangsgelder der Staatskasse zu, Art. 711.2 LEC.

757 AAP La Rioja, Sección 1ª, de 15/09/2011, RJ 2°, ROJ: AAP LO 393/2011.
758 AAP Islas Baleares, Sección 3ª, de 09/05/2006, RJ 2°, ROJ: AAP IB 267/2006.

§ 4 Obligationenrechtliche Erfolgspflicht

07.40 Grundsätzliches

Wie wir zum Civil Law bemerkt haben, hat der Auftraggeber regelmäßig einen Anspruch auf Naturalerfüllung. D. h., um die Leistungspflicht aus dem Vertrag zu erfüllen, muss der Auftragnehmer *in Natur* leisten. Damit ist aber noch nicht geklärt, welche Anforderung an die Leistung zu stellen ist, damit diese als erfüllungstauglich angesehen werden kann. Wenn die IT-Firma ihre Leistungspflicht aus dem Vertrag nicht so erfüllt hat, wie vom Kunden erwartet, und der Kunde deshalb die Erfüllung bestreitet, dann stellt sich die Frage: Was konnte und durfte der Kunde erwarten? Diese Frage betrifft das Obligationenrecht, also das Recht der Schuldverträge. Dabei kommt es entscheidend darauf an, ob der Kunde ein bestimmtes Resultat oder lediglich sorgfältiges Verhalten erwarten durfte.

Die Frage, ob der Schuldner einen Erfolg oder ein Verhalten vertraglich schuldet, bietet sich gesamteuropäisch als roter Faden an, um sachgerechte Kriterien der Zurechnung eines vertraglichen Misserfolgs zu handhaben.[759] Diese Unterscheidung findet sich aber auch im US-amerikanischen Recht, wonach es darauf ankommt, ob Kaufrecht oder Common Law gilt. In den USA schuldet der Verkäufer insofern einen Erfolg, als der Käufer nach der *Perfect Tender Rule* gem. § 2-601 UCC die gelieferte Ware nicht akzeptieren muss, wenn sie nicht mit der vereinbarten Beschaffenheit übereinstimmt. Wenn aber der Schwerpunkt des Vertrages in der Softwareerstellung und nicht in der bloßen Lieferung des entsprechenden Datenträgers besteht, dann ist nicht Kaufrecht gemäß dem UCC anzuwenden, sondern dann gelten die allgemeinen Grundsätze des Common Law.[760] Demzufolge muss der Auftragnehmer nur über entsprechende Kenntnisse und Erfahrungen verfügen und angemessene Sorgfalt bei der Bearbeitung walten lassen, insbesondere bei der Beschaffung oder Übermittlung von Informationen,[761] wohingegen der Auftraggeber keinen Anspruch darauf hat, dass bestimmte Ergebnisse oder Funktionen erreicht werden.[762]

Dass der Auftraggeber keinen Anspruch auf einen Erfolg und damit eine fehlerfreie Software haben kann, wird teilweise auch im Civil Law unter

759 *Ranieri*, Europäisches Obligationenrecht, S. 594.

760 *Data Processing* vs. *LH Smith Oil Corporation*, 492 N. E.2d 314 (1986), Court of Appeals of Indiana, Fourth District, 28. April 1986, abrufbar unter: https://law.justia.com/cases/indiana/court-of-appeals/1986/4-485a97-14.html (letzter Abruf: 18.2.2026).

761 Vgl. § 552 Restatement of the Law – Torts 2nd.

762 *Lejeune*, in: Schneider/Graf von Westphalen, Software-Erstellungsverträge, S. 579 f.; a. A. *Passavant*, in: Ullrich/Lejeune, Der internationale Softwarevertrag, S. 1282 f., der die Anwendung von Kaufrecht gem. Art. 2 UCC auch auf Verträge über Individualsoftware für möglich hält.

Berufung auf die Erfahrungen der Programmierenden begründet, wonach es technisch unmöglich sein soll, fehlerfreie Software zu erstellen.[763] Dabei handelt es sich jedoch um einen naturalistischen Fehlschluss (s. o. Nr. 01.41), denn von einer zugegebenermaßen technisch zutreffenden Erkenntnis kann nicht auf eine rechtliche Norm geschlossen werden. Ein Fehler im Sinne der Informatik ist eben nicht gleichzusetzen mit einem Fehler im Rechtssinne.[764] Bei den Fehlern im Rechtssinne ist – zumindest in der IT – zu unterscheiden zwischen Fehlfunktionen und Funktionsdefiziten.[765] Von einem Funktionsdefizit spricht man, wenn in einem Programm eine notwendige oder vereinbarte Funktion nicht realisiert wurde.[766] Falls die Implementierung der Funktion nicht vereinbart war, aber notwendig gewesen wäre, kann das Funktionsdefizit auch darauf beruhen, dass die IT-Firma bei den Vertragsverhandlungen nicht über die Notwendigkeit der Funktion aufgeklärt und somit ihre vorvertragliche Beratungspflicht verletzt hat (s. o. Nr. 04.20). Eine Fehlfunktion hingegen bedeutet, dass die Funktion zwar realisiert wurde, aber fehlerhafte oder gar keine Resultate liefert.

Das Argument der Informatiker, dass es praktisch unmöglich sei, fehlerfreie Software zu erstellen, wird uns unten noch einmal beschäftigen, und zwar im Rahmen der vertragstypologischen Einordnung von IT-Projektverträgen nach deutschem Recht (s. u. Nr. 07.43) und nach spanischem Recht (s. u. Nr. 07.45). Bevor nämlich im Civil Law geklärt werden kann, welchen Umfang der Anspruch des Auftraggebers auf Naturalerfüllung hat, muss geprüft werden, welcher Vertragskategorie der fragliche IT-Vertrag zuzuordnen ist, also welche *qualification* (*calificación*) der Vertrag hat. Und diese Prüfung erfolgt anhand der vom BGB[767] bzw. dem Code civil[768] oder dem Código civil[769] bereitgestellten Vertragstypen. Dieses für die kontinentale Zivilrechtslehre typische Vorgehen ist nur vor dem historischen Hintergrund des römischen Rechts und dessen späterer Entwicklung zu verstehen. Die römischen Juristen kannten weder eine einheitliche Vertragskategorie noch eine allgemeine Vertragshaftung, sodass die zu prüfenden vertraglichen An-

---

763 Vgl. *Heussen*, CR 2004, 1 ff.; *Paulus*, CR 1987, 651, 659; *Davara Rodríguez*, Manual de Derecho Informático, S. 313, Fn. 9; *Gete-Alonso y Calera*, La contratación en materia informática, La Ley 1992, núm 2, S. 1040.

764 *Redeker*, IT-Recht, Rdnr. 334.

765 Vgl. *Soler Matutes*, in: Soler Matutes et al., Manual de gestión y contratación informática, S. 815 ff.

766 *Pommerening/Schreiber*, in: Marly, Praxishandbuch Softwarerecht, § 6 Rdnr. 263.

767 Auer-Reinsdorff/Conrad, IT- und DatenschutzR-Hdb/*Schneider/Conrad*, § 10 Rdnr. 10 ff.

768 *Le Tourneau*, L'ingénierie, les transferts de technologie et de maîtrise industrielle, S. 174.

769 *Soler Matutes*, in: Soler Matutes et al., Manual de gestión y contratación informática, S. 684 ff.

sprüche vom jeweils einschlägigen Vertragstyp abhingen.[770] Für das Obligationenrecht sehen die kontinentalen Kodifikationen verschiedene Vertragstypen wie etwa Kauf-, Werk-, Dienst-, Mietvertrag und Auftrag vor, wobei die das Obligationenrecht beherrschende Vertragsfreiheit zur Folge hat, dass grundsätzlich kein Typenzwang, sondern Typenfreiheit besteht.[771]

Jedoch ist das Gericht nicht an die von den Parteien verwendete Bezeichnung gebunden, es stellt vielmehr die *qualification/calificación* des streitgegenständlichen Vertrages anhand des Gesetzes fest.[772] Da die Vertragstypen und die daran anknüpfenden Rechtsfolgen durch das Gesetz vorgegeben sind, können die Parteien durch privatautonome Vereinbarung die typologische Einordnung des Vertrages nicht ändern.[773] Juristen und Juristinnen kontinentaleuropäischer Prägung werden also bei Rechtsstreitigkeiten an den Anfang der Prüfung die Frage stellen, um welchen Vertragstyp es geht.

07.41 Obligation de résultat

Wenn die *entreprise de service du numérique* (ESN) mit dem Auftraggeber einen Vertrag etwa über die kundenspezifische Erstellung von Unternehmenssoftware oder über die Digitalisierung des Betriebs schließt, dann wird der Schwerpunkt des Vertrages darin bestehen, dass die ESN für den *maître de l'ouvrage* (Auftraggeber) eine Tätigkeit ausübt, nicht aber darin, dass die ESN dem Auftraggeber Material liefert, weshalb dieser Vertrag nicht als Kaufvertrag, sondern als *contrat d'entreprise* oder als Vertrag *sui generis* einzuordnen ist.[774] (Zu den *contrats d'entreprise* gehören auch Werkverträge im Bausektor, für die mit den Artt. 1792ss. C.civ. besondere Vorschriften gelten, die jedoch weder direkt noch analog auf IT-Verträge anwendbar sind.[775]) Aber egal, ob man den IT-Vertrag als *contrat d'entreprise* oder als *contrat sui generis* einordnet – die eigentliche Frage ist damit noch nicht beantwortet, nämlich die Frage, ob der Auftraggeber Anspruch nur auf sorgfältiges Verhalten oder auch auf einen Erfolg hat. Der Werkunternehmer, also der *entrepreneur* oder *technicien* i. S. v. Art. 1779, 3° C.civ. schuldet eine Dienstleistung, aber – anders als im deutschen Recht – nicht automatisch einen Erfolgseintritt.[776] Im französischen IT-Vertragsrecht ist also nicht die

---

770 *Ranieri*, Europäisches Obligationenrecht, S. 555; *Lacruz Berdejo*, Elementos de Derecho Civil II: Derecho de obligaciones, Vol. 1°, S. 484.

771 *Larenz*, Schuldrecht, Bd. 1 AT, S. 52.

772 *Boucard*, Responsabilité contractuelle, n° 110; *López-Tarruella Martínez*, Contratos internacionales de software, S. 70.

773 MK-BGB/*Busche*, § 650 BGB Rdnr. 4; BeckOK BGB/*Voit*, § 650 Rdnr. 25.

774 *Le Tourneau*, Contrats du numérique, n° 122.101 f., n° 252.21.

775 CA Paris, pôle 5, 11e ch., du 03/07/2015, RG n° 13/06963.

776 *Hauser*, in: Ullrich/Lejeune, Der internationale Softwarevertrag, S. 671, Fn. 230.

qualification du contrat entscheidend, sondern vielmehr die *qualification de l'obligation*,[777] deren Nichterfüllung (*inexécution*) der Auftraggeber dem Auftragnehmer vorwirft. Handelt es sich dabei um eine *obligation de moyens* oder um eine *obligation de résultat*?

Um den Unterschied zwischen den beiden Kategorien der *obligation* zu verstehen, empfiehlt sich ein kurzer historischer Rückblick. Die zentrale Haftungsnorm des alten Vertragsrechts, Art. 1147 C.civ. a. F., gab dem Gläubiger im Falle von *inexécution* einen Anspruch auf Schadensersatz gegen den Schuldner, ohne dass von *faute* (Verschulden) seitens des Schuldners die Rede war. Allerdings war der Schuldner im Falle einer *force majeure* von der Haftung befreit (Art. 1148 Code civil a. F.). Eine Umschreibung der *faute* in vertragsrechtlichen Angelegenheiten fand sich lediglich in Art. 1137 C.civ. a. F., der die Pflichten des Schuldners für die Obhut fremder Sachen regelte und als Maßstab für die Pflichterfüllung zunächst den *bon père de famille* vorgab. Aus der Zusammenschau von Art. 1137 und Art. 1147 C.civ. a. F. ergab sich nicht eindeutig, ob der Gläubiger lediglich die *inexécution* des Vertrages durch den Schuldner oder zusätzlich dessen *faute* beweisen muss.[778]

Das Problem der Regelungslücke löste der französische Rechtsgelehrte *René Demogue* (1872–1938), indem er zwei neue Kategorien einführte: die *obligations de résultat* und die *obligations de moyens*[779] (Erfolgs- und Verhaltenspflichten). Bei den ersteren wird vom Schuldner ein vertraglicher Erfolg geschuldet; bleibt dieser aus, so steht allein durch die *inexécution* die *faute* des Schuldners fest, und dieser kann sich lediglich durch den Nachweis von *force majeur* entlasten. Bei den letzteren muss der Gläubiger dem Schuldner die *faute* nachweisen, also den Beweis erbringen, dass der Schuldner nicht mit ausreichender Sorgfalt gehandelt hat.[780] Diese von *Demogue* entwickelten Kategorien, die später die französische Rechtsprechung übernommen hat, sind nicht ausdrücklich in die Vertragsrechtsreform von 2016[781] aufgenommen worden. Das soll jedoch nicht bedeuten, dass damit diese Kategorien obsolet geworden wären,[782] denn die Artt. 1147s. C.civ. a. F. wurden durch Artt. 1218, 1231-1 C.civ. ersetzt, und die Artt. 1136s. C.civ. a. F. wurden durch Art. 1197 C.civ. ersetzt.[783] Dementsprechend sollen die überkommenen Kategorien von *obligation de résultat* und *obligation de moyens*

777 Vgl. *Debras*, Guide juridique des contrats en informatique, S. 36 f.

778 *Ranieri*, Europäisches Obligationenrecht, S. 578.

779 *Demogue*, Traité des obligations en général. Sources des obligations, Bd. 5, Rdnr. 1237 ff., S. 536 ff.

780 *Ranieri*, Europäisches Obligationenrecht, S. 582 f.

781 Ord. n° 2016-131 du 10 févr. 2016, JO n° 0035 du 11/02/2016.

782 *Le Tourneau*, Contrats du numérique, n° 014.14.

783 *Cauvin*, Das Leistungsstörungsrecht des französischen Code civil nach der Vertragsrechtsreform 2016, S. 221.

nunmehr aus der Zusammenschau von Art. 1197 und Art. 1231-1 C.civ. herzuleiten sein.[784]

Wenn der Auftraggeber also dem Auftragnehmer *inexécution* vorwirft, so ist zunächst zu klären, ob sich die *inexécution* auf eine *obligation de moyens* oder auf eine *obligation de résultat* bezieht. Die *qualification des obligations* sollte unbedingt schon bei der Vertragsgestaltung ausdrücklich geklärt werden, da andernfalls bei einer gerichtlichen Auseinandersetzung erhebliche Unsicherheiten bestehen, wie die Interpretation des Gerichts ausfallen wird.[785] Die Parteien können also in der Vertragsurkunde ausdrücklich festhalten, für welche Leistungen eine *obligation de résultat* gelten soll. Für die Annahme, die Parteien hätten eine solche vereinbart, reicht es nicht aus, wenn die IT-Firma in Werbebroschüren von einer *obligation de résultat* spricht.[786] Aus Sicht der IT-Firma ist es ratsam, nicht nur den Gegenstand der Leistung, sondern auch deren Dauer präzise zu bestimmen, um einer Auslegung entgegenzuwirken, wonach sämtliche Leistungen der IT-Firma als *obligations de résultat* einzuordnen sind.[787] Wenn die IT-Firma aufgrund vertraglicher Vereinbarung eine *obligation de résultat* zu erfüllen hat, darf jedoch deren uneingeschränkte Geltung bezweifelt werden, wenn die IT-Firma auf die Mitwirkung des Kunden angewiesen ist und deshalb nicht für alle Probleme verantwortlich gemacht werden kann („*Le client ne peut pas agir en toute impunité face aux fournisseurs de logiciel*")[788] (s. o. Nr. 05.32). Dementsprechend ließe sich die Leistungspflicht des Auftragnehmers bei einem agilen Projekt, das ja eine aktive Mitarbeit des Auftraggebers erfordert, als eine *obligation de moyens* einstufen. Die Rechtsprechung scheint aber dazu zu tendieren, die Leistungspflicht der IT-Firma auch dann als *obligation de résultat* einzuordnen, wenn die Parteien keinen Festpreis vereinbart haben.[789] Jedenfalls kann aus der Tatsache, dass die Parteien keinen Festpreis, sondern nur einen *coût estimé* vereinbart haben, nicht geschlossen werden, dass die Lieferpflicht der IT-Firma eine *obligation de moyens* ist.[790] Die Zahlungsmodalitäten haben keinen Einfluss darauf, ob die vom IT-An-

784 *Boucard*, Responsabilité contractuelle, S. 176 (n° 328).

785 *Debras*, op. cit., S. 37.

786 *Flambard*, Expertises 2002, 68 f. unter Bezugnahme auf Cass.civ. 1re du 02/10/2001, n° 99-16.329.

787 *Flambard*, Expertises 2002, 184 f. unter Bezugnahme auf Cass.com. du 27/11/2001, n° 98-15.824.

788 Cass.com. du 05/12/2000, n° 98-12.827, obs. *Drack*, Expertises 2001, 271–273.

789 *Le Tourneau*, Contrats du numérique, n° 231.52 unter Berufung auf Cass.com. du 11/12/2007, n° 04-20.782; CA Grenoble, ch. com., du 04/06/2015, CIMM Franchise/E-Developpement Conseil, abrufbar bei legalis.net.

790 *Grosjean*, Expertises 2008, 305 f. bezieht sich auf CA Paris, 25e ch., section A, du 28/05/2008, Expertises 2008, 313–315.

bieter geschuldete Leistung als *obligation de résultat* oder als *obligation de moyens* zu qualifizieren ist.

Keine Auslegungsprobleme hingegen gibt es, wenn die Parteien ausdrücklich einen *„contrat clé en main"* schließen (s. o. Nr. 02.21). Dann handelt es sich bei den vom Hersteller zu erfüllenden Leistungspflichten regelmäßig um *obligations de résultat.*[791] Wird der von den Parteien angestrebte Erfolg nicht erreicht, so muss der Hersteller dafür haften. Er kann sich dann nicht mit dem Nachweis sorgfältiger Arbeit entlasten, sondern nur mit dem Nachweis, dass ein Fall von *force majeure* (Art. 1218 C.civ.) vorliegt. Dabei muss es sich um ein Ereignis handeln, das sich der Kontrolle des Schuldners entzieht und das bei Vertragsabschluss vernünftigerweise nicht vorhersehbar war und dessen Auswirkungen nicht durch geeignete Maßnahmen verhindert werden können.

07.42 Französische Rechtsprechung

Wenn die Parteien einen IT-Vertrag über Dienstleistungen und Lieferung von Material geschlossen haben, ohne ausdrücklich zu vereinbaren, dass den Auftragnehmer eine *obligation de résultat* trifft, so ist weiter zu fragen, was das dann für dessen *obligation de délivrance* bedeutet. Außerdem ist zu fragen, inwiefern die vom Auftraggeber geschuldete *obligation de collaboration* Auswirkungen auf die *obligation de résultat* des Auftragnehmers hat. Diesen Fragen soll anhand von zwei Urteilen der *Cour de cassation* nachgegangen werden.

Cour de cassation, civile, Chambre commerciale, du 19 février 2008, n° 06-17.669, Gaz. Pal. 2008, 2, somm. 2734, obs. *Forgeron/Lukic*

En juin 1996, la société informatique *«S»* a conclu un contrat avec les donneurs d'ordre *«T et L»* pour informatiser leurs entreprises. Par la suite, les donneurs d'ordre ont poursuivi la société *«S»* en justice pour obtenir des dommages et intérêts, car celle-ci ne les avait pas informés que le logiciel livré n'était pas adapté au passage à l'an 2000. La cour d'appel a fait droit à leur demande, estimant que toute société concevant un logiciel avait l'obligation que celui-ci réponde aux besoins de son client ainsi qu'aux obligations légales prévues ou prévisibles pour sa durée d'utilisation effective (7 ans). La société *«S»* a formé un pourvoi en cassation affirmant que les donneurs d'ordre l'accusaient uniquement d'avoir manqué à son obligation de maintenance et à son devoir de conseil, et non d'avoir manqué à une obligation de délivrer un produit adapté à sa durée d'utilisation effective. La Cour de cassation a rejeté le pourvoi en cassation sur ce point.

791 Cass.com. du 08/12/1998, n° 96-15.728; Cass.com. du 17/05/2017, n° 15-17.948; *Lani/Chartrain*, Best Practices – Systèmes d'information n° 239, 09/09/2019, S. 6; *Le Tourneau*, Contrats du numérique, n° 252.41.

Dem Urteil des Kassationshofs lässt sich entnehmen, dass der Auftragnehmer zur erfolgreichen Implementierung einer bestimmten Funktion auch ohne die ausdrückliche Vereinbarung einer *obligation de résultat* verpflichtet ist, wenn sich diese Pflicht aus der gesetzlichen *obligation de délivrance* ergibt, die nicht nur auf den Kaufvertrag (Art. 1604 Code civil), sondern auch auf den *contrat d'entreprise* Anwendung findet.[792] Demnach folgt aus der *obligation de délivrer la chose convenue,* dass das gelieferte Material für eine effektive Nutzungsdauer von sieben Jahren geeignet sein muss. Rechtsdogmatisch lässt sich das so begründen, dass die von der Rechtsprechung entwickelte *obligation de délivrance conforme* selbst eine *obligation de résultat* darstellt, für welche der Auftragnehmer nach den allgemeinen Regeln einzustehen hat (Art. 1231-1 Code civil).[793]

Cour de cassation, civile, Chambre commerciale, du 5 avril 2011, n° 09-71.756

Le 12 mars 2002, la société *«C»* assurances a conclu un accord avec la société informatique *«A solutions»* pour le développement de nouveaux produits d'assurance. Une phase d'étude et une seconde phase opérationnelle ont été convenues. La phase d'étude devait se terminer le 30 septembre 2002. Après avoir exprimé son mécontentement concernant la qualité des prestations fournies et le dépassement des délais prévus, et après avoir notifié sa décision de ne pas poursuivre la deuxième phase, la société *«C»* a assigné la société *«A solutions»* en paiement de dommages et intérêts. La cour d'appel a fait droit à la demande. La Cour de cassation a cassé l'arrêt de la cour d'appel estimant que celle-ci n'avait pas recherché, s'agissant d'une date de livraison contractuellement "planifiée", si l'exigence d'une collaboration étroite entre les parties pendant la phase d'étude ne comportait pas un aléa de nature à exclure la qualification d'obligation de résultat.

Das Urteil des Kassationshofs zeigt, dass sich die vom Auftragnehmer geschuldete *obligation de résultat* insofern in eine *obligation de moyens* verwandeln kann, als sich aus der Pflicht des Auftraggebers zur Zusammenarbeit Risiken für die beauftragte IT-Firma ergeben.[794] D. h., für die Qualifikation einer Leistungspflicht als *obligation de résultat* kann es nicht allein auf die Vereinbarung verbindlicher Lieferfristen ankommen, sondern darüber hinaus müssen auch die Risiken berücksichtigt werden, die sich für die IT-Firma daraus ergeben, dass sie auf die Zusammenarbeit mit dem Auftraggeber angewiesen ist. Wenn aber für die IT-Firma nur eine *obligation de moyens* gilt, dann muss sie nicht beweisen, dass sie das Fristversäumnis

792 *Bitan*, Droit et expertise des contrats informatiques, n° 240; *Wery*, Les contentieux liés aux contrats informatiques, in: Droit & Technologies (18/04/2017), 3.1.1.2.

793 Vgl. *Ranieri*, Europäisches Obligationenrecht, S. 887 f.

794 *Le Tourneau*, Contrats du numérique, n° 121.23.

nicht zu vertreten hat. Im Gegenteil: der Auftraggeber muss der IT-Firma die *faute* nachweisen.

07.43 Werkvertrag

Die Unterscheidung zwischen Erfolgs- und Sorgfaltsverbindlichkeiten findet sich ebenso wie im französischen Recht und fast allen anderen europäischen Rechtsordnungen auch im deutschen Recht, wobei sie sich in Deutschland auf die Abgrenzung von Werk- und Dienstvertrag bezieht;[795] sie wurde hier also auf die vertragstypologische Ebene gehoben.[796] Erfolgsverbindlichkeiten sind die Hauptpflichten des Verkäufers (§ 433 Abs. 1 BGB) oder des Werkunternehmers (§ 631 Abs. 1 BGB) zur Verschaffung des Vertragsgegenstands. Bloße Sorgfaltsverbindlichkeiten sind die Hauptpflichten des Dienstschuldners (§ 611 Abs. 1 BGB). Es spricht aber nicht gegen die Einordnung als Dienstvertrag, wenn durch die Tätigkeit des Dienstschuldners bestimmte Ziele erreicht werden sollen.[797] Die typologische Einordnung von Verträgen nach erfolgsbezogenen und tätigkeitsbezogenen Hauptpflichten ist nicht bloß einem stupiden „Schubladendenken" der Juristen geschuldet, sondern ist zumindest aus zwei Gründen von praktischer Bedeutung:[798] Zum einen geht es um die Frage, ob dem Auftraggeber Gewährleistungsrechte zustehen, was nur bei Kauf-, Werk- oder Mietverträgen der Fall ist, nicht aber bei Dienstverträgen, zum anderen geht es um die Verwendung vorformulierter Vertragsklauseln, denn bei der Verwendung von AGB kann eine unangemessene Benachteiligung des Vertragspartners indiziert sein (§ 307 II Nr. 1 BGB), wenn gegen den wesentlichen Grundgedanken des jeweils anzuwendenden Vertragstyps verstoßen wird, sodass sich der Vertragspartner gegenüber dem AGB-Verwender auf die Unwirksamkeit der Klauseln berufen kann.

Vereinzelt wird im Schrifttum die Auffassung vertreten, dass auf die Erstellung von Individualsoftware Dienstvertragsrecht anzuwenden sei, da angesichts der Unvermeidbarkeit von Softwarefehlern eine absolute Funktionstauglichkeit nicht verlangt werden könne, sodass das Softwarehaus lediglich dazu verpflichtet sei, ein Computerprogramm *lege artis* zu erstellen.[799] Dem lässt sich entgegenhalten, dass allein aus der Tatsache, dass Software der Vertragsgegenstand ist, keine Rückschlüsse auf den Vertragstyp möglich sind, sondern die vertragstypologische Einordnung vielmehr anhand des

795 *Ranieri*, Europäisches Obligationenrecht, S. 595.

796 *Wendehorst*, AcP 206 (2006), S. 219.

797 LG München I, Urt. v. 21.7.1994 – 7 0 9748/92, CR 1995, 33, 35.

798 *Heydn*, MMR 2020, 284, 286; *Marly*, Praxishandbuch Softwarerecht, 7. Aufl., Rdnr. 662.

799 *Paulus*, CR 1987, 651, 659.

Pflichtenprogramms der Vertragsparteien zu erfolgen hat.[800] In der Literatur wird z. T. aber auch vertreten, dass agile Projekte (wie z. B. Scrum, s. o. Nr. 05.38), die grundsätzlich ohne Pflichtenheft auskommen, dem Dienstvertragsrecht unterfallen sollen.[801] Wenn sich der Auftragnehmer auf das Projekt einlasse, bei dem das Programm nach den speziellen Wünschen und Anforderungen der Mitarbeitenden zu entwickeln sei, ohne dass er zu Beginn wissen könne, was genau sich die Mitarbeitenden des Auftraggebers wünschten, dann handle es sich um ein sog. Zuruf-Projekt, für das der Auftraggeber die Projektverantwortung trage, weshalb ein solcher Vertrag als Dienstvertrag zu qualifizieren sei.[802] Dem lässt sich allerdings entgegenhalten, dass selbst bei klassischen Entwicklungsverträgen, auf die Werkvertragsrecht Anwendung findet, die Anforderungen an die zu entwickelnde Software im Zeitpunkt des Vertragsschlusses zumeist nicht abschließend vorliegen.[803] Das Vorhandensein eines Pflichtenhefts scheint deshalb kein geeignetes Kriterium für die Abgrenzung von Dienst- oder Werkvertrag zu sein. Ein anderes Kriterium für eine solche Abgrenzung innerhalb von agilen Projekten könnte allerdings sein, ob das Entwicklungsteam allein vom Auftragnehmer gestellt wird (dann Werkvertragsrecht)[804] oder ob es sich um ein gemischtes Team aus Mitarbeitenden des Auftraggebers und des Auftragnehmers handelt (dann könnte zumindest Dienstvertragsrecht in Erwägung zu ziehen sein).[805]

07.44 Deutsche Rechtsprechung

Wenn die Parteien einen Vertrag über die Erstellung oder Anpassung einer speziell auf die Bedürfnisse des Auftraggebers abgestimmten Software geschlossen haben, ohne dass von vornherein die Erstellung eines Pflichtenhefts Vertragsgegenstand war, so stellt sich die Frage, ob ein solcher Vertrag als Werkvertrag oder als Dienstvertrag einzuordnen ist.

800 *Marly*, Praxishandbuch Softwarerecht, 7. Aufl., Rdnr. 663; *McGuire*, GRUR 2009, 13, 19, die argumentiert, dass sich ja auch aus der Tatsache, dass ein Auto den Vertragsgegenstand bilde, kein Rückschluss auf den Vertragstyp ziehen lasse; es könne sich um einen Tausch-, Schenkungs-, Leasing- oder Mietvertrag handeln. Nicht anders verhalte es sich bei Software.

801 *Koch*, ITRB 2010, 114, 119.

802 *Schneider*, CR 2003, 317, 321.

803 *Fuchs/Meierhöfer/Morsbach/Pahlow*, MMR 2012, 427, 429.

804 *Koch/Kunzmann/Müller*, MMR 2019, 707, 709.

805 Vgl. *Heydn*, MMR 2020, 284, 287.

OLG Karlsruhe, Urt. v. 16.8.2002 – 1 U 250/01, CR 2003, 95 f., JurPC Web-Dok. 123/2003

Die A, die ein Autohaus betreibt, und die Softwarefirma S standen über viele Jahre hinweg in geschäftlichen Beziehungen. Ohne die Erstellung eines Pflichtenhefts zu vereinbaren, einigten sich beide im Frühjahr 1999 mündlich, S solle die EDV-Anlage der A betreuen und das dort installierte Standardprogramm an die betrieblichen Besonderheiten der A anpassen. Mit Datum vom 30.12.1999 stellte die S der A eine Rechnung, in der für „Softwarelösung Auto P. Autohaus Programm" erbrachte Leistungen auf einer Stundenlohnbasis von 180 DM, insgesamt 177.480 DM abgerechnet wurden. Die A forderte mit Schreiben vom 16.10.2000 die S unter Fristsetzung auf, den Quellcode, die Benutzer- und die Herstellerdokumentation an sie herauszugeben, nach Fristablauf wolle sie die weitere Durchführung des Vertrages ablehnen und vom Vertrag zurücktreten. Nachdem S auf das Schreiben nicht reagierte, erklärte A am 27.10.2000 den Rücktritt vom Vertrag und verlangte Rückzahlung der auf die Rechnung vom 30.12.1999 geleisteten Abschlagszahlungen i. H. v. 177.480 DM. Die Rückzahlung blieb aus, A erhob Klage. Das LG gab der Klage vollumfänglich statt. Das OLG hat in der Berufung das Urteil des LG im Wesentlichen bestätigt.

Dem Urteil des OLG Karlsruhe lässt sich entnehmen, dass es für die vertragstypologische Einordnung nicht darauf ankommt, ob die Parteien ein Pflichtenheft zum Vertragsgegenstand gemacht haben. Auch ist es kein Kriterium für das Vorliegen eines Dienstvertrages, dass im vorliegenden Fall eine Vergütung auf Stundenbasis vereinbart wurde, denn es ist durchaus möglich, Werkverträge in Abhängigkeit der aufgewendeten Leistung und Dienstverträge pauschal zu vergüten.[806] Nicht nur auf die vollständige Neuentwicklung eines Computerprogramms für die speziellen Bedürfnisse eines Anwenders ist grundsätzlich Werkvertragsrecht anzuwenden, sondern das gilt auch dann, wenn der vertragliche Schwerpunkt in der Installation und Anpassung der gelieferten Standardsoftware liegt.[807] Von umfangreichen Anpassungsleistungen und damit von einem vertraglichen Schwerpunkt kann dann ausgegangen werden, wenn diese Arbeiten zwei Monate[808] oder auch nur 12 Tage[809] in Anspruch nehmen. Aber auch die Tatsache, dass der Auftragnehmer kostenlos Fehler beseitigt, kann sich auf die typologische Einordnung des Vertrages auswirken. Wenn nämlich der Auftragnehmer Fehlerbeseitigungsarbeiten durchführt, ohne diese dem Auftraggeber in Rechnung zu stellen, so deutet das darauf hin, dass er sich selbst mit dem Risiko einer mangelhaften Leistung belastet sieht (es also um einen Werk-

---

806 *Dreier/Vogel*, Software- und Computerrecht, S. 232.
807 *Marly*, Praxishandbuch Softwarerecht, 7. Aufl., Rdnr. 687.
808 BGH, Urt. v. 5.6.2014 – VII ZR 276/13, NJW-RR 2014, 1204, Rdnr. 14.
809 OLG Hamm, Urt. v. 26.2.2014 – I-12 U 112/13, CR 2015, 435, 436.

vertrag geht), weshalb der Auftragnehmer später nicht mehr einwenden kann, dass er aufgrund eines Dienstvertrags tätig geworden sei.[810]

BGH, Urt. v. 24.9.1991 – X ZR 85/90, CR 1992, 543, NJW-RR 1992, 556, BeckRS 1991, 5816

Die Firma X beauftragt die Firma Y mit der Entwicklung eines elektronischen Zugangskontrollsystems (ZKS). Y, die sich in der Gestaltung des ZKS „freie Hand" vorbehält, beginnt mit der Entwicklung des ZKS, ohne dass in den Vertrag ein Pflichtenheft aufgenommen wird. Nach Fertigstellung des ZKS weigert sich die X, dieses abzunehmen, da es (1.) nicht einwandfrei funktioniere und (2.) die Y kein Pflichtenheft mitgeliefert habe. X verlangt von Y im Wege der Schadensersatzklage Rückzahlung der von ihr geleisteten Entwicklungskosten. Während das LG die Klage abweist, gibt ihr das OLG statt. Die Revision der Y führt zur Aufhebung und Zurückverweisung. Der BGH stellt fest, dass der Schadensersatzanspruch der X nicht darauf gestützt werden kann, dass die Y kein Pflichtenheft geliefert hat, denn selbst wenn es sich dabei um eine Hauptleistungspflicht gehandelt haben sollte (was streitig war), wäre diese durch die Entwicklung des ZKS hinfällig gewesen. Bei fehlendem Pflichtenheft ist die Mangelfreiheit des ZKS danach festzustellen, ob dieses mit dem Stand der Technik bei einem mittleren Ausführungsstandard übereinstimmt.

Aus dem Urteil des BGH ergibt sich, dass ein Entwicklungsvertrag auch dann als Werkvertrag (§ 631 BGB) einzuordnen ist, wenn kein Pflichtenheft erstellt wurde. Denn auch ohne Pflichtenheft lässt sich der für einen Werkvertrag typische Leistungserfolg hinreichend bestimmen. Dieser besteht in einer Softwarelösung entsprechend dem Stand der Technik bei einem mittleren Ausführungsstandard.[811] D. h., die Mangelkategorien des § 633 Abs. 2 S. 2 BGB kommen nur soweit zur Anwendung, als sie sich mit dem mittleren Ausführungsstandard als Referenz kombinieren lassen, was wiederum bedeutet, dass die besonderen Bedürfnisse des jeweiligen Kunden keinen Einfluss auf die Sollbeschaffenheit der Software haben können.[812]

07.45 Contrato de obra

Nach herrschender spanischer Lehre erfolgt die Abgrenzung von Dienst- und Werkvertrag ebenso wie im deutschen Recht danach, ob sich der Leistende zur Herbeiführung eines Erfolgs verpflichtet oder nicht („deutsches

810 OLG Düsseldorf, Urt. v. 18.7.1997 – 22 U 3/97, CR 1997, 732 f. = JurPC Web-Dok. 19/1997, Abs. 21.

811 BGH, Urt. v. 16.12.2003 – X ZR 129/01, CR 2004, 490; OLG Düsseldorf, Urt. v. 18.7.1997 – 22 U 3/97, CR 1997, 732 f. = JurPC Web-Dok. 19/1997, Abs. 24.

812 *Schneider*, in: Schneider/Graf von Westphalen, Software-Erstellungsverträge, S. 214.

Modell“)[813]. Nach Art. 1544 Código civil handelt es sich um einen *arrendamiento de obras o servicios*, wenn der Auftragnehmer dem Auftraggeber ein Werk oder eine Dienstleistung verspricht. Vom Wortlaut her trennt Art. 1544 CC ebenso wenig wie Art. 1779 Code civil zwischen tätigkeits- und erfolgsbezogenen Vertragstypen. Auch wenn die ältere spanische Rechtslehre den *arrendamiento de obras o servicios* als *e i n e n* Vertragstyp begriff, hat nunmehr insbesondere unter dem Einfluss der deutschen Rechtslehre auch die spanische Doktrin Kriterien zur Abgrenzung des Dienstvertrages vom Werkvertrag entwickelt.[814] Der *contrato de arrendamiento de servicios* unterscheidet sich vom *contrato de arrendamiento de obras* wie folgt: im Sinne einer *obligación de medios* verspricht der *prestador del servicio*, unter Berücksichtigung der *lex artis ad hoc* eine Tätigkeit zur Erreichung des Erfolgs zu leisten; hingegen beim *contrato de arrendamiento de obras* verspricht der Werkunternehmer im Sinne einer *obligación de resultado* das Erreichen des Erfolgs.[815] Dem entspricht auch die Rechtsprechung des *Tribunal Supremo* zum Dienstvertrag (*arrendamiento de servicios*), wonach ein solcher vorliegt, wenn eine Tätigkeit an sich, eine *actividad en sí misma* unabhängig von einem Erfolg (*resultado*) geschuldet ist.[816] Die Beweislastregeln im französischen Recht zur *obligation de moyens* und zur *obligation de résultat* lassen sich entsprechend auf die Beweislastregeln zum *arrendamiento de obra* und zum *arrendamiento de servicios* übertragen: Der Auftraggeber (*comitente*) muss beim *arrendamiento de obra* nicht beweisen, dass der Auftragnehmer (*contratista*) den *incumplimiento* zu vertreten hat, da der Beweis bereits in dem Ausbleiben des vereinbarten Erfolgs begründet ist, es sei denn, der *contratista* kann sich durch den Nachweis von *fuerza mayor* entlasten,[817] genauso wie sich nach französischem Recht der Schuldner einer *obligation de résultat* durch den Nachweis von *force majeur* entlasten kann (zum französischen Recht s. o. Nr. 07.41).

Die spanische Rechtsprechung stuft den *contrato informático* als einen *contrato de obra*, d.h. als einen *contrato de resultado* ein.[818] Dass die IT-Firma für die Erstellung des Produkts auf die Mitarbeit des Auftraggebers angewiesen ist, ändert nichts daran, dass der Vertrag über die Softwareerstellung

813 *Wendehorst*, AcP 206 (2006), S. 219.

814 *Solé Resina*, Arrendamiento de obras o servicios, S. 142.

815 Bercovitz Rodríguez-Cano/*Quicios Molina*, Comentarios al CC, Art. 1544, n° 1; Albaladejo/*Lucas Fernández*, Comentarios al CC, Tomo XX, Vol. 1°, S. 95.

816 STS de 25/05/1998, FD 1°, ROJ: STS 3385/1998, RJ 1998, 3999; STS de 08/10/2001, FD 2°, ROJ: STS 7635/2001, RJ 2001, 7548.

817 *Lacruz Berdejo*, Elementos de Derecho Civil II: Derecho de obligaciones, Vol. 2°, S. 185.

818 SAP Barcelona, Sección 16ª, de 26/10/2001, FD 2°, ROJ: SAP B 9900/2001.

vertragstypologisch als *contrato de obra* einzustufen ist,[819] und zwar auch dann, wenn die Parteien vereinbart haben, die Softwareentwicklung nach der Methode «*prueba-error*» durchzuführen.[820] Dabei dürfte es sich um eine agile Methode gehandelt haben. Auch der Vertrag über die Gestaltung einer Website wird von der Rechtsprechung als *contrato de obra* und nicht als *contrato de servicios* eingestuft.[821] Im spanischen Schrifttum hingegen wird z. T. die Auffassung vertreten, dass eine strikte Erfolgshaftung auf *contratos informáticos* nicht anzuwenden sei, da es technisch unmöglich sei, fehlerfreie Software zu erstellen.[822] Dieses Argument, das vereinzelt auch in der deutschen Literatur vertreten wird (s. o. Nr. 07.43), darf als ein Versuch verstanden werden, den wirtschaftlichen Interessen der Softwarefirmen Vorrang vor den wirtschaftlichen Interessen ihrer Kunden einzuräumen. Darüber hinaus lässt sich gegen die Einordnung des Software-Erstellungsvertrags als Werkvertrag und für dessen Einordnung als Dienstvertrag auch noch ein normatives Argument anführen: Nach Art. 16 núm. 3 lit. b der *Ley 9/2017 de Contratos del Sector Público*[823] werden Verträge der öffentlichen Hand über die Beschaffung von Individualsoftware (*contratos de adquisición de programas de ordenador desarrollados a medida*) ausdrücklich als *contratos de servicios* angesehen. Dann drängt sich die Frage auf, warum, wenn nach dem Willen des Gesetzgebers Software-Erstellungsverträge der Privatwirtschaft mit der öffentlichen Hand als Dienstverträge behandelt werden, dies nicht auch für Verträge innerhalb der Privatwirtschaft gelten soll.[824] Ungeachtet dessen wird der *contrato de desarrollo de software* von der spanischen Doktrin mehrheitlich als *contrato de obra* eingeordnet, bei dem ein *resultado* geschuldet ist,[825] wobei sich die spanische Doktrin z. T. ausdrücklich auf die deutsche Doktrin und namentlich auf *Jochen Marly*[826] beruft.[827]

---

819 SAP Castellón, 1ª Sección, de 06/07/2002, FD 2°, ROJ: SAP CS 822/2002.

820 SAP Barcelona, Sección 16ª, de 14/01/2002, FD 2°, ROJ: SAP B 351/2002.

821 SAP Madrid, Sección 14ª, de 17/02/2010, FD 2°, ROJ: SAP M 3813/2010.

822 *Davara Rodríguez*, Manual de Derecho Informático, S. 313 f.; *Gete-Alonso y Calera*, La Ley 1992, núm 2, S. 1040; *Peso Navarro*, Manual de Outsourcing Informático, S. 118 f.

823 «BOE» núm. 272, de 09 noviembre de 2017, BOE-A-2017-12902.

824 *Schassek*, Verträge über individuelle Software nach deutschem und spanischem Recht, S. 98 f.

825 *Aparicio Vaquero*, La nueva contratación informática: Introducción al outsourcing de los sistemas de información, S. 113; *Cabanillas Sánchez*, Las obligaciones de actividad y de resultado, S. 65; *Gómez Perals*, La cesión de uso de los programas de ordenador, S. 163, Fn. 85; *López-Tarruella Martínez*, Contratos internacionales de software, S. 390; *Ramírez Iglesias*, Informática y Derecho 1996, núm. 12–15, S. 1111; *Rodríguez Tapia*/*Bondía Román*, Comentarios a la Ley de Propiedad Intelectual, S. 367.

826 *Marly*, Softwareüberlassungsverträge, S. 18 f.

827 *Soler Matutes*, in: Soler Matutes et al., Manual de gestión y contratación informática, S. 686 f.

07.46 Spanische Rechtsprechung

Nach der spanischen Rechtsprechung ist von einem *contrato de obra* auszugehen, wenn ein *precio cierto* vereinbart wurde, und wenn die IT-Firma

- die vollständige Digitalisierung des Betriebes oder zumindest die Installierung eines kompletten IT-Systems einschließlich der Lieferung der entsprechenden Hardware versprochen hat,[828] oder
- wenn sie die Lieferung einer zur Lösung der betrieblichen IT-Probleme gedachten Unternehmenssoftware einschließlich Service-Leistungen versprochen hat,[829] oder
- wenn sie sich zum *Customizing* von Standardsoftware aufgrund eines von den Parteien erarbeiteten Pflichtenhefts verpflichtet hat[830] bzw. wenn sie das *Customizing* von Standardsoftware übernommen und den Kunden im Hinblick auf die von einem Dritten zu erwerbende Hardware beraten hat.[831]

Die Rechtsprechung geht dann davon aus, dass die von der IT-Firma versprochenen Leistungen, also die vollständige Digitalisierung bzw. die Lieferung der Unternehmenssoftware einschließlich Service-Leistungen bzw. das *Customizing* der Standardsoftware und die Beratung hinsichtlich der Hardware sowie die Lieferung der Hardware einen *concreto resultado* mit einschließen, nämlich die Funktionstauglichkeit des betrieblichen IT-Systems.[832]

SAP Barcelona (Sección 17ª) de 05/03/2001, n° de recurso 568/2000, ROJ: SAP B 2499/2001

La empresa informática «L» celebró un contrato con la empresa «N» para instalar un sistema informático destinado a satisfacer las necesidades de coordinación entre los diferentes departamentos comerciales y administrativos del negocio de esta última. El sistema informático instalado en febrero de 1996 resultó inoperante y sus errores llegaron a paralizar la actividad de la empresa, hasta agosto del mismo año, momento en que se constató la imposibilidad de

---

828 STS de 24/10/2002, ROJ: STS 7027/2002; SAP Barcelona, Sección 17ª, de 05/03/2001, FD 2°, ROJ: SAP B 2499/2001; SJPI Almería de 25/03/1996 (núm. 3), JUR 2003/237754.

829 SAP Barcelona, Sección 16ª, de 14/01/2002, FD 1°, ROJ: SAP B 351/2002; SAP Albacete, 1ª Sección, de 31/07/2000, FD 2°, ROJ: SAP AB 884/2000; SAP Lleida, Sección 2ª, de 21/10/2003, FD 2°, ROJ: SAP L 786/2003.

830 SAP La Rioja, 1ª Sección, de 16/09/2003, FD 3°, ROJ: SAP LO 597/2003; SAP Barcelona, Sección 17ª, de 25/06/2004, FD 1°, ROJ: SAP B 8390/2004.

831 SAP Valencia, Sección 11ª, de 28/10/2002, FD 2°, ROJ: SAP V 5925/2002.

832 *Soler Matutes*, in: Soler Matutes et al., Manual de gestión y contratación informática, S. 862.

su correcto funcionamiento a pesar de todas las actuaciones llevadas a cabo por la empresa «L» durante ese tiempo. Esto supuso la necesidad de volver a realizar manualmente las tareas mal hechas y de realizar horas extraordinarias en la empresa «N». La demanda de indemnización por daños y perjuicios y resolución del contrato presentada por la empresa «N» solo fue estimada parcialmente por el Juzgado de Primera Instancia. Ante el recurso interpuesto por la empresa «N», el Tribunal de apelación declaró resuelto el contrato y condenó a la empresa «L» a pagar a la empresa «N» la cantidad de 3 000 000 pts, previa devolución del material informático suministrado («hardware»), y a indemnizarla por los gastos laborales.

Das Berufungsgericht stellt fest, dass entgegen den Ausführungen des erstinstanzlichen Urteils der streitgegenständliche Vertrag kein gemischter Vertrag (*contrato mixto*) ist, bestehend etwa aus einem *contrato de compraventa* über die Lieferung von Hardware verbunden mit einem *contrato de mantenimiento y asistencia técnica* über die Implementierung des IT-Systems, bei dem der Auftragnehmer nur eine Tätigkeit an sich schuldet. Vielmehr handelt es sich bei dem vorliegenden Vertrag um einen *contrato de obra* (Art. 1544ss. Código civil), bei dem der Auftragnehmer insgesamt einen Erfolg, nämlich die Funktionstauglichkeit des implementierten IT-Systems, schuldet. Wählt der Auftraggeber die *résolucion* aus Art. 1124 Código civil und gibt das Gericht der *acción resolutoria* statt, so sind die Parteien zur wechselseitigen Rückgabe der erhaltenen Leistungen verpflichtet (*reintegro de las prestaciones*). Da es sich hier um einen einheitlich nach Werkvertragsrecht zu beurteilenden Vertrag und nicht etwa um einen gemischten Vertrag handelt, ist die Implementierung eines nicht funktionierenden IT-Systems ein *incumplimiento total* und nicht bloß ein *incumplimiento parcial.* D. h., die Rückgabepflichten umfassen auch die gelieferte Hardware Zug um Zug gegen die hierfür erhaltene Vergütung i. H. v. 3.000.000 pts.

07.47 Die Interessen des Herstellers

Wie wir gesehen haben, gibt es in der französischen, deutschen und spanischen Literatur Stimmen, die den Softwareersteller von einer generellen Erfolgspflicht freisprechen wollen. Die entsprechenden Rechtsauffassungen könnte man als interessengeleitet im Sinne der IT-Branche betrachten, wenn man davon ausgehen darf, dass die Erfüllung von Sorgfaltspflichten für IT-Firmen stets günstiger sein muss als die Erfüllung von Erfolgspflichten. Auf den ersten Blick mag diese Rechnung überzeugen. Und zumindest für französisches und spanisches Recht ist sie auch nachvollziehbar. Was allerdings das deutsche Recht angeht, so ist es keinesfalls eindeutig, dass sich eine vertragliche Sorgfaltspflicht für den Softwareersteller stets günstiger erweisen muss als eine Erfolgspflicht. Das hängt damit zusammen, dass die Frage der Erfolgs-/ Sorgfaltspflicht im deutschen Recht auf die vertragstypologische Ebene gehoben wurde. Das gilt zwar auch für das spanische Recht, hat dort aber nicht dieselben Konsequenzen wie im deutschen Recht. Ein wichtiger Unterschied zwischen dem Dienstvertrag (§ 611 BGB) und dem Werkvertrag (§ 631 BGB) ist nämlich, dass nur mit dem Werkvertrag, nicht aber mit dem Dienstvertrag die Mängelgewährleistung verbunden ist.[833] Daraus folgt, dass der Besteller grundsätzlich erst dann die Rückabwicklung des Vertrages wegen der Mangelhaftigkeit des Werks verlangen kann, wenn er dem Werkunternehmer die Gelegenheit zur Nacherfüllung gegeben hat, § 636 BGB.

In Spanien hingegen ist die Option der Nacherfüllung nur für die hier nicht einschlägigen Verträge mit Verbrauchern geregelt:[834] das Unternehmen kann die vom Verbraucher begehrte Vertragsauflösung (*resolución*) dadurch abwenden, dass es – je nach Wahl des Verbrauchers – den Vertragsgegenstand ersetzt (*sustitución*) oder dessen Mangel beseitigt (*reparación*), Art. 117ss. LGDCU. Das gilt entsprechend für die Wahl des Verbrauchers zwischen *remplacement* und *réparation* nach französischem Recht (Art. L217-8ss. C. consom.), wo sich übrigens auch durch die Reform des Vertragsrechts von 2016 nichts daran geändert hat, dass es kein generelles Recht des Schuldners gibt, Mängelgewährleistungsrechte des Gläubigers durch Nacherfüllung abzuwenden. Im deutschen Recht hingegen besteht für den Hersteller die Möglichkeit der Nacherfüllung unabhängig davon, ob der Auftraggeber Verbraucher oder Unternehmer ist. Dabei bleibt es gleich, ob man – dogmatisch unzutreffend[835] – vom Recht des Werkunternehmers auf Nacherfüllung spricht[836] oder von der Obliegenheit des Auftraggebers,[837] die Nacherfüllung zu gewähren (s. a. Nr. 08.27). In jedem Fall wäre gem. § 309 Nr. 4 BGB eine AGB-Klausel unwirksam, die dem Werkunternehmer die Möglichkeit verwehrt, zunächst die Nacherfüllung auszuführen, bevor der Besteller vom Vertrag zurücktreten (§ 323 Abs. 1 BGB) oder Schadensersatz statt der Leistung (§ 281 Abs. 1 S. 1 BGB) verlangen kann.[838]

Dem ließe sich entgegenhalten, dass § 281 Abs. 1 S. 1 BGB als Vorschrift des allgemeinen Schuldrechts gleichermaßen auf Werkverträge wie Dienstverträge Anwendung findet, was entsprechend auch für § 323 Abs. 1 BGB gilt, wenn man davon ausgeht, dass die Anwendung von § 323 Abs. 1 BGB durch die Voraussetzungen einer außerordentlichen Kündigung nach §§ 626,

833 Vgl. *Alexander*, JA 2015, 321, 324.
834 *Carrasco Perera*, ZEuP 2006, 552, 575.
835 *Jansen*, BauR 2005, 1089.
836 BGH, Urt. v. 25.6.1987 – VII ZR 251/86, NJW 1988, 140.
837 OLG Düsseldorf, Urt. v. 18.12.2015 – I-22 U 84/15, NJW-RR 2016, 533.
838 MK-BGB/*Wurmnest*, § 309 Nr. 4 BGB Rdnr. 2.

627 BGB nicht ausgeschlossen wird.[839] Sondervorschriften, die § 281 BGB ergänzen (wie etwa § 636 BGB), gibt es für das Dienstvertragsrecht nicht, wenn man einmal von Verträgen über digitale Produkte gem. §§ 327 ff. BGB absieht, die hier aber nicht einschlägig sind, weil sie nur den B2C-Bereich betreffen. Während Schlechtleistung beim Werkvertrag bedeutet, dass der geschuldete Erfolg nicht geleistet wurde, liegt beim Dienstvertrag Schlechtleistung vor, wenn der Dienstschuldner die Leistung zwar erbracht, aber mangelhaft geleistet hat.[840] Insofern kann im Falle von Schlechtleistung nicht nur der Werkunternehmer vom Besteller, sondern auch der Dienstschuldner vom Dienstberechtigten verlangen, dass er ihm eine zweite Chance einräumt, im ersten Fall aus dem Mängelgewährleistungsrecht (§ 636 BGB), im letzteren Fall aus dem allgemeinen Schuldrecht (§ 281 Abs. 1 S. 1 BGB).

Und dennoch hat der Werkunternehmer gegenüber dem Dienstschuldner eine privilegierte Position, denn eine vorrangige Obliegenheit, dem Vertragspartner die Chance auf eine zweite Andienung zu gewähren, besteht nur für den Besteller, nicht jedoch für den Dienstgläubiger. Das zeigt sich dann, wenn es um die Verletzung vorvertraglicher Informationspflichten geht und sich diese Pflichtverletzung auf einen mangelbegründenden Umstand wie einen Sach- oder Rechtsmangel bezieht. Dann schlägt nämlich der auf Vertragsaufhebung gehende Schadensersatzanspruch aus *culpa in contrahendo* (§§ 280 Abs. 1, 311 Abs. 2, 241 Abs. 2 BGB) in einen gewährleistungsrechtlich modifizierten Anspruch auf *Schadensersatz statt der ganzen Leistung* (§§ 634 Nr. 4, 280 Abs. 1, Abs. 3, 281 BGB) um, sog. Umschlagtheorie.[841] Unzutreffende Informationen des Werkunternehmers im Rahmen der Vertragsverhandlungen begründen wegen des abschließenden Charakters der §§ 633 ff. BGB keinen Schadensersatzanspruch aus *culpa in contrahendo*, wenn sie sich auf Merkmale des herzustellenden Werks beziehen, die Gegenstand einer Beschaffenheitsvereinbarung sein können und es auch sind, wenn auf eine Einschränkung der Funktionalität hätte hingewiesen werden müssen, sodass dem Werkunternehmer das Recht zur Nacherfüllung bleibt.[842] Aber auch dann, wenn das Werk verabredungsgemäß erstellt wurde, kann es zur vorrangigen Anwendung des Mangelgewährleistungsrechts kommen, sofern man nämlich den vom BGH geprägten sog. funktionalen Mangelbegriff zugrunde legt (s. o. Nr. 04.23). Demzufolge kann das Werk auch dann mangelhaft sein, wenn es zwar den Vereinbarungen entspricht,

839 *Oetker/Maultzsch*, Vertragliche Schuldverhältnisse, S. 519; a. A. *Alexander*, JA 2015, 321, 325.

840 *Fikentscher/Heinemann*, Schuldrecht, Rdnr. 1157.

841 Vgl. *Fikentscher/Heinemann*, Schuldrecht, Rdnr. 97.

842 Grüneberg/*Retzlaff*, § 634 BGB Rdnr. 7; s. a. Grüneberg/*Grüneberg*, § 311 BGB Rdnr. 14, 18.

der vertragliche Erfolg aber wegen unzureichender Vorgaben des Bestellers nicht erreicht wird.[843] Dann muss der Unternehmer zwar trotz unzureichender Vorgaben des Bestellers den Erfolg herbeiführen, andererseits hat er wegen der Mangelhaftigkeit der Leistung die Möglichkeit der Nacherfüllung, womit er regelmäßig besser gestellt ist als ein Fachmann in anderen Vertragsverhältnissen, der bei schuldhafter Verletzung von Nebenpflichten sogleich Schadensersatz zu leisten hat.[844]

Es spricht nicht gegen die vertragstypologische Einordnung als Dienstvertrag, wenn durch die Tätigkeit des Dienstschuldners bestimmte Ziele erreicht werden sollen.[845] Erstellt die beauftragte IT-Firma für den Auftraggeber eine Software, die das angestrebte Ergebnis (noch) nicht erreicht hat, so könnte im Falle eines Dienstvertrages der Auftraggeber womöglich die Vertragsaufhebung geltend machen, wenn er nachweist, dass die IT-Firma eine vorvertragliche Informationspflicht bezüglich des angestrebten Ziels verletzt hat. Der Auftraggeber wäre dann auch nicht verpflichtet, der IT-Firma die Möglichkeit einer Nacherfüllung einzuräumen, mit der ggf. das angestrebte Ziel doch noch erreicht werden könnte. Einer Rückabwicklung *ex tunc* würde auch nicht entgegenstehen, dass es sich beim Dienstvertrag um ein Dauerschuldverhältnis handelt und die wechselseitig geschuldeten Leistungen z.T. bereits erbracht wurden. Es gibt nämlich kein allgemeines Rechtsprinzip, demzufolge bereits in Vollzug gesetzte Dauerschuldverhältnisse nicht *ex tunc* abgewickelt werden dürften.[846] Würde nun die IT-Firma unter Berufung auf § 628 Abs. 1 S. 1 BGB Teilvergütung für ihre bisher erbrachten Leistungen verlangen, so wäre ein solches Begehren abzuweisen, denn der Anspruch aus § 628 Abs. 1 S. 1 BGB und derjenige aus §§ 280 Abs. 1, 311 Abs. 2, 241 Abs. 2 BGB (*culpa in contrahendo*) knüpfen an zu verschiedenen Zeiten begangene Pflichtverletzungen an,[847] bei ersterem während der Vertragsdurchführung und bei letzterem vor Vertragsschluss.

Im Falle eines Werkvertrages hingegen wäre der Auftraggeber verpflichtet, der IT-Firma die Nacherfüllung zu gewähren, bevor er den Vertrag rückgängig machen kann. Im Ergebnis lässt sich also festhalten, dass es für die IT-Firma durchaus wirtschaftlich günstiger sein kann, einen Werkvertrag (§ 631 BGB) anstelle eines Dienstvertrages (§ 611 BGB) abzuschließen, da sie dann auch bei mangelhafter Leistung immer noch die Möglichkeit hat, die vom Auftraggeber begehrte Rückabwicklung des Vertrages durch Nacherfüllung abzuwenden.

---

843 BGH, Urt. v. 8. 11. 2007 – VII ZR 183/05, NJW 2008, 511.

844 *Voit*, Anm. zu BGH, Urt. v. 29.9.2011, NJW 2011, 3782.

845 LG München I, Urt. v. 21.7.1994 – 7 0 9748/92, CR 1995, 33, 35.

846 *Oetker/Maultzsch*, op. cit., S. 510.

847 Vgl. *Henssler/Deckenbrock*, NJW 2008, 1275, 1277.

07.48 Benutzerhandbuch

Zu fragen ist, ob der Softwareersteller nicht nur zur Lieferung der Software, sondern auch zu den dazugehörigen Dokumentationen verpflichtet ist. Dabei sind die technischen Dokumentationen, die als Entwurfsmaterial vom urheberrechtlichen Schutz des Computerprogramms i. S. v. Art. 1 Abs. 1 S. 2 Richtlinie 2009/24/EG umfasst sind, zu unterscheiden von den Benutzerdokumentationen, die für den Anwender gedacht sind. Das Benutzerhandbuch ist nicht Gegenstand des urheberrechtlichen Schutzes gem. Art. 1 Abs. 1 S. 2 der Richtlinie 2009/24/EG, das Benutzerhandbuch ist vielmehr nach allgemeinem Urheberrecht geschützt. Nach deutschem Recht gehört die Lieferung eines Benutzerhandbuchs zur Hauptleistungspflicht des Softwareanbieters,[848] sodass es sich nicht nur um eine unerhebliche Pflichtverletzung handelt, falls kein Benutzerhandbuch mitgeliefert wurde,[849] was zur Folge hat, dass der Kunde Schadensersatz statt der Leistung nach §§ 280 Abs. 1, Abs. 3, 281 BGB verlangen kann.

Das spanische Recht kommt zu einer funktional vergleichbaren Lösung. Da das Benutzerhandbuch einen *elemento esencial del contrato* darstellt, kann der Kunde, falls kein *manual de usuario* – zumindest keines in spanischer Sprache – mitgeliefert wurde, die Vertragsauflösung (*resolución contractual*) gem. Art. 1124 CC geltend machen,[850] d. h. ebenso wie nach deutschem Recht die Rückabwicklung des Vertrages verlangen. Das französische Recht nimmt eine entsprechende Wertung vor. Die Pflicht zur Lieferung eines *manuel d'utilisation* ergibt sich aus Art. 1615 Code civil:[851] *L'obligation de délivrer la chose comprend ses accessoires et tout ce qui a été destiné à son usage perpétuel*. D. h., der Softwareanbieter hat die *obligation de délivrance* nicht erfüllt, wenn er nicht mit dem *logiciel* zugleich einen *manuel d'utilisation* liefert. Zum selben Ergebnis gelangt man auch, wenn man der Ansicht folgt, dass der französische Begriff *logiciel* – im Gegensatz zu dem enger verstandenen Begriff *programme d'ordinateur* – bereits die Benutzerdokumentation mit einschließt.[852]

---

848 OLG Karlsruhe, Urt. v. 16.8.2002 – 1 U 250/01, CR 2003, 95; BGH, Urt. v. 20.2.2001 – X ZR 9/99, NJW 2001, 1718, 1719; BGH, Urt. v. 4.11.1992 – VIII ZR 165/91, NJW 1993, 461, 462.

849 Grüneberg/*Grüneberg*, § 323 BGB Rdnr. 32.

850 SAP Barcelona, 1ª Sección, de 04/04/2000, ROJ: SAP B 4294/2000.

851 *Le Tourneau*, Contrats du numérique, n° 213.31; *Wery*, Les contentieux liés aux contrats informatiques, in: Droit & Technologies (18.4.2017), 3.1.1.2.

852 Vgl. *Hauser*, in: Ullrich/Lejeune, Der internationale Softwarevertrag, S. 624 f., 702 f. (Rdnr. 320 und 529).

§ 5 Urheberrechtliche Erfolgspflicht

07.50 Pflicht zur Überlassung des Quellcodes?

Im Folgenden soll noch einer Frage nachgegangen werden, die mit einer Besonderheit des Vertragsgegenstandes Software zusammenhängt, nämlich der Tatsache, dass Software notwendigerweise nicht nur als ausführbarer Objektcode, sondern auch als veränderbarer Quellcode vorliegt. Daraus ergibt sich die Frage, ob die Erfolgspflicht des Auftragnehmers gegenüber dem Auftraggeber nicht nur die Überlassung des Objektcodes, sondern auch die des Quellcodes umfasst. Der Auftraggeber wird nicht nur deshalb an der Überlassung des Quellcodes interessiert sein, um die Software ohne Einschränkungen nutzen und selbst weiter entwickeln zu können, sondern auch um eine Zweitverwertung durch den Auftragnehmer zu verhindern und sich auf diese Weise einen Wettbewerbsvorteil gegenüber anderen Marktteilnehmern zu sichern.[853] Haben nun die Parteien keine Klausel in den Vertrag aufgenommen, durch die geklärt wird, ob die Lieferpflicht des Auftragnehmers auch den Quellcode umfasst, so ist zunächst zu fragen: Welche Nutzungsrechte wurden dem Auftraggeber eingeräumt? Wenn der Vertrag keine Regelungen zu den Nutzungsrechten enthält, dann hat der Auftraggeber auch keinen Anspruch auf Überlassung des Quellcodes.[854] Wenn der Vertrag aber ausdrücklich Nutzungsrechte einräumt, stellt sich in einem möglichen Rechtsstreit die Frage der Beweislast: Muss der Auftraggeber beweisen, dass er einen Anspruch auf den Quellcode hat? Oder muss der Auftragnehmer beweisen, dass er nicht verpflichtet ist, den Quellcode zu liefern? Worauf kommt es hierfür an? Diese Fragestellungen entsprechen der typischen zivilrechtlichen Herangehensweise, die darauf beruht, dass die Regelungen des Obligationenrechts in den kontinentalen Zivilrechtskodifikationen wie dem BGB, dem Code civil oder dem Código civil prinzipiell dispositiver Natur sind und nur insofern zur Anwendung kommen, als die Parteien keine ausdrücklichen vertraglichen Regelungen getroffen haben.

Andererseits darf nicht übersehen werden, dass sich die Verpflichtung der IT-Firma zur Überlassung des Quellcodes gar nicht als Nebenpflicht aus dem Software-Entwicklungsvertrag ergeben muss, sondern dass sie mit den Nutzungsrechten zusammenhängt, die die IT-Firma dem Auftraggeber einräumt. Dann wäre die Überlassungspflicht der IT-Firma ein *accessoire des droits concédés*.[855] Im Kern geht es nicht um zivilrechtliche, sondern um urheberrechtliche Fragen. Unstreitig ist nämlich, dass Software, egal ob sie im Objektcode oder im Quellcode vorliegt, durch das Urheberrecht

---

853 Leupold/Wiebe/Glossner/*v. d. Bussche/Schelinski*, IT-Recht, Teil 2.6, Rdnr. 111.
854 CA Caen, du 04/04/2017, n° 13/00574, obs. *Pollaud-Dulian*, RTD com. 2017, S. 367.
855 *Van Eeckhout*, RDC 2007, 1335, 1339.

geschützt ist.[856] (Nach spanischem Recht kann der *código fuente* sogar zusätzlich durch Eintragung in den *Registro General de la Propiedad Intelectual* geschützt werden, Art. 14 lit. n núm. 1° des Real Decreto 281/2003,[857] wobei die Eintragung nur deklaratorischen und keinen konstitutiven Charakter hat.[858]) Der Quellcode gehört zur Software selbst und nicht etwa zu deren Vorstufen (Entwurfsmaterial).[859] Gem. Art. 4 Abs. 1 lit. b der Richtlinie 2009/24/EG über den Rechtsschutz von Computerprogrammen[860] hat der Rechtsinhaber regelmäßig das ausschließliche Recht zur Bearbeitung des Programms. Ausnahmsweise bedarf die Bearbeitung gem. Art. 5 Abs. 1 Richtlinie 2009/24/EG in Ermangelung spezifischer vertraglicher Bestimmungen nicht der Zustimmung des Rechtsinhabers, wenn sie für eine bestimmungsgemäße Benutzung des Computerprogramms einschließlich der Fehlerberichtigung durch den rechtmäßigen Erwerber notwendig ist. Diese Vorschrift ist gleichlautend mit Art. 5 Abs. 1 der inzwischen aufgehobenen Richtlinie 91/250/EWG,[861] die durch den im Mai 1994 in Kraft getretenen *Code de la propriété intellectuelle* (CPI) in französisches Recht umgesetzt wurde.[862] Die entsprechende Vorschrift findet sich in Art. L122-6-1-I CPI. In spanisches Recht umgesetzt wurde die Richtlinie 91/250/EWG durch die *Ley 16/1993*,[863] die wiederum mehr als zwei Jahre lang neben dem alten Urheberrechtsgesetz von 1987 existierte, bis sie schließlich in die Neufassung des spanischen Urheberrechtsgesetzes von 1996, die *Ley de Propiedad Intelectual* (LPI),[864] eingefügt wurde. Die Regelung, die dem Art. 5 Abs. 1 der beiden o. g. Richtlinien entspricht, findet sich in Art. 100.1 LPI. Ins deutsche Recht ist die Richtlinie 91/250/EWG durch das 2. Urheberrechtsänderungsgesetz vom 9. Juni 1993[865] umgesetzt worden. Die dem Art. 5 Abs. 1 der beiden o. g. Richtlinien entsprechende Regelung findet sich in § 69d Abs. 1 UrhG. Dabei sind Art. L 122-6-1-I CPI sowie Art. 100.1 LPI und § 69d Abs. 1 UrhG richtlinienkonform i. S. v. Art. 5 Abs. 1 auszulegen.

Bei Art. 5 Abs. 1 Richtlinie 2009/24/EG handelt es sich zwar um dispositives Recht, das durch spezifische vertragliche Vereinbarungen abbedungen werden kann. Wie aber dem 13. Erwägungsgrund der Richtlinie 2009/24/EG zu

856 EuGH, Urt. v. 22.12.2010 – C-393/09, Rdnr. 34; *Marly*, Praxishandbuch Softwarerecht, 7. Aufl., Rdnr. 78; *Bronzo*, in: Vergès, Contrats sur la recherche et l'innovation, n° 144.93.

857 «BOE» núm. 75, de 28/03/2003, p. 12145-12153.

858 Bercovitz Rodríguez-Cano/*Erdozain López*, Manual de Propiedad Intelectual, S. 239.

859 *Schneider*, CR 2003, S. 1.

860 ABl. EG 2009 Nr. L 111/16.

861 ABl. EG 1991 Nr. L 122/42.

862 *Vivant*, JCP G 1994 II, doctr. 3792.

863 «BOE» núm. 307, de 24/12/1993, p. 36816-36819.

864 «BOE» núm. 97, de 22/04/1996.

865 BGBl. I S. 910.

entnehmen ist, darf die Fehlerberichtigung nicht vertraglich untersagt werden. Wegen des im Kern zwingenden Charakters von Art. 5 Abs. 1 Richtlinie 2009/24/EG kann die bestimmungsgemäße Nutzung, die die Fehlerbeseitigung einschließt, nur beschränkt und vertraglich näher geregelt, nicht aber gänzlich ausgeschlossen werden.[866] D. h., mit Blick auf die bestimmungsgemäße Benutzung ist es unerheblich, ob der Anbieter dem berechtigten Anwender explizit oder implizit ein Gebrauchsrecht eingeräumt hat, weshalb dieses Gebrauchsrecht nicht als „*implied license*“, sondern als „*gesetzliche Lizenz*“ bezeichnet werden sollte.[867] Da aber die Fehlerberichtigung nur durchführen kann, wer über den Quellcode verfügt, wäre es konsequent, dem berechtigten Anwender nicht nur in urheberrechtlicher Hinsicht eine gesetzliche Lizenz zur Fehlerberichtigung zu gewähren, sondern auch in obligationenrechtlicher Hinsicht einen Erfüllungsanspruch auf Überlassung des Quellcodes, falls der Anbieter die Fehlerberichtigung weder selbst vornimmt noch die Fehlerberichtigung durch einen Dritten gestattet. Bevor wir nun untersuchen, wie das in der deutschen, französischen und spanischen Rechtspraxis gehandhabt wird, sind zunächst zwei Fälle gem. Art. 5 Abs. 1 Richtlinie 2009/24/EG gedanklich zu unterscheiden:[868] Soweit spezifische vertragliche Bestimmungen fehlen, muss entscheidend auf den Begriff der bestimmungsgemäßen Benutzung des Computerprogramms (*the use of the computer program in accordance with its intended purpose*) abgestellt werden; andernfalls sind die entsprechenden vertraglichen Bestimmungen (*specific contractual provisions*) zu berücksichtigen.

07.51 Benutzung des Programms

Die Rechtsprechung legt § 69d UrhG richtliniengemäß so aus, dass diese Vorschrift insofern einen zwingenden Kern enthält, als urheberrechtlich relevante Nutzungen, die für die vertragsgemäße Verwendung des Programms unerlässlich sind, nicht ohne weiteres ausgeschlossen werden können.[869] Dabei sollen die in § 69d UrhG angeordneten Beschränkungen des Urheberrechts und somit das, was zur bestimmungsgemäßen Benutzung des Computerprogramms gehört, von der Rechtsprechung weit ausgelegt werden.[870]

Haben aber Auftraggeber und Auftragnehmer einer individuell erstellten Software keine ausdrücklichen Regelungen zur Überlassung des Quell-

866 *Haberstumpf*, GRUR Int. 1992, 715, 723; *Dreier*, in: Dreier/Schulze, UrhG, § 69d Rdnr. 12.

867 *Hilty*, GRUR 2018, 865, 872.

868 Vgl. *Marly*, Praxishandbuch Softwarerecht, 7. Aufl., Rdnr. 1711.

869 BGH, Urt. v. 24.2.2000 – I ZR 141/97, NJW 2000, 3212, 3214 = JurPC Web-Dok. 178/2000, Abs. 23.

870 OLG Düsseldorf, Urt. v. 29.5.2001 – 20 U 166/00, NJW-RR 2002, 1049.

codes getroffen, kommt es nach der Rechtsprechung des BGH auf die Umstände des Einzelfalls an: Bezüglich des Auftraggebers kann es etwa darauf ankommen, ob dieser den Entwicklungsauftrag deshalb erteilt hat, weil er beabsichtigt, die Software weiter zu vermarkten, während es bezüglich des Auftragnehmers darauf ankommen kann, wie dessen Kostenkalkulation aussieht.[871] Auch soll berücksichtigt werden, dass für die Fehlerbeseitigungs-, Wartungs- und Änderungsarbeiten an der Software die Überlassung des Quellcodes erforderlich ist. Technisch gesehen ist aber der Quellcode für Änderungsarbeiten zwingend erforderlich. Entscheidend bleibt deshalb, ob dem Anwender ein entsprechendes Änderungsrecht eingeräumt wurde.[872] Der BGH begründet in seiner Entscheidung vom 16.12.2003 die Überlassungspflicht allerdings nicht damit, dass der Anwender gem. § 69d Abs. 1 UrhG bereits kraft Gesetzes ein Änderungsrecht hat, das nicht pauschal vertraglich ausgeschlossen werden kann. Er erwähnt nicht einmal die Vorschrift des § 69d Abs. 1 UrhG. Wenn das Gericht nach Würdigung des Einzelfalls die Pflicht zur Überlassung des Quellcodes bejaht, kann es diese als Hauptleistungspflicht des Auftragnehmers erachten, sodass dieser vorleistungspflichtig ist und der Auftraggeber erst dann die Vergütung leisten muss, wenn er die Software mitsamt dem Quellcode erhalten und abgenommen hat.[873] Allerdings kann es dem Sinn und Zweck des Vertrages entsprechen, dass zur Hauptleistungspflicht nur die Herausgabe solcher Quellcodes gehört, die der Auftragnehmer selbst entwickelt hat, nicht aber die Herausgabe von Quellcodes, die der Auftragnehmer zwar verwendet hat, die aber von Dritten entwickelt wurden.[874]

07.52 Utilisation du logiciel

Ein Anspruch auf Überlassung der *codes sources* wäre dann zu bejahen, wenn man diese als Zubehör (*accesoires*) des zu liefernden *logiciel* ansieht, denn gem. Art. 1615 Code civil umfasst die *obligation de délivrer* nicht nur die *chose*, sondern auch die *accesoires*.[875] *Le Tourneau* vertritt die Auffassung, dass der Auftraggeber eines *logiciel spécifique* erwarten könne, dass die *codes sources* als Zubehör (*accesoires du matériel*) zur Lieferpflicht des Auftragnehmers gehören, da die Programmentwicklung für den Auftragge-

871 BGH, Urt. v. 16.12.2003 – X ZR 129/01, NJW-RR 2004, 782 f.

872 *Hoeren*, CR 2004, 721, 724.

873 OLG Karlsruhe, Urt. v. 16.8.2002 – 1 U 250/01, CR 2003, 95 f. = JurPC Web-Dok. 123/2003, Abs. 39.

874 LG Köln, Urt. v. 3.5.2000 – 20 S 21/99, CR 2000, 505 f.

875 Siehe *Wery*, Les contentieux liés aux contrats informatiques, in: Droit & Technologies (18/04/2017), 3.1.1.2.: „*La question de la remise des codes source est souvent traitée sur cette base, avec un bonheur inégal.*“

ber erfolgte und von diesem auch finanziert wurde; nichtsdestotrotz empfiehlt er, vorsichtshalber das Recht am Quellcode im Vertrag ausdrücklich zu regeln.[876] *Bitan* hingegen vertritt den Standpunkt, dass der Auftraggeber eines *logiciel spécifique* von Gesetzes wegen keinen Anspruch auf Überlassung des Quellcodes habe, sondern nur bei entsprechender Vereinbarung.[877] Immerhin sind sich beide Autoren darin einig, dass der Erwerber eines *progiciel* (Standardsoftware) von Gesetzes wegen keinen Anspruch auf Überlassung des Quellcodes hat.

In einem von der *Cour de cassation* zu entscheidenden Fall hatte die Auftraggeberin (Beklagte) die auf ihre Bedürfnisse angepasste Software von der Auftragnehmerin (Klägerin) käuflich erworben und mit dieser zugleich einen *contrat de maintenance* geschlossen, der zunächst eine einjährige Laufzeit hatte und durch stillschweigende Zustimmung Jahr um Jahr verlängert werden konnte.[878] Nachdem die Auftraggeberin den *contrat de maintenance* vorzeitig gekündigt hatte (*rupture anticipée*), verlangte die Auftragnehmerin die Rückgabe der mit der Software gelieferten *codes sources*. Die Auftraggeberin weigerte sich, weshalb sie von der Auftragnehmerin auf Schadensersatz verklagt wurde. Die *Cour d'appel* gab dem Schadensersatzbegehren statt. Die Beklagte legte daraufhin Kassationsbeschwerde bei der *Cour de cassation* ein. Sie argumentierte, dass bei individuell auf die betrieblichen Bedürfnisse des Kunden angepasster Software, deren Entwicklung vom Kunden finanziert wurde, grundsätzlich der Kunde Zugang zum Quellcode haben müsse, um etwaige Fehlerkorrekturen und funktionale Verbesserungen vornehmen zu können. Außerdem beziehe sich die im Vertrag verwendete Klausel («*les logiciel utilisés restaient la propriété exclusive de la société ZM informatique*») nicht ausdrücklich auf die streitgegenständliche Software «VPC». Die *Cour de cassation* bestätigt die Mehrdeutigkeit der besagten Klausel und folgert daraus die Notwendigkeit einer Auslegung durch die *Cour d'appel*. Die von der *Cour d'appel* vorgenommene Auslegung wird von der *Cour de cassation* nicht beanstandet, sodass sie die Kassationsbeschwerde der Auftraggeberin verwirft. Wenn man die Stellungnahme des Gerichts zu dieser mehrdeutigen Vertragsklausel berücksichtigt, dann lässt sich dem Urteil entnehmen, dass eine Rechtsauffassung, wonach der Auftraggeber von individuell erstellter Software im Zweifel einen Anspruch auf Überlassung der *codes sources* haben soll, von der *Cour de cassation* nicht geteilt wird. Im Gegenteil. Die französische Rechtsprechung ist dahingehend zu verstehen, dass der Kunde einer Standardsoftware ebenso wie der Kunde spezifisch erstellter Individualsoftware mangels ausdrück-

---

876 *Le Tourneau*, Contrats du numérique, n° 213.34.
877 *Bitan*, Droit et expertise des contrats informatiques, n° 640.
878 Cass.com. du 10/05/2000, n° 97-17.277.

licher vertraglicher Vereinbarung keinen Anspruch auf automatische Mitteilung des Quellcodes hat.[879]

Insgesamt lässt sich also eine gewisse Zurückhaltung bei der Gewährung von Ansprüchen auf Herausgabe der *codes sources* feststellen.[880] Um Rechtsstreitigkeiten zu vermeiden, sollte der Lizenzvertrag Klauseln zur Überlassung der *codes sources* sowie zu den Modalitäten des Zugangs zu den *codes sources* enthalten (s. o. Nr. 06.41), insbesondere aber eine Klausel dazu, ob der Lizenzgeber das ausschließliche Recht zur Pflege (*maintenance*) hat oder nicht.[881] Wenn die Parteien einen *contrat de vente de logiciel* geschlossen haben, aufgrund dessen die Softwarefirma der Auftraggeberin das vollständige Eigentum („*la pleine propriété du logiciel*“) an der von ihr entwickelten Unternehmenssoftware einräumt, so kann sich die Auftraggeberin nicht darauf berufen, dass ihr die Softwarefirma auch die *droits d'adaptation et de traduction* eingeräumt hat, wenn das nicht ausdrücklich im Vertrag erwähnt wurde.[882] Daraus ist zu folgern, dass der Auftraggeberin selbst dann nicht das Änderungsrecht zustehen soll, wenn ihr die Softwarefirma zwar tatsächlich den Quellcode überlassen hat, die Einräumung des Änderungsrechts aber nicht ausdrücklich im Vertrag geregelt ist.[883]

07.53 Utilización del programa de ordenador

Wenn der Erwerber von individuell erstellter Software durch einen Dritten Modifikationen an der Programmierung vornehmen lassen möchte, um diese seinen Bedürfnissen entsprechend zu verbessern und zu aktualisieren, und diese Maßnahmen mit dem Vertragszweck übereinstimmen, dann sieht der *Tribunal Supremo*[884] die Voraussetzungen des Art. 100.1 LPI für gegeben an,[885] sodass der Erwerber vom Software-Ersteller die Herausgabe einer Kopie des Quellcodes verlangen kann, sofern ohne den Quellcode die beabsichtigten Verbesserungen des Programms nicht möglich sind. In dem zugrunde liegenden Fall[886] hatte die Klägerin, eine IT-Firma, von der Beklagten, einer Dienstleistungsfirma, die Vergütung für die vollständige Installation eines IT-Systems einschließlich individuell erstellter Software für

879 *Hauser*, in: Ullrich/Lejeune, Der internationale Softwarevertrag, S. 701.

880 *Dujardin/Lejeune*, ITRB 2011, 136, 138.

881 *Bitan*, op. cit., n° 652.

882 Cass.com. du 09/11/1993, n° 91-19.770, n° 91-20.246.

883 *Le Tourneau*, Contrats du numérique, n° 223.12.

884 STS de 17/05/2003, ROJ: STS 3348/2003, RJ 2003, 3817.

885 Dem Urteil lag noch Art. 5.1 der Ley 16/1993 zugrunde, der allerdings wortgleich ist mit Art. 100.1 LPI.

886 Siehe hierzu auch *Schassek*, Verträge über individuelle Software nach deutschem und spanischem Recht, S. 221 f.

zwei Betriebsstätten verlangt.[887] Eine vertragliche Vereinbarung, der zufolge die Klägerin ihre Zustimmung zur Bearbeitung des Programms durch die Beklagte i. S. v. Art. 100.1 LPI ausgeschlossen oder beschränkt hätte, gab es nicht.[888] In erster Instanz wurde der Zahlungsklage vollumfänglich und der von der Beklagten wegen *incumplimiento* erhobenen Widerklage (*reconvención*) teilweise stattgegeben.[889] Im Berufungsverfahren verlangte dann die Beklagte im Wege der *reconvención* erstmals Schadensersatz dafür, dass die Klägerin ihr keine Kopie des Quellcodes überlassen habe, wobei das Berufungsgericht der *reconvención* stattgab.[890] Der TS betont ausdrücklich, dass sich das Urteil nicht auf Standardsoftware bezieht, sondern nur auf individuell erstellte Software von erheblichem Umfang (*programa individualizado y además sobredimensionado*), deren Entwicklung vom Auftraggeber finanziert wurde. Wenngleich die Parteien die Überlassung des Quellcodes nicht explizit vereinbart haben, so leitet der TS den Anspruch auf Überlassung einer Kopie des Quellcodes zivilrechtlich aus Art. 1258 Código civil (FD 4°) und urheberrechtlich aus Art. 100.1 LPI (FD 2°) her. Der TS versteht Art. 100.1 LPI offenbar so, dass die Verpflichtung des Auftragnehmers, dem Auftraggeber eine Kopie des Quellcodes zu überlassen, nicht nur für den Fall der Fehlerberichtigung (*corrección de errores*) gelten soll, sondern auch für den Fall, dass der Auftraggeber den Quellcode benötigt, um das Programm zu aktualisieren oder zu verbessern. Den Normzweck von Art. 100.1 LPI erkennt der TS darin, dass die Rentabilität des vom Auftraggeber finanzierten Programms nicht der Willkür (*puro interés, capricho o veleidad*) des Auftragnehmers überlassen werden dürfe.

Das Recht des Auftraggebers, vom Rechtsinhaber eine Kopie des Quellcodes überlassen zu bekommen, ist also nicht davon abhängig, ob der Auftraggeber ein ausschließliches Verwertungsrecht erhalten hat, sondern kann auch im Falle einer *licencia de uso* gegeben sein, denn das Recht des Auftraggebers auf Überlassung des Quellcodes ergibt sich aus der zwischen den Parteien bestehenden *relación de colaboración y confianza*,[891] wie sie bei einem Auftrag zur Erstellung kundenspezifischer Software regelmäßig gegeben ist. Wenn sich dann der Auftragnehmer weigert, dem Auftraggeber eine Kopie des Quellcodes zur Verbesserung des Programms zu überlassen,

887 Vgl. *Pulido Quecedo*, AJA (Monográfico Nuevas Tecnologías), n° 588, 31 julio 2003, S. 14.

888 *Soler Matutes*, in: Soler Matutes et al., Manual de gestión y contratación informática, S. 753.

889 SJPI Almería de 25/03/1996 (núm. 3), JUR 2003/237754.

890 SAP Almería, Sección 1ª, de 19/06/1997, n° de recurso 322/1996, JUR 2003/237745.

891 *Soler Matutes*, in: Soler Matutes et al., Manual de gestión y contratación informática, S. 754.

so handelt es sich um einen *incumplimiento de contrato.*[892] *Soler Matutes* zieht daraus den praktischen Schluss, dass im Interesse der Softwarefirma unbedingt vertraglich festgelegt werden muss, dass (1.) dem Erwerber das Bearbeitungsrecht (*derecho de transformación*) aus Art. 100.1 LPI nicht zustehen soll sowie (2.) unter welchen Voraussetzungen der hinterlegte Quellcode dem Erwerber überlassen werden soll.[893] Damit einhergehend müssen die Parteien einen Pflegevertrag abschließen und vereinbaren, dass für den Fall, dass der Auftragnehmer seine Pflichten aus dem Pflegevertrag nicht erfüllt (*incumplimiento del contrato de mantenimiento*), der Auftraggeber die Herausgabe einer Kopie des Quellcodes verlangen kann[894] (vgl. oben Nr. 06.42). Mit dieser vertraglichen Regelung könnte ein für die Softwarefirma nachteiliges Urteil wie das der *Audiencia Provincial de Madrid*[895] zu verhindern sein, wonach der Auftraggeber von individuell erstellter Software stets einen Anspruch auf Überlassung des Quellcodes hat, sobald er die Vergütung für die bestellte Software entrichtet hat.

07.54 Europäische Sichtweise

Sowohl im deutschen als auch im französischen und im spanischen Recht herrscht Einigkeit darüber, dass ein vertraglicher Anspruch auf Überlassung des Quellcodes auch ohne ausdrückliche Vereinbarung nur für den Auftraggeber einer Individualsoftware, nicht aber für den Erwerber einer Standardsoftware in Frage kommen kann. Allerdings erscheint aus europäischer Sicht die Begründung des spanischen *Tribunal Supremo* gegenüber den Begründungen des Bundesgerichtshofs und der *Cour de cassation* insofern vorzugswürdig, als der TS die Verpflichtung des Softwareerstellers zur Überlassung des Quellcodes an den Auftraggeber aus Art. 5 Abs. 1 der Richtlinien 91/250/EWG und 2009/24/EG herleitet. Das urheberrechtliche Bearbeitungsrecht, als gesetzliche Lizenz verstanden, bietet aufgrund der technischen Bedingtheiten, die für die Bearbeitung von Software gelten, nur dann effektiven Rechtsschutz, wenn die gesetzliche Lizenz zugleich obligationenrechtlich durch einen gesetzlichen Anspruch auf Überlassung des Quellcodes flankiert wird. Unter Berücksichtigung des 13. Erwägungsgrunds der Richtlinie 2009/24/EG, wonach die Fehlerberichtigung nicht vertraglich untersagt werden darf, würde sich dann die logische Konsequenz ergeben, dass der Softwareanbieter weder die Überlassung des Quellcodes an den Kunden noch dessen Bearbeitungsrecht vollständig ausschließen darf.

---

892 *Pulido Quecedo*, AJA (Monográfico Nuevas Tecnologías), n° 588, 31 julio 2003, S. 14.

893 *Soler Matutes*, in: Soler Matutes et al., Manual de gestión y contratación informática, S. 753.

894 *Marzo Portera* et al., Los contratos informáticos y electrónicos, S. 28.

895 SAP Madrid, Sección 18ª, de 14/10/2004, ROJ: SAP M 13047/2004.

Unter Zugrundelegung eines subjektiven Fehlerbegriffs erscheint es mithin überzeugend, wenn der *Tribunal Supremo* das durch Art. 5 Abs. 1 Richtlinie 2009/24/EG garantierte Fehlerberichtigungsrecht des Nutzers auch auf Verbesserungen und Aktualisierungen der Software anwendet. Folgt man dieser Auffassung, so sind im Interesse des Herstellers unbedingt vertragliche Regelungen betreffend Pflege und Quellcodeüberlassung zu treffen. Insbesondere sollte der Hersteller eine längerfristige Pflegeverpflichtung eingehen und zugleich genauestens festlegen, unter welchen Voraussetzungen der Auftraggeber die Herausgabe des Quellcodes verlangen darf (vgl. oben Nr. 06.40).

07.55 Vertragsklauseln

Will der Softwarehersteller den Quellcode definitiv nicht herausgeben, dann wird ihm von der Rechtslehre unter Verweis auf die „liberale" Rechtsprechung des BGH empfohlen, die Überlassungspflicht vertraglich ausdrücklich auszuschließen.[896] Der Anspruch auf Herausgabe der Quellcodes kann wirksam durch Allgemeine Geschäftsbedingungen ausgeschlossen werden, wobei es unter Unternehmen zur Einbeziehung von AGB genügt, dass eine Partei bei Vertragsschluss deutlich macht, dass sie den Vertrag nur unter Geltung ihrer AGB schließen will, sodass es im B2B-Bereich nicht erforderlich ist, dass der Vertragspartner die AGB tatsächlich kennt[897] (s. o. Nr. 01.56). Wenn aber der Auftraggeber das Bearbeitungsrecht an der Individualsoftware vom Auftragnehmer ausdrücklich eingeräumt bekommt, dann darf in dem Vertrag nicht zugleich das Recht des Auftraggebers auf Überlassung des Quellcodes ausgeschlossen sein, denn die Änderung ist dem Auftraggeber nur möglich, wenn er über den Quellcode verfügt.[898]

Nichts einzuwenden ist gegen eine vertragliche Regelung, die die Fehlerbeseitigung (einschließlich der Behebung von Kompatibilitätsproblemen) dem Softwarehersteller vorbehält, solange sie dem Vertragspartner das Recht einräumt, den Fehler durch einen Dritten beheben zu lassen, wenn der Hersteller selbst hierzu nicht willens oder in der Lage ist.[899] Für diesen Fall müsste dann auch dem Anwender ein Anspruch auf Herausgabe des Quellcodes eingeräumt werden. Hier ist allerdings nach der Entscheidung des BGH vom 17.11.2005[900] unbedingt darauf zu achten, dass der Herausgabefall nicht an den Insolvenzfall des Software-Erstellers anknüpft, sondern an das Vorlie-

---

896 *Hoeren*, CR 2004, 721, 724.

897 LG Köln, Urt. v. 15.4.2003 – 85 O 15/03, CR 2003, 484.

898 BeckFormB IT-R/*Imhof*, Form. C.3 Anm. 43.

899 BGH, Urt. v. 24.2.2000 – I ZR 141/97, NJW 2000, 3212, 3214 = JurPC Web-Dok. 178/2000, Anm. 24.

900 BGH, Urt. v. 17.11.2005 – IX ZR 162/04, NJW 2006, 915 ff.

gen eines wichtigen Grundes, und zugleich eine Vergütung vorsieht. Bei der Ausgestaltung der Vertragsklauseln ist deshalb auf folgendes zu achten:[901]

a) Es besteht ein Dauerschuld(-ähnliches) Rechtsverhältnis wie Pflege-, Vertriebs- oder ähnlichen Vertrag:

Die Herausgabe des Quellcodes – ggf. einer Kopie, wenn der Kunde nicht ausschließlich berechtigt sein soll – hängt vom Eintritt der aufschiebenden Bedingung ab, dass ein wichtiger Grund vorliegt, der den Kunden zur Kündigung des Vertragsverhältnisses berechtigt. Die Vergütungsfrage sollte klar geregelt sein, evtl. als bereits erledigt ausgewiesen werden.

b) Der Beschaffungsvertrag ist erfüllt, lediglich der Quellcode ist noch nicht an den Kunden übergeben:

Die Herausgabe des Quellcodes – ggf. einer Kopie, wenn der Kunde nicht ausschließlich berechtigt sein soll – hängt vom Eintritt der aufschiebenden Bedingung ab, dass der Kunde sich in einer wesentlichen Frage der Nutzbarkeit der Software ohne den Quellcode nicht helfen kann und der Lieferant keine Abhilfe innerhalb angemessener Frist, auch nicht gegen angemessene Vergütung, schafft. Die Vergütungsfrage sollte auch für diesen Fall klar geregelt sein, evtl. als bereits erledigt ausgewiesen werden.

07.56 Clauses contractuelles

Soll dem Auftraggeber ausdrücklich das Bearbeitungsrecht eingeräumt werden, bietet sich folgende Klausel an:[902]

Pour les droits d'adaptation:

- Le droit d'adapter, de faire adapter tout ou partie du Logiciel, le droit de corriger, de faire évoluer, de réaliser de nouvelles versions ou de nouveaux développements, de le maintenir, de décompiler, de modifier, d'assembler, de transcrire, d'arranger, de numériser, de porter sur toute configuration, d'interfacer avec tout logiciel, toute base de données et produit informatique, d'utiliser les algorithmes à toutes fins, de la transcrire en tout ou partie, sous toute forme, modifiée, amputée, condensée, étendue, d'en intégrer tout ou partie vers ou dans des œuvres composites, et ce sur tout support mentionné au présent article.
- La traduction ou toute autre modification du Logiciel, en tout ou partie, sur tout support connu ou inconnu à ce jour, en toute langue ou en tout langage de programmation connu ou inconnu à ce jour.
- Le droit de reproduire toute adaptation, traduction ou autre modification du Logiciel, sur tout support, connu ou inconnu à ce jour, en tout ou partie.

901 *Schneider*, in: Schneider/Graf von Westphalen, Software-Erstellungsverträge, S. 1092.
902 *Vergès*, Contrats sur la recherche et l'innovation, n° 144.92.

Wenn der Lizenzgeber (*cédant*) dem Lizenznehmer (*cessionaire*) die *codes sources* zwecks Korrektur und Weiterentwicklung (*maintenance corrective et évolutive*) der gelieferten Software überlässt, dann sollten die Parteien vorab regeln, wem die Rechte an den weiter entwickelten *codes sources* zustehen;[903] in Ermangelung einer besonderen vertraglichen Regelung kann nämlich der Lizenznehmer gem. Art. L 111-1 CPI ein Ausschließlichkeitsrecht (*droit de propriété incorporelle exclusif*) an den von ihm weiter entwickelten *codes sources* erwerben.[904]

Will aber der Lizenzgeber das Bearbeitungsrecht für sich behalten, dann empfiehlt sich folgender Mustervertrag:[905]

Par le présent Contrat, les Établissements concèdent à la Société le droit non exclusif d'exploitation du Logiciel.

Les droits d'exploitation du Logiciel sont:

- le droit d'utilisation du Logiciel pour ses besoins propres;
- le droit de commercialisation du Logiciel par la concession de sous-licences uitilisateurs (selon le modèle qui figure en Annexe);
- le droit de reproduction pour le chargement, l'affichage, l'exécution, la transmission, la sauvegarde, l'archivage et le stockage du Logiciel.

Le présent Contrat ne confère pas à la Société le droit de décompiler, de traduire et/ou de modifier le Logiciel. La Société ne disposera que d'exécutables et n'aura pas accès au code source du Logiciel.

07.57 Cláusulas contractuales

Wenn die Parteien, wie in Art. 100.1 LPI vorgesehen, das zustimmungsfreie Recht des Anwenders auf Bearbeitung der Software einschränken wollen, dann empfiehlt sich folgende Musterklausel:[906]

La empresa desarrolladora dejará el código fuente des sistema a la empresa cliente, si bien a los únicos efectos de seguridad ante una contingencia. La empresa desarrolladora se compromete en el acto de esta firma a no revelar, ceder o permitir el acceso de este código a terceras personas, y sólo hará uso de él para el objetivo que ha sido acordado. La empresa cliente se compromete a pedir permiso explícito a la empresa desarrolladora para cualquier modificación que

903 *Le Tourneau*, Contrats du numérique, n° 331.164.

904 Cass.com. du 15/11/2011, n° 10-26.617.

905 *Vergès*, Contrats sur la recherche et l'innovation, n° 144.92.

906 *Soler Matutes*, in: Soler Matutes et al., Manual de gestión y contratación informática, S. 754.

desee realizar sobre el software. La empresa cliente reconoce su responsabilidad derivada del incumplimiento de esta cláusula.

La empresa cliente se compromete a no realizar copias del software, excepto las dos copias de seguridad, que permanecerán perfectamente custodiadas.

07.58 Open Source Software

Wer Open Source Software verbreitet, geht mit der Open Source Community einen Lizenzvertrag ein (s. o. Nr. 06.24). Verwendet die IT-Firma in dem digitalen Produkt auch Module, die auf Open Source Software beruhen, hat das Konsequenzen für ihre urheberrechtliche Erfolgspflicht. Die Verbreitung der Open Source Software berührt nämlich nicht nur die Pflichten aus dem Lizenzvertrag, den die IT-Firma mit der Open Source Community eingegangen ist, sondern auch die vertraglichen Pflichten gegenüber dem Auftraggeber. Wenn die IT-Firma in dem herzustellenden Produkt Software eingefügt hat, die unter einer GNU-Lizenz (GPL-2.0) steht, dann gehört es zu ihren vertraglichen Leistungspflichten aus dem Projektvertrag, dem Auftraggeber zu dem vereinbarten Liefertermin zusammen mit dem digitalen Produkt unaufgefordert auch den Quellcode mitzuliefern. Wenn sie das unterlässt, kann der Auftraggeber die Vertragsauflösung verlangen. Dem Recht des Auftraggebers auf Vertragsauflösung steht nicht entgegen, dass sich die IT-Firma später im Rahmen des Rechtsstreits bereit erklärt, dem Auftraggeber den Quellcode zu überlassen.[907] Wird der Quellcode nicht unmittelbar mitgeliefert, hat aber nicht nur der Auftraggeber, sondern auch jeder beliebige Dritte das Recht, die Herausgabe des Quellcodes zu verlangen. Die GPL-2.0 zeigt sich an dieser Stelle als echter Vertrag zugunsten Dritter (§ 328 BGB).[908]

§ 6 Lösung des praktischen Falls 7

Übereinstimmend nach deutschem, französischem und spanischem Zivilrecht hat S gegen P einen Anspruch auf Erfüllung in Natur. D. h., S muss sich nicht mit finanzieller Kompensation zufriedengeben, sondern kann auf Lieferung der Software XY bestehen. Deutsches, französisches und spanisches Zwangsvollstreckungsrecht sehen verschiedene Zwangsmaßnahmen vor, wenn P seiner Pflicht zur Lieferung von XY nicht nachkommt. Falls P in seinen Räumlichkeiten einen beweglichen Datenträger besitzt, auf dem XY gespeichert ist, so kann der Gerichtsvollzieher (*Commissaire de justice*,

907 CA Paris, 10ᵉ ch., du 16/09/2009, RG n° 04/24298.
908 *Jaeger/Metzger*, Open Source Software, Rdnr. 42.

Letrado de la administración de justicia) ggf. mit Hilfe der Polizei den Datenträger aus den Geschäftsräumen von P holen und der S übergeben. Wenn XY auf keinem beweglichen Datenträger vorliegt, sondern auf der Festplatte von P oder in dessen Cloud gespeichert ist, kann der Gerichtsvollzieher einen Sachverständigen beauftragen, als Ersatzvornahme eine Kopie von XY zu erstellen, die der Gerichtsvollzieher dann an S übergibt. Da das Erstellen einer Kopie von XY keine höchstpersönliche Leistung darstellt, können auch direkte Zwangsmaßnahmen angewendet werden. D.h., dem Sachverständigen ist ggf. mit Hilfe der Polizei Zugang zu den Geschäftsräumen zu gewähren. Nach französischem Recht kommt statt direkter Zwangsmaßnahmen auch die Verhängung einer vom Schaden unabhängigen Geldstrafe als indirekte Zwangsmaßnahme in Frage. Anders als nach deutschem und spanischem Recht ist nach französischem Recht die Verhängung einer Geldstrafe auch zur Durchsetzung einer nicht persönlichen Leistung möglich.

Zwangsmaßnahmen zur Naturalerfüllung	**Deutsches Recht**	**Französisches Recht**	**Spanisches Recht**
Indirekter Zwang: Schuldner muss Geldstrafe an die Staatskasse zahlen	Höchstpersönliche Leistung: *Zwangsgeld, § 888 I ZPO*		
Indirekter Zwang: Schuldner muss Geldstrafe an den Gläubiger zahlen		*Astreinte, Art. L131-1ss. CPrCEx*	Höchstpersönliche Leistung: *Multa coercitiva, Artt. 709, 711 LEC*
Direkter Zwang: Die Herausgabe kann unter Anwendung von Gewalt vollstreckt werden	Nicht persönliche Leistung: *§§ 883, 758 III ZPO*	Nicht persönliche Leistung: *Art. R 222-17ss. CPrCEx, Art. R 153-1 CPrCEx*	Nicht persönliche Leistung: *Art. 701.1 LEC*

08. Schadensersatzansprüche des Auftraggebers

§ 1 Praktischer Fall 8

Fortsetzung zu Praktischer Fall 4 (Kap. 04 § 1):

Außer der Rückabwicklung des Vertrages verlangt D von S Schadensersatz für die unnützen Lohnkosten, die dadurch entstanden sind, dass D während der Entwicklungsphase mehrere Mitarbeitende abgeordnet hatte, und zwar sowohl, um an einer Schulung zur Anwendung des ERP teilzunehmen, als auch, um die S bei den Validierungen der Spezifikationen und bei den Parametrisierungen zu unterstützen. Mit der Rückabwicklung des Vertrages sind die Lohnkosten für die Schulung und die Mitwirkung am Projekt unnütz geworden.

Kann D außer der Rückerstattung der geleisteten Vergütung auch Schadensersatz für die unnützen Lohnkosten verlangen?

§ 2 Grundlagen des vertraglichen Schadensersatzes

08.20 Schaden, préjudice, perjuicio

Fall 8a

Hersteller H hat das Smart Home Produkt X entwickelt, das seit letztem Jahr über den Einzelhandel an Endverbraucher verkauft wird. Diese können X über ihr Smartphone steuern. Inzwischen hat H mittels interner Produktüberwachung festgestellt, dass X fehlerhafte Daten an das Smartphone senden kann, wobei Ursache ein Programmierfehler ist. Verbraucher V kauft ein Exemplar von X im Fachgeschäft F und verwendet es u. a. zur Regulierung der Wassertemperatur seines privaten Swimmingpools. Als er nach einer dreimonatigen Urlaubsreise heimkommt, muss er feststellen, dass die Wassertemperatur nicht 18° C beträgt, wie das Smartphone anzeigt, sondern 37° C. V muss deshalb Stromkosten an seinen Energieversorger zahlen, die 1.000,– EUR höher sind, als sie bei einer Temperatur von 18° C wären. V macht diese 1.000,– EUR gegenüber H als Schaden geltend.

Wenn von einem „Schaden“, „*dommage*“ oder „*daño*“ die Rede ist, dann muss das nicht zwingend bedeuten, dass es sich um eine rechtlich relevante Angelegenheit handelt, für die Schadensersatz zu leisten wäre. Wer sagt, dass ihm ein Schaden entstanden ist, sagt damit nur, dass er eine Einbuße, einen Nachteil erlitten hat. Das Wort „Schaden“ ist sowohl Teil der Alltagssprache als auch Teil der Rechtssprache. Mit ihm kann man sowohl eine Tatsache beschreiben als auch eine rechtliche Bewertung zum Ausdruck bringen. Nicht jeder Schaden, der erlitten wurde, berechtigt den Geschädigten dazu, Schadensersatz von dem Verursacher zu verlangen. Anders ist es aber, wenn der Schädiger den eingetretenen Schaden zu verantworten hat. Die neuere französische Lehre bezeichnet dann den Schaden als einen *préjudice*, während *dommage* nur die Tatsache eines erlittenen Nachteils beschreiben soll.[909] Insofern ist die französische Rechtssprache präziser als die deutsche. In der spanischen Rechtssprache hingegen kommt dem Begriff *perjuicio* gegenüber dem Begriff *daño* keine eigenständige Bedeutung zu. Die spanische Doktrin versteht die Begriffe *daños y perjuicios* i. S. v. Art. 1101 CC als Synonyme.[910] Der Pleonasmus, also die sinngleiche Häufung von Begriffen, ist kein ungewöhnliches Stilmittel in spanischen Gesetzestexten.[911]

Es gibt zwar in den Rechtsordnungen des Civil Law keine einheitliche Definition, was unter einem Schaden zu verstehen ist,[912] aber das deutsche, das französische und das spanische Schadensrecht stimmen zumindest darin überein, dass sie den eingetretenen Schaden begrifflich danach unterscheiden, ob es sich um einen Vermögensschaden (*dommage matériel; daño material*) oder ob es sich um einen Nichtvermögensschaden (*dommage moral; daño moral*)[913] handelt. Wenn der Schädiger die Ehre des Opfers verletzt hat, kann die vom Opfer empfundene Beeinträchtigung als Nichtvermögensschaden einzuordnen sein. Das Opfer kann dann ggf. Schmerzensgeld fordern. Wenn der Schädiger aber zugleich dem Opfer eine (physische oder psychische) Verletzung zugefügt hat, die medizinisch behandelt werden muss, stellen die Kosten für die Heilbehandlung einen Vermögensschaden dar. Und wenn der Schädiger darüber hinaus das Eigentum des Opfers beschädigt hat, dann stellen die entsprechenden Reparaturkosten auch einen Vermögensschaden dar. Anders als im französischen oder im spanischen Recht ist im deutschen Recht zusätzlich noch danach zu unterscheiden, ob es sich um einen Vermögensschaden handelt, der infolge einer Rechtsgutsverletzung eingetreten ist, oder ob es sich um einen reinen Vermögensschaden handelt. In dem eben genannten Beispielsfall entstanden die Heilbehandlungskosten deshalb, weil das Opfer einen psychischen oder physischen Schaden erlitten hat, und die Reparaturkosten entstanden, weil das Eigentum des Opfers be-

909 *Boucard*, Responsabilité contractuelle, n° 433; *Leduc*, RCA 2010/3, 10; *Le Tourneau*, Droit de la responsabilité, n° 2122.11 ff.

910 *Lacruz Berdejo*, Elementos de Derecho Civil II, Derecho de Obligaciones, Vol. 1°, S. 204.

911 *Huzel*, Vertragsauflösung wegen Nichterfüllung im spanischen Recht, S. 62.

912 *Schlechtriem*, ZEuP 1997, 232, 234.

913 Zur Entwicklung des Ersatzes des immateriellen Schadens im Civil Law vgl. *Ranieri*, Europäisches Obligationenrecht, S. 1541 ff., insbesondere Fn. 8.

schädigt worden war. Es handelt sich also bei den Heilbehandlungs- und Reparaturkosten jeweils um Folgeschäden einer Rechtsgutsverletzung.

Anders ist es aber, wenn es an einer vorangegangenen Rechtsgutsverletzung fehlt. Hat der Schädiger dem Opfer durch fahrlässiges Verhalten einen reinen Vermögensschaden zugefügt (ohne dass ein Rechtsgut des Opfers verletzt wurde), so ist dieser reine Vermögensschaden nach deutschem Recht nur dann erstattungsfähig, wenn eine vertragliche Beziehung zwischen Schädiger und Opfer vorliegt (§§ 280 ff. BGB). Das liegt daran, dass das BGB – im Gegensatz zu den übrigen kontinentalen Kodifikationen – keine Generalklausel für die außervertragliche Haftung kennt, sondern nur deliktische Einzeltatbestände (§ 823 BGB), womit das BGB in der Tradition des klassischen römischen Rechts steht.[914] Für das französische Recht findet sich eine deliktsrechtliche Generalklausel in Art. 1240 C.civ., für das spanische Recht in Art. 1902 CC. Die heutigen Generalklauseln in den europäischen Zivilgesetzbüchern gehen historisch auf Art. 1382 C.civ. a. F. zurück[915] (heute Artt. 1240s. C.civ.), der wiederum in der Tradition des Vernunftrechts des 17./18. Jahrhunderts steht. Im BGB hingegen ist die deliktische Schadensersatzpflicht auf die Haftung wegen Arglist des Schädigers und auf den Ausgleich für Verletzung eines fremden Rechtsguts beschränkt. Eine Beschränkung auf Einzeltatbestände gilt im BGB nicht nur für Vermögensschäden (§ 823 BGB), sondern auch für Nichtvermögensschäden (§ 253 BGB). Hingegen unterscheiden die Generalklauseln des französischen und des spanischen Rechts (Art. 1240 C.civ.; Art. 1902 CC) nicht danach, ob es um den Ersatz von Vermögensschäden, Nichtvermögensschäden oder reinen Vermögensschäden geht.

Angenommen, der Hersteller H muss sich im Fall 8a nur vorwerfen lassen, dass er den Programmierfehler nicht rechtzeitig entdeckt hat, nicht aber, dass er die Kunden absichtlich getäuscht hat. D. h., es steht der Vorwurf der Fahrlässigkeit im Raum und nicht der Vorwurf vorsätzlicher Täuschung. Wenn sich nun V an H wendet und behauptet, ihm sei ein Schaden i. H. v. 1.000,– EUR entstanden, für den H verantwortlich sei, dann ist zunächst zu prüfen, ob zwischen V und H ein Vertrag vorliegt. Denn sobald vertragliche Beziehungen zwischen Schädiger und Geschädigtem bestehen, sind die vertragsrechtlichen Regelungen vorrangig zu beachten. Im Fall 8a besteht kein Vertrag zwischen H und V, denn V hat das Smart Home Produkt von F erworben, sodass zwischen V und F ein Kaufvertrag zustande gekommen ist. Wenn H also für den Schaden des V verantwortlich sein soll, dann müsste es sich bei den 1.000,– EUR um einen außervertraglichen Vermögensschaden

914 *Ranieri*, Europäisches Obligationenrecht, S. 1421 ff.

915 *Ranieri*, Europäisches Obligationenrecht, S. 1442; *Lacruz Berdejo*, Elementos de Derecho Civil II, Derecho de Obligaciones, Vol. 2°, S. 421.

handeln. Wenn dem H kein Vorsatz vorzuwerfen ist, sondern Fahrlässigkeit, dann stellt sich unter Anwendung deutschen Rechts (§ 823 Abs. 1 BGB) die Frage: Liegt auch eine Rechtsgutsverletzung vor oder handelt es sich um einen reinen Vermögensschaden ohne Rechtsgutsverletzung?

V verlangt die 1.000,– EUR nicht etwa deshalb, weil die erhöhte Wassertemperatur seine Gesundheit beschädigt hätte, was eine Rechtsgutsverletzung wäre. Auch sagt er nicht, dass die erhöhte Temperatur zu Schäden am Schwimmbecken geführt habe, was ebenfalls eine Rechtsgutsverletzung in Form einer Eigentumsverletzung wäre. Nein, er begründet seine Forderung ausschließlich damit, dass er an seinen Energieversorger eine erhöhte Stromrechnung zu zahlen habe. Er macht also keinen Vermögensschaden als Folge einer Rechtsgutsverletzung geltend, sondern einen reinen Vermögensschaden. Dieser ist aber im Rahmen von § 823 Abs. 1 BGB nicht erstattungsfähig. Reine Vermögensschäden können nach deutschem Recht im Rahmen von Fahrlässigkeitshaftung grundsätzlich nur dann geltend gemacht werden, wenn das Opfer in einer vertraglichen Beziehung zum Schädiger steht. Anders ist es nach französischem und spanischem Recht. Dort können reine Vermögensschäden im Rahmen der außervertraglichen Haftung gem. Art. 1240 C.civ. bzw. gem. Art. 1902 CC geltend gemacht werden.

Anhand von Fall 8a konnte gezeigt werden, wie entscheidungserheblich es für die Bewertung von Schadensfällen sein kann, ob eine vertragliche Beziehung zwischen Schädiger und Geschädigtem besteht. Im Folgenden wollen wir uns auf solche Schadensfälle beschränken, bei denen eine vertragliche Beziehung zwischen dem Hersteller als Schädiger und dem Auftraggeber als Geschädigtem vorliegt. Der Auftraggeber wirft seinem Vertragspartner, dem Hersteller, eine Pflichtverletzung vor, durch die ihm Vermögensnachteile entstanden sind. Die Nachteile können für den Auftraggeber z. B. darin bestehen, dass er das Produkt nicht mehr gewinnbringend weiterverkaufen kann, dass er wegen des fehlerhaften Produkts seinerseits Schadensersatz an seine Kunden zu zahlen hat oder dass das fehlerhafte Produkt im Betrieb nicht verwendet werden kann, weshalb es zu Umsatzeinbußen kommt.

08.21 Schadensersatz

Erleidet der Auftraggeber finanzielle Nachteile, weil der Hersteller eine ihm aus dem Vertragsverhältnis obliegende Pflicht entweder gar nicht oder zumindest nicht ausreichend oder nicht rechtzeitig erfüllt hat, so kann der Auftraggeber für die erlittenen Nachteile vom Hersteller Schadensersatz (§§ 280 ff. BGB), *dommages et intérêts* (Art. 1231-1 C.civ.), *indemnización por daños y perjuicios* (Art. 1101 CC) verlangen, es sei denn, der Hersteller kann Gründe vorbringen, die ihn von der Haftung befreien. Entscheidend ist erst einmal, dass der Auftraggeber darlegt, er habe einen Schaden, einen *préjudice*, einen *perjuicio* erlitten. Als Schadenspositionen kommen etwa in Frage: Mangelschaden an dem vertraglich geschuldeten Produkt, Sachschaden an einer anderen Sache als dem vertraglich geschuldeten Produkt, reiner Vermögensschaden, unnütze Aufwendungen, entgangener Gewinn. Grundsätzlich kämen zwar auch körperliche Schäden in Betracht, da hier aber Anspruchsteller der Auftraggeber ist und es sich bei diesem üblicherweise um eine Firma – eine juristische Person – handelt, kann der Anspruchsteller keine körperlichen Schäden erlitten haben. Denkbar wäre allerdings, dass z. B. Mitarbeitende des Auftraggebers durch das digitale Produkt verletzt wurden und dem Auftraggeber dadurch finanzielle Nachteile erwachsen sind (etwa Pflicht zur Lohnfortzahlung bei Arbeitsunfall). Dann kann der Auftraggeber den ihm entstandenen Vermögensschaden gegenüber dem Hersteller geltend machen, sodass zumindest mittelbar auch körperliche Schäden für unsere Fallgestaltung relevant sein können.

Wenngleich im Europäischen Zivilrecht keine einheitliche Vorstellung davon besteht, was unter „Schadensersatz" zu verstehen ist,[916] so stimmen das deutsche, das französische und das spanische Recht zumindest in drei Merkmalen überein:

1. Es gilt das Prinzip der Totalreparation, § 249 BGB, Art. 1231-2 C.civ., Art. 1107 CC (frz.: *principe de la réparation intégrale du préjudice*; span.: *resarcimiento integral*):[917] Der verantwortliche Schädiger muss gemäß dem Alles-oder-Nichts-Prinzip nicht nur Ersatz für einzelne Vermögenswerte leisten, sondern er hat vielmehr den gesamten Schaden zu ersetzen, der durch seine Verletzungshandlung im Vermögen des Opfers entstanden ist. D. h., es ist nicht nur der unmittelbar entstandene Schaden zu ersetzen, sondern darüber hinaus sind auch alle Folgeschäden zu ersetzen, die kausal auf dem unmittelbaren Schaden beruhen. Dabei ist Kausalität nicht allein im naturwissenschaftlichen, sondern auch in einem normativ-wertenden Sinne zu verstehen. Die Höhe des zu ersetzenden Gesamtschadens kann ein Vielfaches von dem Wert betragen, den die ursprünglich versprochene Leistung hatte.[918] Eine Beschränkung des Schadensersatzes auf den doppelten Wert des Vertragsgegenstandes, wie sie noch das römische Recht vorsah,[919] ist mit dem modernen Schadensersatzbegriff nicht zu vereinbaren.

916 *Ranieri*, Europäisches Obligationenrecht, S. 575.

917 Cass.civ. 3e du 27/03/2012, n° 11-11.798, Cass.com. du 07/02/2012, n° 10-20.937, obs. *Genicon*, RDC 2012, 773 ff.; BeckOK BGB/*Flume*, § 249 Rdnr. 43–45; Grüneberg/*Grüneberg*, § 249 BGB Rdnr. 1; *Lacruz Berdejo*, Elementos de Derecho Civil II, Derecho de Obligaciones, Vol. 1°, S. 206 ff.; STS de 16/07/1982, ROJ: STS 1369/1982.

918 Vgl. den Fall von STS de 13/06/2008, ROJ: 4139/2008, wo der geltend gemachte Nichterfüllungsschaden das 581-fache der vereinbarten Vergütung betrug.

919 CJ 7,47,1,1.

2. Der Umfang des Vermögensschadens wird im Rahmen des Gesamtvermögens des Geschädigten mit Hilfe der sog. Differenzhypothese ermittelt („*teoría de la diferencia*"): Der Schaden bemisst sich nach der Differenz zwischen dem jetzigen Vermögenswert des Geschädigten und dem hypothetischen Wert, den sein Vermögen ohne das schädigende Ereignis haben würde[920]. Der Geschädigte muss sich nicht damit begnügen, nur den Wert ersetzt zu bekommen, den sein Vermögen vor dem schädigenden Ereignis hatte.[921] Für die Ermittlung des Schadens sind auch die Erwerbschancen zu berücksichtigen, die das Opfer durch das schädigende Ereignis verpasst hat. Das unterscheidet den Anspruch auf Schadensersatz von anderen Rechtsmitteln, die lediglich auf Rückgängigmachung des Vertrages abzielen (s. o. Nr. 04.30 ff.) und ihrerseits auf dem römisch-rechtlichen Grundsatz *restitutio in integrum* beruhen.[922]
3. Die Subjektbezogenheit des Schadens: Der Wert des geschädigten Vermögensgutes, der Sache oder des Rechts bestimmt sich subjektiv nach dem Wert, den der Gegenstand gerade für den Geschädigten hat.[923] Der Umfang der Ersatzpflicht bemisst sich also nicht nach dem objektiven Wert des Schadens, sondern nach dem subjektiven Interesse des Gläubigers.[924] Deshalb spricht man auch von „Interesse" als Synonym für die Schadensberechnung. Das geht auf die römische Rechtsregel *„id quod interest"*[925] zurück, wonach sich der Umfang des dem Kläger zustehenden Schadensersatzes gerade nicht nach dem objektiven Handelswert der geschuldeten Leistung bemaß.[926]

Erfüllt der Schuldner seine vertragliche Leistungspflicht nicht vertragsgemäß, so kann er sich grundsätzlich von der Haftung auf Schadensersatz befreien, wenn er nachweist, dass ihn kein Verschulden an der unzureichenden Leistung trifft (vgl. § 280 Abs. 1 S. 2 BGB; Art. 1101 CC). Im französischen Recht ist danach zu differenzieren, ob die unzureichende Leistung eine

920 MK-BGB/*Oetker*, § 249 BGB Rdnr. 20–26; *Lacruz Berdejo*, Elementos de Derecho Civil II, Derecho de Obligaciones, Vol. 1°, S. 163, jeweils unter Berufung auf den deutschen Rechtswissenschaftler Friedrich Mommsen (1818–1892).

921 Cass.crim. du 01/03/2011, n° 10-85.965.

922 Vgl. *Ruiz Arranz*, La estructura de la restitución contractual, S. 55 ff.

923 *Larenz*, Schuldrecht, Bd. 1 AT, S. 460 f., S. 482 ff.; *Fikentscher/Heinemann*, Schuldrecht, Rdnr. 587.

924 Vgl. *Pérez Velázquez*, La indemnización de daños y perjuicios por incumplimiento del contrato en los principios de derecho contractual europeo, S. 114.

925 Dt.: „Das, woran jemandem gelegen ist".

926 *Kaser*, Römisches Privatrecht I, S. 500; *Lacruz Berdejo*, Elementos de Derecho Civil II, Derecho de Obligaciones, Vol. 1°, S. 163 unter Bezugnahme auf *Medicus*, Id quod interest, Studien zum römischen Recht des Schadensersatzes, S. 311 ff., der auch die Unterschiede zwischen dem römischen und dem modernen „Interesse"-Begriff hervorhebt.

obligation de moyens oder eine *obligation de résultat* betrifft (zur Unterscheidung s. o. Nr. 07.41). Im Gegensatz zur *obligation de moyens* kann sich der Schuldner einer *obligation de résultat* nicht durch den Nachweis fehlender *faute* entlasten, sondern nur durch den Nachweis von *force majeure* (Art. 1218 C.civ.).[927] Wenn das die Erfüllung hindernde Ereignis nicht nur vorübergehender Art ist, wird der Vertrag kraft Gesetzes aufgelöst und der Schuldner gem. Art. 1351 und Art. 1351-1 C.civ. von seinen Verpflichtungen befreit. Besteht das Hindernis aber nur zeitweise, so sind die Leistungspflichten nur hinausgeschoben (Art. 1218 al. 2 C.civ.). Auf *force majeure* kann sich der Hersteller jedenfalls nicht berufen, wenn er seine Leistungspflichten (wie z. B. die Wartung des bereitgestellten IT-Systems) nicht mehr erfüllen kann, weil ein Zulieferer die Produktion eines Ersatzteils eingestellt hat. Für solche Fälle muss der Hersteller vorsorgen, indem er einen entsprechenden Vorrat an Ersatzteilen anlegt.[928]

08.22 Prüfungsschema

Fall 8b:
Der Softwarehersteller H hat mit der Anwenderfirma A einen Vertrag zwecks dauerhafter Überlassung der von H neu entwickelten Software X geschlossen. A zahlt 100.000,– EUR an H. Und im Gegenzug verpflichtet sich H, der A die Nutzungsrechte dauerhaft einzuräumen, für die Dauer von 5 Jahren die Pflege zu übernehmen und X in den bestehenden Rechenanlagen der A zu installieren. Während des Integrationstests kommt es zu einem kurzzeitigen Systemabsturz, bei dem sensible Stammdaten der A verloren gehen. Um die Stammdaten wiederherzustellen, sind zwei Mitarbeitende der A eine Woche lang beschäftigt. Dadurch können die beiden Mitarbeitenden ihre üblichen Aufgaben nicht erfüllen, weshalb der A Verluste i. H. v. 5.000,– EUR entstehen. Die A verlangt deshalb von H Schadensersatz i. H. v. 5.000,– EUR.

Wenn der Auftraggeber vom Hersteller Schadensersatz verlangt, sollte der Hersteller die vom Auftraggeber geltend gemachten Schadensposten (*chefs de préjudice; heads of damage*) prüfen, und zwar in dieser Reihenfolge:

1. Bei welchem Schadensposten handelt es sich um den unmittelbaren Schaden?

927 *Sonnenberger*, ZEuP 2017, 778, 783.
928 CA Nancy, 2e ch. civ. du 30/11/2004, JCP E 2005, pan. n° 775; *Le Tourneau*, Contrats du numérique, n° 331.103.

   a. Betrifft der unmittelbare Schaden das positive Interesse des Auftraggebers an der Erfüllung des Vertrages (Erfüllungsinteresse)?
   b. Oder betrifft er das negative Interesse des Auftraggebers an der Unversehrtheit seines vorhandenen Vermögens (Integritätsinteresse)?
2. Welche Pflichtverletzung wirft der Auftraggeber dem Hersteller vor?
   a. Wirft der Auftraggeber dem Hersteller die Verletzung einer vertraglichen Leistungspflicht vor?
   b. Oder wirft der Auftraggeber dem Hersteller vor, eine ihm gegenüber bestehende Verhaltenspflicht verletzt zu haben?

Wenn der Auftraggeber vom Hersteller Schadensersatz verlangt, muss zunächst geprüft werden, ob der unmittelbare Schaden und die vorgeworfene Pflichtverletzung zueinander passen. Erst wenn die Pflichtverletzung und der unmittelbare Schaden in Korrelation gebracht sind, kann man mit den nächsten Prüfungspunkten fortfahren: Sind auch die geltend gemachten Folgeschäden vom Schadensersatz umfasst? (Das wird in Nr. 08.24–08.26 zu erörtern sein.) Wenn der Auftraggeber dem Hersteller die Verletzung einer vertraglichen Leistungspflicht vorwirft, so muss der unmittelbare Schaden das positive Interesse (= Erfüllungsinteresse) des Auftraggebers betreffen. Wenn der Auftraggeber aber dem Hersteller die Verletzung einer Verhaltens- oder Schutzpflicht vorwirft, so muss der unmittelbare Schaden das negative Interesse (= Integritätsinteresse) des Auftraggebers betreffen. Die Dichotomie von positivem und negativem Interesse, die auf den deutschen Rechtswissenschaftler *Rudolf von Jhering* (1818–1892) zurückgeht und inzwischen auch Einzug in die französische und spanische Doktrin gehalten hat,[929] wollen wir in einem umfassenderen Sinne verwenden, als es *von Jhering* getan hat. Demgemäß geht es beim positiven Interesse um das Erfüllungsinteresse und beim negativen Interesse um das Integritätsinteresse. Das soll in Nr. 08.23 näher erläutert werden.

In Fall 8b verlangt A für die zur Schadensbeseitigung erbrachten Lohnaufwendungen eine Entschädigung i. H. v. 5.000,– EUR. Der geltend gemachte Schaden beruht kausal auf dem Verlust der Stammdaten. Es handelt sich also bei dem Schadensposten i. H. v. 5.000,– EUR nicht um den unmittelbaren Schaden, sondern um einen Folgeschaden. Unmittelbarer Schaden ist der Verlust der Stammdaten. Wie ist dieser unmittelbare Schaden rechtlich einzuordnen? Betrifft er das positive Interesse der A an der Erfüllung des Vertrages? Betrifft er also das Erfüllungsinteresse, *l'intérêt d'exécution*, *el interés en el cumplimiento del contrato*? Oder betrifft er das negative Interesse der A an der Unversehrtheit ihres Besitzes (Integritätsinteresse)? Auf

929 *Boucard*, Responsabilité contractuelle, n° 544 m. w. N.; *Lacruz Berdejo*, Elementos de Derecho Civil II, Derecho de Obligaciones, Vol. 1°, S. 202.

den ersten Blick möchte man meinen, dass der Verlust der Stammdaten nur das Integritätsinteresse der A betreffen kann. Die A hat schließlich ein Interesse an der Unversehrtheit ihres Datenbesitzes. Dann müsste H die Verletzung einer gegenüber der A bestehenden Verhaltenspflicht zu vertreten haben. Und diese Verhaltenspflichtverletzung müsste wiederum ursächlich für den Datenverlust gewesen sein. Eine schuldhafte Verhaltenspflichtverletzung könnte gegeben sein, falls H den Systemabsturz – durch Unachtsamkeit während des Integrationstests – fahrlässig herbeigeführt haben sollte und damit den Verlust der Stammdaten zu vertreten hätte.

Durch den Verlust der Stammdaten könnte aber auch das positive Interesse der A betroffen sein. Das wäre dann der Fall, wenn sich aus dem Softwarevertrag eine Beratungspflicht des H gegenüber der A ergeben sollte. Dann hätte H vor dem Integrationstest die A auf die Gefahr eines Datenverlusts hinweisen und ihr die Erstellung eines Backups empfehlen müssen. Indem H diese Empfehlung unterließ, könnte er eine leistungsbezogene Nebenpflicht verletzt haben. Es darf grundsätzlich davon ausgegangen werden, dass sich die Beratungsbedürftige auch „aufklärungsrichtig" verhalten hätte,[930] wenn sie denn pflichtgemäß über die Risiken aufgeklärt worden wäre. Wenn die A nun den Ersatz des positiven Interesses verlangt, dann will sie so gestellt werden, wie sie stehen würde, wenn H seiner Beratungspflicht nachgekommen wäre. Wenn H die A pflichtgemäß beraten hätte, wäre der Datenverlust nicht entstanden, denn bei richtiger Beratung hätte die A ein Backup erstellt.

Ob A dem H die Nichterfüllung einer Leistungspflicht oder die Verletzung einer Verhaltenspflicht vorwirft, hat auch Auswirkungen auf die Darlegungs- und Beweisführungslast. Bei der Verletzung einer Verhaltenspflicht gilt die Regel, dass der Gläubiger die Pflichtverletzung formulieren und nachweisen muss, während er bei der Nichterfüllung einer vertraglichen Leistungspflicht in der Regel nur das Ausbleiben der Leistung darlegen und beweisen muss.[931] Wirft die A dem H also die Verletzung einer Verhaltenspflicht vor, so müsste sie darlegen, dass beim Integrationstest nicht sorgfältig gearbeitet wurde. Wirft sie dem H hingegen die Verletzung einer Leistungspflicht vor, so müsste sie nur darlegen, dass H sie nicht über die Risiken des Integrationstests aufgeklärt hat.

Im Fall 8b können wir sehen, dass ein und derselbe Schadensposten sowohl das negative als auch das positive Interesse betreffen kann. Hier hängt die Lösung davon ab, ob sich aus dem Softwarevertrag eine Beratungspflicht des H ergibt oder nicht. Es geht letztlich um die Frage, ob dem H die Verletzung einer Verhaltenspflicht, die Verletzung einer Beratungspflicht oder überhaupt keine Pflichtverletzung vorzuwerfen ist. Anders sieht die Lösung

930 BGH, Urt. v. 8.5.2012 – XI ZR 262/10, NJW 2012, 2427.
931 *Harke*, JR 2006, 485, 489.

hingegen in den Fällen aus, in denen der unmittelbare Schaden eindeutig dem positiven oder dem negativen Interesse zuzuordnen ist. Dann können über die rechtliche Einordnung des unmittelbaren Schadens bestimmte Anspruchsgrundlagen ausgeschlossen werden. Oder positiv formuliert: Dann lassen sich die in Frage kommenden Anspruchsgrundlagen eingrenzen.

08.23 Positives oder negatives Interesse

Fall 8c:

Die Vertragsparteien hatten für das geplante Projekt ein bestimmtes Budget festgelegt. Der Auftragnehmer überschritt das Budget vertragswidrig um 85 % und stellte diese erhöhten Kosten dem Auftraggeber in Rechnung. Um diese begleichen zu können, musste der Auftraggeber ein zusätzliches Darlehen aufnehmen. Wenn dem Auftraggeber wegen der vertragswidrigen Überschreitung des Budgets gegen den Auftragnehmer ein Anspruch auf Schadensersatz statt der Leistung (*Droit à des dommages et intérêts* bzw. *Indemnización por daños y perjuicios*) zusteht, beschränkt sich dann der Umfang des Schadensersatzes auf die Zinsen und Notarkosten, die er für das zusätzliche Darlehen bezahlen musste?

Das positive Interesse beschränkt sich nicht auf den objektiven Wert der ausgebliebenen Leistung, auf die der Gläubiger einen Anspruch hatte; es umfasst auch die geldwerten Vorteile, die dieser aus der – rechtzeitig und vollständig – erbrachten Leistung hätte ziehen können und gezogen hätte (den entgangenen Gewinn), sowie Aufwendungen, die er machen muss, um sein Interesse an der Leistung auf andere Weise zu befriedigen.[932] Das positive Interesse entspricht dem Interesse des Gläubigers an der Erfüllung des Vertrages. Der vom Gläubiger geltend gemachte Schaden lässt sich dann als Nichterfüllungsschaden bezeichnen. Der Schadensersatzanspruch des Auftraggebers geht nur dann auf das positive Interesse, wenn der Auftragnehmer eine vertragliche Leistungspflicht verletzt hat, unabhängig davon, ob es sich um eine Hauptpflicht oder eine Nebenpflicht handelt. Dann kommen für den Auftraggeber folgende Schadensersatzansprüche in Betracht:

> Anspruch auf Schadensersatz statt der Leistung, §§ 280 Abs. 1, Abs. 3, 281 Abs. 1 BGB;
>
> *Droit à des dommages et intérêts*, Art. 1231-1 C.civ.;
>
> *Indemnización por daños y perjuicios*, Art. 1101 CC.

932 *Larenz*, Schuldrecht, Bd. 1 AT, S. 430 f.

Wenn im Fall 8c der Schadensersatzanspruch auf die Zinsen und Notarkosten für das zusätzliche Darlehen beschränkt bliebe, dann würde das bedeuten, dass der Auftraggeber nur sein negatives Interesse, aber nicht sein positives Interesse ersetzt bekäme. Der Anspruch des Auftraggebers auf Schadensersatz statt der Leistung (§§280 I, III, 281 I BGB), auf *dommages et intérêts* (Art. 1231-1 C.civ.), auf *indemnización por daños y perjuicios* (Art. 1101 CC) betrifft aber das positive Interesse des Auftraggebers an der Erfüllung des Vertrages. Deswegen kann eine Beschränkung auf die Zinsen und Notarkosten selbst dann nicht gerechtfertigt sein, wenn feststeht, dass der tatsächliche Wert des fertiggestellten Projekts dem Wert der Budgetüberschreitung objektiv entspricht.[933] Beim positiven Interesse ist der Geschädigte so zu stellen, wie er stehen würde, wenn der Vertrag ordnungsgemäß erfüllt worden wäre. Und im Falle des negativen Interesses ist der Geschädigte so zu stellen, wie er stehen würde, wenn er den Vertrag niemals abgeschlossen hätte. Praktisch gesehen läuft das negative Interesse auf das Integritätsinteresse hinaus. Das heißt für den Fall 8c: Wenn der Geschädigte den Projektvertrag nicht geschlossen hätte, dann hätte er auch nicht die Zinsen und die Notarkosten für das zusätzliche Darlehen leisten müssen. Aber der Anspruch auf Schadensersatz wegen Nichterfüllung geht auf das positive Interesse, sodass der Schadensersatzanspruch des Auftraggebers nicht auf die Zinsen und die Notarkosten beschränkt sein kann. Der Auftraggeber ist dann so zu stellen, wie er stehen würde, wenn das Projekt zu dem vereinbarten Preis fertiggestellt worden wäre.

Nehmen wir im Fall 8c an, dass der Auftraggeber für die von ihm bezahlte Summe einen entsprechenden Gegenwert erhalten hat, sodass sich seine Vermögenslage insgesamt nicht verschlechtert hat. Der tatsächliche Wert des fertiggestellten Projekts entspricht dann objektiv der Budgeterhöhung. D.h., das Integritätsinteresse des Auftraggebers ist insofern nicht verletzt. Aber genau darum geht es nicht, wenn wir vom positiven Interesse sprechen. Beim positiven Interesse geht es vielmehr darum, dass der Auftraggeber erwarten kann, dass er für den vertraglich vereinbarten Preis das vertraglich vereinbarte Werk erhält. Dem Auftraggeber ist nicht an dem Verkehrswert der geschuldeten Leistung gelegen, sondern ihm ist daran gelegen, dass er das erhält, was ihm die ordentliche Erfüllung des Vertrages wert ist. Ginge es um das negative Interesse, dann würde der Schaden für den Auftraggeber darin bestehen, dass er zwecks Fortführung des Vertrages das Darlehen aufnehmen musste. Wenn er sich nicht auf den Vertrag eingelassen haben würde, dann hätte er auch kein Darlehen aufnehmen müssen.

An diesem Beispiel sehen wir, dass sich die Rechtsbegriffe „negatives Interesse" und „Integritätsinteresse" praktisch auf denselben Schaden beziehen

933 Cass.civ. 3^{e} du 27/05/2010, n° 09-14.695.

können, auch wenn sie in der deutschen Rechtsdogmatik nicht synonym verwendet werden.[934] Die dogmatische Unterscheidung von Integritätsinteresse und negativem Interesse ist insofern gerechtfertigt, als es um die Voraussetzungen für den entsprechenden Schadensersatzanspruch geht, nicht aber wenn es um den Umfang des zu leistenden Schadensersatzes geht. Für die Frage, welche Schadensposten vom Interesse des Klägers erfasst sind, bietet es sich deshalb an, generell zwischen positivem und negativem Interesse zu unterscheiden. Mit Hilfe dieses Begriffspaares lassen sich sowohl Gemeinsamkeiten als auch Unterschiede im deutschen, französischen und spanischen Schadensrecht veranschaulichen.

08.24 Unmittelbarer Schaden und Folgeschäden

Fall 8d:

Anwenderfirma A hat den Softwarehersteller H mit der Entwicklung der Unternehmenssoftware XY beauftragt. Insgesamt soll die Software über 10 verschiedene Funktionen verfügen. Die Parteien haben eine Vergütung von 25.000,– EUR vereinbart. Einen Monat nach Lieferung und Abnahme von XY beschwert sich die A darüber, dass eine von den 10 vorgesehenen Funktionen nicht vorhanden sei. A will zwar XY behalten, verlangt aber von H die vollständige Korrektur der Fehlfunktion. H, der den Kostenaufwand für die Programmierarbeiten scheut, bietet der A aus Kulanz eine Rückerstattung i. H. v. 2.5000,– EUR an. Muss sich A darauf einlassen oder kann sie auf Beseitigung der Fehlfunktion bestehen? H vertritt den Standpunkt, dass A keine Fehlerbeseitigung mehr verlangen könne, da sie ja bereits die 25.000,– EUR bezahlt habe. Hat H recht?

Wenn der Auftraggeber behauptet, ihm sei ein Schaden entstanden, für den der Hersteller verantwortlich sei, so ist danach zu unterscheiden, ob es sich um den unmittelbaren Schaden (*dommage intrinsèque*; *daño intrínseco*) oder um Folgeschäden (*dommages consécutifs; daños emergentes*) handelt. Gemäß dem Prinzip der Totalreparation sind regelmäßig alle Folgeschäden zu ersetzen, wenn sie in einer kausalen Beziehung zum unmittelbaren Schaden stehen (s. o. Nr. 08.21). Das gilt insbesondere dann, wenn der unmittelbare Schaden das negative Interesse (Integritätsinteresse) des Auftraggebers betrifft. Dann unterliegen alle Folgeschäden dem Prinzip der Totalreparation, wenn sie ihrerseits das negative Interesse betreffen. Einschränkungen bzgl. Voraussetzung und Rechtsfolgen des Schadensersatzanspruchs gelten

934 Vgl. hierzu *Fikentscher/Heinemann*, Schuldrecht, Rdnr. 608.

aber dann, wenn der unmittelbare Schaden das positive Interesse des Auftraggebers betrifft.

Das ist z. B. dann der Fall, wenn der Hersteller ein mangelhaftes Produkt erstellt oder eine unzureichende Dienstleistung erbracht hat. Der unmittelbare Schaden ergibt sich dann aus der Mangelhaftigkeit des Produkts bzw. aus der Mangelhaftigkeit der Dienstleistung. Weil die Mangelhaftigkeit für sich genommen einen finanziellen Nachteil für den Auftraggeber bedeutet, stellt die Mangelhaftigkeit zugleich einen Vermögensschaden dar. Wenn aber der Auftraggeber keinen Geldersatz für den unmittelbaren Schaden, sondern dessen tatsächliche Beseitigung begehrt, dann will er eigentlich keinen Schadensersatz, sondern nur, dass der Hersteller seine vertragliche Hauptpflicht erfüllt. Denn die vertragliche Hauptpflicht besteht ja in der Herstellung des mangelfreien Produkts bzw. in der Erbringung einer mangelfreien Dienstleistung. Dass derjenige, der für sein Erfüllungsinteresse nur die Beseitigung des unmittelbaren Schadens begehrt, nicht genauso behandelt werden kann wie derjenige, der den Gesamtschaden im Sinne der Totalreparation ersetzt haben möchte, dieser Gedanke findet sich übereinstimmend im deutschen, französischen und spanischen Schadensrecht. Der Anspruch des Auftraggebers auf Erfüllung beruht auf dem Versprechen des Herstellers, die vertraglich vereinbarte Leistung zu erbringen; der Anspruch auf Schadensersatz hingegen beruht auf einer Pflichtverletzung, die der Hersteller gegenüber dem Auftraggeber zu vertreten hat.

Betrachtet man isoliert den Anspruch auf Ersatz des unmittelbaren Schadens, so zeigt sich nach französischem Recht die Doppelfunktion des Schadensersatzes: Er kann entweder auf *réparation* oder auf *paiement* gehen.[935] D. h., der Anspruch auf Ersatz des unmittelbaren Schadens muss nicht aus der Haftung des Schuldners (*responsabilité civile*) folgen, sondern kann sich bereits aus dessen vertraglicher Erfüllungspflicht ergeben. Der Anspruch auf Ersatz des unmittelbaren Schadens als Bestandteil des Erfüllungsanspruchs kann dann nicht nur auf *correction*,[936] sondern auch auf *exécution par équivalent* gehen.[937] Im Falle der Schlechtleistung hat der Gläubiger nicht nur einen vertraglichen (Nach-)Erfüllungsanspruch in Natur (*exécution forcée en nature*), wie wir ihn oben unter Nr. 07.21 behandelt haben, sondern alternativ auch einen Anspruch auf *exécution par équivalent*,[938] der auf Geldleistung gerichtet ist. Der Auftraggeber kann also wahlweise Nacherfüllung in

935 Cass.soc. du 04/12/2002, n° 00-44.303, obs. *Stoffel-Munck*, RDC 2003, 54, 57.

936 Vgl. *Boucard*, Responsabilité contractuelle, n° 126.

937 Cass.civ. 1re du 28/04/2011, n° 10-15.056; *Bacache*, D 2011, 1725 ff.

938 *Le Tourneau*, Droit de la responsabilité, n° 3213.261 f.; *Laithier*, RDC 2005, 161 ff.; *Molfessis*, RDC 2005, 37, 43; *Rémy-Corlay*, RDC 2005, 13 ff.; das Konzept der *exécution par équivalent* ablehnend: *Jourdain*, obs., Cass.soc. du 04/12/2002, n° 00-44.303, RTD civ. 2003, 711, 715.

Natur oder mittels Geldersatz verlangen. Noch vor der Vertragsrechtsreform von 2016 hatte der Kassationshof den Nacherfüllungsanspruch sehr weit gehend ausgelegt. So konnte der Auftraggeber vom Auftragnehmer den Abriss des mangelhaften Gebäudes und Neubau verlangen, wenn der Mangel lediglich darin bestand, dass die Bauhöhe 33 Zentimeter niedriger war als im Vertrag vorgesehen.[939] Heute aber unter Geltung des Art. 1221 C.civ. ist die *exécution forcée en nature* ausgeschlossen, wenn ein manifestes Missverhältnis zwischen den Kosten der Erfüllung für den Schuldner einerseits und dem Erfüllungsinteresse des Gläubigers andererseits besteht.

Die vertraglichen Ansprüche auf Erfüllung sind von den gesetzlichen Ansprüchen auf Schadensersatz zu unterscheiden. Letztere gehören zur *responsabilité civile* und haben als Rechtsfolge die *réparation*. Die *réparation* kann entweder durch Geldersatz (*dommages et intérêts*) oder durch eine Handlung des Ersatzpflichtigen (*réparation en nature*) geleistet werden. Im Gegensatz zum Anspruch auf (Nach-)Erfüllung hat der Auftraggeber aber beim Anspruch auf Schadensersatz kein Wahlrecht. Er kann also nicht darauf bestehen, dass der Hersteller den Schadensersatz durch *réparation en nature* leistet. Es ist hier zwischen der *exécution en nature* (Art. 1221 C.civ.) und der *réparation en nature* (Art. 1231 C.civ.) zu unterscheiden. Die *réparation en nature* gehört nicht zur vertraglichen Erfüllungsverpflichtung (*obligation primaire d'exécuter*), sondern zur *responsabilité civile*. Da entscheiden die Tatrichter nach freiem Ermessen (*pouvoir souverain d'appréciation*), ob der Beklagte Geldersatz oder *réparation en nature* zu leisten hat, sodass ein auf *réparation en nature* gerichteter Klageantrag für den Richter nicht bindend ist.[940]

Die Tatrichter werden bei ihrer Ermessensentscheidung sowohl die Interessen des Klägers als auch die des Beklagten berücksichtigen. Dabei kann es für die Frage, in welcher Form Schadensersatz zu leisten ist (Geldersatz oder Naturalrestitution?), auch darauf ankommen, ob die schadhafte Sache Eigentum des Beklagten oder des Klägers ist. Das Interesse des Betroffenen an der Unversehrtheit seines Eigentums kann dann in die Entscheidung mit einfließen. Hat der Kläger den Beklagten mit Arbeiten an seinem Eigentum beauftragt und hat er inzwischen das Vertrauen in den Beklagten verloren, so wird das Gericht im Interesse des Klägers (also des Eigentümers) die *réparation en dommages-intérêts* anstatt *réparation en nature* anordnen.[941] Klagt der Mieter gegen den Vermieter auf Schadensersatz, so wird das Ge-

939 Cass.civ. 3e du 11/05/2005, n° 03-21.136.

940 Ständige Rspr., z.B.: Cass.civ. du 23/05/1911, D.P. 1912, I, S. 421; Cass.civ. 3e du 21/06/2018, n° 17-15.897; *Le Tourneau*, Droit de la responsabilité, n° 2311.51; *Signat*, ZEuP 2009, 716, 720 f.

941 Cass.civ. 3e du 28/09/2005, n° 04-14.586, obs. *Jourdain*, RTD civ. 2006, 129; *Noblot*, JCP G 2006 II, n° 10010; *Viney*, RDC 2006, 818, 821.

richt im Interesse des Beklagten (also des Eigentümers) *réparation en nature* anstatt *réparation en dommages-intérêts* anordnen.[942]

Die unterschiedliche Behandlung von *exécution* und *réparation* lässt sich damit begründen, dass die Erfüllungsverpflichtung auf dem zwischen den Parteien geschlossenen Vertrag beruht; die daraus resultierende *force obligatoire* bindet sowohl die Parteien als auch den Richter.[943] Dahingegen beruht die Verpflichtung, Schadensersatz zu leisten, auf der *faute* des Schuldners. Durch die vom Schuldner zu vertretende Vertragsverletzung (die *faute contractuelle*) entsteht eine neue Verpflichtung zur *réparation*; davon unberührt bleibt die ursprüngliche und weiterhin bestehende Verpflichtung zur *exécution*.[944] Nehmen wir also an, der Hersteller hat eine Vertragsverletzung zu verantworten und dadurch ist dem Auftraggeber ein *préjudice* entstanden. Dann behält der Auftraggeber seinen Anspruch auf *exécution en nature*, aber er hat keinen Anspruch auf Schadensersatz in Form von *réparation en nature*, sondern muss ggf. Schadensersatz in Form von *dommages et intérêts* (Geldersatz) akzeptieren.

Auch im spanischen Recht ist zwischen dem *cumplimiento «in natura»* gem. Art. 1096.1 CC und der *reparación «in natura»* zu unterscheiden. Ebenso wie im französischen Recht gilt auch im spanischen Recht, dass der Kunde nur beim vertraglichen Erfüllungsanspruch, nicht aber beim vertraglichen Schadensersatzanspruch Leistung in Natur verlangen kann. Das spanische Recht unterscheidet nämlich zwei Haftungsarten: die vertragliche Haftung (*responsabilidad contractual*) gem. Art. 1101 CC und die außervertragliche Haftung (*responsabilidad extracontractual*) gem. Art. 1902 CC. Nur bei der außervertraglichen Haftung kann der Schädiger die Schadensersatzpflicht entweder durch Leistung in Natur oder durch Geldersatz erfüllen.[945] Dahingegen ist der im Rahmen des Vertragsrechts vom Schädiger geschuldete Schadensersatz („*id quod interest*") eine „*deuda de valor*", die in Geld zu leisten ist.[946] Dieser verschuldensabhängige Schadensersatzanspruch aus Art. 1101 CC ist wiederum von dem Anspruch auf *cumplimiento por equivalente*[947] zu unterscheiden. Den Anspruch auf *cumplimiento por equivalente* kann der Gläubiger anstelle des Anspruchs auf *cumplimiento «in natura»* geltend machen (s. o. Nr. 07.33). Will der Gläubiger lediglich Geldersatz für

942 Cass.civ. 3e du 27/03/2013, n° 12-13.734, obs. *Barbier*, RTD civ. 2013, 603 ff.; *Seube*, RDC 2013, 974, 976.

943 *Laithier*, RDC 2005, 161, 174.

944 *Rémy-Corlay*, RDC 2005, 13 (23–25).

945 Bercovitz Rodríguez-Cano/*Peña López*, Comentarios al CC, Art. 1902 CC, n° 4.

946 *Lacruz Berdejo*, Elementos de Derecho Civil II, Derecho de obligaciones, Vol. 1°, S. 203.

947 *Lacruz Berdejo*, Elementos de Derecho Civil II, Derecho de obligaciones, Vol. 1°, S. 163.

die ausgebliebene Leistung, will er also den *cumplimiento por equivalente*, dann begehrt er keinen Schadensersatz i. S. v. Art. 1101 CC.[948] Erst wenn der Gläubiger über den bloßen Geldersatz hinaus entschädigt werden möchte (z. B. weil er seinen entgangenen Gewinn oder Ersatz für Aufwendungskosten will), handelt es sich um eine Schadensersatzforderung i. S. v. Art. 1101 CC.

Nach deutschem Recht hat der mangelhafte Vertragsgegenstand eine doppelte Funktion: Einerseits stellt er im Rahmen der Erfüllung ein Leistungsdefizit dar, andererseits stellt er aber im Rahmen der vertraglichen Haftung auch einen Vermögensschaden dar.[949] Anders aber als im französischen Recht kann der Auftraggeber nach deutschem Recht vom Hersteller nicht verlangen, dass dieser die Nacherfüllung in Form von Geldersatz leistet. Dass der Gläubiger prinzipiell nur Leistung in Natur verlangen kann, gilt im deutschen Recht nicht nur für den Anspruch auf (Nach-)Erfüllung, sondern auch für den Anspruch auf Schadensersatz. Denn Schadensersatz erfolgt gem. § 249 BGB regelmäßig durch Naturalrestitution, sodass sich der Geschädigte grundsätzlich nicht mit Geld abspeisen lassen muss.[950] Allerdings ist beim Anspruch auf *Schadensersatz statt der Leistung* (§§ 280 Abs. 1, Abs. 3, 281 Abs. 1 BGB) ausnahmsweise ein Anspruch auf Naturalrestitution ausgeschlossen.[951] Das wird damit begründet, dass ein Anspruch auf Naturalrestitution dem Anspruch auf Naturalerfüllung gleichkommen würde.[952] Gem. § 281 IV BGB aber ist der Anspruch auf die Leistung ausgeschlossen, sobald der Gläubiger statt der Leistung Schadensersatz verlangt.

Wenn es dem Auftraggeber nur um die Naturalrestitution des unmittelbaren Schadens geht (und er keinen Schadensersatz für mögliche Folgeschäden begehrt), dann ist er gar nicht darauf angewiesen, einen Anspruch auf *Schadensersatz statt der Leistung* zu haben. Wenn nämlich der Auftraggeber das Werk als fehlerfrei abgenommen, später aber dennoch Fehler festgestellt hat, kann er ggf. seinen gewährleistungsrechtlichen Anspruch auf Nacherfüllung geltend machen. Gem. § 281 Abs. 1 S. 1 BGB setzt ein Anspruch auf *Schadensersatz statt der Leistung* voraus, dass der Gläubiger zuvor dem Schuldner erfolglos eine angemessene Frist zur Leistung oder Nacherfüllung bestimmt hat. Der Auftraggeber hat gem. §§ 634 Nr. 1, 635 BGB einen Anspruch auf Nacherfüllung, und dieser verschuldensunabhängige An-

948 STS de 23/03/2007, FD 5°, ROJ: STS 1786/2007; Bercovitz Rodríguez-Cano/*Sánchez Aristi*, Comentarios al CC, Art. 1106 CC, n° 1.3.
949 BGH, Urt. v. 22.2.2018 – VII ZR 46/17, Rz. 24, 33, NJW 2018, 1463, 1465.
950 *Fikentscher/Heinemann*, Schuldrecht, Rdnr. 671.
951 Grüneberg/*Grüneberg*, § 281 BGB Rdnr. 17.
952 BGH, Urt. v. 11.10.2012 – VII ZR 179/11, NJW 2013, 370, 371.

spruch auf Nacherfüllung ist nichts anderes als der ursprüngliche Anspruch auf Erfüllung in modifizierter Form.[953]

Im Fall 8d kann man das Angebot des H, 2.500,– EUR an A zu zahlen, dahingehend verstehen, dass H Geldersatz für den unmittelbaren Schaden (d. h. für die mangelhafte Vertragserfüllung) leisten will. Übereinstimmend nach deutschem, französischem und spanischem Recht muss sich die A nicht auf die von H angebotene Geldzahlung einlassen, sondern darf darauf bestehen, dass H den Fehler tatsächlich beseitigt, zumindest solange ihr noch der ursprüngliche Erfüllungsanspruch (gem. französischem und spanischem Recht) bzw. der Nacherfüllungsanspruch (gem. deutschem Recht) zusteht und die Fehlerbeseitigung dem H zumutbar und technisch möglich ist. Wenn die A Nacherfüllung verlangt, kann H nicht einwenden, dass ihn keine Schuld an der festgestellten Fehlfunktion treffe. Ein solcher Einwand wäre irrelevant, denn die Fehlerbeseitigung ist hier Teil der vertraglichen Hauptleistungspflicht. Aus dem Werkvertrag ergibt sich eine Erfolgspflicht (vgl. oben Nr. 07.41 – 07.46). H ist verpflichtet, eine funktionsfehlerfreie Software zu liefern.

Nach deutschem Recht verwandelt sich der ursprüngliche Erfüllungsanspruch in einen gewährleistungsrechtlichen Nacherfüllungsanspruch, sobald der Besteller das Werk als vertragskonform abgenommen hat; im französischen Recht behält der *maître de l'ouvrage* seinen ursprünglichen Erfüllungsanspruch auch über die Abnahme (*réception*) hinaus.[954] In diesem Zusammenhang sind die Formulierungen der Rechtsprechung nicht immer präzise. Wenn von «*maintenance*» die Rede ist, die von der IT-Firma geleistet wurde, muss es nicht um die Erfüllung eines Software-Pflegevertrages gehen, sondern kann auch die Ausübung der werkvertraglichen (Nach-) Erfüllungspflicht gemeint sein (*exercice de la garantie*).[955] Das gilt entsprechend auch fürs spanische Recht. Wenn dort von dem Anspruch des Bestellers auf «*subsanación*» die Rede ist,[956] dann ist damit kein gesonderter Anspruch, sondern der ursprüngliche Anspruch auf Erfüllung gemeint, den der Besteller auch nach der Abnahme noch geltend machen kann. Der ursprüngliche Erfüllungsanspruch bleibt auch dann noch bestehen, wenn der Auftraggeber seine Vergütungspflicht und damit seine vertragliche Hauptpflicht vollständig erfüllt hat.[957]

---

953 BGH, Urt. v. 19.11.2015 – IX ZR 198/14, NJW 2016, 711, 712.

954 *Le Tourneau*, L'ingénierie, les transferts de technologie et de maîtrise industrielle, n° 288.

955 *Le Tourneau*, Contrats du numérique, n° 331.161 unter Bezugnahme u. a. auf CA Paris, 5e ch., section B, du 30/09/2004, Expertises 2005, 113.

956 *Schassek*, Verträge über individuelle Software nach deutschem und spanischem Recht, S. 93 ff. m. w. N.

957 Vgl. den Fall zu Cass.civ. 3e du 11/05/2005, n° 03-21.136.

08.25 Folgeschäden und negatives Interesse

Fall 8e:

Der Schienenfahrzeughersteller H hat für den Verkehrsbetrieb B den halbautomatischen Straßenbahntyp X entwickelt und den Prototypen X1 ausgeliefert. Die ersten 6 Monate nach Ablieferung wird X1 nur im Probebetrieb eingesetzt. Während des Probebetriebs kommt es aufgrund eines konstruktionsbedingten Funktionsfehlers der Sensoren zu einem Unfall, bei dem der im Linienbetrieb eingesetzte Triebwagen T beschädigt wird. X1 ist an der Haltestelle auf den vor ihm stehenden Triebwagen T aufgefahren, wodurch die Wagenkästen verformt wurden. T muss in einer Fachwerkstatt aufwendig instandgesetzt werden und ist infolgedessen für die Dauer von 100 Tagen nicht betriebsfähig. B will die Kosten für die Reparatur von T und die Kosten für dessen Ausfall ersetzt bekommen.

Wenn der unmittelbare Schaden das positive Interesse des Auftraggebers betrifft und der Folgeschaden das negative Interesse, dann unterscheiden sich auch die Anforderungen, die an einen möglichen Schadensersatzanspruch zu stellen sind. Dann gilt für den Ersatz des Folgeschadens eine andere Anspruchsgrundlage als für den Ersatz des unmittelbaren Schadens. Im Fall 8e besteht der unmittelbare Schaden darin, dass X1 mangelhaft ist; und der von B geltend gemachte Folgeschaden besteht darin, dass die Karosserie von T beschädigt wurde. Diese Beschädigung ist zwar dadurch verursacht worden, dass H seine vertragliche Hauptpflicht zur Lieferung einer mangelfreien Straßenbahn nicht erfüllt hat, dennoch betrifft die Beschädigung von T nicht das positive Interesse des B an der Erfüllung des Werkvertrages. Vielmehr betrifft die Beschädigung das negative Interesse des B an der Unversehrtheit seines bestehenden Besitzes, sie betrifft also sein Integritätsinteresse.

Dem B kann ein Anspruch auf Schadensersatz statt der Leistung (§§ 280 I, III, 281 I BGB), ein *Droit à des dommages et intérêts* (Art. 1231-1 C.civ.) bzw. ein Anspruch auf *Indemnización por daños y perjuicios* (Art. 1101 CC) zustehen, sofern es um die Mangelhaftigkeit von X1 geht, nicht aber wegen des Unfallschadens an T. Dieser Unfallschaden betrifft das negative Interesse des B an der Unversehrtheit seines Wagenparks. Wegen dieses Unfallschadens kann dem B nach deutschem Recht ein Anspruch auf Schadensersatz neben der Leistung (§ 280 I BGB) zustehen, nach französischem und spanischem Recht jeweils ein deliktischer Schadensersatzanspruch (Art. 1240 C.civ.; Art. 1902 CC).

Nach deutschem Recht kann der Hersteller wegen der Mangelhaftigkeit und des möglichen Unfallschadens von X1 gegen den Schadensersatzanspruch von B einwenden, dass ihm zunächst eine Chance zur Nacherfüllung gewährt werden müsse, bevor er verpflichtet sei, Schadensersatz zu leisten (§ 281 Abs. 1 S. 1 BGB). Denn beim Anspruch auf Schadensersatz wegen der Mangelhaftigkeit von X1 und wegen des Unfallschadens von X1 geht es um das positive Interesse des B an der Erfüllung des Werkvertrages (§§ 634 Nr. 4, 280 Abs. 1, Abs. 3, 281 Abs. 1 BGB). Wenn aber B Schadensersatz wegen des Unfallschadens an T verlangt, kann sich B nicht auf ein Recht zur Nacherfüllung berufen, denn das gibt es nicht beim Schadensersatz neben der Leistung. Der Schadensersatz neben der Leistung kann gem. § 280 Abs. 1 BGB geltend gemacht werden, ohne dass es darauf ankommt, ob eine Frist zur Nacherfüllung erfolglos verstrichen ist.

Ein Recht des Herstellers auf Nacherfüllung gibt es weder im französischen noch im spanischen Vertragsrecht (s. u. Nr. 08.27). Das kann sich für den Hersteller als nachteilig erweisen. Darüber hinaus hat die Anwendung des französischen Deliktsrechts Nachteile für den Hersteller. Wenn der Auftraggeber einen deliktischen Schadensersatzanspruch erhebt, dann kann der Hersteller diesem nicht entgegenhalten, dass der Schadenseintritt für ihn nicht vorhersehbar gewesen sei. Den Einwand der Unvorhersehbarkeit (*Imprévisibilité*) kann der Hersteller nur geltend machen, wenn es um die vertragliche Haftung geht (Art. 1231-3 C.civ.). Daran hat sich auch durch die Vertragsrechtsreform vom 2016 nichts geändert.[958] Die Unvorhersehbarkeit des Schadens bezieht sich nämlich auf den Zeitpunkt des Vertragsschlusses, der ja wiederum Voraussetzung für die vertragliche Haftung ist. Für die deliktische Haftung hingegen ist ein Vertragsschluss gerade nicht erforderlich. Auch unter spanischem Recht kann sich der Hersteller auf *Imprevisibilidad* berufen und einwenden, dass der Schadenseintritt zum Zeitpunkt des Vertragsschlusses nicht vorhersehbar gewesen sei, Art. 1107 CC. Allerdings besteht hier – anders als im französischen Recht – kein strenger Gegensatz zwischen deliktischer und vertraglicher Haftung. Denn die spanische Rechtsprechung wendet Art. 1105 CC auch auf das Deliktsrecht an und verlangt die Vorhersehbarkeit des Schadens auch bei der außervertraglichen Haftung.[959]

Wenn der Hersteller dem Auftraggeber Schadensersatz zu leisten hat, der auf das negative Interesse des Auftraggebers geht, dann folgt aus dem Prinzip der Totalreparation, dass er diejenigen Folgeschäden zu ersetzen hat, die ebenfalls das negative Interesse des Auftraggebers betreffen. Im Fall 8e muss H also nicht nur den Sachschaden am Triebwagen T ersetzen, sondern auch die Vermögensschäden, die kausal auf diesem Sachschaden beruhen.

958 *Boucard*, Responsabilité contractuelle, n° 32.
959 STS de 11/05/1983, ROJ: STS 1406/1983; *Lacruz Berdejo*, Elementos de Derecho Civil II, Derecho de Obligaciones, Vol. 2°, S. 446 f.

B kann von H z. B. die Kosten erstattet verlangen, die dadurch entstehen, dass B eine Fachwerkstatt mit der Reparatur der Wagenkästen beauftragt (Reparaturkosten als Schadensposten). Wegen des Nutzungsausfalls kann B auch die Aufwendungen für die Anmietung von Ersatzfahrzeugen erstattet verlangen. Alternativ kann B die Betriebskosten für solche Ersatzfahrzeuge erstattet verlangen, die er ohnehin als Reserve für unfallbedingte Ausfälle vorhält (Vorhaltekosten als Schadensposten).[960]

H muss jedoch nicht für alle Folgeschäden aufkommen, die in einem Kausalzusammenhang mit dem Sachschaden an Triebwagen T stehen. Einschränkungen des Prinzips der Totalreparation können sich etwa durch die Subjektbezogenheit des Schadensbegriffs ergeben, denn der Schaden ist stets subjektiv nach dem Interesse des Geschädigten zu bestimmen (s. o. Nr. 08.21). Das gilt z. B. für den Ersatz der Reparaturkosten. Wenn der Verkehrsbetrieb eine eigene Fachwerkstatt hat und es ihm zumutbar ist, die Reparatur der beschädigten Straßenbahn in der eigenen Betriebswerkstatt durchzuführen, dann kann er Schadensersatz nur nach Maßgabe der Selbstkosten einer Reparatur in der eigenen Werkstatt verlangen.[961] Würde also B im Fall 8e eine Fremdfirma mit der Reparatur des beschädigten Wagenkastens beauftragen und die Reparaturkosten würden die hypothetischen Selbstkosten übersteigen, dann wären diese überschießenden Reparaturkosten nicht mehr erstattungsfähig.

08.26 Folgeschäden und positives Interesse

Wenn der Geschädigte einen Anspruch auf Ersatz des positiven Interesses hat, dann folgt aus dem Prinzip der Totalreparation, dass er nicht nur Ersatz für den unmittelbaren Schaden verlangen kann, sondern auch für Folgeschäden, die vom Erfüllungsinteresse gedeckt sind. Übereinstimmend nach deutschem, französischem und spanischem Recht gehört dazu auch der Gewinn, den der Auftraggeber gemacht hätte, wenn der Vertrag ordentlich erfüllt worden wäre. Nach französischem Recht kann darüber hinaus auch noch die *perte de chance* berücksichtigt werden. Das ist z. B. dann der Fall, wenn der Auftraggeber durch die mangelhafte Funktionsweise der bereitgestellten Software die Chance verliert, sich weiterzuentwickeln, seine Wettbewerbsfähigkeit zu verbessern und seine Position gegenüber der Konkurrenz zu festigen.[962] Er kann dann vom Auftragnehmer für den Verlust dieser Chance Schadensersatz in Form eines finanziellen Ausgleichs verlangen.

960 BGH, Urt. v. 10.5.1960 – VI ZR 35/59, BGHZ 32, 280.
961 BGH, Urt. v. 26.5.1970 – VI ZR 168/68, BGHZ 54, 82, 86.
962 CA Limoges, du 21/12/2015, RG n° 14/01136.

Nach französischem und spanischem Recht kann der Hersteller dem Schadensersatzbegehren des Auftraggebers allerdings entgegenhalten, dass es für ihn nicht vorhersehbar gewesen sei, dass der vom Auftraggeber geltend gemachte Schaden eintreten würde, Art. 1231-3 C.civ. (*Imprévisibilité*), Art. 1107 CC (*Imprevisibilidad*). Das positive Interesse des Auftraggebers an der Vertragserfüllung kann sich auf Tatsachen beziehen, von denen der Auftragnehmer zum Zeitpunkt des Vertragsschlusses nichts wusste. Es kommt also darauf an, ob der aus der Nichterfüllung resultierende Folgeschaden zum Zeitpunkt des Vertragsschlusses für den Schuldner vorhersehbar war.[963] Dass der Schuldner über die mit der Vertragserfüllung verbundenen Erwartungen des Gläubigers nicht informiert war, genügt aber nicht, um einen solchen Schaden für unvorhersehbar zu erachten. Denn die Vorhersehbarkeit kann sich auch aus abstrakten Kriterien ergeben wie z. B. der Natur des Vertrages oder den von entsprechenden Branchen üblicherweise verfolgten Zwecken.[964]

Zwar gibt es im BGB keine vergleichbare Vorschrift zu Art. 1231-3 C.civ. und Art. 1107 CC. Dennoch gelangen hier Rechtsprechung und Lehre zu einer vergleichbaren Einschränkung des Prinzips der Totalreparation, und zwar unter dem Gesichtspunkt, ob der Schaden innerhalb des Schutzbereichs der verletzten Norm eingetreten ist.[965] Nehmen wir an, der Hersteller hat dem Auftraggeber gegenüber bestimmte vertragliche Beratungspflichten übernommen. Dann würde die Ersatzpflicht des Herstellers davon abhängen, ob die verletzte Beratungspflicht gerade das Entstehen von Schäden der geltend gemachten Art verhindern sollte.[966]

Wenn sich der Hersteller im Rahmen der vertraglichen Haftung auf die Unvorhersehbarkeit des Schadens beruft, dann kann er allerdings nicht argumentieren, dass es bei Vertragsschluss für ihn nicht vorhersehbar gewesen sei, dass es zu einer dermaßen hohen Schadenssumme kommen konnte. Dass die Schadenssumme nicht mehr als das doppelte des Wertes des Vertragsgegenstandes betragen darf, diese Regel des römischen Rechts (s. o. Nr. 08.21) entspricht nicht dem geltenden Schadensrecht. Historisch gesehen war sie zwar Vorbild für das im französischen und im spanischen Recht geltende Erfordernis der Vorhersehbarkeit des Schadens gem. Art. 1231-3 C.civ. und Art. 1107 CC;[967] die aktuelle französische Rechtsprechung bezieht aber die

963 Cass.com. du 11/03/2020, n° 18-22.472; *Knetsch* RDC 2020/3, 27 ff.; *Trédez*, JCP G 2020, n° 898.

964 Cass.civ. 1re du 28/04/2011, n° 10-15.056; *Bacache*, D 2011, 1725 ff., II.A.

965 *Schlechtriem*, ZEuP 1997, 232, 247 ff.

966 BGH, Urt. v. 30.1.1990 – XI ZR 63/89, NJW 1990, 2057 (2058).

967 Vgl. *Pichonnaz*, Prévisibilité du dommage et damnum extra rem, in: Van den Bergh/Van Niekerk/Pichonnaz et al., Meditationes de iure et historia, essays in honour of Laurens Winkel, S. 702–718.

Vorhersehbarkeit ausdrücklich nicht auf die Höhe des Schadens, sondern auf die ihn begründenden Elemente.[968] Dementsprechend wird auch in der spanischen Rechtslehre die Auffassung vertreten, dass es bei der *previsibilidad* um die Vorhersehbarkeit der Schadensart, nicht aber um die Vorhersehbarkeit der Schadenssumme geht.[969] Im deutschen Recht wird eine vergleichbare Bewertung vorgenommen, was Höhe und Umfang des Folgeschadens angeht. Anknüpfungspunkt ist hier nicht die Frage, ob der Folgeschaden für den Schädiger vorhersehbar war, sondern ob er ihn verschuldet hat. Demgemäß gilt, dass sich das Verschulden des Ersatzpflichtigen zwar auf den Folgeschaden, nicht aber auf Höhe und Umfang der Folgeschadensposten beziehen muss.[970]

08.27 Recht des Herstellers auf Nacherfüllung?

Fall 8f:

Hersteller H hat für die Brauerei B eine vollautomatische Abfüllanlage konzipiert und in der Produktionshalle der B installiert. Nach Inbetriebnahme kommt es in unregelmäßigen Abständen zu Pannen bei der Abfüllung. Ursache hierfür ist – laut einem von B in Auftrag gegebenen Gutachten – die unsachgemäße Verschraubung und Materialfehler bei den Ventilen. B will deshalb die Firma A mit der Reparatur beauftragen. Von H verlangt B Schadensersatz. H schlägt vor, die Reparatur selbst vorzunehmen, aber B lehnt ab, da sie inzwischen das Vertrauen in H verloren hat. Kann H darauf bestehen, selbst die Reparatur vorzunehmen?

Wenn wir von Nacherfüllung (oder von *correction* bzw. *subsanación*) sprechen, dann meinen wir nicht, dass die IT-Firma noch einen nachgereichten Wunsch des Auftraggebers erfüllen soll, wofür in der IT-Branche der Begriff *Change Request* verwendet wird. Anspruch auf Nacherfüllung bedeutet Anspruch auf Beseitigung des unmittelbaren Mangelschadens. Bereits oben unter Nr. 08.24 war erörtert worden, dass die Reparatur des unmittelbaren Schadens durch den Hersteller nichts anderes ist als die nachträgliche Erfüllung des Vertrages. Um diese Form der Erfüllung von der ursprünglich geschuldeten Form der Erfüllung zu unterscheiden, ist es sinnvoll, den vom BGB verwendeten Begriff der Nacherfüllung zu übernehmen, auch wenn weder der Código Civil noch der Code Civil einen vergleichbaren Begriff kennen. Der Auftraggeber hat einen Erfüllungsanspruch gegenüber dem

968 Cass.com. du 04/03/1965, n° 60-12.767.
969 Bercovitz Rodríguez-Cano/*Sánchez Aristi*, Comentarios al CC, Art. 1107 CC, n° 1.3.
970 *Fikentscher/Heinemann*, Schuldrecht, Rdnr. 583.

Hersteller und im Falle der Schlechtleistung einen verschuldensunabhängigen Nacherfüllungsanspruch. Wir hatten bereits oben unter Nr. 07.21 erörtert, dass im Civil Law der Kunde einen Anspruch auf Erfüllung in Natur hat und sich nicht mit Geldersatz zufriedengeben muss. Das gilt auch für den Anspruch auf Nacherfüllung. Wenngleich beide Ansprüche auf dasselbe Ziel gerichtet sind, so sind sie doch nicht deckungsgleich.[971] Dass sie in der Praxis unterschieden werden müssen, wird spätestens dann deutlich, wenn es um die Verjährung geht.

Der Erfüllungsanspruch des Auftraggebers unterliegt der regelmäßigen Verjährungsfrist. Diese beträgt im französischen Recht fünf Jahre (Art. 2224 C.civ.; bei Handelsverträgen: Art. L110-4 I C.com) ebenso wie im spanischen Recht (Art. 1964 CC); im deutschen Recht beträgt sie drei Jahre, §§ 195, 199 BGB. Regelmäßig beginnt sie im französischen und spanischen Recht mit dem Abschluss des Vertrages, im deutschen Recht mit dem Jahresende des Vertragsschlusses. Der Anspruch auf Nacherfüllung beginnt im französischen[972] und spanischen Recht,[973] sobald der Auftraggeber Kenntnis von der Mangelhaftigkeit der Leistung erlangt hat bzw. erlangt haben muss (subjektiver Fristbeginn). Der französische Kassationshof sieht den Softwareersteller als verpflichtet an, die effektive Nutzung der Software für die Dauer von sieben Jahren zu gewährleisten[974] (s. o. Nr. 07.42). Die französische Lehre spricht dann von der *capacité d'évolution*, über die jede Software verfügen muss.[975]

Nach deutschem Recht beginnt der Anspruch auf Nacherfüllung, sobald der Auftraggeber das Werk abgenommen hat, § 634a Abs. 1 Nr. 1, Abs. 2 BGB (objektiver Fristbeginn). Wenn es um die Herstellung einer beweglichen Sache geht, beträgt im französischen und im spanischen Recht die Verjährungsfrist für den Anspruch auf Erfüllung bzw. Nacherfüllung übereinstimmend fünf Jahre. Im deutschen Recht hingegen haben der Anspruch auf Erfüllung und der auf Nacherfüllung unterschiedliche Verjährungsfristen. Der Anspruch auf Nacherfüllung verjährt bei der Herstellung einer beweglichen Sache innerhalb von zwei Jahren nach Abnahme, § 634a Abs. 1 Nr. 1, Abs. 2 BGB; die dreijährige Verjährungsfrist des Erfüllungsanspruchs hingegen beginnt mit dem Jahresende des Vertragsschlusses, §§ 195, 199 BGB. Wenn

971 MK-BGB/*Busche*, § 634a BGB Rdnr. 12.

972 Cass.soc. du 26/04/2006, n° 03-47.525; *Kleinschmidt*, RIW 2008, 590, 593 f.

973 STS de 25/02/2010, ROJ: 775/2010; Bercovitz Rodríguez-Cano/*Domínguez Martínez*, Comentarios al CC, Art. 1964 CC, n° 2.2; *Huzel*, Vertragsauflösung wegen Nichterfüllung im spanischen Recht, S. 76 f.

974 Cass.com. du 19/02/2008, n° 06-17.669, obs. *Forgeron/Lukic*, Gaz. Pal. 2008, 2, somm. 2734.

975 *Le Tourneau*, Contrats du numérique, n° 231.71.

sich die Abnahme hinauszögert, ist es denkbar, dass der Erfüllungsanspruch vor dem Nacherfüllungsanspruch verjährt.[976]

Solange der Nacherfüllungsanspruch des Auftraggebers nicht verjährt ist, muss der Hersteller damit rechnen, die geschuldete Nacherfüllung in Natur zu erbringen. Denn der Gläubiger hat einen Anspruch auf Naturalerfüllung (s. o. Nr. 07.21). Das gilt nicht nur für den eigentlichen Anspruch auf Erfüllung, sondern auch für den Anspruch auf Nacherfüllung. Da es für den Hersteller oftmals günstiger sein kann, das mangelhafte Werk auf eigene Kosten zu reparieren anstatt dem Auftraggeber Geldersatz zu zahlen, stellt sich die Frage, ob nicht nur der Gläubiger ein Recht auf Naturalerfüllung hat, sondern auch der Schuldner ein Recht hat, die Nacherfüllung in Natur zu leisten.

Nehmen wir an, der Hersteller hat die Schlechtleistung zu vertreten und der Auftraggeber verklagt ihn deshalb auf Schadensersatz. Wenn sich nun der Beklagte bereit erklärt, den Schaden durch *réparation en nature* zu beseitigen, der Kläger dies aber ablehnt und berechtigterweise auf Geldersatz beharrt, weil er wegen der Schlechtleistung das Vertrauen in den Beklagten verloren hat, dann kann das Gericht dem Kläger statt *réparation en nature* Geldersatz zusprechen.[977] Daraus wurde im Schrifttum gefolgert, dass es im französischen Recht – anders als im deutschen Recht – keinen Vorrang der Nacherfüllung gebe.[978] Auch nach der Vertragsrechtsreform von 2016 steht im Code civil – im Gegensatz zum BGB – das Recht des Schuldners zur zweiten Andienung nicht im Vordergrund.[979] Zwar setzt ein Anspruch auf Schadensersatz voraus, dass der Gläubiger den Schuldner mahnt, innerhalb einer angemessenen Frist zu leisten, falls keine endgültige Nichterfüllung vorliegt (Art. 1231 C.civ.). Durch diese Inverzugsetzung (*mise en demeure*) erhält der Schuldner dann doch noch die Möglichkeit, den unmittelbaren Mangelschaden zu beseitigen, bevor er deshalb auf Schadensersatz in Anspruch genommen werden kann. Allerdings können die Parteien durch die vertragliche Vereinbarung einer *clause de dispense de mise en demeure* auf die Möglichkeit der Inverzugsetzung verzichten (Art. 1344 C.civ.).

Aber auch wenn eine solche Klausel nicht vereinbart wurde, kann der Schuldner nicht auf Nacherfüllung in Natur beharren. Der Gläubiger hat

976 OLG Rostock, Teilurteil v. 2.2.2021 – 4 U 70/19, BeckRS 2021, 4304 unter Bezugnahme auf *Voit*, NJW 2019, 3190, 3192; anders: OLG Hamm, Urt. v. 30.4.2019 – 24 U 14/18, NJW 2019, 3240, wonach der Erfüllungsanspruch nicht verjährt, bevor er in einen Nacherfüllungsanspruch übergegangen ist.

977 Cass.civ. 3^{e} du 28/09/2005, n° 04-14.586, obs. *Jourdain*, RTD civ. 2006, 129; *Noblot*, JCP G 2006 II, n° 10010; *Viney*, RDC 2006, 818, 821.

978 *Signat*, ZEuP 2009, 716, 721 (Fn. 25).

979 *Cauvin*, Das Leistungsstörungsrecht des französischen C.civ. nach der Vertragsrechtsreform 2016, S. 226.

nämlich das Recht, Ersatz für den unmittelbaren Schaden im Wege der *exécution par équivalent* zu verlangen (s. o. Nr. 08.24). Der Anspruch auf *exécution par équivalent* geht auf Geldersatz und nicht auf Nacherfüllung in Natur. Aus Art. 1221 C.civ. folgt, dass dem Gläubiger das Recht auf *exécution par équivalent* zusteht, wenn der Schuldner die Erfüllung in Natur überhaupt nicht oder nur durch unzumutbar hohe Kosten leisten kann.[980] Die Unmöglichkeit betrifft vor allem höchstpersönliche Leistungen.[981] Aber auch über die Fälle der Unmöglichkeit und der Unzumutbarkeit hinaus soll der Gläubiger das Recht haben, zwischen (Nach-)Erfüllung in Natur einerseits und Geldersatz andererseits zu wählen.[982] Wohlgemerkt, das Wahlrecht soll dem Auftraggeber, nicht dem Hersteller zustehen. Wenn man diesem erweiterten Konzept der *exécution par équivalent* folgt, dann kann sich der Hersteller nicht auf den Vorrang der Nacherfüllung berufen.

Dass es keinen allgemeinen Vorrang der Nacherfüllung gibt, gilt entsprechend auch für spanisches Recht.[983] Der Schadensersatzanspruch aus Art. 1101 CC geht regelmäßig auf Geldersatz und nicht auf Leistung in Natur;[984] er setzt nur Nichterfüllung (*incumplimiento*) und Verschulden (*dolo*) voraus, aber keine vorherige Fristsetzung zur Nacherfüllung. Ebenso wenig setzt die *resolución* voraus, dass dem Schuldner eine Frist zur Nacherfüllung eingeräumt wurde. Nach Art. 1124.3 CC ist das Gericht zwar ermächtigt, dem Schuldner eine Frist zur Nacherfüllung zu gewähren (*un plazo de gracia al deudor, para que efectúe el cumplimiento*),[985] die Entscheidung darüber liegt aber im Ermessen des Tatsachengerichts.

Weder im französischen noch im spanischen Recht kann sich der Hersteller gegenüber dem Besteller auf ein Recht berufen, die Nacherfüllung in Natur zu leisten. Streng genommen hat er auch im deutschen Recht kein Recht auf Nacherfüllung. Vielmehr hat der Besteller die Obliegenheit,[986] Nacherfüllung zu gewähren, bevor er Schadensersatz statt der Leistung verlangt, §§ 634 Nr. 4, 280 Abs. 1, Abs. 3, 281 Abs. 1 BGB (s. o. Nr. 07.47). Das heißt für den Hersteller, dass er die Chance erhalten muss, den unmittelbaren Mangelschaden zu beseitigen, bevor der Auftraggeber von ihm Geldersatz für den unmittelbaren Mangelschaden verlangen darf. Besteht H im Fall 8f darauf, die Reparatur selbst durchzuführen, und will er damit das Begehren

980 Cass.com. du 05/10/1993, n° 90-21.146.
981 *Babusiaux/Witz*, JZ 2017, 496, 505.
982 *Le Tourneau*, Droit de la responsabilité, n° 3213.261 f.
983 *Carrasco Perera*, ZEuP 2006, 552, 575.
984 Bercovitz Rodríguez-Cano/*Sánchez Aristi*, Comentarios al CC, Art. 1101 CC, n° 4.
985 SAP Barcelona, Sección 11ª, de 04/05/2001, FD 2°, ROJ: SAP B 4924/2001; STS de 14/10/1994, FD 5°, ROJ: STS 6526/1994.
986 OLG Düsseldorf, Urt. v. 18.12.2015 – I-22 U 84/15, NJW-RR 2016, 533.

der B auf Geldersatz abwenden, so sind seine Erfolgsaussichten nur dann als sehr gut zu bewerten, wenn deutsches Recht Anwendung findet.

08.28 Vertragliche oder deliktische Haftung?

Die kontinentalen Gesetzesbücher stimmen insofern überein, als sie zwei verschiedene Haftungsarten kennen: die vertragliche und die außervertragliche (= deliktische) Haftung. So unterscheidet der Code civil zwischen *réparation du préjudice résultant de l'inexécution du contrat* (Artt. 1231–1231-7 C.civ.) und der *responsabilité extracontractuelle* (Artt. 1240–1252 C.civ.), der Código Civil zwischen dem Schadensersatz wegen *falta del cumplimiento de la obligación* (Artt. 1101ss. CC) und den *obligaciones que nacen de culpa o negligencia* (Artt. 1902–1910 CC), und das BGB trennt zwischen dem Schadensersatz wegen Pflichtverletzung (§§ 280 ff. BGB) und dem wegen unerlaubter Handlung (§§ 823 ff. BGB). Die Unterscheidung der Haftungsarten hat nichts damit zu tun, ob ein Verschulden des Schadensverursachers erforderlich ist. Die prinzipielle Trennung zwischen «*no-fault liability*» im Falle von Vertragsrecht (*contract law*) und «*fault-based liability*» im Falle von Deliktsrecht (*tort law*), wie sie dem Common Law zugrunde liegt,[987] gilt nicht für die Rechtsordnungen des Civil Law. Nach kontinentalem Rechtsverständnis ist sowohl bei der deliktischen Haftung als auch bei der Vertragshaftung vom Verschuldensprinzip auszugehen (*fault principle*)[988].

Im Hinblick auf die Vertragshaftung ist das Regel-Ausnahme-Verhältnis im Civil Law entgegengesetzt zu dem des Common Law. (Einen prinzipiellen Gegensatz zwischen Civil Law und Common Law hatten wir bereits oben Nr. 07.21 f. im Zusammenhang mit der Naturalerfüllung kennengelernt.) Für das Vertragsrecht gilt im Common Law zugunsten des Gläubigers die Regel, dass den Schuldner eine Garantiepflicht trifft, die ausnahmsweise durch vertragliche Vereinbarungen abbedungen werden kann. Im Civil Law hingegen gilt zugunsten des Schuldners die Regel, dass dieser sich von der Haftung befreien kann, wenn er nachweist, dass ihn kein Verschulden trifft; nur ausnahmsweise gilt für den Schuldner eine Garantiepflicht. Wie schon beim Naturalerfüllungsanspruch ist dieser Unterschied damit zu erklären, dass das Civil Law – im Gegensatz zum Common Law – auf der Rezeption des römischen Rechts beruht (s. o. Nr. 01.50). Die Rezeption wiederum bewirkte, dass das kanonische Recht, also das Kirchenrecht der römisch-katholischen

987 *Bugg*, Contracts in English, Rdnr. 47.
988 Vgl. *Riesenhuber*, ERCL 2008, 119, 135 f.

Kirche, einen starken Einfluss auf das Civil Law ausübte. Das Verschuldensprinzip hat seinen historischen Ursprung im kanonischen Recht.[989]

Das Verschuldensprinzip als zivilrechtliche Regel ist vom strafrechtlichen Schuldbegriff zu unterscheiden. Während im Strafrecht der Schuldvorwurf nur auf den individuellen Täter bezogen werden kann, gilt im Zivilrecht ein objektivierter und typisierter Fahrlässigkeitsmaßstab.[990] Wenn der Beklagte einwendet, dass er die ihm vorgeworfene Pflichtverletzung nicht zu vertreten habe, da er den Sorgfaltsanforderungen Genüge getan habe, dann geht es nicht um die persönlichen Fähigkeiten des Beklagten, sondern darum, wie sein Verhalten anhand eines abstrakten Referenzmodells zu bewerten ist. Von Anfang an hatten BGB, Code civil und CC als abstrakte Referenz den ordentlichen Hausvater,[991] den *bon père de famille* (Art. 1137 C.civ. a. F.), den *buen padre de familia* (Art. 1104 CC) vorgesehen. Heute besteht gesamteuropäisch Konsens darüber, dass es für den objektiven Sorgfaltsmaßstab darauf ankommt, was von einem durchschnittlichen Angehörigen des jeweiligen Verkehrskreises in der jeweiligen Situation erwartet werden kann.[992]

Wenn also der Auftraggeber den Hersteller auf Schadensersatz in Anspruch nimmt, dann ist zu prüfen, ob er seinen Anspruch auf die vertragliche oder die deliktische Haftung des Herstellers stützt. Wenn, wie im Fall 8b, der geltend gemachte Schadensposten sowohl das positive Erfüllungsinteresse als auch das negative Integritätsinteresse des Auftraggebers betreffen kann, dann ist zu fragen: Welches Verhalten oder Unterlassen des Herstellers soll nach Angaben des Auftraggebers zu diesem Schaden geführt haben? Für die Beantwortung dieser Frage ist danach zu trennen, ob deutsches oder französisches bzw. spanisches Recht Anwendung findet. Denn nur unter deutschem Recht werden auch Schäden, die dadurch entstanden sind, dass der Hersteller gegenüber dem Auftraggeber eine Schutz- oder Verhaltenspflicht verletzt hat, der vertraglichen Haftung zugeordnet, während im französischen und spanischen Recht solche Schäden, die nicht auf der Verletzung einer Leistungspflicht beruhen, nur nach der deliktischen Haftung reguliert werden können. Das führt im französischen und spanischen Recht dazu, dass Folgeschäden, die das negative Interesse betreffen, nach der deliktischen (= außervertraglichen) Haftung zu regulieren sind, auch wenn zwischen Schädiger und Geschädigtem ein Vertrag vorliegt (s. o. Nr. 08.25, Fall 8e). Hingegen gilt im deutschen Recht die Schadensersatzpflicht aus § 280 Abs. 1 BGB gleichermaßen für die Verletzung von Leistungs-, Neben-

989 *Ranieri*, Europäisches Obligationenrecht, S. 565 ff.
990 *Larenz*, Schuldrecht, Bd. 1 AT, S. 285.
991 BGB Motive Bd. I, Allgemeiner Theil, Berlin/Leipzig 1888, S. 279.
992 *Ranieri*, Europäisches Obligationenrecht, S. 608, Fn. 96.

leistungs- und sonstigen Schutzpflichten (§ 241 Abs. 2 BGB).[993] Damit ist der Rechtsbegriff der Pflichtverletzung, wie er dem BGB nach der Schuldrechtsreform zugrunde liegt, umfassender als die Rechtsbegriffe der *inexécution* oder des *incumplimiento*, die sich nur auf die Nichterfüllung einer Leistungspflicht beziehen.

Der deliktische Anspruch auf Schadensersatz kann nach französischem Recht für den Geschädigten günstiger sein als der vertragliche Anspruch, da nur im Falle der vertraglichen Haftung der Schuldner einwenden kann, dass der geltend gemachte Schaden bei Vertragsschluss nicht vorhersehbar war, Art. 1231-3 C.civ. (s. o. Nr. 08.26). Im französischen Recht dient das Deliktsrecht dazu, die Härten des Vertragsrechts auszugleichen.[994] Im deutschen Recht ist es genau umgekehrt. Da kann gerade der vertragliche Schadensersatzanspruch für den Geschädigten günstiger sein, da dieser auch reine Vermögensschäden umfasst, was bei der deliktischen Haftung nur dann der Fall wäre, wenn dem Schadensverursacher eine sittenwidrige vorsätzliche Schädigung vorgeworfen werden könnte (§ 826 BGB) oder die Verletzung eines Rechtsguts i. S. v. § 823 Abs. 1 BGB oder eines Schutzgesetzes i. S. v. § 823 Abs. 2 BGB (s. o. Fall 8a, Nr. 08.20).

08.29 Konkurrenz der Haftungsarten

Wenn der Auftraggeber im Fall 8b (s. o. Nr. 08.22) gegen den Hersteller Klage auf Schadensersatz i. H. v. 5.000,– EUR erhebt, so kommt es für die passende Anspruchsgrundlage darauf an, ob er dem Hersteller die Verletzung einer Beratungspflicht oder die Verletzung einer Verhaltenspflicht vorwirft. Während es im deutschen Recht nur um die Frage geht, welcher vertragsrechtliche Anspruch gegeben ist (Schadensersatz *neben* der Leistung, § 280 Abs. 1 BGB, oder Schadensersatz *statt* der Leistung, §§ 280 Abs. 1, Abs. 3, 281 Abs. 1 BGB), geht es im französischen und spanischen Recht um die Frage, welche Haftungsart gegeben ist, die vertragsrechtliche oder die deliktische. Nur bei Verletzung einer leistungsbezogenen Pflicht wie der Beratungspflicht könnte er den vertraglichen Schadensersatzanspruch gem. Art. 1231-1 C.civ. bzw. gem. Art. 1101 CC geltend machen. Wirft er hingegen dem Hersteller vor, eine allgemeine Verhaltens- oder Schutzpflicht dadurch verletzt zu haben, dass er fahrlässig einen Systemabsturz herbeigeführt hat, dann könnte er den deliktischen Anspruch auf Schadensersatz gem. Art. 1240 C.civ. bzw. Art. 1902 CC geltend machen.

Da im deutschen Recht sowohl die Verletzung einer Leistungspflicht als auch die Verletzung einer Verhaltenspflicht über das Vertragsrecht geregelt

993 Jauernig/*Stadler*, § 280 BGB Rdnr. 1.
994 *Lorenz*, ZEuP 1994, 218, 242.

wird, stellen sich die folgenden Fragen nur für das französische und das spanische Recht: Kann der Auftraggeber Zahlung von Schadensersatz i. H. v. 5.000,– EUR verlangen, ohne dass es darauf ankommt, welche Haftungsart gegeben ist? Oder muss sich der Auftraggeber bei Klageerhebung festlegen, welche Pflichtverletzung er dem Auftragnehmer vorwirft, und damit zugleich festlegen, auf welche Haftungsart er sich beruft? Also Verletzung der Beratungspflicht (dann Vertragsrecht) oder Verletzung einer Verhaltenspflicht (dann Deliktsrecht)?

Will jemand vor einem französischen Zivilgericht gegen seinen Vertragspartner Klage auf Schadensersatz erheben, muss er den Grundsatz *non-cumul* beachten.[995] Dieses wichtige Prinzip des französischen Rechts, für das es im deutschen Recht keine Entsprechung gibt, war schon früh von der spanischen Rechtsprechung übernommen worden,[996] wurde von ihr inzwischen jedoch abgemildert. Der Grundsatz *non-cumul* verbietet es dem Kläger, aufgrund eines einheitlichen Sachverhalts vom Vertragspartner Schadensersatz sowohl wegen Vertragsverletzung als auch wegen unerlaubter Handlung zu verlangen. Der Grundsatz *non-cumul* bedeutet, dass eine Klage auf Schadensersatz nicht zugleich mit einem vertraglichen und einem außervertraglichen Anspruch begründet werden kann, es sei denn als Hauptforderung und als subsidiäre Forderung.[997] Das gilt entsprechend auch fürs spanische Recht: Unter Berufung auf die Rechtsprechung des italienischen Kassationshofs lässt der Tribunal Supremo eine Klagehäufung (*acumulación*) in dem Sinne zu, dass der Kläger den außervertraglichen Schadensersatzanspruch aus Art. 1902 CC und subsidiär den vertraglichen Schadensersatzanspruch aus Art. 1101 CC geltend machen kann.[998]

Der Grundsatz *non-cumul* besagt auch, dass der Anspruchsteller keine Wahlfreiheit hat, seinen Anspruch vertragsrechtlich oder deliktsrechtlich zu verfolgen, sondern dass das Tatsachengericht über die anzuwendende Haftungsart entscheidet. Wenn in Spanien das Gericht erster Instanz darüber zu befinden hat, ob es um deliktische oder um vertragliche Haftung geht, dann kann die Entscheidung auch davon abhängen, welche Haftungsart dem Geschädigten den größtmöglichen Schadensersatz verspricht („*en favor de la perjudicada y para conseguir el resarcimiento del daño lo más completo posible*“).[999] In Frankreich hingegen wird das Instanzgericht die anzuwen-

995 *Ancel*, RCA 2012, n° 2, 38–42; *Boucard*, op. cit., n° 47 ff.; *Laithier*, RDC 2019/4, 158 ff.

996 Vgl. *Ranieri*, Europäisches Obligationenrecht, S. 1355.

997 Cass.com. du 13/07/2010, n° 09-14.985; Cass.civ. 3^{e} du 28/04/2011, n° 10-13.646.

998 STS de 16/12/1986 FD 3°, ROJ: STS 7088/1986.

999 SAP Málaga, Sección 6^{a}, de 15/11/1997, FD 1°, ROJ: SAP MA 500/1997 mit allgemeinen und lehrreichen Ausführungen, wie der Grundsatz non-cumul von der spanischen Rechtsprechung heute angewendet wird.

dende Haftungsart anhand objektiver Kriterien feststellen.[1000] Dabei soll im französischen Recht mit der Regel *non-cumul* verhindert werden, dass die vertragsrechtliche Privilegierung des Schädigers durch die Anwendung von Deliktsrecht unterlaufen wird[1001] (zur Möglichkeit des Schädigers, sich auf *Imprévisibilité* zu berufen s. o. Nr. 08.25 f.).

Ausnahmsweise gilt im französischen Recht der Grundsatz *non-cumul* nicht, wenn der Auftraggeber Schadensersatz wegen Sachschäden oder Personenschäden vom Hersteller des Produkts verlangt, durch dessen Sicherheitsmangel der Schaden verursacht wurde. Dann gilt zu Lasten des Herstellers die *responsabilité du fait des produits défectueux* (Artt. 1245ss. C.civ.). Solche Schadensersatzansprüche können gem. Art. 1245-17 C.civ. neben vertragsrechtlichen und neben außervertraglichen Schadensersatzansprüchen geltend gemacht werden. Sie sind also frei konkurrierend. Allerdings gibt es auch eine Ausnahme von der Ausnahme. Soweit nämlich die Vorschriften über die *responsabilité du fait des produits défectueux* (Art. 1245ss. C.civ.) der Umsetzung der europäischen Produkthaftungsrichtlinie 85/374/EWG[1002] dienen, sind diese Vorschriften abschließend. Das kommt daher, dass der EuGH diese Richtlinie im Sinne einer Totalharmonisierung versteht, sodass der Gestaltungsspielraum der europäischen Mitgliedstaaten bei der Regelung der Haftung für fehlerhafte Produkte zur Gänze von der Richtlinie selbst festgelegt wird.[1003]

Wenn durch das fehlerhafte Produkt ein Sachschaden an einer anderen Sache als dem fehlerhaften Produkt entstanden ist, so haftet der Hersteller gemäß Art. 9 der Richtlinie 85/374/EWG nur, wenn diese Sache vom Geschädigten hauptsächlich zum privaten Ge- oder Verbrauch verwendet worden ist. Auch die novellierte Richtlinie zur Produkthaftung enthält eine entsprechende Ausnahme für Sachen, die ausschließlich für berufliche Zwecke verwendet werden, Art. 6 Abs. 1 lit. b iii) Richtlinie (EU) 2024/2853 vom 23.10.2024,[1004] sodass Sachschäden an gewerbsmäßig genutzten Sachen weder von der geltenden noch von der novellierten Produkthaftungsrichtlinie erfasst werden. Schadensersatzansprüche aus *responsabilité du fait des produits défectueux* (Art. 1245ss. C.civ.) umfassen Sachschäden an anderen Gegenständen als dem defekten Produkt (Art. 1245-1 C.civ.), ohne dass hier eine Einschränkung auf Gegenstände zum privaten Gebrauch besteht, sodass Schadensersatzansprüche aus *responsabilité du fait des produits défec-*

1000 Cass.com. du 23/06/2009, n° 08-12.430; Cass.civ. 1re du 28/06/2012, n° 10-28.492.
1001 *Lorenz*, ZEuP 1994, 218, 233 (Fn. 119).
1002 ABl. L 210 v. 7.8.1985, S. 29–33.
1003 EuGH, Urt. v. 25.4.2002 – C-52/00, Kommission/Frankreich, ECLI:EU:C:2002:252. Kritisch zur Totalharmonisierung: *Ranieri*, Europäisches Obligationenrecht, S. 1738 ff. m. w. N.
1004 ABl. L 2024/2853, 18.11.2024.

tueux wegen Sachschäden an gewerbsmäßig genutzten Sachen neben Schadensersatzansprüchen aus *responsabilité contractuelle* und *responsabilité extracontractuelle* geltend gemacht werden können.[1005] Der französische Gesetzgeber hat nämlich – anders als der deutsche und der spanische Gesetzgeber – die Richtlinie 85/374/EWG in der Weise umgesetzt, dass nicht nur Verbraucher Anspruch auf Schadensersatz haben, sondern auch Gewerbetreibende. Darüber hinaus schließt die Haftung für fehlerhafte Produkte die Anwendung anderer vertraglicher oder außervertraglicher Haftungsarten nicht aus, sofern diese auf einer anderen Grundlage als der eines Sicherheitsmangels des Produkts beruhen, wie im Falle von Gewährleistung (*garantie des vices cachés*) oder im Falle der Verschuldenshaftung (*faute*).[1006]

§ 3 Schadensersatz plus Rückabwicklung des Vertrages

08.30 Grundsätzliches

Nehmen wir an, der Hersteller hat erhebliche Investitionen in Entwicklung und Fertigung des digitalen Produkts getätigt. Üblicherweise geht er dabei auch in Vorleistung. Hat nun der Auftraggeber das fertiggestellte Produkt abgenommen, dann darf der Hersteller erwarten, dass der Auftraggeber mit dem Produkt zufrieden ist und die vereinbarte (Rest-)Vergütung zahlt. Der *worst case* aus Sicht des Herstellers ist es, wenn ihm der Auftraggeber unerwarteterweise Schlechtleistung vorwirft und deshalb nicht nur Schadensersatz für die erlittenen Einbußen und die entgangenen Gewinne verlangt, sondern darüber hinaus auch noch den Vertrag rückgängig machen will. Bei der Rückabwicklung geht es um die Wiederherstellung des *status quo ante contractus*. Dann muss der Hersteller die bereits eingenommene Vergütung zurückzahlen. Zwar kann er dann auch die Rückgabe des Produkts verlangen. Aber möglicherweise kann er das gar nicht verwerten, weil es speziell auf die Bedürfnisse des Auftraggebers zugeschnitten ist. Der Zielkonflikt besteht jetzt darin, dass der Hersteller ein wirtschaftliches Interesse hat, am Vertrag festzuhalten, während sich der Auftraggeber aus der vertraglichen Bindung lösen möchte.

Nehmen wir also an, dass die Parteien bei Abschluss des Projekts noch davon ausgehen, dass das Projekt erfolgreich verlaufen sei. Erst nachdem der Auftraggeber das fertiggestellte Produkt nutzt, stellt er fest, dass es nicht seinen Bedürfnissen entspricht, sodass sich erst im Nachhinein herausstellt,

1005 Vgl. Cass.com. du 24/06/2008, n° 07-11.744; EuGH, Urt. v. 4.6.2009 – C-285/06, obs. *Jourdain*, RTD civ. 2009, 738–740.

1006 Cass.civ. 1re du 14/11/2018, n° 17-23.668; s. a. EuGH, Urt. v. 25.4.2002 – C-52/00, Rdnr. 22, ECLI:EU:C:2002:252.

dass das Projekt nicht das erbracht hat, was sich der Auftraggeber davon versprochen hatte. Für den Hersteller ist diese Konstellation besonders kritisch, einerseits, weil er bei Abschluss des Projekts noch nichts von dem aufkommenden Konflikt ahnt, andererseits, weil er sich vertraglich verpflichtet hat, einen Erfolg zu liefern (s. o. Nr. 07.40–07.47). Verlangt der Auftraggeber nun Rückgängigmachung des Vertrages und zugleich Schadensersatz, kommt es für die Berechnung des Schadensersatzes darauf an, ob das gewählte Rechtsmittel zur Rückabwicklung des Vertrages auch mit einem auf das positive Interesse gehenden Schadensersatzanspruch verbunden werden kann oder ob es sich um ein Rechtsmittel handelt, das nur mit einem auf das negative Interesse gehenden Schadensersatzanspruch verbunden werden kann (zur Unterscheidung von positivem und negativem Interesse s. o. Nr. 08.23).

Rechtsmittel zur Rückabwicklung des Vertrages, die auch mit einem auf das positive Interesse gehenden Schadensersatzanspruch verbunden werden können:

- Rücktritt, §§ 634 Nr. 3, 323 BGB & Schadensersatz statt der Leistung, §§ 634 Nr. 4, 280 I, III, 281 I S. 1 BGB;
- Schadensersatz statt der ganzen Leistung, §§ 634 Nr. 4, 280 I, III, 281 I S. 3 BGB (s. u. Nr. 08.32);
- Résolution, Art. 1228 C.civ. & action en réparation, Art. 1231-1 C.civ. (s. u. Nr. 08.33);
- Resolución, Art. 1124 CC & acción indemnizatoria, Art. 1101 CC (s. u. Nr. 08.34).

Rechtsmittel zur Rückabwicklung des Vertrages, die nur mit einem auf das negative Interesse gehenden Schadensersatzanspruch verbunden werden können:

- Vertragsaufhebung wegen *culpa in contrahendo*, §§ 280 I, 311 II, 241 II BGB (s. u. Nr. 08.35);
- Action en nullité, Art. 1131 C.civ. & action en réparation, Art. 1240s. C.civ. (s. u. Nr. 08.36);
- Acción de la anulabilidad, Art. 1300ss. CC & acción indemnizatoria, Art. 1902 CC (s. u. Nr. 08.37).

Die Rechtsmittel zur Rückabwicklung des Vertrages wurden bereits oben unter Nr. 04.30 ff. ausführlich behandelt. Was die Voraussetzungen zur Geltendmachung der Rechtsmittel angeht, kann deshalb auf die obigen Ausführungen verwiesen werden. Hier soll es jetzt nur noch darum gehen, inwiefern der Auftraggeber zusätzlich zu der Rückabwicklung des Vertrages auch noch Schadensersatz verlangen kann.

08.31 Schadensersatz bei Kündigung

Die Frage, ob der Auftraggeber die Rückabwicklung des Vertrages plus Schadensersatz verlangen kann, muss sich nicht erst dann stellen, wenn der Auftraggeber nach Abschluss des Projekts das Produkt abgenommen hat und anschließend merkt, dass es nicht seinen Erwartungen entspricht. Diese Frage kann sich schon während des Projekts stellen, wenn der Auftraggeber das Vertrauen verloren hat, der Auftragnehmer könne noch innerhalb eines angemessenen Zeitrahmens ein vertragskonformes Produkt liefern. Das gilt insbesondere für Projekte zur Entwicklung eines neuen IT-Systems. Dass ein solches Projekt vor der Abnahme scheitert, kommt in der Praxis häufiger vor als ein Scheitern nach der Abnahme. Nach Abnahme wird der Auftraggeber eher dazu tendieren, an dem neuen System festzuhalten, denn bei einer Rückkehr auf sein Altsystem wären die Risiken nahezu unübersehbar.[1007] Nach französischem und spanischem Recht ist die Rechtsgrundlage dieselbe, egal ob der Auftraggeber vor oder nach Fertigstellung des Projekts die Rückabwicklung wegen Nichterfüllung begehrt (Art. 1228 C.civ., Art. 1124 CC). Verlangt er aber den Abbruch des Projekts, ohne die Rückerstattung der bereits bezahlten Vergütung zu verlangen, spricht man nicht von Auflösung (*résolution/resolución*), sondern von Beendigung (*résiliation/resiliación*) des Vertrages.[1008] Im Folgenden geht es allerdings darum, dass der Auftraggeber die Rückerstattung der bereits gezahlten Vergütung und Schadensersatz für bereits getätigte Investitionen verlangt. Er begehrt also gerade nicht die Beendigung, sondern die Auflösung des Vertrages. Die Erörterungen zur Auflösung nach französischem und spanischem Recht (s. u. Nr. 08.33 und Nr. 08.34) gelten sowohl während des Projekts als auch nach Abnahme des Projekts.

Nach deutschem Recht hingegen unterscheiden sich die Anspruchsgrundlagen, je nachdem, ob der Auftraggeber während des laufenden Projekts oder nach dessen Abschluss Rückabwicklung verlangt. Während des Projekts kann der Auftraggeber gem. § 648a BGB kündigen, wenn ihm die Fortsetzung des Vertragsverhältnisses bis zur Fertigstellung des Werks nicht zugemutet werden kann. So wie bei den Rechtsmitteln nach Fertigstellung (also bei Rücktritt und Schadensersatz statt der ganzen Leistung, s. u. Nr. 08.32) setzt auch die Kündigung voraus, dass dem Hersteller noch eine zweite Chance gewährt wurde. Die Kündigung ist erst nach erfolglosem Ablauf einer Abhilfefrist bzw. erfolgloser Abmahnung zulässig, §§ 648a Abs. 1, Abs. 3, 314 Abs. 2 BGB. Die Kündigung wirkt zwar *ex nunc*, sodass man bezweifeln könnte, dass der Hersteller auch die Vergütung zurückerstatten muss, die er für die bisher erbrachten Leistungen erhalten hat. Allerdings

1007 *Witzel*, in: Schneider/Graf v. Westphalen, Software-Erstellungsverträge, S. 743.
1008 Vgl. *Flambard*, Expertises 2011, 264, 265.

wird gem. § 648a Abs. 6 BGB die Berechtigung, Schadensersatz zu verlangen, durch die Kündigung nicht ausgeschlossen. Der Schadensersatz statt der ganzen Leistung gem. § 281 Abs. 1 S. 2 BGB ermöglicht die Lösung des Problems bereits erbrachter Leistungen, an denen der Kündigende nach Ende des Dauerschuldverhältnisses kein Interesse mehr hat, die aber wegen der fehlenden Rückwirkung der Kündigung an sich nicht rückabzuwickeln sind.[1009] Kündigt also der Auftraggeber aus wichtigem Grund (§ 648a BGB) und verlangt er zugleich Schadensersatz statt der ganzen Leistung, muss der Hersteller die bereits erhaltene Vergütung rückerstatten. Er kann dann zwar auch Rückgabe der bereits erstellten Produktteile verlangen, kann diese aber unter Umständen gar nicht verwerten, weil sie speziell auf die Bedürfnisse des Auftraggebers zugeschnitten sind.

Hat der Hersteller (noch) kein vertragskonformes Produkt erstellt, kann dem Auftraggeber also ein Recht auf Rückabwicklung des Vertrages zustehen, und zwar unabhängig davon, ob der Hersteller annimmt, das Projekt sei bereits erfolgreich abgeschlossen, oder ob er annimmt, das Projekt könne noch erfolgreich abgeschlossen werden.

08.32 Rücktritt und großer Schadensersatz

Entspricht das fertiggestellte Produkt nicht den Erwartungen des Auftraggebers und begehrt er deshalb die Rückabwicklung des Vertrages samt Schadensersatz, so hat er zwei Möglichkeiten: (1.) Er kann vom Werkvertrag zurücktreten (§§ 634 Nr. 3, 323 BGB) und zusätzlich (§ 325 BGB) den auf das positive Interesse gehenden Schadensersatz statt der Leistung (§§ 634 Nr. 4, 280 Abs. 1, Abs. 3, 281 I S. 1 BGB) verlangen; oder (2.) er kann Schadensersatz statt der ganzen Leistung verlangen, §§ 634 Nr. 4, 280 Abs. 1, Abs. 3, 281 Abs. 1 S. 3 BGB. Schadensersatz statt der ganzen Leistung (der sog. „große Schadensersatz") umfasst sowohl den Ersatz des positiven Interesses als auch die Rückabwicklung des Vertrages. Der Auftraggeber kann nur dann vom Werkvertrag zurücktreten oder Schadensersatz statt der ganzen Leistung verlangen, wenn die Pflichtverletzung des Herstellers (d. h. der Mangel)[1010] mehr als unerheblich ist, § 281 Abs. 1 S. 3 bzw. § 323 Abs. 5 S. 2 BGB. Die Erstellung einer nicht fehlerfreien Software stellt regelmäßig eine objektive Pflichtverletzung dar.[1011] Ein Unterschied zwischen den Varianten (1.) und (2.) besteht insofern, als das Rücktrittsrecht – im Gegensatz zum Anspruch auf Schadensersatz – unabhängig davon besteht, ob der Hersteller die Pflichtverletzung zu vertreten hat. Nur gegen den Anspruch auf Scha-

1009 MK-BGB/*Gaier*, § 314 BGB Rdnr. 65.
1010 Jauernig/*Stadler*, § 281 BGB Rdnr. 30.
1011 OLG Düsseldorf, Urt. v. 9.12.1994 – 17 U 106/94, CR 1995, 269.

densersatz statt der ganzen Leistung kann die IT-Firma einwenden, dass sie die Pflichtverletzung nicht zu vertreten habe. Was aber die Chance zur zweiten Andienung angeht, stimmen beide Varianten überein. Bevor der Auftraggeber zurücktreten oder Schadensersatz statt der ganzen Leistung verlangen kann, muss er dem Hersteller erfolglos eine Frist zur Nacherfüllung gesetzt haben, § 281 Abs. 1 S. 1 bzw. § 323 Abs. 1 BGB, es sei denn, die Nachfristsetzung ist ausnahmsweise entbehrlich, § 281 Abs. 2 bzw. § 323 Abs. 2 BGB (s. o. Nr. 04.33).

08.33 Résolution

Stellt der Auftraggeber nach Inbetriebnahme des fertiggestellten Produkts fest, dass es nicht seinen Erwartungen entspricht, und begehrt er deshalb die Rückabwicklung des Vertrages, dann kommt für ihn die *résolution* (Artt. 1224–1230 C.civ.) in Betracht. Verlangt er kumulativ Vertragsauflösung und den Ersatz des Nichterfüllungsschadens, so könnte das deshalb problematisch sein, weil der Ersatz des Nichterfüllungsschadens auf das positive Interesse geht, wohingegen die Auflösung dem negativen Interesse entspricht. Folglich wird das auch in der französischen Doktrin kontrovers diskutiert;[1012] die Rechtsprechung aber lässt ausdrücklich eine Kumulation von Vertragsauflösung und Ersatz des Nichterfüllungsschadens zu.[1013] Den Nichterfüllungsschaden kann der Gläubiger geltend machen, unabhängig davon, ob er auch die *résolution* möchte oder nicht. Im Gegensatz zum Schadensersatzanspruch, für den der Nachweis erforderlich sein kann, dass der Schuldner die Nichterfüllung verschuldet hat, ist es für die Vertragsauflösung irrelevant, ob dem Schuldner wegen der Nichterfüllung *faute* vorzuwerfen ist oder nicht.

08.34 Resolución

Nach Art. 1124 al. 2 CC kann der Gläubiger neben der Erfüllung des Vertrages und neben der Vertragsauflösung (*en ambos casos*) Schadensersatz verlangen. Der Antrag auf Vertragsauflösung und der Antrag auf den Schadensersatz werden getrennt beurteilt. Hat der Auflösungsantrag Erfolg, muss dies nicht auch für den Antrag auf Schadensersatz gelten.[1014] Für die Berechnung des Schadensersatzes kommt es nicht auf den Zeitpunkt der Nichterfüllung, sondern auf den Zeitpunkt der Vertragsauflösung an.[1015] So wie in der französischen wird auch in der traditionellen spanischen Lehre die

1012 Vgl. die Darstellung bei *Boucard*, Responsabilité contractuelle, n° 552 f.

1013 Cass.com. du 29/03/2017, n° 15-17.165.

1014 *Huzel*, Vertragsauflösung wegen Nichterfüllung im spanischen Recht, S. 61.

1015 Bercovitz Rodríguez-Cano/*Minero Alejandre*, Comentarios al CC, Art. 1124, n° 1.1.

Auffassung vertreten, dass die Vertragsauflösung nur mit einem auf das negative Interesse gehenden Schadensersatz verknüpft werden könne.[1016] Die Rechtsprechung aber erkennt ein Recht des Auflösungsklägers auf Ersatz des Nichterfüllungsschadens an.[1017] Deshalb kann der Auflösungskläger als Schaden auch den entgangenen Gewinn (*lucro cesante*) geltend machen.[1018]

08.35 Culpa in contrahendo

Der Schadensersatzanspruch aus c. i.c. (§§280 Abs. 1, 311 Abs. 2, 241 Abs. 2 BGB) wegen eines ungünstigen Vertrages geht auf das negative Interesse,[1019] auch wenn z. T. in der deutschen Rechtslehre ein normativer Vorrang hierfür angezweifelt wird.[1020] Der Auftraggeber kann also den Ersatz seines Vertrauensschadens verlangen. Hätte der Geschädigte ohne das schuldhafte Verhalten des Gegners ein anderes Geschäft abgeschlossen, gehört zum negativen Interesse auch der aus diesem Geschäft entgangene Gewinn.[1021] Der entgangene Gewinn ist aber dann nicht als Vertrauensschaden zu ersetzen, wenn der Gläubiger diesen Gewinn bei Zustandekommen des Vertrages gemacht haben würde, da es dann um das Erfüllungsinteresse geht.[1022] Der Schadensersatzanspruch aus c. i.c. geht auch auf Aufhebung des ungünstigen Vertrages (s. o. Nr. 04.34). Rechtstechnisch erfolgt die Vertragsaufhebung durch einen Vertrag, § 311 Abs. 1 BGB. Der Gläubiger kann vom Schuldner eine entsprechende Willenserklärung fordern, woraufhin der Aufhebungsvertrag den aufzuhebenden Vertrag in ein Rückgewährschuldverhältnis umwandelt.[1023]

08.36 Action en nullité

Wirft der Auftraggeber dem Hersteller die schuldhafte Verletzung einer vorvertraglichen Informationspflicht vor und erhebt er deshalb die *action en nullité*, so kann sein Anspruch auf Schadensersatz nur auf das negative Interesse gehen, denn die *responsabilité* aus Art. 1112-1 al. 6 C.civ., wie sie für das vorvertragliche Verhältnis gilt, meint nicht die vertragliche, sondern

---

1016 *Lacruz Berdejo*, Elementos de Derecho Civil II, Derecho de Obligaciones, Vol. 1°, S. 201.
1017 STS de 03/06/1993, ROJ: STS 17588/1993.
1018 *Díez-Picazo/Gullón*, Sistema de Derecho Civil, Vol. II, Tomo I, S. 257, Fn. 1.
1019 *Larenz*, Schuldrecht, Bd. 1 AT, S. 112.
1020 *Lorenz*, NJW 1999, 1001.
1021 BGH, Urt. v. 2.3.1988 – VIII ZR 380/86, NJW 1988, 2234, 2236.
1022 *Larenz*, Schuldrecht, Bd. 1 AT, S. 431.
1023 *Nickel*, Die Rechtsfolgen der culpa in contrahendo, S. 172 f.

die deliktische Haftungsart[1024] (Art. 1240s. C.civ.). Der Schaden besteht in der *perte d'une chance de ne pas contracter.*[1025] Begehrt also der Auftraggeber die Rückabwicklung des Vertrages, dann ist der Klageantrag dahingehend auszulegen, welche Haftungsart gemeint ist. Da die Annullierung des Vertrages nur mit der deliktischen Haftung und nur die Auflösung mit der vertraglichen Haftung verbunden werden kann, muss der Klageantrag danach geprüft werden, ob ein Willensmangel des Auftraggebers oder eine nicht vertragskonforme Leistung des Auftragnehmers kausal für die Ungeeignetheit der gelieferten Software sein soll. Eine Vermischung von vertraglicher und deliktischer Haftung würde einen Verstoß gegen den Grundsatz *non-cumul* bedeuten.

Wenn der Auftraggeber seinen entgangenen Gewinn verlangt, dann darf dieser Gewinn keinesfalls das positive, sondern nur das negative Interesse betreffen. Der Auftraggeber kann also nicht den Gewinn verlangen, den er sich von dem annullierten Vertrag erwartet hatte, denn dieser Gewinn würde das positive Interesse betreffen. Er kann aber den entgangenen Gewinn verlangen, der dadurch entstanden ist, dass er anstelle des annullierten Vertrages einen günstigeren Vertrag hätte abschließen können. Der entgangene Gewinn, der das negative Interesse betrifft, kann als *perte de chance* geltend gemacht werden.[1026] Verlangt der Auftraggeber die Annullierung, nachdem der Vertrag bereits vollzogen wurde, können Vermögensschäden berücksichtigt werden, die durch den Vollzug des Vertrages entstanden sind. Allerdings sind diese nur insofern erstattungsfähig, als sie das negative Integritätsinteresse des Auftraggebers betreffen. Er kann deshalb nur verlangen, so gestellt zu werden, wie er ohne das schädigende Ereignis, also ohne den Vollzug des Vertrages, stehen würde.[1027]

08.37 Acción de la anulabilidad

Derjenige Vertragspartner, der den Vertrag aufgrund eines Willensmangels (*dolo*, *error* oder *violencia*) geschlossen hat, kann vor Gericht die *acción de la anulabilidad* gem. Art. 1300ss. CC erheben. Und derjenige Vertragspartner, der den Willensmangel verursacht hat oder ihn als solchen erkannt hat, kann von der anderen Partei auf Schadensersatz (*indemnización*) wegen

1024 Vgl. *Cauvin*, Das Leistungsstörungsrecht des französischen Code civil nach der Vertragsrechtsreform 2016, S. 111 f.; *Babusiaux/Witz*, JZ 2017, 496, 499.

1025 Cass.com. du 20/10/2009, n° 08-20.274; *Fages*, in: Bien/Borghetti, Die Reform des französischen Vertragsrechts, S. 13, 29.

1026 Cass.com. du 31/01/2012, n° 11-10.834.

1027 Cass.civ. 1re du 16/03/1999, n° 97-12.930; *Boucard*, Responsabilité contractuelle, n° 184.

culpa in contrahendo in Anspruch genommen werden.[1028] Hat sich also (1.) der Auftraggeber über die Eigenschaften der zu erstellenden Software geirrt und hat (2.) die IT-Firma diesen Irrtum entweder durch mangelnde Beratung hervorgerufen oder den Irrtum erkannt, ohne den Auftraggeber aufzuklären, dann kann der Auftraggeber außer der Annullierung des Vertrages auch noch Schadensersatz von der IT-Firma verlangen. Der Auftraggeber kann aber nur solche Schadensposten geltend machen, die vom *interés negativo* betroffen sind. Dabei handelt es sich insbesondere um Aufwendungen, die er nur deshalb getätigt hat, weil er auf das Zustandekommen des Vertrages vertraut hat (*interés de confianza*).[1029]

08.38 Unnütze Lohnkosten

Unabhängig davon, ob die Parteien eine klassische oder eine agile Projektmethode gewählt haben, ist es üblich, dass der Auftraggeber eigene Mitarbeitende abordnet, damit sie die Mitarbeitenden der IT-Firma bei der Projektentwicklung unterstützen, z. B. indem sie regelmäßig die von der IT-Firma erarbeiteten Spezifikationen validieren. Wenn nun der Auftraggeber die Rückabwicklung des Projektvertrages will, weil er mit den Leistungen der beauftragten IT-Firma nicht zufrieden ist, dann bedeutet das zugleich, dass die Arbeitszeiten seiner Mitarbeitenden, die er für das Projekt abgeordnet hatte, keinen Nutzen erbracht haben. Das gilt entsprechend auch für die Arbeitszeit, während derer seine Mitarbeitenden zwecks Schulung an der projektierten Software freigestellt wurden. Der Auftraggeber wird dann daran interessiert sein, die unnützen Lohnkosten, die er für seine Mitarbeitenden aufgewendet hat, von der IT-Firma im Wege des Schadensersatzes erstattet zu bekommen.

Zunächst einmal ist festzuhalten: Wenn eine Firma schadensersatzberechtigt ist, kann sie vom Anspruchsgegner nicht ohne Weiteres Schadensersatz für die eigenen Personalkosten verlangen. Nach ständiger Rechtsprechung des BGH ist der Schädiger dem geschädigten Unternehmen nicht schadensersatzpflichtig für Lohnkosten, die entstanden sind, weil Mitarbeitende mit der außergerichtlichen Geltendmachung des Schadensersatzanspruchs befasst waren.[1030] In unserem Fall geht es allerdings nicht darum, dass die Mitarbeitenden mit der Schadensregulierung befasst waren, sondern mit der Projektentwicklung. Dem könnte die IT-Firma entgegenhalten, dass der Auftraggeber die Lohnkosten ja ohnehin hätte tragen müssen, unabhängig

---

1028 Bercovitz Rodríguez-Cano/*Vaquero Pinto*, Comentarios al CC, Art. 1300 CC, n° 4.1.
1029 STS de 05/03/2010, FD 4°, ROJ: STS 984/2010.
1030 BGH, Urt. v. 9.3.1976 – VI ZR 98/75, NJW 1976, 1256 f.; BGH, Urt. v. 6.11.1979 – VI ZR 254/77, NJW 1980, 119.

davon, ob das Projekt später zu einem Erfolg werden würde oder nicht. Diese Argumentation vermag dann zu überzeugen, wenn der vom Auftraggeber geltend gemachte Schadensersatz auf sein negatives Interesse gehen soll. Beim Ersatz des negativen Interesses soll er so gestellt werden, wie er stehen würde, wenn er den Vertrag niemals abgeschlossen hätte. Auch wenn er sich niemals auf den Vertrag mit der IT-Firma eingelassen hätte, wäre er trotzdem zur Entlohnung seiner Mitarbeitenden verpflichtet gewesen. Es fehlt also an der Kausalität zwischen dem gescheiterten Projekt und der Entlohnung der Mitarbeitenden.

Diese Argumentation geht jedoch ins Leere, wenn der Auftraggeber nicht den Ersatz seines negativen Interesses, sondern den seines positiven Interesses begehrt (zur Definition des positiven Interesses s. o. Nr. 08.23). Wenn der Schadensersatz auf das positive Interesse gehen soll, dann ist der Geschädigte so zu stellen, wie er bei ordnungsgemäßer Erfüllung des Vertrages stehen würde. Mit anderen Worten: Er soll so gestellt werden, wie er stehen würde, wenn sich seine berechtigten wirtschaftlichen Erwartungen erfüllt hätten (Erfüllungsinteresse). Dem entspricht die vom BGH entwickelte Rentabilitätsvermutung: Dabei handelt es sich um die – widerlegbare – Annahme, dass die Parteien Leistung und Gegenleistung als grundsätzlich gleichwertig einschätzen, sodass die vertragsbezogenen Aufwendungen durch die Vorteile der erwarteten Gegenleistung ausgeglichen werden.[1031] Die Rentabilitätsvermutung wird vom BGH nur auf Austauschverträge angewendet. Es gibt also nach der Rechtsprechung des BGH keine generelle Vermutung, wonach sich Aufwendungen rentieren müssen.[1032]

Aufwendungen, die im Hinblick auf einen Vertrag erbracht worden sind, stellen lediglich in Fallgestaltungen, in denen das positive Interesse auszugleichen ist, ohne Weiteres einen Schaden dar, nicht aber, wenn der Kläger einen Schadensersatzanspruch geltend macht, der auf den Ersatz des negativen Interesses geht.[1033] Demnach kann der Auftraggeber von der IT-Firma Schadensersatz für den frustrierten Lohnaufwand verlangen, wenn ihm ein auf das positive Interesse gehender Schadensersatzanspruch zusteht (s. o. Nr. 08.30). Erklärt der Auftraggeber den Rücktritt bzw. die Vertragsauflösung und verlangt er Schadensersatz statt der (ganzen) Leistung gem. §§ 280 Abs. 1, Abs. 3, 281 Abs. 1 BGB bzw. Schadensersatz wegen Nichterfüllung gem. Art. 1231-1 C.civ. oder gem. Art. 1101 CC, so kann er von der IT-Firma die unnützen Lohnkosten erstattet verlangen, die er im Hinblick auf das Projekt zu tragen hatte. Diese Auffassung spiegelt sich auch in der franzö-

1031 BGH, Urt. v. 19.4.1991 – V ZR 22/90 (Kaufvertrag), NJW 1991, 2217; BGH, Urt. v. 13.6.2006 – X ZR 167/04 (Werkvertrag), NJW-RR 2006, 1309.
1032 *Pauly*, ZfBR 2022, 328 f., Fn. 12.
1033 OLG Köln, Urt. v. 8.11.1991 – 19 U 50/91, BeckRS 1991, 5570 = VersR 1992, 66.

sischen[1034] und der spanischen Rechtsprechung[1035] wider. In dem vom TC Paris zu entscheidenden Fall hatte das Gericht angenommen, dass die Mitarbeitenden des Auftraggebers 50% ihrer Arbeitszeit mit dem Projekt befasst waren. Die Begründung des Gerichts lässt aber darauf schließen, dass es auch einen wesentlich höheren Anteil anerkannt hätte, wenn der klagende Auftraggeber Dienstpläne vorgelegt hätte, die geeignet gewesen wären, den tatsächlichen Beitrag der eigenen Mitarbeitenden an dem Projekt zu belegen.[1036] In dem von der AP Barcelona zu entscheidenden Fall bemängelte die Klägerin, dass die von ihr in Auftrag gegebene Software zu keinem Zeitpunkt fehlerfrei funktioniert habe. Sie verlangte von der IT-Firma außer der Vertragsauflösung auch Schadensersatz für die Arbeitszeit, die ihre Beschäftigten bei der Mitarbeit zur Entwicklung und Installation der Software unnütz verbraucht haben. Unter Zugrundelegung des von ihr gezahlten Stundenlohns forderte sie Erstattung der Lohnkosten i.H.v. 449 Arbeitsstunden. Die AP Barcelona als Berufungsgericht gab der Klage auf Vertragsauflösung und Schadensersatz statt.

Nehmen wir an, der Vertrag ist nicht zustande gekommen oder später im Wege der Annullation (s.o. Nr. 08.36 f.) oder der *culpa in contrahendo* (Nr. 08.35) aufgehoben worden. Verlangt nun der Verhandlungspartner von der IT-Firma Ersatz für frustrierte Lohnkosten, die dadurch entstanden sind, dass seine Mitarbeitenden z.B. an der Erstellung des Pflichtenhefts mitgewirkt haben, dann darf bezweifelt werden, dass ihm ein solcher Anspruch gewährt wird. Ansprüche auf Schadensersatz in Verbindung mit der Annullation des Vertrages oder mit der *culpa in contrahendo* gehen ausschließlich auf Ersatz des negativen Interesses (s.o. die Übersicht zu den Anspruchsgrundlagen unter Nr. 08.30). Wenn wir davon ausgehen, dass frustrierte Lohnkosten nur insoweit ersetzt werden können, als ein Anspruch auf Ersatz des positiven Interesses besteht, können bei Ansprüchen auf Schadensersatz, die auf das negative Interesse gehen, frustrierte Lohnkosten nicht als Schadensposten geltend gemacht werden. Das betrifft dann den Anspruch auf Vertrauensschaden aus *culpa in contrahendo* (§ 280 Abs. 1, 311 Abs. 2, 241 Abs. 2 BGB) genauso wie die deliktischen Ansprüche gem. Art. 1240 s. C. civ. und gem. Art. 1902 CC, bei denen frustrierte Lohnkosten als Schadensposten ausgeschlossen sind. Zumindest kann es für sie keine Rentabilitätsvermutung geben.

1034 TC Paris, 3e ch., du 02/06/2009, Expertises 2010, 107–120; im Kern bestätigt durch CA Paris, pôle 5, ch. 10, arrêt du 19/01/2011, RG n° 09/15092, Expertises 2011, 270–274; *Flambard*, Expertises 2011, 264, 266.

1035 SAP Barcelona, Sección 16a, de 14/01/2002, ROJ: SAP B 351/2002.

1036 *Chatain*, Expertises 2010, 107 f.

§ 4 Schadensersatzklauseln

08.40 Grundsätzliches

Wenn die IT-Firma in den Vertragsverhandlungen erreichen möchte, dass zu ihren Gunsten eine Schadensersatzklausel vereinbart wird, sind rechtstheoretisch zwei Möglichkeiten denkbar, die Schadensersatzpflicht der IT-Firma zu beschränken: Entweder setzen die Beschränkungen bei den Anspruchsvoraussetzungen für den Schadensersatz an oder sie setzen bei dessen Rechtsfolgen an. Letztere Möglichkeit entspricht der US-amerikanischen IT-Vertragspraxis, wo es üblich ist, *indirect and consequential damages* von der Haftung auszuschließen.[1037] Für die erstere Möglichkeit sollte man sich entscheiden, wenn deutsches, französisches oder spanisches Recht anwendbar ist. Im kontinentaleuropäischen Unternehmensverkehr ist es grundsätzlich zulässig, die Haftung wegen leichter Fahrlässigkeit abzubedingen. Entgegen der US-amerikanischen Vertragspraxis kann bei Verträgen im kontinentaleuropäischen Unternehmensverkehr vor einer pauschalen Abbedingung von indirekten und/oder Folgeschäden nur gewarnt werden.[1038] Die Einbeziehung und Inhaltskontrolle von vorformulierten Vertragsklauseln im europäischen Unternehmensverkehr war bereits oben Nr. 01.56 behandelt worden. Darüber hinaus sollte in Verträgen über Produkte, die in der EU auf den Markt gebracht werden, klargestellt werden, dass sich die Schadensersatzklauseln nicht auf solche Schäden beziehen, die von der Produkthaftungsrichtlinie erfasst werden. Das gilt nicht nur für die alte Fassung, sondern auch für die neue gem. Art. 15 Richtlinie (EU) 2024/2853 des Europäischen Parlaments und des Rates vom 23. Oktober 2024 über die Haftung für fehlerhafte Produkte und zur Aufhebung der Richtlinie 85/374/EWG des Rates[1039] (s. o. Nr. 08.29).

08.41 Vertragsklauseln

Da die §§ 249 ff. BGB grundsätzlich dispositives Recht sind, können die Parteien individualvertraglich – innerhalb der allgemeinen Grenzen der Privatautonomie (§§ 138, 242 BGB) – Vereinbarungen z. B. über summenmäßige Haftungsgrenzen oder Haftungspauschalen treffen.[1040] Hat der Hersteller eine Garantie für die Beschaffenheit des Werks übernommen, ist auch individualvertraglich eine Begrenzung der Haftung nur insoweit wirksam, als sie in der Garantieerklärung enthalten ist (§ 639 BGB).[1041] In Allgemei-

1037 Vgl. *Lipovetsky*, Expertises 2000, 143, 148.

1038 Vgl. *Lejeune*, in: Schneider/Graf v. Westphalen, Software-Erstellungsverträge, S. 583; *Goubinat*, in: Vergès, Contrats sur la recherche et l'innovation, n° 231.73.

1039 ABl. L 2024/2853 v. 11.11.2024.

1040 BeckOK BGB/*Flume*, § 249 Rdnr. 13.

1041 *Redeker*, in: Schneider/Graf v. Westphalen, Software-Erstellungsverträge, S. 413.

nen Geschäftsbedingungen ist eine summenmäßige Haftungsbegrenzung nur wirksam, wenn die Höchstsumme die vertragstypischen, vorhersehbaren Schäden abdeckt.[1042] Eine umfassende Freizeichnung in AGB, nach der die Haftung des Klauselverwenders auch für Körper- und Gesundheitsschäden (§ 309 Nr. 7a BGB) und für sonstige Schäden auch bei grobem Verschulden (§ 309 Nr. 7b BGB) ausgeschlossen ist, ist nicht nur gegenüber Verbrauchern, sondern ebenso im Geschäftsverkehr zwischen Unternehmern wegen unangemessener Benachteiligung des Vertragspartners des Verwenders unwirksam, § 307 Abs. 1, Abs. 2 Nr. 2 BGB.[1043] Die formularmäßige Freizeichnung der Haftung für leichte Fahrlässigkeit ist zwar grundsätzlich zulässig. Sie darf aber nicht zur Aushöhlung von vertragswesentlichen Rechtspositionen des Vertragspartners führen, etwa indem sie ihm solche Rechte wegnimmt oder einschränkt, die ihm der Vertrag nach seinem Inhalt und Zweck gerade zu gewähren hat, § 307 Abs. 2 Nr. 2 BGB. Sie darf also nicht dazu führen, dass der Klauselverwender von Verpflichtungen befreit wird, deren Erfüllung die ordnungsgemäße Durchführung des Vertrags überhaupt erst ermöglicht und auf deren Einhaltung der Vertragspartner regelmäßig vertraut und vertrauen darf.[1044] Daraus könnte man schließen, dass der Anspruch des Bestellers auf Schadensersatz statt der Leistung (§ 634 Nr. 4 BGB) durch AGB generell nicht abbedungen werden kann, da dieser essenziell für die Absicherung des Erfüllungsinteresses des Bestellers ist.[1045] Als Schadensersatzklausel für einen Vertrag über die Erstellung von Individualsoftware bietet sich folgendes Muster an:[1046]

§ 18 Allgemeine Haftung

(1) Der Auftragnehmer haftet für Vorsatz und grobe Fahrlässigkeit. Für leichte Fahrlässigkeit haftet der Auftragnehmer nur bei Verletzung einer wesentlichen Vertragspflicht, deren Erfüllung die ordnungsgemäße Durchführung des Vertrags überhaupt erst ermöglicht und auf deren Einhaltung der Vertragspartner regelmäßig vertrauen darf, sowie bei Schäden aus der Verletzung des Lebens, des Körpers oder der Gesundheit.

(2) Bei der Erstellung der Software schuldet der Auftragnehmer die branchenübliche Sorgfalt. (…)

(3) Die Haftung ist im Falle leichter Fahrlässigkeit summenmäßig beschränkt auf die Höhe des vorhersehbaren Schadens, mit dessen Entstehung typischerweise gerechnet werden muss; maximal ist diese Haftung jedoch beschränkt auf ______ EUR pro Schadensfall und insgesamt auf ________ EUR.

1042 BGH, Urt. v. 11.11.1992 – VIII ZR 238/91, NJW 1993, 335, 336.
1043 BGH, Versäumnisurteil v. 19.9.2007 – VIII ZR 141/06, NJW 2007, 3774.
1044 BGH, Urt. v. 20.7.2005 – VIII ZR 121/04, NJW-RR 2005, 1496, 1505.
1045 Vgl. *Graf v. Westphalen*, NJW 2002, 1688, 1694.
1046 BeckFormB IT-R/*Imhof*, Form. C.3.

08.42 Clauses contractuelles

Da die Schadensersatzregelungen der Art. 1240 und Art. 1241 C.civ. zwingendes Recht darstellen, sind *clauses élusives ou limitatives de responsabilité* im Rahmen der deliktischen Haftungsart unwirksam.[1047] *Clauses élusives de responsabilité* oder *clauses limitatives d'indemnisation* im Rahmen der vertraglichen Haftungsart sind hingegen wirksam, soweit sie die Haftung für Fälle von *fautes légères* und nicht für Fälle von *fautes lourdes* beschränken bzw. ausschließen.[1048] Die *faute lourde* ist gem. 1231-3 C.civ. der *faute dolosive* (Arglist) gleichgesetzt. Eine Klausel, die nicht nur die Haftung, sondern auch eine essentielle Verpflichtung des Schuldners einschränkt, ist gem. Art. 1170 C.civ. unwirksam. Diese Vorschrift, mit der der Gesetzgeber die Rechtsprechung des Kassationshofs[1049] übernommen hat, entspricht der Position des BGH zur Unwirksamkeit von Klauseln, die vertragswesentliche Pflichten betreffen (s. o. Nr. 08.41). Wenn es um Kaufverträge zwischen Unternehmern geht, ist zu beachten, dass haftungsbeschränkende Klauseln zu den *vices cachés* nur dann wirksam sind, wenn Verkäufer und Käufer Gewerbetreibende *de la même spécialité* sind[1050] (s. o. Nr. 02.32). Diese Ausnahme gilt aber nicht, wenn es um die *obligation de délivrance* des gewerbsmäßigen Verkäufers geht oder wenn kein Kaufvertrag, sondern ein *contrat d'entreprise* vorliegt. Dann können *clauses limitatives* wirksam vereinbart werden.[1051] Eine wirksam vereinbarte *clause limitative* verliert ihre Anwendbarkeit nicht dadurch, dass der Vertrag wegen Nichterfüllung aufgelöst wird.[1052] Umgekehrt muss eine unwirksame *clause limitative* nicht zwingend zur Unwirksamkeit des übrigen Vertrages führen (Art. 1184 C.civ.). Nachfolgend noch das Muster einer gegenseitigen Schadensersatzklausel für einen Projektvertrag:[1053]

Clause de non-responsabilité entre les parties

Les parties renoncent mutuellement à se demander l'une à l'autre réparation pour tous les préjudices qu'elles se causeraient dans le cadre de la réalisation du projet, sauf cas de faute ou de manquement délibéré à une des obligations du présent contrat.

1047 *Lipovetsky*, Expertises 2000, 143.
1048 *Le Tourneau*, Droit de la responsabilité, n°s 2325.22, 3225.11.
1049 Cass.com. du 29/06/2010, n° 09-11.841; Cass.com. du 03/12/2013, n° 12-26.412; *Genicon*, RDC 2014, 176.
1050 Cass.com. du 15/05/2001, n° 98-18.603.
1051 *Le Tourneau*, Droit de la responsabilité, n° 3225.31.
1052 Cass.com. du 07/02/2018, n° 16-20.352.
1053 *Vergès*, Contrats sur la recherche et l'innovation, n° 231.103 Exemple B.

08.43 Cláusulas contractuales

Die Schadensersatzpflicht der IT-Firma lässt sich nicht vertraglich auf direkte Schäden beschränken. Insofern kann eine Klarstellung im Vertrag sinnvoll sein: *Empresa (...) será responsable de los daños directos y/o indirectos derivados de la no ejecución o ejecución defectuosa de las obligaciones establecidas en el presente contrato.*[1054] So wie nach deutschem und französischem Recht Klauseln zur Haftungsbegrenzung nicht dazu führen dürfen, dass sich der Schuldner einer wesentlichen Vertragspflicht entzieht, so ist auch im spanischen Recht ein vergleichbares Kriterium zu finden:[1055] Wenn eine *cláusula de limitación de la responsabilidad* dazu führt, dass die Erfüllung wesentlicher vertraglicher Pflichten in das Ermessen des Klauselverwenders gestellt wird, ist sie als *cláusula abusiva* nichtig (arg. ex Art. 1256 CC). Nachfolgend eine Schadensersatzklausel aus einem Mustervertrag zur Erstellung einer Website (*modelo de contrato de desarrollo de página web*):[1056]

2.1.1. El PROVEEDOR responderá de la calidad del trabajo desarrollado con la diligencia exigible a una empresa experta en la realización de los trabajos objeto del Contrato.

(...)

2.1.7. El PROVEEDOR responderá de los daños y perjuicios que se deriven para el CLIENTE y de las reclamaciones que pueda realizar un tercero, y que tengan su causa directa en errores del PROVEEDOR, o de su personal, en la ejecución del Contrato o que deriven de la falta de diligencia referida anteriormente.

§5 Lösung des praktischen Falls 8

D verlangt die Rückgängigmachung des Vertrages und die Rückerstattung der von ihr geleisteten Vergütung zuzüglich Aufwendungsersatz für die unnützen Lohnkosten. Die S hingegen will am Vertrag festhalten. Bei dem Vertrag über die Erstellung und Einrichtung des ERP handelt es sich übereinstimmend nach deutschem, französischem und spanischem Recht um einen Werkvertrag, d.h. einen *contrat d'entreprise*, einen *contrato de obra* (s.o. Nr. 07.40 ff.). Die Lohnkosten, die D für das Projekt aufgewendet hat, sind als Schadensposten dem positiven Interesse der D, also ihrem Erfüllungsin-

1054 *Marzo Portera* et al., Los contratos informáticos y electrónicos, S. 78.

1055 *Mato Pacín*, Cláusulas abusivas y empresario adherente, S. 217.

1056 *Soler Matutes*, in: Soler Matutes et al., Manual de gestión y contratación informática, S. 1279 f.

teresse zuzuordnen. Die D hat während der regulären Arbeitszeit eigene Angestellte zum Projekt abgeordnet. Wegen der Abordnung konnten diese Angestellten diejenigen Aufgaben nicht erledigen, für die sie von D eingestellt worden waren. Wenn der Vertrag ordnungsgemäß erfüllt und damit das Projekt erfolgreich abgeschlossen worden wäre, dann hätte sich für D die Abordnung des eigenen Personals rentiert. Dadurch, dass das Projekt jetzt nicht mehr zustande kommt, sind die für die Abordnung aufgebrachten Lohnkosten unnütz geworden. Die unnützen Lohnkosten als Schadensposten sind auf keinem Fall dem negativen Interesse der D, also ihrem Integritätsinteresse zuzuordnen. Wäre der Vertrag nicht zustande gekommen, dann hätte D dennoch die Lohnkosten für ihre Beschäftigten aufbringen müssen, da diese ja bei ihr fest angestellt sind. D. h., die D kann sich für ihren Schadensersatzanspruch nur auf eine Anspruchsgrundlage berufen, deren Rechtsfolge der Ersatz des positiven Interesses ist. Ein Schadensersatzanspruch, der auf den Ersatz des negativen Interesses geht, kommt als Anspruchsgrundlage nicht in Betracht. Die Rechtsmittel zur Rückabwicklung des Vertrages, die auch mit einem auf das positive Interesse gehenden Schadensersatzanspruch verbunden werden können, sind oben Nr. 08.30 aufgelistet. Soweit Lösungen des praktischen Falls 4 auch für den praktischen Fall 8 gelten, wird bei der folgenden Prüfung auf Kap. 04 § 4 verwiesen.

➔ (A.) Deutsches Recht

➔ (A. I.) Rücktritt, §§ 634 Nr. 3, 323 BGB & Schadensersatz statt der Leistung, §§ 634 Nr. 4, 280 Abs. 1, Abs. 3, 281 Abs. 1 S. 1 BGB;

➔ Rücktritt, §§ 634 Nr. 3, 323 BGB.

(1.) Wirksamer Werkvertrag

(2.) Pflichtverletzung der S

Pflichtverletzung könnte darin liegen, dass S ein Werk abgeliefert hat, das einen funktionalen Mangel hat. Die Pflichtverletzung müsste mehr als unerheblich sein, § 323 Abs. 5 S. 2 BGB.

(3.) Setzung einer Nacherfüllungsfrist (-)

(4.) Erfolgloser Fristablauf (-)

(5.) Kein Ausschluss des Rücktritts

(6.) Rücktrittserklärung

(7.) Keine Unwirksamkeit des Rücktritts

➔ Für Rücktritt fehlt eine erfolglose Nachfristsetzung.

➔ Schadensersatz statt der Leistung, §§ 634 Nr. 4, 280 Abs. 1, Abs. 3, 281 Abs. 1 S. 1 BGB

(1.) Wirksamer Werkvertrag

(2.) Pflichtverletzung der S

Pflichtverletzung könnte darin liegen, dass S ein Werk abgeliefert hat, das einen funktionalen Mangel hat. Auf die Erheblichkeit des Mangels kommt es nicht an.

(3.) Vertretenmüssen der S, § 280 Abs. 1 S. 2 BGB

Vorsatz oder Fahrlässigkeit, § 276 BGB.

Keine Gründe für eine Exkulpation ersichtlich.

(4.) Kausaler Schaden

(5.) Setzung einer Nacherfüllungsfrist (-)

(6.) Erfolgloser Fristablauf (-)

➔ Für Schadensersatz statt der Leistung fehlt eine erfolglose Nachfristsetzung.

➔ (A.II.) Schadensersatz statt der ganzen Leistung, §§ 634 Nr. 4, 280 Abs. 1, Abs. 3, 281 Abs. 1 BGB

(1.) Wirksamer Werkvertrag

(2.) Pflichtverletzung der S

Pflichtverletzung könnte darin liegen, dass S ein Werk abgeliefert hat, das einen funktionalen Mangel hat. Die Pflichtverletzung müsste mehr als unerheblich sein, § 281 Abs. 1 S. 3 BGB.

(3.) Vertretenmüssen der S, § 280 Abs. 1 S. 2 BGB

Vorsatz oder Fahrlässigkeit, § 276 BGB.

Keine Gründe für eine Exkulpation ersichtlich.

(4.) Kausaler Schaden

(5.) Setzung einer Nacherfüllungsfrist (-)

(6.) Erfolgloser Fristablauf (-)

➔ Für Schadensersatz statt der ganzen Leistung fehlt eine erfolglose Nachfristsetzung.

➔ (B.) Frz. Recht: Résolution, art. 1228 C.civ. & action en réparation, art. 1231-1 C.civ.

➔ (B. I.) Résolution judiciaire, art. 1228 C.civ.

(1.) Contrat d'entreprise (+)

(2.) Inexécution suffisamment grave (?)

(3.) Mise en demeure (-)

➔ Für Vertragsauflösung fehlt Inverzugsetzung (*mise en demeure*).

➔ (B.II.) Action en réparation, art. 1231-1 C.civ.

(1.) Contrat d'entreprise (+)

(2.) Mise en demeure, art. 1231 C.civ. (-)

➔ Für Schadensersatzanspruch fehlt Inverzugsetzung (*mise en demeure*).

➔ (C.) Span. Recht: Resolución, art. 1124 CC & acción indemnizatoria, art. 1101 CC

➔ (C. I.) Resolución del contrato por incumplimiento, art. 1124 CC

(1.) Contrato de obra (+)

(2.) Incumplimiento de una obligación principal (?)

➔ Wenn das Gericht feststellen sollte, dass das von D verfolgte wirtschaftliche Ziel durch das gelieferte ERP vereitelt wurde, dann liegt es im Ermessen des Gerichts, ob es der S noch eine Frist zur Nacherfüllung gibt.

➔ (C.II.) Acción indemnizatoria, art. 1101 CC

(1.) Contrato de obra (+)

(2.) Incumplimiento (?)

(3.) Dolo, negligencia o morosidad (?)

(4.) Daños y perjuicios causados (?)

➔ Wenn das Gericht feststellen sollte, dass das von D verfolgte wirtschaftliche Ziel durch das gelieferte ERP vereitelt wurde und der D dadurch ein Schaden entstanden ist, kann es die S zur Zahlung von Schadensersatz verurteilen, ohne der S ein Recht auf Nacherfüllung einzuräumen.

Nach deutschem und französischem Recht kann die S die Rückabwicklung des Vertrages und damit eine Schadensersatzzahlung an D abwenden, wenn sie die fehlende Funktion zur dezentralen Abfrage innerhalb einer angemessenen Frist nachliefert. Nach spanischem Recht hingegen kann S die Vertragsauflösung und damit den Schadensersatz nur unter der Bedingung abwenden, dass ihr das Gericht ein Recht auf Nacherfüllung zuspricht. Das aber liegt im Ermessen des Gerichts (Art. 1124 al. 3 CC). Deshalb kommt es nach spanischem Recht entscheidend darauf an, ob das Gericht die Lieferung eines ERP ohne dezentrale Abfrage-Funktion als einen *incumplimiento grave* bewertet. Dafür könnte sprechen, dass die dezentrale Abfrage von

Waren essentiell für das Geschäftsmodell der D ist. Wenn S ihrer Ausforschungspflicht nachgekommen wäre, hätte sie das erkennen müssen. Diese Einschätzung der Rechtslage wäre auch mit dem deutschen und französischen Recht zu vereinbaren. Der entscheidende Unterschied ist aber der, dass französisches und deutsches Recht dem Auftragnehmer eine eigene Rechtsposition gewähren, die es ihm ermöglicht, innerhalb einer angemessenen Frist den Fehler zu beheben, bevor der Auftraggeber Rückabwicklung des Vertrages und Schadensersatz verlangen darf. Allerdings gibt es hier noch einen kritischen Punkt. S meint, noch 8 Wochen für die Nachlieferung zu benötigen. Es ließe sich argumentieren, dass eine kürzere Frist für die Nacherfüllung auch angemessen wäre. Wenn S diese nicht einhalten sollte, könnte D auch nach deutschem und französischem Recht die Rückabwicklung des Vertrages und Schadensersatz für die unnützen Lohnkosten verlangen.

Literaturverzeichnis

Aderhold, Lutz (Hrsg.): Festschrift für Harm Peter Westermann zum 70. Geburtstag, Köln 2008

Albaladejo García, Manuel/Díaz Alabart, Silvia (Hrsg.): Commentarios al Código Civil y compilaciones forales, Tomo XX, Vol. 1°, 2. Aufl., Madrid 1992 (zitiert: Albaladejo/*Bearbeiter*, Comentarios al CC)

Albiez Dohrmann, Klaus Jochen (Hrsg.): Derecho privado europeo y modernización del Derecho contractual en España, Barcelona 2011

Alexander, Christian: Leistungsstörungen im Dienstvertrag, JA 2015, 321–328

Ancel, Pascal: Le concours de la responsabilité délictuelle et de la responsabilité contractuelle, RCA 2012, n° 2, février 2012, 38–42

Aparicio Vaquero, Juan Pablo: La nueva contratación informática: Introducción al outsourcing de los sistemas de información, Granada 2002

ders.: Licencias de uso no personalizadas de programas de ordenador, Granada 2004

Aßhoff, Guido: Software Escrow Vertragsgestaltung zwischen Compliance-Anforderungen und Datenschutz, CR 2023, 269–276

Auer-Reinsdorff, Astrid/Conrad, Isabell (Hrsg.): Handbuch IT- und Datenschutzrecht, 3. Aufl., München 2019 (zitiert: Auer-Reinsdorff/Conrad, IT- und DatenschutzR-Hdb/*Bearbeiter*)

Babusiaux, Ulrike/Witz, Claude: Das neue französische Vertragsrecht – Zur Reform des Code civil, JZ 2017, 496–507

Bacache, Mireille: Le dommage prévisible: exécution par équivalent du contrat ou responsabilité contractuelle?, D 2011, 1725–1729

Ballugera Gómez, Carlos: El contrato no-contrato, Madrid 2006

Barthélémy, Jacques: L'ingénerie juridique: un concept, Gaz. Pal. 1993, 1, doctr., 247–250

Becker, Maximilian: IoT-Daten als Gemeineigentum – Der Data Act als digitale Utopie, RDi 2024, 615–627

Beck'sche Online-Formulare IT- und Datenrecht: hrsg. v. Nägele, Thomas/Apel, Simon, 24. Edition 2025 (zitiert: BeckOF IT/*Bearbeiter*)

Beck'scher Online-Kommentar Arbeitsrecht: hrsg. v. Rolfs, Christian/Giesen, Richard/Meßling, Miriam/Udsching, Peter, 77. Edition, Stand: 1.9.2025 (zitiert: BeckOK ArbR/*Bearbeiter*)

Beck'scher Online-Kommentar BGB: hrsg. v. Hau, Wolfgang/Poseck, Roman, 75. Edition, Stand: 1.02.2025 (zitiert: BeckOK BGB/*Bearbeiter*)

Beck'scher Online-Kommentar Datenschutzrecht: hrsg. v. Wolff, Heinrich Amadeus/Brink, Stefan/v. Ungern-Sternberg, Antje, 52. Edition, Stand: 1.05.2025 (zitiert: BeckOK DatenschutzR/*Bearbeiter*)

Beck'scher Online-Kommentar KI-Recht: hrsg. v. Schefzig, Jens/Kilian, Robert, 3. Edition, Stand: 1.8.2025 (zitiert: BeckOK KI-Recht/*Bearbeiter*)

Beck'sches Formularbuch IT-Recht: hrsg. v. Weitnauer, Wolfgang/Mueller-Stöfen, Tilman, 6. Aufl., München 2025 (zitiert: BeckFormB IT-R/*Bearbeiter*)

Bensoussan, Alain (Hrsg.): Règlement européen sur la protection des données, 2. Aufl., Bruxelles 2018

Bercovitz Rodríguez-Cano, Rodrigo (Hrsg.): Comentarios al Código Civil, 5. Aufl., Cizur Menor (Navarra) 2021 (zitiert: Bercovitz Rodríguez-Cano/*Bearbeiter*, Comentarios al CC)

ders., Comentarios a la Ley de Propiedad Intelectual, 4. Aufl., Madrid 2017 (zitiert: Bercovitz Rodríguez-Cano/*Bearbeiter*, Comentarios a la LPI)

ders., Manual de Propiedad Intelectual, 6. Aufl., Valencia 2015 (zitiert: Bercovitz Rodríguez-Cano/*Bearbeiter*, Manual de Propiedad Intelectual)

Besse, Julie/Debry, Philippe: Implantation d'un système d'information: conseils pour la rédaction du contrat d'intégration, RLDC 2009 (septembre 2009), n° 3520

Betto, Jean-Georges: Sous-traitance internationale: comment écarter la loi française de 1975, RDAI 1999, 411–423

Bien, Florian/Borghetti, Jean-Sébastien (Hrsg.): Die Reform des französischen Vertragsrechts, Tübingen 2018

Bitan, Hubert: Droit et expertise des contrats informatiques, 2. Aufl., Paris 2017

Bodenheimer, Edgar: Law as a bridge between Is and Ought, Ratio Juris, Vol. 1, Issue 2, Juli 1988, 137–153

Bohlig, Manfred (Hrsg.): Lohn der Leistung und Rechtssicherheit, Festschrift für Albert Preu zum 70. Geburtstag, München 1988

Bomhard, David: Der Anwendungsbereich des Data Act, MMR 2024, 71–75

Bomhard, David/Merkle, Marieke: Der Entwurf eines EU Data Acts – Neue Spielregeln für die Data Economy, RDi 2022, 168–176

Boucard, Hélène: Responsabilité contractuelle, droit civil, collection «Dalloz Corpus», Paris 2019

Bräutigam, Peter/Klindt, Thomas: Industrie 4.0, das Internet der Dinge und das Recht, NJW 2015, 1137–1142

Bruns, Alexander: Zwangsgeld zugunsten des Gläubigers – ein europäisches Zukunftsmodell?, ZZP 2005, 3–24

Bugg, Stuart G.: Contracts in English, 5. Aufl., München 2023

Byrd, B. Sharon/Laby, Arthur B./Lehmann, Matthias: Einführung in die angloamerikanische Rechtssprache, Introduction to Anglo-American Law and Language, 4. Aufl., München 2021

Cabanillas Sánchez, Antonio: Las obligaciones de actividad y de resultado, Barcelona 1993

Carrasco Perera, Ángel: Nichterfüllung, Pflichtverletzung und Schlechterfüllung im Vertragsrecht. Ein spanischer und europäischer Ansatz, ZEuP 2006, 552–582

Cauvin, Morgane: Das Leistungsstörungsrecht des französischen Code civil nach der Vertragsrechtsreform 2016, Diss., Universität zu Köln 2020, URL: https://kups.ub.uni-koeln.de/10861/ (letzter Abruf: 18.2.2026)

Chatain, Antoine: Echec de l'ERP et indemnisation du préjudice, Expertises 2010, 107–108

Chiche-Attali, Sydney: Guide juridique du numérique, Saint-Herblain 2023

Clavería Gosálbez, Luis Humberto: Condiciones generales y cláusulas contractuales impuestas, Barcelona 2008

Damette, Eliane/Dargirolle, Françoise (Hrsg.): Méthode de français juridique, Paris 2012

Davara Rodríguez, Miguel Ángel (Hrsg.): Manual de Derecho Informático, bearbeitet von Elena Davara Fernández de Marcos, Laura Davara Fernández de Marcos, 12. Aufl., Cizur Menor (Navarra) 2020

Demogue, René: Traité des obligations en général. Sources des obligations, Bd. 5, Paris 1925

Debras, Jérôme: Guide juridique des contrats en informatique, 2. Aufl., Saint-Herblain 2015

Degrave, Elise et al. (Hrsg.): Law, norms and freedom in cyberspace: liber amicorum Yves Poullet, Bruxelles 2018

Deharo, Gaëlle: Le rôle de l'avocat dans la gestion du risque juridique en entreprise, Gaz. Pal. 2011, 1, doctr., 51–56

Denga, Michael: Verträge über digitale Produkte zwischen Unternehmern, ZfPW 2024, 427–464

Dietz, Adolf: Das Urheberrecht in Spanien und Portugal, Baden-Baden 1990

Díez-Picazo, Luis/Gullón, Antonio: Sistema de Derecho Civil, Vol. II, Tomo I, El contrato en general, 11. Aufl., Madrid 2016

Dreier, Thomas/Schulze, Gernot: UrhG, 8. Aufl., München 2025 (zitiert: *Bearbeiter*, in: Dreier/Schulze)

Dreier, Thomas/Vogel, Rupert: Software- und Computerrecht, Frankfurt a. M. 2008

Dross, William: La déception contractuelle. Proposition d'un droit commun, RTD civ. 2018, 787–808

Dujardin, David/Lejeune, Mathias: Einführung in das französische Softwarevertragsrecht: Urheberrecht, ITRB 2011, 136–140

Dunand, Jean-Philippe/Winiger, Bénédict (Hrsg.): Le Code civil français dans le droit européen, Brüssel 2005

Ehmann, Eugen/Selmayr, Martin (Hrsg.): DSGVO, 3. Aufl., München 2024 (zitiert: Ehmann/Selmayr/*Bearbeiter*)

Engisch, Karl: Einführung in das juristische Denken, 2. Aufl., Stuttgart 1959

Etzkorn, Philipp: (Vertragliche) Datenzugangsansprüche nach dem Data Act, RDi 2024, 116–123

Eulenpesch, Christian/Malczyk, Tania: Wird die neue KI-Verordnung Ihren Alltag verändern?, GRUR 2025, 40–48

European Commission: European Education and Culture Executive Agency, Key data on teaching languages at school in Europe – 2023 edition, Birch, P.(editor), Publications Office of the European Union, 2023, URL: https://data.europa.eu/doi/10.2797/529032 (letzter Abruf: 18.2.2026)

Fabre-Magnan, Muriel: Le devoir d'information dans les contrats: essai de tableau général après la réforme, JCP G 2016, 20 juin 2016, 706, S. 1218–1221

Fauvarque-Cosson, Bénédicte: Regards comparatistes sur l'exécution forcée en nature, RDC 2006, 529–542

Ferrari, Franco/Kieninger, Eva-Maria/Mankowski, Peter et al.: Internationales Vertragsrecht, 3. Aufl., München 2018 (zitiert: Ferrari et al., Internationales Vertragsrecht/*Bearbeiter*)

Fievée, Alexandre: Quels droits d'exploitation pour le cessionaire, en l'absence de clause de cession dans les contrats informatiques et internet?, Expertises 2010, 140–141

Fikentscher, Wolfgang/Heinemann, Andreas: Schuldrecht, 10. Aufl., Berlin 2006

Flambard, Guillaume: Contrats d'intégration et obligation de collaboration, Expertises 2002, 68–69

ders.: Une obligation de résultat étendue à l'ensemble des prestations, Expertises 2002, 184–185

ders.: De la responsabilité de l'entrepreneur principal à l'égard du sous-traitant dans un projet informatique, Expertises 2010, 179–181

ders.: Contrat informatique Bonne foi et loyauté dans la mise en œuvre d'un ERP, Expertises 2011, 264–267

Förster, Christian: IT-Vertragsrecht Teil 1 – Grundlagen und Allgemeiner Teil, MMR 2024, 4–21

Franck, Laëtitia: Les contrats de location financière dans les procédures collectives d'apurement du passif en droits français et allemand comparés, Thèse. Université Nancy 2, 2011. HAL Id: tel-01749096, URL: https://hal.univ-lorraine.fr/tel-01749096 (letzter Abruf: 18.2.2026)

Fuchs, Anke/Meierhöfer, Christine/Morsbach, Jochen/Pahlow, Louis: Agile Programmierung – Neue Herausforderungen für das Softwarevertragsrecht?, MMR 2012, 427–433

García Novoa, César/Vivel, Búa, Mª Milagros (Hrsg.): Estudios del impacto de la digitalización en la economía, Pamplona 2022

García Solé, Fernando: Leasing de informática, in: La Ley, Revista jurídica española de doctrina, jurisprudencia y bibliografía, N° 4, 1993, 1086–1096

Geiger, Christophe/Engelhardt, Tim/Hansen, Gerd/Markowski, Kristina: Urheberrecht im deutsch-französischen Dialog, Impulse für eine europäische Rechtsharmonisierung, Bericht von der Abschlussveranstaltung der deutsch-französischen Vortragsreihe zum Urheberrecht am 13. Januar 2006 im Europäischen Patentamt, München, GRUR Int. 2006, 475–496

Genicon, Thomas: Les dommages-intérêts comme reflet de l'exécution forcée en nature, RDC 2012, 773–781

ders.: Clause limitative de responsabilité: la fin de la révolution, l'heure de la liberté, RDC 2014, 176–180

Gersemann, Olaf: Europas neue Nummer drei, 4.1.2020, Die Welt, URL: https://www.welt.de/204753072 (letzter Abruf: 18.2.2026)

Gete-Alonso y Calera, María del Carmen: La contratación en materia informática, in: La Ley, Revista jurídica española de doctrina, jurisprudencia y bibliografía, N° 2, 1992, 1036–1058

Gierschmann, Sibylle: Gemeinsame Verantwortlichkeit in der Praxis, ZD 2020, 69–73

Gola, Peter/Heckmann, Dirk (Hrsg.): DSGVO BDSG, 3. Aufl., München 2022 (zitiert: Gola/Heckmann/*Bearbeiter*)

Gómez Calle, Esther: Los deberes precontractuales de información, Madrid 1994

Gómez Perals, Miguel: La cesión de uso de los programas de ordenador, Madrid 1999

Gordley, James: Common law und civil law: eine überholte Unterscheidung, ZEuP 1993, 498–518

Graf v. Westphalen, Friedrich: Die Entwicklung des AGB-Rechts im Jahr 2001, NJW 2002, 1688–1698

Grosjean, François: L'obligation de collaboration du client malmenée, Expertises 2008, 305–307

Grünberger, Michael: Verträge über digitale Güter, AcP (218) 2018, 214–296

Grüneberg, Christian (Hrsg.): Bürgerliches Gesetzbuch, 83. Aufl., München 2024 (zitiert: Grüneberg/*Bearbeiter*)

Guibault, Lucie/Hugenholtz, P. Bernt: Study on the conditions applicable to contracts relating to intellectual property in the European Union, Final Report, Institute for Information Law, Amsterdam 2002, URL: https://hdl.handle.net/11245/1.202080 (letzter Abruf: 18.2.2026)

Guinier, Daniel: L'informatique dématérialisée en nuages, Ontologie et sécurité du «cloud computing», Expertises 2010, 335–344

Haas, Gérard: Guide juridique du RGPD, 3. Aufl., Saint-Herblain 2022

Haberstumpf, Helmut: Das Software-Urhebervertragsrecht im Lichte der bevorstehenden Umsetzung der EG-Richtlinie über den Schutz von Computerprogrammen, GRUR Int. 1992, 715–724

Handkommentar zum BGB: hrsg. v. Schulze, Reiner, 12. Aufl., Baden-Baden 2024 (zitiert: HK-BGB/*Bearbeiter*)

Hartkamp, A. S./Hesselink, M. W./Hondius, E. H./Mak, C./du Perron, C. E. (Hrsg.): Towards a European Civil Code, 4. Aufl., Alphen aan den Rijn/Nijmegen 2011

Hartung, Markus/Bues, Micha-Manuel/Halbleib, Gernot: Legal Tech, München 2018

Hazan, Alain: Langue française et NTIC: faut-il compléter la loi Toubon?, Légipresse n° 230, Avril 2006, 37–40

Hennemann, Moritz/Steinrötter, Björn: Data Act – Fundament des neuen EU-Datenwirtschaftsrechts?, NJW 2022, 1481–1486

Henssler, Martin/Deckenbrock, Christian: Neue anwaltliche Betätigungsverbote bei Interessenkonflikten, NJW 2008, 1275–1279

Herman, Shael: Pacta sunt servanda trifft auf den Freien Markt, ZfRV 2005, 94–105

Herrero Morant, Rebeca: Casos prácticos de introducción al Derecho para los grados de Economía y Empresa, Zaragoza 2021

Heussen, Benno: Unvermeidbare Softwarefehler, CR 2004, 1–10

Heydn, Truiken: Agile Softwareprojekte: Probleme und Vertragsgestaltung, MMR 2020, 284–289

Hiller, Gundula Gwenn/Lüsebrink, Hans-Jürgen/Oster-Stierle, Patricia/Vatter, Christoph (Hrsg.): Interkulturelle Kompetenz in deutsch-französischen Studiengängen. Les compétences interculturelles dans les cursus franco-allemands, Wiesbaden 2017

Hilty, Reto M.: Die Rechtsnatur des Softwarevertrages, CR 2012, 625–637

ders.: Kontrolle der digitalen Werknutzung zwischen Vertrag und Erschöpfung, GRUR 2018, 865–880

ders./Geiger, Christophe (Hrsg.): Impulse für eine europäische Harmonisierung des Urheberrechts, Urheberrecht im deutsch-französischen Dialog; Perspectives d'harmonisation du droit d'auteur en Europe, Rencontres franco-allemandes,

(Schriftenreihe: MPI Studies on Intellectual Property and Competition Law), Berlin, Heidelberg, New York 2007

Hobbes, Thomas: Leviathan – Eine Auswahl, Englisch/Deutsch, übersetzt v. Holger Hanowell, hrsg. v. Jürgen Klein, Reclams Universalbibliothek, Stuttgart 2013

Hoeren, Thomas: Die Pflicht zur Überlassung des Quellcodes. Eine liberale Lösung des BGH und ihre Folgen, CR 2004, 721–724

Hoeren, Thomas/Pinelli, Stefan: Der Softwareerstellungsvertrag, MMR 2022, 511–516

dies.: Miturheberschaft in der agilen Softwareentwicklung?, MMR 2019, 779–783

Hofmann, Hasso: Einführung in die Rechts- und Staatsphilosophie, Darmstadt 2000

Honer, Mathias/Schöbel, Philipp: Das Gesetz über Künstliche Intelligenz im System der Europäischen Digitalregulierung – Ein Überblick, JuS 2024, 648–653

Hudin-Hengoat, Oona/Le Gallo, Nathalie/Vidalenc, Sylvie: DCG 8 Systèmes d'information de gestion – Manuel, Paris 2019

Huzel, Erhard: Vertragsauflösung wegen Nichterfüllung im spanischen Recht, Frankfurt a. M. 1993

Hyland, Richard: Pacta Sunt Servanda: A Meditation, 34 VJIL 1994, 405–433, URL: https://www.trans-lex.org/124500/_/hyland-richard-pacta-sunt-servanda:-a-meditation-34-vjil-1994-at-405-et-seq/ (letzter Abruf: 18.2.2026)

Information Technology Infrastructure Library ITIL: Service design, 2. Aufl., London 2011

Jäger, Karl-Werner/Lenzer, Joachim/Schneider, Jochen/Wißner, Bernd: Begutachtung und rechtliche Bewertung von EDV-Mängeln, Augsburg 2003

Jaeger, Till/Metzger, Axel: Open Source Software, 5. Aufl., München 2020

Jansen, Günther: Das Recht des Auftragnehmers zur Mängelbeseitigung/Nacherfüllung, BauR 2005, 1089

Jauernig, Othmar (Begr.): BGB, hrsg. v. Stürner, Rolf, 23. Aufl., München 2023 (zitiert: Jauernig/*Bearbeiter*)

Jhering, Rudolf von: Geist des römischen Rechts auf den verschiedenen Stufen seiner Entwicklung, 1. Teil, 9. Aufl., Darmstadt 1953

Kadner Graziano, Thomas: Die Zukunft der Zivilrechtskodifikation in Europa – Harmonisierung der alten Gesetzbücher oder Schaffung eines neuen? – Überlegungen anlässlich des 200. Jahrestags des französischen Code civil, ZEuP 2005, 523–540

ders.: Europäisches Vertragsrecht, Basel/Baden-Baden 2008

Kammerer, Céline/Roß-Kirsch, Nadja: Arbeitsrecht in Frankreich, Wiesbaden 2017

Kant, Immanuel: Kant's gesammelte Schriften, hrsg. v. der Königlich Preußischen Akademie der Wissenschaften, Bd. VI, Die Metaphysik der Sitten, Berlin 1907

Kappus, Andreas: „Specific performance" – Ein englisches Lehrstück zur Auflockerung des Erfüllungsdogmas im deutschen Recht, Jura 1990, 126–133

Karasek-Wojciechowicz, Iwona: Die Klagbarkeit und Vollstreckbarkeit von Ansprüchen auf Naturalerfüllung von Dienstleistungsverträgen nach polnischem Recht, Osteuropa-Recht 2014, 131–142

Kaser, Max: Das römische Privatrecht, 1. Abschnitt, Das altrömische, das vorklassische und klassische Recht, 2. Aufl., München 1971

Kaufmann, Arthur: Rechtsphilosophie, 2. Aufl., München 1997

Kindl, Johann/Arroyo Vendrell, Tatiana/Gsell, Beate (Hrsg.): Verträge über digitale Inhalte und digitale Dienstleistungen, Baden-Baden 2018

Klass, Nadine: Das Urheberrecht in Arbeits- und Dienstverhältnissen, GRUR 2019, 1103–1114

Klein, Julie: Contrats sur la preuve: sur la portée de l'interdiction d'établir une présomption irréfragable, RDC 2018, 205–208

Kleinschmidt, Jens: Das neue französische Verjährungsrecht, RIW 2008, 590–600

Klingbeil, Thilo/Kohm, Simon: Datenschutzfreundliche Technikgestaltung und ihre vertraglichen Implikationen, MMR 2021, 3–8

Knetsch, Jonas: La réparation du dommage prévisible dans les chaînes de contrats, RDC 2020/3, 27–31

Knütel, Rolf: Rechtseinheit in Europa und römisches Recht, ZEuP 1994, 244–276

Koch, Frank: Agile Softwareentwicklung – Dokumentation, Qualitätssicherung und Kundenmitwirkung, ITRB 2010, 114–119

Koch, Moritz Philipp/Kunzmann, Luise/Müller, Norman: Agile Softwareentwicklung und EVB-IT, MMR 2019, 707–711

Koch, Raphael/Sander, Nicolas: Die Zwangsvollstreckung in IT-Güter, DGVZ 2022, 97–107

König, Mark Michael: Das Computerprogramm im Recht, Köln 1991

Korch, Stefan: Vertragsrecht in der Datenökonomie Datenprivatrecht zwischen europäischem Datenschutz und technischer Realität, ZEuP 2021, 792–820

Kraßer, Rudolf: Verpflichtung und Verfügung im Immaterialgüterrecht, GRUR Int. 1973, 230–238

Kröll, Stefan/Mistelis, Loukas/Perales Viscasillas, Pilar (Hrsg.): UN Convention on Contracts for the International Sale of Goods (CISG), 2. Aufl., München 2018 (zitiert: Kröll/Mistelis/Perales Viscasillas CISG/*Bearbeiter*)

Kubach, Laura/Hunzinger, Sven: Wer hat das Recht an der Rechtekette und welche Rechte hat der Käufer von Gebrauchtsoftware?, CR 2016, 215–218

Kühling, Jürgen/Buchner, Benedikt (Hrsg.): DSGVO/BDSG, 4. Aufl., München 2024 (zitiert: Kühling/Buchner/*Bearbeiter*)

Kumkar, Lea Katharina: Herausforderungen eines Gewährleistungsrechts im digitalen Zeitalter, ZfPW 2020, 306–333

Lacruz Berdejo, José Luis: Elementos de derecho civil II: Derecho de obligaciones, Volumen primero, Parte general, teoría general del contrato, 5. Aufl., Madrid 2011; Volumen segundo, Contratos y cuasicontratos, delito y cuasidelito, 5. Aufl., Madrid 2013

Laithier, Yves-Marie: La prétendue primauté de l'exécution en nature, RDC 2005, 161–182

ders.: L'articulation de la clause résolutoire et de la résolution unilatérale du contrat pour inexécution: l'incertitude persiste, RDC 2014, 181–183

ders.: Les rapports entre responsabilités contractuelle et extracontractuelle entre les parties contractantes, RDC 2019/4, 158–165

Lani, François-Pierre/Chartrain, Lucie: Contrat «clé en main»: attention aux conséquences juridiques, in: Best Practices – Systèmes d'information n° 239, 9.9.2019, 6–7, URL: www.bestpractices-si.fr (letzter Abruf: 18.2.2026)

Larenz, Karl: Lehrbuch des Schuldrechts, Bd. 1, AT, 14. Aufl., München 1987

Laub, Alexander/Laub, Tobias: Die Verletzung technischer Schutzrechte als Rechtsmangel beim Sachkauf, GRUR 2003, 654–662

Leduc, Fabrice: Faut-il distinguer le dommage et le préjudice?: point du vue privatiste, RCA 2010/3, 10–17

Leignel, Jean-Louis/Ménager, Emmanuel/Yablonsky, Serge: Performance durable de l'entreprise, London 2019

Lesinska-Adamson, Anna: Nutzungsrechtseinräumung und cession unter dem Blickwinkel ihrer Drittwirkungen – Eine Untersuchung des deutschen und französischen Urheberrechts, Diss., Humboldt-Universität, Berlin 2019, URL: https://edoc.hu-berlin.de/bitstream/handle/18452/21709/dissertation_lesinska-adamson_anna.pdf (letzter Abruf: 18.2.2026)

Le Tourneau, Philippe: Conformités et garanties dans la vente d'objets mobiliers corporels, RTD com. 1980, 231–276

ders.: Contrats du numérique, 13. Aufl., Paris 2024

ders. (Hrsg.): Droit de la responsabilité et des contrats, Régimes d'indemnisation (zitiert: Droit de la responsabilité), 13. Aufl., Paris 2023

ders.: L'ingénerie, les transferts de technologie et de maîtrise industrielle, 2. Aufl., Paris 2016

Leupold, Andreas/Wiebe, Andreas/Glossner, Silke: IT-Recht, 4. Aufl., München 2021

Leveau, Grégory: Pratique du Contract Management, Optimisez la gestion du cycle de vie contractuel, 3. Aufl., Issy-les-Moulineaux 2019

Lipovetsky, Sabine: Les clauses limitatives de responsabilité et de garantie dans les contrats informatiques, Expertises 2000, 143–148

dies./Mutz, Céline: Les contours de l'obligation de conseil des prestataires informatiques, Expertises 2005, 107–111

Litschen, Kai/Yacoubi, Ilies: Arbeitnehmerüberlassung und agile Prozess- und Organisationsmethoden, NZA 2017, 484–489

Llamas Pombo, Eugenio: Tipología de los intereses del acreedor e instrumentos para su satisfacción, Revista de la Asociación Española de Abogados Especializados en Responsabilidad Civil y Seguro, n° 45, 2013, 9–24

Loewenheim, Ulrich: Handbuch des Urheberrechts, 3. Aufl., München 2021

Looschelders, Dirk: Derecho de obligaciones, Parte general, AEBOE, 17. Aufl., Madrid 2021

López-Tarruella Martínez, Aurelio: Contratos internacionales de software, Valencia 2006

Lorenz, Stephan: Die culpa in contrahendo im französischen Recht, ZEuP 1994, 218–243

ders: Haftungsausfüllung bei der culpa in contrahendo: Ende der „Minderung durch c. i.c."?, NJW 1999, 1001–1002

Luceño Oliva, José Luis: Casos prácticos de Derecho Mercantil, Madrid 2017

Luhmann, Niklas: Das Recht der Gesellschaft, Frankfurt a. M. 1993

Major, W. T./Taylor, Christine: Law of Contract, 9. Aufl., Harlow 1996

Marly, Jochen: Praxishandbuch Softwarerecht, 7. Aufl., München 2018

ders. (Begr.): Praxishandbuch Softwarerecht, hrsg. v. Bomhard, David/Schreiber, Kristina, 8. Aufl., München 2024 (zitiert: *Bearbeiter*, in: Marly, Praxishandbuch Softwarerecht)

ders.: Softwareüberlassungsverträge, München 1991

Marzo Portera, Ana/Marzo Portera, Iciar/Martínez Flechoso, Gonzalo: Los contratos informáticos y electrónicos, Barcelona 2004

Mascré, Frédéric: ASP: quels dispositifs contractuels?, Expertises 2002, 299–303

Mathias, Garance: Des prestations distinctes dans une chaîne de contrats, Expertises 2003, 104–105

Mato Pacín, Natalia: Cláusulas abusivas y empresario adherente, AEBOE, Madrid 2017

Mattatia, Fabrice: Droit d'auteur & propriété intellectuelle dans le numérique, 4. Aufl., Paris 2022

McGuire, Mary-Rose: Nutzungsrechte an Computerprogrammen in der Insolvenz, GRUR 2009, 13–22

McKendrick, Ewan: Contract Law, 15. Aufl., Oxford, New York, Dublin 2023

Medicus, Dieter: Id quod interest, Studien zum römischen Recht des Schadensersatzes, Köln, Graz 1962

Mekki, Mustapha: Fiche pratique sur le clair-obscur de l'obligation précontractuelle d'information, doctr. Gaz. Pal. 2016, n° 14 (12 avril 2016), 830–833

ders.: Fiche pratique: l'exécution forcée «en nature», sauf si…, doctr. Gaz. Pal. 2016, n° 25 (5 juillet 2016), 2102–2105

Molfessis, Nicolas: Force obligatoire et éxecution: un droit à l'exécution en nature?, RDC 2005, 37–47

Morales Moreno, Antonio Manuel (Hrsg.): Estudios de Derecho de Contratos, AEBOE, Madrid 2022

Müglich, Andreas/Lapp, Thomas: Mitwirkungspflichten des Auftraggebers beim IT-Systemvertrag, CR 2004, 801–809

Münchener Handbuch zum Arbeitsrecht: hrsg. v. Kiel, Heinrich/Lunk, Stefan/Oetker, Hartmut, Bd. 1, Individualarbeitsrecht I, 6. Aufl., München 2024 (zitiert: MHdB ArbR/*Bearbeiter*)

Münchener Kommentar zum BGB: hrsg. v. Säcker, Franz Jürgen/Rixecker, Roland/Oetker, Hartmut/Limperg, Bettina, Bd. 1, 10. Aufl., München 2025; Bd. 2, 10. Aufl., München 2025; Bd. 3, 10. Aufl., München 2025; Bd. 4-2, 9. Aufl., München 2023; Bd. 6, 9. Aufl., München 2023; Bd. 13, 9. Aufl., München 2025 (zitiert: MK-BGB/*Bearbeiter*)

Münchener Kommentar zum Wettbewerbsrecht: hrsg. v. Säcker, Franz Jürgen/Bien, Florian/Meier-Beck, Peter/Montag, Frank. Bd. 1, Teilband 2, Europäisches Wettbewerbsrecht, 4. Aufl., München 2023 (zitiert: MK-Wettbewerbsrecht/*Bearbeiter*)

Münchener Kommentar zur Insolvenzordnung: hrsg. v. Stürner, Rolf/Eidenmüller, Horst/Schoppmeyer, Heinrich, Bd. 2, 5. Aufl., München 2025 (zitiert: MK-InsO/*Bearbeiter*)

Münchener Kommentar zur ZPO: hrsg. v. Rauscher, Thomas/Krüger, Wolfgang, Bd. 2, 7. Aufl., München 2025 (zitiert: MK-ZPO/*Bearbeiter*)

Ngombé, Yvon Laurier: Fiches de Droit du numérique, 2. Aufl., Paris 2024

Nickel, Carsten: Die Rechtsfolgen der culpa in contrahendo, Berlin 2004

Noblot, Cyril: L'entrepreneur responsable de désordres de contruction ne peut imposer à la victime la réparation en nature du préjudice subi par celle-ci, JCP G 2006 II (n° 4, 25 janvier 2006), n° 10010

Oetker, Hartmut/Maultzsch, Felix: Vertragliche Schuldverhältnisse, 5. Aufl., Berlin 2018

Pardo Gato, José Ricardo: Las páginas web como soporte de condiciones generales contractuales, Cizur Menor 2003

Paulin, Christophe: La logistique, c'est aussi pour les juristes!, Gaz.Pal. 2019, n° 29, 2544–2555

Paulus, Christoph: Der Konkurs des Softwarehauses, CR 1987, 651–659

ders.: Software in Vollstreckung und Insolvenz, ZIP 1996, 2–8

Pauly, Holger: Zur Erstattungsfähigkeit innerbetrieblichen Arbeits- und Zeitaufwandes im Bau- und Vergaberecht – zugleich Kurzbesprechung von BGH Urt. v. 8.12.2020 – XIII ZR 19/19, ZfBR 2022, 328–332

Pérez Velázquez, Juan Pablo: La indemnización de daños y perjuicios por incumplimiento del contrato en los principios de derecho contractual europeo, AEBOE, Madrid 2016

Peso Navarro, Emilio del: La contratación informática, Actualidad Informática Aranzadi, Revista n° 14, enero de 1995, 8–12

ders.: Manual de Outsourcing Informático, 2. Aufl., Madrid 2003

Peters, Stephan/Kast, Christian: Software Escrow, DSRI-Tagungsband 2010, 813–827

Pollaud-Dulian, Frédéric: Le droit d'auteur, 2. Aufl., Paris 2014

Pruß, Michael/Sarre, Frank: Spannungsfeld Mitwirkungsleistungen, DSRI-Tagungsband 2013, 911–927

Pufendorf, Samuel von: De Jure Naturae Et Gentium, Libri Octo, Lausannae, Genevae 1744

Pulido Quecedo, Manuel: Protección jurídica de los «programas de ordenador»: «llaves fuentes o de acceso a los programas» y su titularidad, in: AJA (Monográfico Nuevas Tecnologías), Año XIII, n° 588, 31 julio 2003, S. 14

Quadra-Salcedo, Tomás de la/Piñar Mañas, José Luis (Hrsg.): Sociedad Digital y Derecho, AEBOE, Madrid 2018

Radbruch, Gustav: Gesamtausgabe, Bd. 2, Rechtsphilosophie, bearbeitet von Arthur Kaufmann, Heidelberg 1993

ders.: Gesetzliches Unrecht und übergesetzliches Recht, SJZ 1946, 105–107

Raimond, Sébastien: La qualification des contrats d'auteur, thèse, Université Paris Est 2008, HAL Id: tel-01362278, URL: https://theses.hal.science/tel-01362278v1 (letzter Abruf: 18.2.2026)

Ramírez Iglesias, Javier: El status negocial de los programas de ordenador: contratos sobre software, in: Informática y Derecho, Revista iberoamericana de derecho informático, 1996, núm. 12–15, 1101–1134

Ranieri, Filippo: Europäisches Obligationenrecht, 3. Aufl., Wien 2009

ders.: Das Europäische Privatrecht des 19. und 20. Jahrhunderts, Studien zur Rechtsgeschichte und Rechtsvergleichung, Berlin 2007 *ders.*: Die Europäisierung der Rechtswissenschaft, Beiträge aus der Universität des Saarlandes, Baden-Baden 2002

ders.: Bonne foi et exercice du droit dans la tradition du civil law, RIDC 4-1998, 1055–1092

Redeker, Helmut: IT-Recht, 8. Aufl., München 2023

Remmertz, Frank/Kast, Christian: Digital Escrow, München 2022. (Zitiert: Remmertz/Kast Digital Escrow/*Bearbeiter*)

Rémy-Corlay, Pauline: Exécution et réparation: deux concepts?, RDC 2005, 13–35

Riesenhuber, Karl (Hrsg.): Europäische Methodenlehre, 3. Aufl., Berlin/München 2015

ders.: Damages for Non-Performance and the Fault-Principle, ERCL 2008, Bd. 4, Heft 12, 119–153

Rodríguez Tapia, José Miguel/Bondía Román, Fernando: Comentarios a la Ley de Propiedad Intelectual, 1. Aufl., Madrid 1997

Rosch, Wolfgang: Pactum de non cedendo im französischen Recht: Totgesagte leben länger, RIW 2001, 604–610

Rosenberger, Hans-Peter: Die neue Gruppenfreistellungsverordnung für Forschungs- und Entwicklungsvereinbarungen im Vergleich zu ihrer Vorgängerin, GRUR Int. 2012, 721–734

Ruiz Arranz, Antonio Ismael: La estructura de la restitución contractual, AEBOE, Madrid 2023

Ruiz-Rico Ruiz, José Manuel/Moreno-Torres Herrera, María: Conceptos básicos de Derecho Civil, Valencia 2005

Sánchez Lería, Reyes: Mercado digital y protección del consumidor: a propósito de la Directiva 770/2019 y su transposición al ordenamiento jurídico español, InDret Privado 4/2021, 33–87

Sánchez Lorenzo, Sixto (Hrsg.): Derecho contractual comparado. Una perspectiva europea y transnacional. Vol. II, 3. Aufl., Cizur Menor (Navarra) 2016

Schassek, Matthias: Verträge über individuelle Software nach deutschem und spanischem Recht, Frankfurt a. M. 2017

Schlechtriem, Peter: Schadensersatz und Schadensbegriff, ZEuP 1997, 232–254

Schlechtriem/Schwenzer/Schroeter: Kommentar zum UN-Kaufrecht (CISG), hrsg. v. Ulrich G. Schroeter, 8. Aufl., München 2025 (zitiert: Schlechtriem/Schwenzer/Schroeter/*Bearbeiter*)

Schlette, Magnus: „Moralapostel" am Pranger – Warum unsere Diskussionskultur mehr und mehr zerfällt, Evangelische Aspekte 4/2023, 28–30

Schmitt, Carl: Der Begriff des Politischen, 3. Aufl. der Ausgabe v. 1963, Berlin 1991

Schneider, Egon: Logik für Juristen, 5. Aufl., München 1999

Schneider, Jochen: Neues zu Vorlage und Herausgabe des Quellcodes? Kritische Überlegungen zur Dissonanz zwischen vertraglicher und prozessualer Beurteilung des Quellcodes durch den BGH, CR 2003, 1–9

ders.: Softwareerstellung und Softwareanpassung – Wo bleibt der Dienstvertrag?, CR 2003, 317–323

ders./Graf von Westphalen, Friedrich: Software-Erstellungsverträge, 2. Aufl., Köln 2014

Schricker, Gerhard/Loewenheim, Ulrich: Urheberrecht, 6. Aufl., München 2020 (zitiert: Schricker/Loewenheim/*Bearbeiter*)

Schuhmann, Ralph/Eichhorn, Bert: Optimierungspotenziale für Projektverträge in der internationalen Diskussion, ZfBR 2020, 501–507

Schuster, Fabian/Grützmacher, Malte (Hrsg.): IT-Recht Kommentar, Köln 2020 (zitiert: Schuster/Grützmacher, IT-Recht/*Bearbeiter*)

Schuster, Fabian/Grützmacher, Malte/Hunzinger, Sven: Vor- und nachvertragliche Pflichten beim IT-Vertrag – Teil 1: vorvertragliche Beratungspflichten, CR 2015, 209–215

Schuster, Fabian/Grützmacher, Malte/Hunzinger, Sven: Pflichten zur Datenschutzeignung von Software, CR 2017, 141–148

Schwaber, Ken/Sutherland, Jeff: Der Scrum Guide, November 2020, URL: https://scrumguides.org/download.html (letzter Abruf: 18.2.2026)

Seube, Jean-Baptiste: Qui du juge ou des parties choisit entre la réparation en nature ou en argent?, RDC 2013, 974–976

Signat, Carine: Die Selbstvornahme des Gläubigers und ihre rechtliche Natur – ein deutsch-französischer Vergleich, ZEuP 2009, 716–744

Simitis, Spiros/Hornung, Gerrit/Spiecker genannt Döhmann, Indra (Hrsg.): Datenschutzrecht, 2. Aufl., Baden-Baden 2025 (zitiert: Simitis/Hornung/Spiecker genannt Döhmann DatenschutzR/*Bearbeiter*)

Solé Resina, Judith: Arrendamiento de obras o servicios (Perfil evolutivo y jurisprudencial), Valencia 1997

Soler Matutes, Pere/Piattini Velthuis, Mario/Elias i Vila, Eduard (Hrsg.): Manual de gestión y contratación informática, 2. Aufl., Cizur Menor (Navarra) 2016

Sonnenberger, Hans-Jürgen: Die Reform des französischen Schuldvertragsrechts, des Regimes und des Beweises schuldrechtlicher Verbindlichkeiten durch Ordonnance Nr. 2016-131 vom 10.2. 2016, Erster Teil, ZEuP 2017, 6–67; Zweiter Teil, ZEuP 2017, 778–835

ders./Autexier, Christian: Einführung in das französische Recht, 3. Aufl., Heidelberg 2000

Specht-Riemenschneider, Louisa: Der Entwurf des Data Act, MMR 2022, 809–825

Staudenmayer, Dirk: Der Data Act im Gefüge des europäischen digitalen Privatrechts, NJW 2024, 1377–1382

Steinrötter, Björn: Verhältnis von Data Act und DS-GVO Zugleich ein Beitrag zur Konkurrenzlehre im Rahmen der EU-Digitalgesetzgebung, GRUR 2023, 216–226

Stuckenberg, Carl Friedrich: Untersuchungen zur Unschuldsvermutung, Berlin, New York 1997

Taeger, Jürgen/Pohle, Jan (Hrsg.): Handbuch Informationstechnologie in der Rechts- und Wirtschaftspraxis, Stand: März 2025, 40. Ergänzungslieferung, (zitiert: Taeger/Pohle, ComputerR-HdB/*Bearbeiter*)

Thalhofer, Thomas/Richter, Konstantin: Das IT-Projekt in der Krise: Außergerichtliche Streitbeilegung, CR 2025, 418–424

Tinnefeld, Thomas (Hrsg.): Fachsprache Französisch – facettenreich, faszinierend, funktional, Saarbrücken 2018

Trédez, Guillaume: Précisions et critique de l'interprétation jurisprudentielle de la prévisibilité du dommage en matière contractuelle, JCP G 2020, n° 898

Treitel, Guenter: An Outline of the Law of Contract, 6. Aufl., Oxford 2004

ders.: Remedies for Breach of Contract, Oxford 1988

Ullrich, Hanns/Lejeune, Mathias (Hrsg.): Der internationale Softwarevertrag nach deutschem und ausländischem Recht, 2. Aufl., München 2006

Van den Bergh, Rena/Van Niekerk, Gardiol/Pichonnaz, Pascal et al. (Hrsg.): Meditationes de iure et historia, essays in honour of Laurens Winkel, University of South Africa, Pretoria 2014

Van Eeckhout, Arnauld: La maîtrise des codes sources par le client utilisateur d'un logiciel, RDC 2007, 1335–1348

Vander, Sascha: Urheberrechtliche Implikationen des EDV-Leasings – „Rental rights" im Blickpunkt, CR 2011, 77–85

Vargas Brand, Isué Natalia: Interés en el cumplimiento del contrato y operación de reemplazo, AEBOE, Madrid 2023

Vergès, Étienne (Hrsg.): Contrats sur la recherche et l'innovation, Paris 2018

Viney, Geneviève: Le régime de la responsabilité contractuelle: le choix entre réparation en nature et dommages-intérêts en cas d'inexécution d'une obligation contractuelle de faire ou de ne pas faire, RDC 2006, 818–822

Vivant, Michel: Logiciel 94: tout un programme?, JCP G 1994 II, n° 40, doctr. 3792

Voisin, Sandrine: Les obligations du «vendeur informaticien», Expertises 2004, 184–188

Voit, Wolfgang: Anmerkung zu BGH, Urt. v. 29.09.2011 – VII ZR 87/11, NJW 2011, 3780–3783 *ders.*: Verjährung des Erfüllungsanspruchs beim Bauvertrag, NJW 2019, 3190–3192

Vossius-Köbel, Isabelle: Die Quellcode-Hinterlegung in der Insolvenz, DSRI-Tagungsband 2019, 609–625

Walon, Diane: Adaptation d'un équipement standard, Expertises 2006, 268

Wandtke, Artur-Axel (Hrsg.): Urheberrecht, 8. Aufl., Berlin 2021

ders./Bullinger, Winfried (Hrsg.): Praxiskommentar Urheberrecht, 6. Aufl., München 2022 (zitiert: Wandtke/Bullinger/*Bearbeiter*, UrhR)

Weller, Marc-Philippe: Die Vertragstreue: Vertragsbindung, Naturalerfüllungsgrundsatz, Leistungstreue (Jus Privatum; 142), Tübingen 2009, zugl. Habil., Köln 2007/08

Wendehorst, Christiane: Das Vertragsrecht der Dienstleistungen im deutschen und künftigen europäischen Recht, AcP 206 (2006), 205–299

Weinhold, Robert/Schröder, Christian: Data Act – (R)Evolution oder vergebene Chance?, ZD 2024, 306–311

Wery, Etienne: Les contentieux liés aux contrats informatiques, in: Droit & Technologies, veröffentlicht am 18.4.2017, URL: https://www.droit-technologie.org/contentieux/contentieux-lies-aux-contrats-informatiques/ (letzter Abruf: 18.2.2026)

Weyers, Hans-Leo (Hrsg.): Europäisches Vertragsrecht, Baden-Baden 1997

Wiebe, Andreas: Der Data Act – Innovation oder Illusion?, GRUR 2023, 1569–1578

Yzquierdo Tolsada, Mariano (Hrsg.): Contratos, Tomo XII, Contratos sobre bienes inmateriales (I), Cizur Menor (Navarra), 2014

Zimmermann, Reinhard: The Law of Obligations: Roman Foundations of the Civilian Tradition, Oxford 1996

Zurheide, Patrick: Herausforderungen bei einer Softwareentwicklung im Scrum-Verfahren, Baden-Baden 2020

Zweigert, Konrad/Kötz, Hein: Einführung in die Rechtsvergleichung, 3. Aufl., Tübingen 1996